요한계시록 바로 알기

(개정증보판)

Rightly Dividing The Revelation

요한계시록 바로 알기

김재욱 지음

하온

성경의 시간표를 제대로 알고 싶은 이들을 위한 종말론의 업그레이드!

『요한계시록 바로 알기』 초판이 다 판매되고 품절된 지 몇 년이 흘렀습니다. 이후 재판을 인쇄할 여건이 허락되지 않아 자료만 모으면서 방법을 모색해 왔는데요. 교리적 민감함이나 판매량 예측 불가 문제로 출판사를 선정하기도 어려웠습니다만, 이번에 하온에서 개정증보판을 출간하게 되어 하나님께 큰 감사를 드립니다.

저로서는 묵은 체증이 내려가는 느낌입니다. 그간 PDF를 공개한 상태였지만 종이 책을 찾는 분들이 꾸준히 있었고, 업데이트할 내용이 많았습니다. 책을 구하기 힘들다 보니 몇 배의 가격으로 중고책을 내놓는 곳도 있었습니다.

원래 저는 생각나는 대로 쓰는 것을 좋아합니다. 복잡한 자료를 참고해서 글을 쓰는 것에 취미가 없었습니다. 하지만 저의 이해력에 눈높이를 맞춰 어려운 이야기를 쉽게 하면 이해하시는 분들이 많아서 그동안 많은 논리적인 글을 쓰게 됐습니다. 창조과학, 진화론 반박, 성경 교리, 구원 복음, 교회사까지 많은 분야의 글을 썼는데, 종말론에 대해서도 책이 한 권 필요하겠다 싶어서 출간한 것이 이 책이었습니다.

저는 80년대 말인 20대 초반부터 종말론에 관심이 많았습니다. 아쉽게도 환난 통과설을 배웠지만 나름대로 열심히 공부하고 기회가 닿는 대로 전했지요. 그러다가 1992년 다미선교회 사건이 터지자 교계에서 종말론을 이야기하면 이상한 사람이 되는 분위기로 바뀌었고, 교회들은 재림 같은 건 없는 일 취급하며 대형화 경쟁에 박차를 가하기 시작했습니다.

우여곡절 끝에 2007년경에야 저는 바른 성경과 바른 지식을 접하게 되었습니다. 그리고 종말론이 두려운 것도, 금기도 아니며 오히려 우리 성도들의 가장 크고 간절한, 바람직한 소망이라는 것도 새삼 깨닫게 되었습니다.

교회들은 점점 교회일치, 종교일치를 부르짖는 분위기이고 때는 가까워오는데, 많은 교인은 자신들이 어디로 갈지도 모르고, 어떤 말씀의 어떤 약속으로 구원을 받았는지조차 모른 채 자기 멘토나 따르는 목사님의 말만 들으며 종교생활에 여념이 없습니다. 갑자기 닥친 팬데믹 상황에 혼란도 증가되고 있습니다.

그나마 깨어 있고자 하는 신자들도 막연한 지식으로 불안해하고, 성경을 이용하는 이단과 잘못된 이론을 퍼뜨리며 겁을 주는 선정적 종말론자들 때문에 평안을 잃고 있습니다. 이 땅에서 길이 잘 살자는 교인들과 금방 적그리스도가 나타나 짐승의 표라도 강제 이식할 것으로 아는 두 부류 사이에 건전하고 제대로 된 종말 지식을 가진 이들이 드문 상황입니다. 그러다 보니 벙어리 냉가슴 앓듯 고민하며 교회에서는 왕따가 되어 방황하는 이들도 많습니다. 또한 무기력한 종말론에 허탈한 성도들도 많고요.

이런 상황에서 최소한 앞으로 어떤 일이 있을 것이며 무엇을 대비해야 하고, 미래의 어떤 일이 나와 관계가 있는지는 알아야 합니다.

이 책의 초판은 일반 기독출판사에서 출간하고자 준비했지만 신학과 이해관계가 저마다 다른 기존 교계에서는 출간이 어렵다는 결론에 이르렀습니다. 필요한 내용을 다 넣으면 신학계와 교단이 연루되어 있는 기존 출판사에서 수용하기 어려운 점이 많기 때문입니다. 그래서 도서출판 '그리스도예수 안에'의 발행인 정동수 목사님과 논의를 했고, 흔쾌히 출간을 해주셨습니다.

정 목사님은 책임감수로 집필에 적극 참여해주셨기에 초판은 공저와 다름 없는 책이었습니다.

개정증보판인 이 책에는 많은 부분을 업그레이드했습니다. 유대인의 정체와 이스라엘의 최근 근황, 제3성전, 코로나 팬데믹과 세계 통제, 짐승의 표에 대한 전망, 신천지의 14만 4천 등 이단 교리에 대한 반박 등을 더하면서 논리를 보완하고 설명을 더 자세하게 했습니다.

본문 성경은 킹제임스 흠정역 400주년 기념판입니다. 저작권 문제와 지면의 부족으로 큰 그림들 대신 더욱 직관적인 간략한 그림과 도표들을 직접 그려 넣었습니다. 더 자세한 그림을 원하시면 성경지킴이(www. KeepBible.com) 사이트에 무료 공개돼 있는 〈지도와 선도〉를 검색해 참고하시기 바랍니다.

초판 부록에 있던 다른 분들의 글은 시의성 문제와 저작권 문제로 빼고, 개념과 내용들만 본문에 녹여내 설명했으므로 교리적으로 누락된 내용은 없습니다. 또한 제가 쓴 부록 〈성경에 UFO의 비밀과 해답이 있다〉, 〈뉴에이지 운동의 어제와 오늘〉, 〈이슬람교 바로 알기〉도 이번 판에서 제외했지만, 제가 운영하는 바이블로그(blog.naver.com/woogy68)에서 제공하고 있습니다. 이번 개정판에서는 짐승의 표 문제와 휴거의 시기에 관한 새로운 글들로 부록을 꾸몄습니다.

논문처럼 인용한 것이 아니라서 다 출처를 밝힐 수 없지만 수많은 책을 참고하고 뉴스와 자료를 검색했습니다. 참고한 책들은 좋은 책도 있고 부정적인 책도 있어서 다 열거할 필요는 없지만, 책의 주된 논리들을 참고한 학자들은 알레이시, J. 버논 매기, 팀 라헤이, 클라렌스 라킨, 데이브 헌트, 알렉산더 히슬롭, 피터 럭크만, 제임스 낙스, 해리 아이언사이드, 헨리 모리스, 해롤드 윌밍턴, 존 월부르드, 아서 쾨슬러, 구영재 선교사님과 정수영 목사님 등입니다.

물론 사람은 백 퍼센트를 말할 수 없어서 완벽하지 않고 견해가 조금씩 다르기 때문에 그 의견과 해석들을 종합해 가장 타당하고 성경적인 결론을 찾아갔습니다. 특히 요한계시록은 정동수 목사님의 강해를 기본으로 제임스 낙스와 팀 라헤이, 그리고 헨리 모리스 등을 참고해 취합했습니다. 제가 더한 것들도 많이 있지만 기본적으로 이 책은 여러 종말론을 다 공부해 취합하고 결론 내는 일을 제가 대신해 한 권으로 묶었다고 생각하시면 됩니다. 건전한 교리와 전천년 믿음 안에서 집필한 것이니 안심하고 보셔도 좋을 것입니다.

이 책은 어떻게 하면 종말론을 잘 이해시킬 수 있을까 하는 고민에서 시작되었습니다. 너무 많은 정보나 해설보다는 성경이 꼬이고 풀리지 않게 하는 포인트를 짚어 전체적으로 이해하는 것이 중요합니다. 다음은 가장 중점을 둔 부분들입니다.

- 유대인과 교회시대의 성도를 혼동하지 말고 바르게 나누어 보기
- 공중강림(휴거)과 지상강림(현현)에 관한 성경 메시지를 잘 구분하기
- 계시록의 순서와 사건 발생 시점 및 위치를 잘 배열하고 파악하기
- 미래 일들을 정확히 알고 불필요한 동요나 과잉 대처를 하지 않기
- 음모론과 종말론을 구분하고, 뉴스와 성경 말씀을 혼동하지 않기

이 모든 문제와 종말의 시기에 대해 많은 이견이 있을 줄 압니다. 무천년을 주장하는 분들도 점점 많아지고, 여러 이유로 아직 종말은 몇 세기 동안 없을 것으로 내다보는 분들도 있습니다. 하지만 하나님이 이루고자 하시면 생각보다 빠른 날에 그날이 임할 수도 있다고 믿습니다. 그때가 언제이든지 재림과 휴거의 소망을 품고, 할 수 있는 일을 하면서, 공포와 협박의 종말론이 아닌 복음과 소망의 종말론을 위해 최선을 다하고자 합니다.

간절히 기다리는 나팔 소리와 함께, 수많은 동명이인이 있어도 나의 이름인 줄 단박에 알도록 불러주실 예수님의 음성을 기다리며… 그때까지는 이 책이 가는 곳마다 깨달음의 기쁨이 솟아나고, 하나님의 영광이 드러나기를 바랍니다.

부족한 사람을 통해 또 한 권의 책이 세상에 나오게 하신 하나님께 영광을

돌립니다. 초판과 개정판을 출간해 준 '그리스도예수안에'와 '하온'의 대표님과 관계자들께 진심으로 감사드립니다.

2013년 여름,
그리고 2021년 가을에
김재욱 드림

목차

배 시기/ 640~1090년: 이슬람교 시대/ 1095~1492년: 라틴 시대(십자군 전쟁기)/ 1250~1517년: 맘루크 시대/ 1517~1917년: 오스만 터키 시대/ 1800년대 후반: 시온주의의 태동/ 1917년: 밸푸어 선언/ 1918년: 영국의 이스라엘 점령/ 1920~1946년: 영국의 팔레스타인 위임 통치/ 1933~1945년: 히틀러에 의한 탄압/ 1940년대: 독일 패망 후 아랍 주변국들의 독립 러시/ 1947년: UN의 팔레스타인 분할안/ 1948년: 이스라엘의 독립(5월 14일)/ 1964년: 팔레스타인 해방 기구(PLO) 설립/ 1967년: 6일 전쟁(6월 5~10일)/ 1973년: 욤 키푸르 전쟁/ 1978년: 캠프데이비드 회담과 이집트와의 평화 협정/ 1988년: 팔레스타인 자치 정부와 하마스 설립/ 1995년: 라빈 총리 암살/ 2004년: 아라파트 의장 사망

4장. 배교의 움직임과 팬데믹 통제 사회

5장. 요한계시록 해설

이 책을 읽기 전에 ① : 예수님 재림의 시간표와 사건들

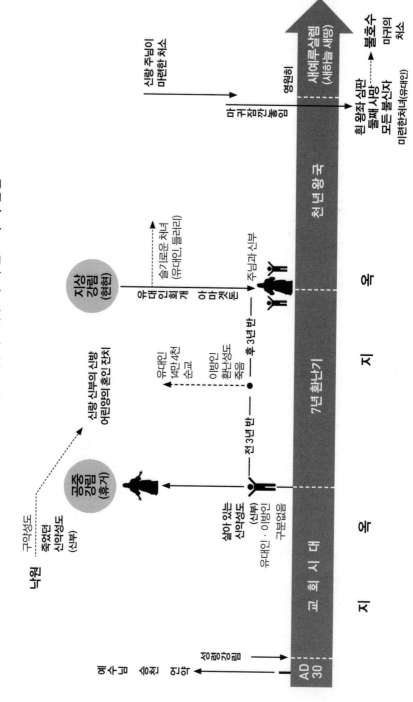

이 책을 읽기 전에 ②: 주제어와 연관 개념도

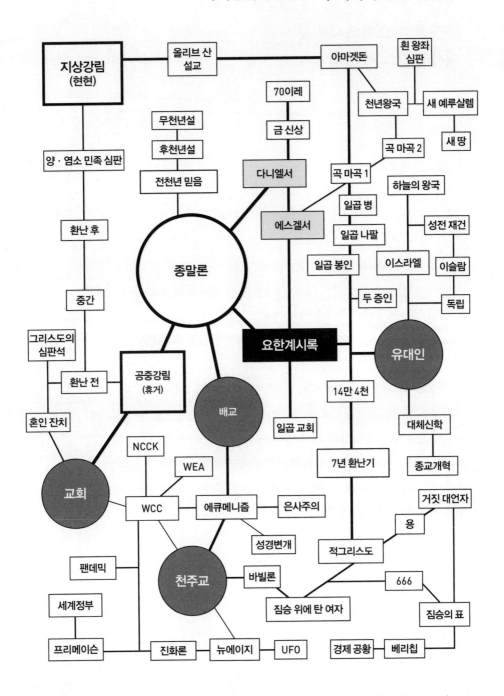

종말론과 요한계시록을 대하는 태도와 방법

1. 모든 해석은 성경을 따른다.

성경은 당연히 모든 진리의 척도다. 어떤 유명 학자의 견해도 성경을 넘어설 수 없으며 성경에 비추어 타당성이 없으면 인정할 수 없다. 물론 여기서 말하는 성경은 빠진 구절이 없이 정확히 번역된 바른 성경을 말한다.

2. 특별한 비유나 상징이 아닐 경우, 가능한 한 문자 그대로 본다.

모든 것을 비유나 상징으로 풀면 백인백색의 해석이 나오고, 아전인수 식의 교리들을 만들 위험성이 있다. 많은 종말론이 별 의미 없는 숫자를 곱해 답을 산출하는 등 동의할 수 없는 방식으로 성경을 풀어놓거나, 신천지 이단처럼 대부분을 비유로 해석하여 큰 혼란을 주고 있다. 물론 성경에 상징과 비유가 있지만, 그런 것은 문맥에 따라 판단할 수 있다. 또한 성경과 계시록을 신비의 영역으로만 이해하는 것은 지양한다. 성경은 하늘의 신비를 다루고 있지만 우리에게 실제적으로 실현되는 책이다.

3. 성경을 볼 때 시대와 해당 수신자를 잘 구분한다.

성경에서는 계시가 진보된다. 따라서 성경의 모든 말씀을 늘 같은 무게로 모든 사람에게 적용해선 안 된다. 또한 시대에 따라, 사람에 따라 하나님께서 요구하시는 의무와 권리는 조금씩 다르므로 일괄적인 잣대로 성경을 해석해서도 안 된다. 말씀이 주어진 시대, 수신자, 그리고 하나님의 의도와 경륜을 잘 분별할 필요가 있다.

4. 선정적, 자극적인 접근은 배제한다.

종말과 관련한 정보들은 너무나 많지만 알맹이가 별로 없고, 대개 사람들의 불안감과 호기심을 건드리는 자극적이고 선정적인 내용들이 많다. 이런 접근법은 경각심을 넘어 오히려 지나친 공포심만 심어주기가 쉽다. 예컨대 어떤 환난이나 두려운 일을 겪을 대상이 따로 있는데 모두가 처하게 될 일로 가르치는 식의 일은 없어야 할 것이다. 종말론을 포함한 성경의 말씀들은 궁극적으로 우리의 평안을 위해 기록된 것이다. 진리가 우리를 자유롭게 하는 것은 영의 평안을 전제로 하는 것이므로 종말에 대해 부화뇌동하지 말고, 의연하며 성숙하게 바라보아야 한다.

성경에서 언급하지 않은 부분은 과도하게 해석하지 않는다. 우리가 정확히 알 수 없는 말씀까지 상상을 동원해 무리하게 꿰맞추면 안 된다. 그런 경우에는 결론을 유보하거나 가장 근거 있는 해석들만을 제시하고 각자 양심에 따라 판단하게 하는 것이 좋다. 역사에서 사라진 이스라엘이 재등장하듯이 하나님의 신비는 필요한 때가 되면 드러날 것이므로 모르는 부분은 그대로 두고 넘기는 것이 유익하다.

5. 성경의 전체적 그림을 본다.

인류의 종말에 관한 이야기를 하기 전에 우리가 어디로부터 와서 어떻게 시작했으며, 어느 위치에 서 있는지 알아야 한다.

지금부터 약 6,000년 전, 하나님께서 세상 모든 것을 창조하시고, 인간을 창조하셨다. 그러나 인간은 사탄 마귀를 통해 죄를 지어 그 신분이 마귀의 자식으로 바뀌게 되었고, 구원자가 없이는 그 죄를 스스로 제거할 수 없는 처지가 되었다. 하나님은 인간을 에덴동산에서 내쫓으시면서 구원자 메시아를 약속하셨다. 구원자가 오시기까지는 짐승의 피로 그때그때 지은 죄를 용서 받았지만 죄를 제거할 수는 없었고, 구약시대 사람들은 하나님의 말씀과 그분의 메시아 약속을 신뢰하는 '믿음'으로 구원을 받았다. 물론 신구약 성도들의 구원의 근거는 십자가에서 피를 흘리며 단번에 영원토록 이루신 예수님의 사역에 대한 믿음이다.

에덴동산 이후 인간은 많은 죄를 지었고, 하나님은 메시아의 씨를 오염시키는 자들을 모두 대홍수로 쓸어버린 후 노아의 여덟 가족만을 남기셨다. 그러나 인류는 다시 바벨탑을 쌓으며 하나님께 대적했고, 하나님은 그들의 언어를 혼잡케 하여 전 세계로 흩어지게 하셨다. 그러다가 아브라함을 통해 하나님의 백성을 선택하시고, 그가 믿음의 조상이 되도록 하셨다. 선택된 백성인 이스라엘 사람들(유대인)은 불순종을 반복하다가 대다수가 그들 가운데서 나신 메시아를 알아보지 못한 채 죽이고 만다.

예수님은 인류의 모든 죄를 지고 십자가 위에서 피를 흘려 죽으셨고, 세상의 모든 죄를 단번에 영원토록 제거하셨다. 그분을 믿는 자는 누구나 영원한 생명을 선물로 받게 된 것이다. 주님은 죽으신 뒤에 장사되셨지만 성경 기록대로 셋째 날에 다시 부활하셨고, 하늘로 올라가시며 다시 오시리라 약속하셨다. 그분을 받아들인 유대인들은 교회의 시작이 되었다.

신약시대에 인류는 유대인과 이방인과 교회(성도)로 구분한다(고전 10:32). 그러나 주님의 몸 된 교회는 유대인과 이방인의 구분이 없이 믿음으로 이루어진 지체들이다. 교회는 세상에서 살며 2,000년 정도의 세월을 주님의 다시 오심을 기다리며 살았다. 이제 시간이 얼마나 남았을지 모르지만, 주님이 언제 오셔도 이상할 것 없는 때가 되어 마지막에 일어날 일들을 남겨둔 채 많은 것들이 성취되었다.

이 책에서 살펴볼 부분은, 예수님의 승천 이후로 유대인과 교회가 걸어온 길을 통해 역사가 어떻게 이루어져 왔는가, 현시대가 어느 시점이며 어떤 상황인가, 장차 어떤 일이 예정돼 있는가, 우리 성도들은 어떻게 살고 어떻게 전해야 하며 우리에게 주어질 상황은 무엇인가 하는 것들이다.

왜 종말론을 알아야 할까?

종말론을 연구하는 이유

1. 세상이 불안하기 때문이다.

가만히 있어도 들려오는 말세의 징조들이 우리를 불안하게 만들고 있다. 서기 2000년이 시작되는 0시에 멸망이 온다는 예언 때문에 밀레니엄 혼란을 겪기도 했고, 마야 문명의 달력이 끝나는 2012년 12월에 종말을 맞는다는 영화와 갖가지 소문이 사람들을 불안하게도 했다. 이런 상황에서 확실한 답이 있을까? 그걸 어느 정도 안다면 마음에 평안이 찾아오고 흔들리지 않을 것이다. 하나님은 우리에게 이런 길을 주셨다. 평안과 자유는 마지막 때에도 예외가 아니다. 세상이 줄 수 없는 평안은 말씀을 통해 시대를 분별할 때 얻을 수 있다.

갖가지 소문, 과도한 정보들은 오히려 사람들을 무감각하게 만들고 안전 불감증을 갖게 한다. 뭐가 온다더니 아무것도 없네… 하는 일이 반복되면, 양치기 소년의 거짓말처럼 정말 어떤 일이 닥쳤을 때 아무것도 할 수 없게 된다. 그럴수록 소문이나 거짓 정보가 아닌 정확한 미래를 알고 예측할 수 있어야 안전하다.

2. 복이 되기 때문이다.

주님은 '이 대언의 말씀을 읽고 듣고 지키는 자가 복이 있다'고 하셨다(계 1:3). 계시록은 위험한 책으로 금기시되기도 하고, 마치 천기누설하는 식으로 생각한 나머지 함부로 풀어서는 안 된다고 주장하는 이들도 있다. 물론 계시록 해석은 간단하지 않은 일이고, 이 말씀들에서 빼거나 더하는 것에 대한 경고가 있듯이 엉터리로 해석하는 것은 조심해야 할 일이지만, 그렇다고 해서 무조건 위험한 책이라고 제쳐둘 수는 없다. 하나님은 성경을 통해 우리가 어디로부터 왔는지 알려주셨듯이 어디로 갈 것인지, 세상의 끝은 어떻게 되는지 알려주신다. 그러므로 계시록 말씀을 잘 연구하고 사모할 때 우리에게 약속하신 영적인 복이 임할 것이다.

3. 가짜와 잘못된 학설이 너무나 많기 때문이다.

종말론은 이단과 사이비가 가장 많이 다룬다. 조직원들에게 불안감을 심어 교주를 따르게 하는 가장 간단하고 효과적인 방법이기 때문일 것이다. 그래서 정말 많은 괴상한 해석과 갖다 붙이기식 강해가 난무한다.

기존 교회들은 그나마 가르치던 종말론조차 1992년 휴거 소동 때 잘못된 종말론을 버리면서 함께 폐기한 채 기복신앙만을 좇고, 안일한 영적 해석이 대부분이니 말세의 일이 궁금한 호기심 많은 신도들은 체계적으로 보이는 이단들의 종말론 해설에 상당수 현혹되기도 했다. 기독교 관련 이단에 연루된 이들은 한국에서 약 200만 명이 넘는다고 하는데, 이들 중 대다수가 부실한 종말론을 믿고 있다. 이런 곳에서 흘러나온 어설픈 이야기들이 뒤섞여 엉망이 되어버린 종말론을 이제는 바로잡아야 한다.

종말론을 이해하면 하나님의 전체 프로그램을 아는 데 큰 도움이 된다. 아울러 계시록과 종말론 이해를 위해 성경 전체의 이해가 필요한데, 이것도 바로잡아야 할 부분이 많다.

4. 가족과 이웃을 지키고 구원해야 하기 때문이다.

세상에는 해로운 것이 너무나 많다. 이런 문화와 허탄한 지식들이 사람들을 하나님께 돌아오지 못하게 만들고 있다. 잃어버린 자 중에는 우리 자녀와 부모와 친척과 이웃도 있다. 최근에는 코로나19로 세상은 더욱 기독교와 하나님을 등지고 있다. 그래서 마귀의 계획을 알아야 한다. 마귀의 손아귀에서 역사의 주관자이신 하나님께로 나아와 예수 그리스도의 피를 통해 구원받을 기회가 많이 남지 않았음을 알게 되면 그들을 구원할 필요성이 절실해질 것이므로 종말에 대해 알 필요가 있다.

교회들이 종말론을 떠난 이유

1. 목회 성공에 도움이 되지 않음

요즘 교회들은 종말론에 대해 거의 이야기하지 않는다. 부흥과 성장과 성공을 말해도 교인들이 빠져나가는데, 곧 세상이 끝이라고 하면 재물을 모으고 사회적으로 성공하는 일의 의미가 달라지기 때문일 것이다. 물론 그날과 시기를 못 박을 수 없는 우리로서는 각자의 자리에서 끝까지 최선을 다하고 열심히 살아야 한다. 그러나 무엇을 위해, 어떤 계획 안에서 할 것인가가 우선시되어야 할 것이다.

종말론을 무시하는 것은 마치 학교를 졸업하고 세상에 나가야 할 사람들에게 아무것도 준비시키지 않고, 졸업식이 다가오는데도 여전히 학생으로서의 일들만 가르치는 것과 비슷하다. 그렇기 때문에 대부분의 성도가 여전히 학생으로 살며 성장하지 않는 영적 정체 상태를 유지하고 있다.

2. 이상한 집단으로 오해받음

종말을 이야기하고 휴거와 재림을 말하면 이단이나 시한부 종말론자들로 취급받기 쉬워서 그걸 두려워하는 이들이 많다. 이는 역시 1992년에 불발된 다미선교회(이장림 목사) 휴거 소동 여파가 크다. 그때까지만 해도 세기말의 불안함 속에 〈휴거〉라는 영화가 개봉될 정도로 사람들의 관심도 높았고, 종말론에 대한 배움과 가르침을 어렵지 않게 접할 수 있었다.

그러나 그 관심의 건전성에는 문제가 있었다. 영화 〈휴거〉의 홍의봉 감독도 성경 교사였지만 당시 소동을 일으킨 시한부 종말론과 관계가 있었고, 건잡을 수 없이 커진 그들의 불건전한 종말론을 통해 건전한 종말론까지 싸잡아 사이비로 매도당하게 되었다. 그들이 다 나쁜 사람들은 아니었겠지만 마귀의 전략이 한 나라의 교계 판도를 완전히 뒤바꾼 것은 분명하다.

3. 마땅한 교재나 성경적인 해석 자료의 부족

한편 목회자들이 종말론을 가르치려 해도 마땅한 해법이 없다. 교단의 신학적 경계선이 많이 허물어졌다고는 하지만, 여전히 교단과 신학교별로 종말에 대한 관점이 따로 있기 때문에 무작정 무시할 수도 없고, 막상 가르치려 해도 너무 많은 학설과 방대한 주장들이 있어서 무엇을 채택할지 막연하기도 하다.

그래서 교회에서 계시록 관련 설교를 듣기란 쉽지 않다. 설교자들도 일곱 교회에 주시는 말씀에서 훈계할 부분을 찾는 정도 외에는 계시록을 굳이 들춰낼 필요가 없다.

그러나 종말론을 궁금해하거나, 이로 인해 혼란을 겪는 성도들도 많다. 지적인 호기심이 많고, 무언가 확고한 복음과 말씀 위에 안전하게 거하고 싶은 성도들은 종말론에 대한 궁금증을 해결해 줄 만한 것을 교회 밖에서 찾게 된다. 하지만 관련 서적이 많아도 너무 해석이 비약적이며 황당한 것도 많고, 최근에는 안일한 무천년설과 과거적 해석이 늘고 있다.

교회 밖에서 답을 찾는 것이 꼭 나쁜 일은 아니다. 모든 것을 출석 교회로 통일할 필요는 없을 것이다. 문제는 그러는 과정에서 이단과 사이비들이 체계적으로(?) 풀어놓은 엉뚱한 종말론에 빠지는 일이 발생한다는 것이다. 아마 이에 대한 대표적인 사례가 신천지일 것이다. 교회들은 신천지 같은 곳에 가지 말라고 하기 전에 성도들에게 말씀의 필요를 채워주어야 한다. 그렇게 되면 어디에 가서도 참과 거짓을 분별할 것이고, 가라고 해도 안 갈 것이다.

관심이 있는 성도들도 성경에 대한 명확한 기준이 없다 보니, 천국/지옥 간

증꾼들이나 직통 계시 받은 거짓 대언자[1]를 따라 검증 안 된 집회에 참석하기도 하고, 인터넷을 통해 유포되는 짐승의 표니 종말 재앙이니 하는 것들에 불안해하며 나름 대비를 하는 것이 현실이다. 그간 너무나 많은 학설과 잦은 경고로 성도들과 목회자들이 무뎌져 있는 것도 문제다. 2천 년 동안 주님이 안 오셨는데 금방 오시겠느냐 이런 생각이다. 막상 그런 엄청난 초자연적 현상이 일어날까 의문도 갖는다. 이래서 정확한 자료와 교육이 필요한 것이다.

주님의 재림이 가까운 증거

1. 모든 종교와 문화와 환경이 종말을 말한다.

비단 기독교만이 아니라 모든 사회와 종교 문화에서 종말을 말하고 있다. 증산도와 단학선원 같은 곳에서도 천지개벽을 말한 지 오래되었다. 성경을 이용하는 다양한 이단 종교들도 자기네만 구원받을 거라고 주장한다. 온갖 해괴한 종교들도 등장해 종말을 주장하는데, 이는 그런 극단적 위협이 신도들을 옭아매 추종하게 만드는 데 효과적이기 때문이다. 세상의 주인인 마귀도 하나님만 아시는 '때'를 정확히 몰라서 우는 사자와 같이 삼킬 자를 찾으며 엉터리 종말론으로 성도들을 미혹한다. 온갖 자칭 예언자들이 등장해 세상을 어지럽게 하고 있기도 하다.

세상은 늘 종말을 외쳐왔지만 지금 느끼는 불안은 1년이 다르게 성큼성큼 다가오는 것 같다. 이 모두는 단순한 불안함 때문이 아니라 세계적 현상을 통해 하나님이 기독교인은 물론 모든 사람에게 경고하시는 것으로 보아야 한

---

1. 대언자(prophet) 혹은 대언(prophecy)은 성경에 500회 이상 나온다. 이 단어의 의미는 '남의 말을 대신 전한다'는 '대언(代言)'이며 성경의 용례 역시 전적으로 이 뜻이다. 그 대언 안에 예언적 내용이 포함됐을 뿐이다. 그런데 개역성경은 이것을 '예언', '선지자(先知者)' 등으로 의미를 좁혀서 번역했다. 특히 고린도전서 14장에서 이 단어를 '예언'으로 번역해 각종 신비주의의 근거를 마련해 주었다. 그러나 이 단어는 직통 계시를 의미하며, 이런 직통 계시를 받는 예언하는 선지자는 성경 기록 완성 이후 사라져 지금은 존재하지 않는다.

다. 모든 문화와 현상이 종말을 가리키고 있는데도 돌이키지 않는 인류에게는 시간이 많이 남지 않았다.

우리는 지구를 얼마나 더 사용할 수 있을까? 대규모 산불 등 천재지변이 계속 늘어가고 취약 지역은 기술의 발달에도 불구하고 각종 재난에 속수무책이다. 첨단 설비가 갖추어진 현대의 도시들도 문명의 역습으로 각종 피해를 입고 있으며, 정전사고 한 번에도 큰 재앙을 맞을 수 있는 구조다. 현대적 시설도 전쟁이 발발한다면, 지구를 여러 번 파괴할 수 있는 무기들의 폭발로 초토화될 수 있고, 후쿠시마 사례에서도 보았듯이 원자력으로 인한 피해도 무시할 수 없다. 한마디로 시한폭탄과 같은 곳이 지구촌이다.

온난화는 더욱 심각하다. 수십 년 동안 겨우 1도 상승했다며 낙관적으로 생각할 일이 아니다. 단지 평균기온 1도 상승이 미치는 피해는 엄청나다. 북극과 남극의 빙하가 녹아내리고 있고, 그 동토층 안에 냉동돼 있던 고대의 바이러스가, 인류가 한 번도 겪어보지 못한 종류들이 깨어날 수 있다는 전망까지 나오고 있다. 코로나19와 같은 바이러스가 일상이 될 것이라는 불안에 모두들 긴장하고 있다.

오르내림을 반복하던 기온이 지난 100년간은 꾸준히 상승하고, 현대에 올수록 그 상승곡선은 거의 수직선에 가까운 모습을 띤다. 이대로라면 2030년 경까지 약 1도가 더 상승하고 2100년까지 (역사가 이어진다면) 3~4도 상승할 것으로 예측된다고 한다. 그렇게 되면 한국 땅이 지금의 적도 부근보다 더 더워지며, 적도를 중심으로 사람이 살 수 없는 지역이 두터운 벨트를 형성할 것이며, 식량의 경작지가 현저히 줄어들어 물가는 치솟으며 인구밀도도 매우 높아질 것이다. 물론 지구온난화의 공포가 과장됐다는 주장도 있으나 그렇다 해도 인간의 탐욕과 산업화, 환경 남용 등으로 더 흐트러질 것은 예측할 수 있는 일이다.

앞으로도 우리와 자녀들은 극심한 자연재해로 고통을 받게 될 것이 분명하다. 과학자들은 외계에 살만한 곳을 찾고 있지만 그런 곳은 없다. 이 지구만이 하나님께서 사람으로 하여금 살 수 있도록 주신 유일한 땅이다. 그런데 이제는 이 땅에 사는 모든 창조물이 신음하며 주님의 재림을 기다리고 있다.

우리 주님이 오셔서 이 땅을 새롭게 해주시지 않는다면 희망이 없다. 세상 끝날에 있을 일들은 예수님이 말씀하신 대로 이루어질 것이며, 그것은 하루 아침에 갑작스럽게 오는 것이 아니므로 전쟁들과 전쟁들의 소문, 그리고 지진과 기근, 역병 등이 환난기 이전에도 상당수 나타날 것이다. 지금이 바로 그때이며, 도둑같이 오시는 주님의 재림이 임할 수 있는 급박한 때이다.

2. 사람들의 상태가 말해준다.

다음 말씀은 사도 바울 당시에도 마찬가지였겠지만 현시대의 모습과는 더욱 일치한다. 그것이 바로 지금의 때를 말해준다.

또한 이것을 알라. 즉 마지막 날들에 위험한 때가 이르리라. 사람들이 자기를 사랑하며 탐욕을 부리며 자랑하며 교만하며 신성모독하며 부모에게 불순종하며 감사하지 아니하며 거룩하지 아니하며 본성의 애정이 없으며 협정을 어기며 거짓 고소하며 절제하지 못하며 사나우며 선한 자들을 멸시하며 배신하며 고집이 세며 높은 마음을 품으며 하나님을 사랑하기보다는 쾌락들을 더 사랑하며 하나님의 성품의 모양은 있으나 그것의 능력은 부인하리니 이런 자들에게서 돌아서라. (딤후 3:1~5)

믿지 않는 사람들도 패륜범죄와 성범죄가 폭발적으로 늘어나는 것을 보면서 '말세'라고 한탄한다. 죄에는 벌이 따른다는 것을 누구나 감지하기 때문이다. 이토록 악한 세상이 심판을 맞이하지 않는다면 그게 더 이상한 일 아닐까.

3. 세상 문화와 성경을 보면 알 수 있다.

일반 문화는 어떤가? 각 나라의 정치는 양극단으로 치달아 서로를 적으로 규정하여 싸우고, 경제가 무너지는 나라도 많다.

문화는 타락해서 젊은 남녀는 춤과 노래를 통해 자신의 성적인 매력을 뽐내고, 온갖 성형과 의학 기술을 통해서라도 외모에 대한 끝없는 집착을 실현하기 위해 애쓰고 있다. 방대한 포르노 사업의 번창과 동성혼의 합법화, 각종 엽기적인 범행과 패륜범죄, 아동학대, 정신적 질병과 분노조절 장애로 인한 살인과 성폭력과 묻지마 범죄 등이 매시간 일어나고 있다.

그 밖에 말할 수 없이 많은 부조리와 사악한 일들이 지구촌 곳곳에서 벌어지고 있음을 우리는 잘 알고 있다. 물이 끓는점을 맞으면 기포를 일으키며 끓어오르듯이 모든 일은 임계점을 맞이하면 폭발하게 되어 있다. 이 모든 요소가 터질 것을 감지한 사람들은 평화를 부르짖기도 하고 외계인을 맞을 준비도 하며, 새로운 시대의 도래를 꿈꾸기도 한다.

4. 현저한 종말의 징조들 속에서

세상에는 종말을 가리키는 증거들이 무척 많다. 그런데도 교회와 성도들은 각자 기준에 따라 종말을 부인하거나 특정한 휴거설 등을 채택해 믿고 있다. 하지만 정답을 아는 것이 중요하다.

진리는 식품이 아니다. 진리는 좋아하는 음식의 한 종류가 아니라 물과 같은 것이다. 누구나 기호에 따라 식품을 선택할 수 있지만 물은 필수이며, 그 자체로 반드시 마셔야 하는 것이다. 그것을 거부하면 죽게 되므로 선택의 대상이 아니다. 그것이 물이고 진리다. 누구도 100%의 해석과 결론을 알고 있지는 않겠지만 정답을 아는 일에 마음을 쏟아야겠다.

재림은 논쟁의 대상이 아니고 확신의 대상이다. 성경에서 재림은 초림보다 8배나 더 많이 예언되어 있다. 또한 신약성경에서 재림은 구원 다음으로 가장 많이 언급되어 총 318회 등장한다. 신약성경이 총 260장이므로 이것은 신약성경 한 장에 재림이 한두 번 정도 언급됨을 뜻한다. 빌레몬서, 요한2서, 3서, 갈라디아서를 제외하면 신약성경의 모든 책이 예수님의 재림을 다뤘다. 특히 사복음서에서 예수님은 20여 회 재림에 대해 직접 언급하셨다(마 23:37~39; 요 14:1~3; 행 1:9~11). 사도 바울은 히브리서 9장 28절을 포함해 50여 차례나 언급했다.

한 번 죽는 것은 사람들에게 정해진 것이요 이것 뒤에는 심판이 있나니 이와 같이 그리스도께서도 많은 사람의 죄들을 담당하시려고 단 한 번 드려지셨으며 또

자신을 기다리는 자들에게 죄와 상관없이 두 번째 나타나사 구원에 이르게 하시리라. (히 9:27~28)

종말은 다가오고 있다. 종말은 두려워할 이야기가 아니라 주님이 오셔서 우리를 이 힘든 삶에서 건져 주신다는 의미이며, 우리의 원수 마귀가 심판받는다는 기쁜 소식이다. 또한 죽은 자들이 살아나고, 땅이 새롭게 되며, 마귀가 끝을 맞이한다는 놀라운 희망의 소식이다. 우리가 주님께로 인도하지 못한 가족과 친지들이 죽을 수 있다는 걱정 때문에 무작정 좋아할 수만은 없지만 복된 소망인 것은 분명하다.

재림은 얼마나 더 늦춰질까?

예수님의 공중재림이 얼마나 더 늦춰질지 우리는 정확히 알 수 없다. 그러나 성도는 자다가 주님을 맞이하는 것이 아니라 깨어서 만나는 것이다. 그 날짜와 시간을 알려는 것은 옳지 않지만 잠들지 않고 때를 분별하는 것은 필요하다. 그때는 언제쯤일까?

아직은 조금 더 이루어져야 할 일이 있다고 개인적으로 보고 있다. 하지만 이 말의 뜻은 당장은 안 오실 것 같다는 의미가 아니다. 코로나19 사태에서도 보았듯이 세계가 혼란의 소용돌이에 휩싸이고 새로운 질서로 재편되는 데는 몇 주, 아니 며칠도 걸리지 않는다. 하나님이 하고자 하시면 남은 예언들도 일사천리로 이루어지거나 목전에 둔 많은 일들이 급물살을 타면서 이루어질 수 있다. 그럼에도 불구하고 조금 더 있어야 한다고 말하는 이유는 이렇다.

1. 오래 참으시는 하나님

하나님은 기다리고 또 기다리며 죄인들의 회개를 바라고 계신다. 그분은 악한 자의 죽음과 멸망을 원하시지 않고, 그들의 회개를 촉구하신다.

그들에게 이르기를, 주 하나님이 말하노라. 내가 살아 있음을 두고 맹세하노니 사악한 자가 죽는 것을 내가 기뻐하지 아니하며 오히려 그 사악한 자가 자기 길에서 돌이켜 사는 것을 기뻐하노라. 오 이스라엘의 집아, 너희는 돌이키라. 너희는 너희의 악한 길들에서 돌이키라. 너희가 어찌하여 죽고자 하느냐? 하라. (겔 33:11)

노아의 때에도 오래 참고 기다리셨으며, 소돔과 고모라 때도 끝까지 미루다가 심판하셨다.

주께서는 자신의 약속에 대해 어떤 사람들이 더디다고 생각하는 것 같이 더디지 아니하시며 오직 우리를 향하여 오래 참으사 아무도 멸망하지 아니하고 모두 회개에 이르기를 원하시느니라. (벧후 3:9)

막상 당장 주님이 오시기를 바라다가도 믿지 않는 이웃과 가족들을 생각하면 다행스럽게 여겨지기도 한다. 주님의 재림 연기는 성도들에게 아쉬운 소식일지 모르지만 불신자들에게는 기회가 더 주어지는 하나님의 자비로우심이다.

2. 죄악이 더 충만해야

세상이 미친듯이 돌아가고 인간의 사악함과 타락은 극에 달하고 있지만, 아직은 살 만한 희망적인 모습도 여전히 있다. 상상하기는 싫지만 인간의 죄악이 더는 견딜 수 없게 될 때 하나님은 결단하실 것이다. 그때 성도를 구출하신다.

하나님은 아브라함이 아브람일 때 미래에 있을 일을 예언하시면서 특정한 시기적 조건을 말씀하신 적이 있다. 네 자손이 400년 동안 나그네가 되었다가 다시 돌아올 것인데, 그 시간은 이방인들의 죄악이 심판받을 정도로 가득할 때라고 하신 것이다.

너는 평안히 네 조상들에게로 가겠고 또 충분히 나이 들어 묻힐 터이나 그들은 네 세대 만에 여기로 다시 오리니 이는 아모리 족속의 불법이 아직 충만하지 아

니하기 때문이라, 하시니라. (창 15:15~16)

아브라함, 이삭, 야곱, 요셉까지 네 세대가 지나야 아모리 족속의 불법이 가득하게 되는데, 그때가 되어야 자손들이 회복된다는 것이다. 하나님은 아무 때나 심판하시지 않고 죄악이 충만하여 완결돼야 비로소 움직이신다(약1:15).

전체적으로 인류에게는 재림이 사망의 소식일 것이다. 회개하지 않은 죄는 사망을 낳고, 그들은 7년 환난기와 아마겟돈에서 모두 죽었다가 천년왕국 이후에 사망의 부활로 깨어난다. 이후에는 흰 왕좌의 심판을 통해 영원한 불 호수로 향한다.

그러므로 주님의 재림은 불신자들에게 더는 돌이킬 양심이나 회개의 여지가 없을 정도로 악해지는 때, 더 이상 복음이 소용이 없을 만큼 불법이 충만할 때가 될 것이다. 그날이 급속히 다가오고 있다는 것은 누구나 인정할 것이고, 시각의 차이가 있겠지만 아직은 조금 더 기다리시는 것 같다.

3. 비문명국들의 디지털화 속도

우리는 세계 최고 수준의 IT 기술과 스마트 기기 보급률 속에서 살기 때문에 베리칩이나 짐승의 표 역할을 할 무언가가 당장 도입돼도 바로 적용이 가능하다. 그래서 환난기를 상상하기가 쉽고, 다급하게 느껴진다.

하지만 아직도 기술 여건이 못 미치는 나라와 민족이 많다. 시장조사기관 스태티스타에 따르면, 2020년 전 세계 스마트폰 보급 대수는 35억 대로 세계 인구의 44.9%라고 한다. 아직도 스마트폰을 사용하지 않는 인구가 40억에 가깝고, 인류 통제에 필요한 주변 스마트 기기 인프라는 턱없이 부족함을 알 수 있다. 급속히 증가한다 해도 이 정도면 IT 환경상 세계인을 통제하기에는 아직 역부족이다.

세계 통제 조직들의 인구를 축소하려는 시도는 바로 이런 목적일 것이다. 대개 이런 주장을 근거 없는 음모론으로 취급하지만 이미 많은 명사가 인구 조절을 통한 쾌적한(?) 세상을 공공연히 언급했다. 그러므로 다른 아날로그적 방법도 있을 수 있지만 조금 더 세계 인구가 줄어들거나 온라인 네트워크와 IT 인프라가 갖추어지는 데는 시간이 필요할 것이다.

4. 세계화 반대 세력의 저지

작용이 있으면 항상 반작용이 있듯이 세계화에 주력하는 세력이 있으면 이에 대항하는 세력들도 나오기 마련이다. 국제회의를 하거나 세계기구를 통한 글로벌 행사가 열릴 때마다 세계화를 반대하는 이들의 시위가 있다. 코로나 백신에 대해서도 강제 접종은 강력한 반대 시위에 부닥치고 있다.

이런 분위기는 세계 리더의 탄생을 필요로 하지 않게 하고, 저마다 자국의 이익만을 추구하게 만들기 때문에 세계를 한 시스템으로 통일하는 일에는 저해 요인이 된다.

미국의 트럼프가 지지 세력의 결집을 위해 주창했던 신고립주의처럼 각 나라의 민족주의도 좁아진 지구촌이나 글로벌화에 걸맞지 않게 오히려 거세지는 느낌이 있다. 실제로 트럼프는 많은 빈축을 사면서도 무역전쟁을 벌여 중국 등 비민주국가들이 주도할 글로벌 경제화와 함께 민주주의의 붕괴를 막았다고 평가받기도 한다. 그러면 재림의 때를 늦춘 것이니 휴거를 고대하는 성도들에게 트럼프는 환영할 인물인가, 아니면 그 반대인가? 이래서 모든 사안을 정치적으로 바라보거나 사람 자체에 열광할 필요가 없는 것이다. 모든 일은 하나님의 뜻 안에 있는 것이다.

우리는 종종 어떤 세력이 인류 통제를 획책하고 위험한 정책을 통해 세상을 지배하려 할 때 지나친 공포를 느끼곤 하지만, 사실 그 모든 일들은 다 성공할 수가 없다. 깨어 있는 크리스천이나 적대적 세력의 반대와 폭로가 그런 계획을 저지하기도 하고, 그들 스스로 계획 차질에 삐걱거리기도 하지만, 무엇보다도 그 모든 것이 하나님 손안에 있기 때문이다. 어차피 하나님의 시간이 차야 이루어지는 것이다. 그러므로 대비하고 준비하되 지나친 공포를 갖거나 지레 겁먹을 필요가 없다.

5. 이스라엘과 세계 현황

세계정세가 긴박하게 돌아가는 듯하지만 아직도 이루어질 일이 많다.

80~90년대에는 유럽 연합이 탄생하면 그들이 열 발가락이 되어(단2:41) 적 그리스도가 곧 탄생하고 끝날 것으로 알았던 이들이 많았다. 물론 유럽은 그런 역할을 할 수도 있었겠지만 불발되어 지금까지 왔다.

이런 경우, 빗나갔다고 볼 수도 있지만 계획이 변경됐다고 볼 수도 있다. 그래서 단정은 늘 경계해야 한다. 이후로는 열 발가락이 중동에서 나올 것이라는 견해도 나왔는데, 아직 그 실체가 무엇인지는 감춰져 있다. 제3성전 같은 문제도 모든 준비가 끝났다고 한 지가 족히 십여 년이 넘었다. 당장 이루어질 것 같았지만 이 역시 많은 정치적 해결과제가 산을 넘지 못하도록 막고 있다.

여기서 생각나는 것은 적그리스도에 관한 사도 바울의 의미심장한 말씀이다.

불법의 신비가 이미 일하고 있으나 다만 지금 막고 있는 이가 길에서 옮겨질 때까지 막으리라. 그 뒤에 저 사악한 자가 드러날 터인데 주께서 자신의 입의 영으로 그를 소멸시키시고 친히 오실 때의 광채로 그를 멸하시리라. (살후 2:7~8)

여기 '막고 있는 이'에 관한 것에는 여러 견해가 있고 긴 해석이 필요한 대목이지만, 무언가가 적그리스도의 출현을 막고 있고, 어쨌든 그 일이 종료돼야 그가 등장한다는 것은 알 수 있다. 결국 제아무리 적그리스도라도 때가 돼야 등장하는 것이므로 역사의 페이지가 넘어갈 때마다 과도한 해석이나 경계는 금물이며, 잠잠히 성경의 예언이 실현되는 것을 지켜보면 된다. 세상의 일들도 예의주시해야겠지만, 뉴스로 종말의 때를 해석하고 예측하는 것은 바람직하지 않다는 것이다. 모든 것은 하나님이 주관하심을 깨닫고 성도는 믿음을 굳게 하는 일부터 신경 써야 한다.

6. 배교의 진행도

배교(배도)는 종말의 척도다. 배교는 진리에서 떨어져 나가는 일이다. 또한 성도들이 이 땅에서 떨어져 나가는 일이기도 하다(살후 2:3). 배교와 휴거(공중강림)가 동시에 일어나면 멸망의 아들이 드러난 뒤에 예수님이 현현(지상재림) 하시는 일이 일어난다는 것이다. 그때까지는 속이는 자들의 말에 속지 말아야 한다는 것을 가르치기 위해 바울은 섣불리 흔들리지 말라고 전했다.

> 너희는 영으로나 말로나 혹은 우리에게서 왔다는 편지로나 그리스도의 날이 가
> 까이 이르렀다 해서 쉽게 마음이 흔들리거나 불안해하지 말라. (살후 2:2)

종교가 통합되는 등 급히 배교가 이루어지는 것 같아도 참된 믿음의 그루터
기들이 전 세계에 남아 있고, 바알에 무릎 꿇지 않은 무리가 아직은 적지 않다.
물론 앞으로는 에큐메니컬 사상과 신자유주의 신학, 유신진화론과 행위구원
론 등으로 더 많이 배교하겠지만 아직은 영적 전쟁이 치열한 상태로 보인다.

세계 각 종교의 대표라는 자들이 가증한 모임 같은 것을 도모한다고 해서
기독교 전체가 배교하는 것이 아니다. 타 종교와 연합하는 그들은 위험한 자
들이지만, 어떤 면에서는 빨간 신호등의 역할을 하기 때문에 참된 그리스도
인들은 더욱 경각심을 갖고 때를 분별한다.

결정적인 전면적 배교는 소리소문 없이 이루어지며, 거창한 연합의 선언
으로 되는 것이 아니다. 오히려 성도들이 다른 복음에 귀를 기울여 오직 믿음
으로 얻는 구원에서 돌아서는 등 믿음에서 떠나는 일이 진정한 배교가 될 것
이다. 어쩌면 종교인들의 연합은 마귀의 페이크일 수 있다. 타 종교인이나 타
종교를 인정하는 이들은 원래부터 성도가 아닌, 하나님과 무관한 자들이다.
믿었던 자들이 떨어져 나가는 것이 배교임을 잊지 말아야 한다.

모두가 지쳐 포기할 때

아마도 예수님은 모두가 지칠 때까지 때를 늦추실 것이다. 사람들은 성도
들을 조롱하고, 교회들도 실망해 종말 신앙을 버린 채 먹고사는 일과 이 땅에
서 오래도록 누리는 삶에 몰두할 때… 모든 희망이 날아간 것처럼 보일 때 오
실 것이다.

물질 만능의 세상, 땅의 즐거움이 가득한 세상은 예수님이 오시는 것이 반
갑지 않다. 성도들조차 고난의 세월을 살던 옛사람들이 부르던 '주님고대가'

같은 노래는 이제 부르지 않는다. 세상에 기대할 것이 많고, 누려보고 싶은 것이 많기 때문이다.

하지만 영적으로는 모두 기진하여 결국 쓰러지고 말 것이다. 그때가 되어야 주님은 성도들을 부르실지 모른다. 마치 물에 빠진 사람이 자신의 힘으로 어떤 시도도 하지 못할 때까지, 스스로 살아보려는 허튼 노력으로 더 깊이 빠지다가 결국 의식을 잃을 때쯤 주님이 구해주시지 않을까. 자기 힘을 보태려 할수록 구원과는 멀어진다. 오직 주님의 공로로만 얻는 구원의 원리처럼 휴거도 그렇게 이루어지지 않을까. 휴거도 일종의 구원이자 구출이다. 성도들도 자기 것, 자기 행위로 무언가 해보려던 모든 시도가 빗나가고, 아무 희망도 없어 보일 때 주님은 공중에 나타나실 것이다.

결론적으로 우리는 하나님만 바라보고 사도들이 가르친 복음의 원형을 지키며, 옛 신앙을 지속적으로 리마인드하는 일에 힘을 쏟아야 한다. 예언이나 뉴스보다 성경과 개인 신앙, 그리고 복음 전파가 훨씬 더 중요한 일이다. 살아서 주님을 맞이하는 것이 모든 성도의 희망이겠지만 그렇지 못할 수도 있다. 섣불리 단언하지 말고 때를 지켜보며 잠잠히 자기 할 일을 하되 천년만년 살 것처럼 땅에 시선을 둔 채 욕심부리지 말고, 오늘 오실 수도 있다는 생각으로 살아야겠다.

사도들은 예수님이 승천 후 바로 데리러 오실 줄 알았지만, 그들이 상상도 못했던 교회시대라는, 이방인 구원을 위한 긴 시간이 이어지고 있다. 그러므로 축구의 인저리타임처럼 교회시대는 어떤 의미에서 추가 시간이다. 우리는 마라톤을 달리듯 체력을 잘 안배해 끝까지 지치지 말고 달리되, 쇼트트랙 선수처럼 마지막 순간에는 힘을 내서 스케이트 날을 쭉 뻗듯이 정신을 집중해야 한다.

너의 하나님이 어디 있느냐며 세상이 조롱하고, 곧 온다던 너희들의 주님이 왜 오지 않느냐며 비웃는 마귀의 공격에도 오직 성경만을 믿고, 이 모든 영적 전쟁은 이미 예수 그리스도가 승리하신 싸움임을 잊지 말아야 한다. 그분 안에 있는 자들 모두 낙오하지 않고 승리의 그날까지 함께할 줄 믿는다.

유대인의 역사와
예언을 통한 증거

유대인은 하나님이 선택하신 백성이므로

이스라엘의 역사와 그들이 행동하는 이유와 믿음을 알아야 한다.

역사의 해시계인 유대인을 알아야 하나님의 구원 프로그램이 보인다.

이스라엘의 동향이 곧 종말 역사의 동향과 일치하며,

마지막 역사도 그들을 중심으로 이루어질 것이다.

1. 유대인의 존재 이유

하나님의 거룩하심을 드러내는 도구

유대인은 '유다 사람, 히브리인'이라는 뜻이다. 혈통상 정통 유대인뿐 아니라 혼혈족, 그리고 지금 이스라엘 땅에서 자칭 타칭 유대인으로 분류되는 이들을 대개 유대인이라고 부른다. 그들은 전 세계적으로도 흩어져 있고, 절반 정도는 아메리카 대륙에 있다.

잘 알려진 것처럼 유대인들은 노벨 과학상의 절반 가까이를 가져갈 정도로 우수하며, 국방과 농업, 교육 분야 등에서 놀라운 능력을 보여준다. 우리나라도 최첨단 무기를 이스라엘로부터 수입하고 있으며, 세계인들이 그들에게 각종 기술을 배우기 위해 몰려든다.

그들의 좁은 땅은 막강한 산유국에 둘러싸여 있어도 기름 한 방울 나지 않는다. 그나마 다시 모여 산 지 70여 년밖에 되지 않았는데, 그들이 완전히 흩어진 것이 우리의 삼국시대 초기의 일이니 1948년에 다시 똑같은 이름, 똑같은 민족으로 모인 자체가 기적 같은 일이며 전무후무한 일이다(사 66:7~12; 겔 37:1~14). 물론 그들이 모두 진실한 유대인은 아니지만 국가로 일어선 것 자체가 성경 예언의 실현이다. 하나님이 유대인을 선택하신 이유는 여러 가지지만 가장 먼저는 그분의 거룩하심을 드러내기 위한 것이다.

이 백성은 내가 나를 위하여 지었나니 그들이 내 찬양을 전하리로다. (사 43:21)

이것은 인간의 구원이나 다른 어떤 가치보다도 가장 중요한 것이며 인간 창조의 목적이기도 하다. 그런 거룩하신 하나님의 놀라운 이름이 유대인들을 통해 온 천하에 드러날 것이다. 유대인들의 회복도 궁극적으로는 신성모독과 우상숭배로 더렵혀진 하나님 자신의 이름을 구별하기 위해서다. 인간의 입장에서도 그분의 이름이 온전해질 때 구원도 이루어지며 모든 공의가 바로 서게 된다.

그러나 이스라엘의 집이 이교도들에게로 들어가 그들 가운데서 더럽힌 내 거룩한 이름을 내가 딱하게 여겼노라. 그러므로 이스라엘의 집에게 이르기를, 주 하나님이 이같이 말하노라. 오 이스라엘의 집아, 내가 너희를 위해 이 일을 행하지 아니하고 너희가 이교도들에게로 들어가 그들 가운데서 더럽힌 내 거룩한 이름을 위해 행하느니라. 이교도들 가운데서 더럽혀진 내 큰 이름 곧 너희가 그들의 한가운데서 더럽힌 그 이름을 내가 거룩하게 하리니 내가 그들의 눈앞에서 너희 가운데서 거룩히 구별될 때에 내가 주인 줄을 이교도들이 알리라. 주 하나님이 말하노라. (겔 36:21~23)

그들을 통해 모든 민족이 예수 그리스도의 재림을 볼 것이며, 거룩하신 공의의 하나님을 마주 대할 것이다.

성경을 기록하고 보존하기 위한 도구

에덴동산에서 쫓겨나 살던 인류가 노아의 홍수와 바벨탑 사건을 지나 땅에 흩어져 살고 있을 때, 하나님은 특별한 목적으로 한 민족을 세우신다. 그 시조가 되는 사람이 아브라함이다. 그는 자기 아버지와 함께 우상을 섬기던 사람이었지만 하나님의 명령에 순종해, 살던 곳을 떠나 모든 유대인의 조상이자 믿음의 조상이 되었다(창 12:1~5; 수 24:2~3).

유대인들을 택하신 이유 중 또 하나는 하나님의 말씀을 맡겨 전하고 보존하게 하시려는 것이다. 그들은 약 4천 년 전부터의 기록인 성경을 매우 엄격하게 잘 보존해왔다. 이는 부족한 사람들을 사용하여 자신의 말씀들(단어들)을 보존하시는 하나님의 능력과 섭리를 보여준다.

성경은 그토록 긴 세월을 필사하고 전달하는 과정을 지나왔음에도 한 점의 오류도 없이 그대로 보존되었으며 오늘날 세세한 예언까지 들어맞고 있다. 가장 오래된 기록인 욥기서의 장본인인 욥이 마지막 날에 있을 메시아의 재림과 자신의 육체적 부활까지 정확히 내다보았다는 사실은 매우 놀랍다.

내가 알거니와 내 구속자께서 살아 계시고 또 마지막 날에 그분께서 땅 위에 서시리라. 내 살갗의 벌레들이 이 몸을 멸할지라도 내가 여전히 내 <u>육체 안에서</u> 하나님을 보리라. (욥 19:25~26)

성경의 완전성이 없으면 우리에게는 어떤 안전함이나 소망도 없다. 성경을 통해 우리가 살 수 있는 방법과 함께 참 하나님이 누구신지 알려주셨기 때문이다. 예수 그리스도를 믿는 것이 종교가 아니듯 성경도 한 종교의 경전이 아니라 하나님의 숨으로 만들어진 말씀이고, 그 말씀은 그 자체로 인격체이며 처음부터 계셨던 주 예수 그리스도이시다.

<u>말씀이 육신이 되어</u> 우리 가운데 거하시매 (우리가 그분의 영광을 보니 아버지의 독생하신 분의 영광이요) 은혜와 진리가 충만하더라. (요 1:14)

온 세상을 구원하는 도구

이스라엘의 존재는 하나님께서 사람들을 구원하시기 위한 계획의 일부다 (요 4:22). 한 백성을 택하셔서 그들 중 메시아가 태어나게 하시고 하늘로부터 임하는 왕국을 허락하신다. 그러나 그 백성인 유대인들이 거부함으로써 그 왕국은 연기되고, 그 사이에 이방인들의 충만함이 이루어지는 때가 생기면서 한 처녀로 예수님과 정혼한 신부인 교회시대가 열렸다(롬 11:25). 이로써 엄청나게 많은 사람이 구원의 복음 안으로 들어오게 되었다(롬 11:11~12). 하나님은 유대인들만의 하나님이 아니며, 이 세상의 모든 사람은 혈통이나 민족과 관계없이 구원받을 자격을 얻었다. 오직 믿음으로 가능해진 것이다.

그러므로 우리가 결론을 내리노니 사람은 율법의 행위와 상관없이 믿음으로 의롭게 되느니라. 그분은 오직 유대인들의 하나님이시냐? 그분은 또한 이방인들의 하나님이 아니시냐? 참으로 또한 이방인들의 하나님이시니 (롬 3:28~29)

유대인들은 늘 하나님께 불순종하며 그분의 품을 떠났다. 그들의 행동을 하나님은 미리 아셨지만 오히려 그들의 악함을 이용해 더 많은 이들을 구원함과 동시에 구원받은 이방인들을 통해 유대인들을 질투하게 만들어 결국 하나님께로 돌아오도록 만드신다.

그런즉 어떠하냐? 이스라엘은 자기가 구하는 그것을 얻지 못하였으나 선택 받은 자는 얻었고 그 나머지는 이 날까지 눈멀게 되었으니 (이것은 기록된 바, 하나님께서 그들에게 잠들게 하는 영과 보지 못할 눈과 듣지 못할 귀를 주셨도다, 함과 같으니라.) (롬 11:7~8)

그러므로 내가 말하노니, 그들이 실족함으로 넘어지게 되었느냐? 결코 그럴 수 없느니라. 오히려 그들의 넘어짐을 통해 구원이 이방인들에게 이르렀으니 이것은 그들이 질투하게 하려 함이니라. (11절)

이것은 결코 이 과정에서 어떤 사람을 구원받지 못하게 제한하시고, 어떤 사람은 본인의 의지와 관계없이 선택하신다는 뜻이 아니다. 사람은 누구나 양심에 따라 자유의지를 가지고 믿을지 안 믿을지를 결정하며 천국과 지옥을 선택한다.

하나님은 결코 다 정해놓지 않으셨다. 하나님은 모든 사람이 회개하도록 부르시며 사람이 그분의 부르심에 응할 때 미리 아심에 근거하여 사람을 선택하신다(벧전 1:2).

이처럼 사람의 구원은 상호 복합적인 작용이다. 사람의 결정을 하나님은 미리 아신다. 가룟 유다와 같은 자도 하나님이 무조건적으로 정해 놓지 않으셨다. 하나님은 다만 그가 악을 행할 줄 미리 아셨을 뿐이다. 그 자리에 들어가 마귀를 용납하고 주님을 팔아먹을 사람이 정해져 있었던 것이 아니라는 것이다.

땅의 지리적 중심

하나님은 지구의 중심에 이스라엘을 두셨다. 팔레스타인 지역은 땅의 한 가운데이다. 지구의 지리적 중심(geographical center)이란 다른 모든 지점과의 평균 거리가 가장 짧은 곳인데, 터키의 수도 앙카라와 노아의 방주가 멈췄던 아라랏 산, 그리고 예루살렘과 바빌론이 800km 이내의 정방형 지역이다. 이곳이 땅의 중심이 된다. 구글 지도 프로그램이 산출한 지구의 중심 지역도 터키 앙카라 인근의 코룸(Corum, 초룸)이라는 도시다. 이런 지구 중심 지역 모두가 성경의 무대가 된 터키, 시리아, 이스라엘 등지이다. 그런데 이처럼 유대인이 성경의 중심이 된 것은 하나님이 정하셨기 때문이다.

지극히 높으신 이께서 민족들에게 그들의 상속물을 나누어 주실 때에, 그분께서 아담의 아들들을 구분한 때에 이스라엘의 아이들의 수에 따라 백성들의 경계를

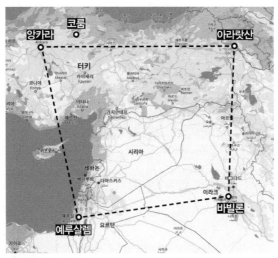

지구의 중심
- 예루살렘(이스라엘 수도) 북위32° 동경35°
- 바빌론(바그다드 밑) 북위33° 동경44°
- 앙카라(터키 수도) 북위39° 동경34°
- 아라랏산(터키 · 이란 · 아르메니아 국경) 북위39° 동경44°

정하셨나니 이는 **주**의 몫이 자신의 백성이기 때문이라. 야곱은 그분의 상속 유산 몫이로다. (신 32:8~9)

성경은 유대인들을 가리켜 '그 땅의 한가운데 거하는 백성(겔 38:12)'이라고 지칭한다. 또한 하나님은 이스라엘을 '사방에 있는 민족들과 나라들 한가운데 두었다'고 말씀하셨다(겔 5:5). 이런 위치적 조건을 통해 유대인은 모든 나라에 하나님을 선포할 책임이 있으며 모든 나라 백성들은 조금이라도 가깝게 하나님을 더듬어 찾을 수 있다.

또 그분께서 사람들의 모든 민족들을 한 피에서 만드사 온 지면에 거하게 하시고 미리 정하신 때와 그들을 위한 거주의 경계를 정하셨으니 이것은 그들이 혹시라도 주를 더듬어 찾다가 발견하면 그분을 구하게 하려 하심이라. 그러나 그분은 우리 각 사람으로부터 멀리 떨어져 있지 아니하니 이는 우리가 그분 안에서 살며 움직이며 존재하기 때문이라. 너희의 시인들 중의 어떤 사람들도 이르되, 우리 또한 그분의 후손이라, 하였나니 (행 17:26~28)

이런 이유로 세상은 이스라엘을 주목할 수밖에 없다. 지금도 온 세상 사람들이 뉴스와 소문을 통해 이스라엘 주변 소식에 귀를 기울이고 있다. 이스라엘에는 석유가 없지만 주변 지역은 전 세계 석유의 3분의 2가 매장된 지역이다. 이 지역을 무대로 벌어지는 모든 전쟁은 거의 석유를 차지하기 위한 싸움이다. 세계의 이목이 집중될 수밖에 없는 여건인 것이다. 또한 사해와 골란고원 지역에 매장된 석유와 광물자원은 상상을 초월하는 수준이라서 그것이 굶주린 러시아의 침공인 아마겟돈 전쟁을 촉발할 것으로 보고 있다.

2. 유대인과 교회를 구분하라

성경 말씀도 대상과 수신자가 있다

이스라엘이나 유대인이 성경에 나오면 그 말씀을 우리 성도들에게 주시는 것으로 무작정 묵상하는 경우가 많다. 이것은 나중에 살펴볼 '대체신학'의 결과이다. 그러다 보니 풀리지 않는 것이 많아 모든 말씀을 영적으로나 비유적으로 해석하게 되고, 원래의 의미에는 소홀하게 되어 그 뜻을 제대로 파악하지 못하게 된다. 묵상도 중요하지만 원뜻부터 알아야 한다.

다윗의 시를 노래로 옮긴 것 중에 이런 가사의 찬양이 있다.

정결한 맘 주시옵소서

정결한 맘 주시옵소서 오~ 주님 정직한 영을 새롭게 하소서

나를 주님 앞에서 멀리하지 마시고 주의 성령을 거두지 마옵소서

그 구원의 기쁨 다시 회복시키시고 변치 않는 맘 내 안에 주소서

여기 '주의 성령을 거두지 마옵소서'를 보고 주님의 영을 우리에게서 거두실 수도 있다고 이해하는 사람들이 있지만 이것은 구약의 상황이다. '그 구원의 기쁨 다시 회복시키시고'라고 했으니 다윗은 구원받은 의인이다. 그런데도 그때는 성령님이 사람 안에 거하지 않으셨고 성전에 거하셨기 때문에 이런 시를 지은 것이다. 십자가사건 때에 성전의 휘장이 둘로 나뉘고 그리스도인은 모두 지성소로 들어갈 수 있는 제사장이 되며 성령님은 우리 안에 거하시게 되었다. 그래서 그리스도인에게는 성령 충만의 정도 차이가 있을 뿐 성령님이 떠나시는 일은 없으며(요14:16), 다시 받을 필요가 없다. 또한 성령 충만은 은사가 아니라 모두 성품의 변화이다(갈5:22). 신약성도가 아무리 죄 가운데서 무기력하게 된다 해도 성령님을 근심하게 만드는 것이지, 그분을 잃는 것은 아니다.

또 하나, 약20년 전부터 유행하여 요즘도 교회와 성령집회 등에서 가끔 불

리는 노래 중에 〈마지막 날에〉라는 곡이 있다. 이 노래를 부르는 이들은 지금이 마지막 때이니 가사에 나오는 이적과 능력을 우리에게 달라는 의미로 부르지만 사실 이 가사에는 본래의 다른 의미가 담겨 있다.

마지막 날에
마지막 날에 내가 나의 영으로 모든 백성에게 부어 주리라
자녀들은 예언할 것이요 청년들은 환상을 보고
아비들은 꿈을 꾸리라 주의 영이 임하면
성령이여 임하소서 성령이여 우리에게 임하소서

이는 물론 요엘서에 나오는 내용이다.

그 뒤에 내가 내 영을 모든 육체 위에 부어 주리니 너희의 아들딸들은 대언하며 너희의 늙은이들은 꿈을 꾸고 너희의 젊은이들은 환상들을 보리라. (욜 2:28)

이 내용을 가지고 지금이 마지막 때이니 주의 성령이 임하시면 방언을 하고 환상을 보는 등 각종 은사를 받아 행하게 된다고 해석하고 있지만, 이 말씀은 먼저 이스라엘 백성, 즉 유대인에게 주신 것이다. 그리고 그 '마지막 날' 이라는 것은 지금이 아니고, 이 땅의 교회(그리스도인들)가 휴거된 이후에 남은 유대인들이 뒤늦게 회심을 하고 수천 년 동안 믿지 않던 예수 그리스도를 드디어 영접하면서 '주의 이름으로 오시는 이여'라고 두 손을 드는 때, 즉 7년 환난의 마지막 시기를 이르는 것이다(슥 12:9~10; 마 23:39).

물론 예수님이 선포하신 하늘의 왕국을 받아들였다면 요엘서에서 말씀하는 때가 바로 그때가 되었겠지만 예수님 때에 그런 일은 일어나지 않았다. 그래서 이날은 대환난의 마지막에 임하므로 이 노래는 지금 그리스도인들이 성령의 은사를 구하는 내용으로 부를 만한 것이 아니다.

요엘서 2장을 교회에 적용하면 안 되는 또 다른 이유도 있다. 그리스도인에게 '주의 영이 임하면'이라는 단서를 붙일 수 없기 때문이다. 대언자 요엘의

시대를 포함해서 구약시대에는 주님의 영이 지금처럼 믿는 사람에게 임하지 않았다. 주님의 영은 어떤 일을 하시기 위해 특별히 선택된 기드온, 삼손, 사울, 다윗 등의 소수의 사람에게 오시기도 했지만 지금처럼 사람의 몸을 성전 삼고 영원히 내주하신 적은 없었다.

그러나 신약성도들, 즉 십자가 사건 이후의 성도들은 예수 그리스도를 믿고 영접하는 즉시 성령님의 침례가 이루어져 머리부터 발끝까지 성령님으로 채워진다. 그래서 신약성도들은 이제는 내가 사는 것이 아니라 내 안의 그리스도께서 사신다는 의미로 침례를 행하는 것이다. 나는 죽고 주님 안에서 부활했음을 뜻하는 '물에 잠기고, 누웠다 다시 일어나는 의식'을 상징적으로 행하는 것이 바로 침례다.

주의 영이 임하면… 이 말은 우리가 아직 주의 영을 받지 못한 것이라는 뜻이 되기 때문에 구약시대 사람과 아직 예수 그리스도를 영접하지 않은 사람에게만 해당된다.

베드로의 오해와 하나님의 구원 프로그램

베드로는 위의 요엘서 말씀을 인용하고 있다. 오순절에 임한 성령강림 사건을 본 이방인들이 술에 취했다고 오해하자 그게 아니라면서 요엘서의 대언이 지금 이루어지는 것이라고 설명하는 것이다.

지금은 겨우 낮의 세시이므로 너희가 짐작하는 것처럼 이 사람들은 술 취하지 아니하였느니라. 오히려 대언자 요엘을 통하여 말씀하신 것이 이것이니라. 일렀으되, 하나님께서 말씀하시기를, 마지막 날들에 내가 내 영을 모든 육체 위에 부어 주리니 너희의 아들딸들은 대언하며 너희의 젊은이들은 환상들을 보고 너희의 늙은이들은 꿈을 꾸리라. 그 날들에 내가 내 영을 내 남종과 여종들 위에 부어 주리니 그들이 대언하리라. (행 2:15~18)

베드로의 설명이 맞는 것일까? 그때가 마지막 날이었는가? 그 이후로 인류의 역사는 2,000년이나 더해지고 있다. 그러므로 주의 영이 '임할' 사람들은 구원받음과 동시에 성령 침례를 받은 성도가 아니라, 성도의 휴거 이후에도 남아서 환난을 통과할 유대인이다. 그러므로 '너희의' 아들딸, 젊은이, 늙은이, 내 남종과 여종은 모두 유대인이고, 교회에 속한 성도가 아니다.

이것을 알려면 베드로의 당시 관점을 이해해야 하는데, 그는 그때를 세상의 마지막으로 보았다. 승천하신 예수님이 다시 오셔서 하늘로부터 임하는 '하늘의 왕국'을 세우실 때만을 기다리던 그였으므로 이제 그때가 임박했다고 본 것이다. 왜냐하면 마가의 다락방에 있던 유대인들의 사도들과 베드로에게는 교회시대나 이방인에 관한 관점 자체가 없었기 때문이다(행 3:12~21). 베드로는 그때까지도 이방인이 구원받는 것은 상상도 못했던 사람이었다. 이방인을 위한 사도가 아니었던 베드로는 사도행전 10장(예수님 승천 이후 약 10년)에 가서야 보자기 환상을 통해 이방인도 구원하시려는 하나님의 뜻을 알고 이탈리아 부대 백부장 고넬료와 이방인들에게 침례를 베푼다(137쪽 표 참고).

이처럼 이방인이 구원받는 것은 사도행전 2장의 오순절 사건보다 훨씬 뒤의 일이다. 사도행전 8장에 이르러서야 유대인 혼혈족인 사마리아인들과 에티오피아 내시가 구원받는데, 이는 반쪽 유대인을 뜻하고, 10장에 이르러서야 이방인의 구원이 시작되며, 이후 유대인의 사도 베드로의 사역은 거의 등장하지 않는다.

그러므로 사도행전 2장에 나오는 사건은 아직 모두 유대인에 관한 이야기다. 그래서 베드로는 요엘서에 나오는 유대인들의 마지막 때를 인용한 것인데, 그때를 예수님이 자신들을 데리러 다시 오실 마지막으로 본 것이다. 교회시대를 알지도 못한 상황이었기 때문에 베드로는 다음 말씀까지 인용한다.

또 내가 위로 하늘에서는 이적들을 보이며 아래로 땅에서는 표적들을 보이리니 곧 피와 불과 연기로다. 저 크고 주목할 만한 주의 날이 이르기 전에 해가 변하여 어둠이 되고 달이 변하여 피가 되려니와 누구든지 주의 이름을 부르는 자는 구원을 받으리라, 하였느니라. (행 2:19~21)

베드로의 말처럼 이런 일이 발생했는가? 그렇지 않다. 이 말씀은 요한계시록에 분명하게 나오는 7년 환난기의 끝부분 이야기다.

네 개의 블러드 문과 시대의 징조?

종말에 관한 주장 중에 블러드 문(테트라드)이라는 것이 있다. 달이 피로 물드는 것 같은 현상인데, 유대인의 절기와 맞물려 있다. 인류 역사의 중대한 사건이 이 달이 뜰 때 벌어졌기 때문에 주목해야 한다고 주장한다.

4개의 블러드 문이 지나간 시기는 역사적으로 세 번 있었고, 2015년이 네 번째였는데, 과거에는 콜럼버스의 신대륙 발견, 이스라엘 독립, 6일 전쟁이라는 의미 있는 일이 일어났다. 이번에도 성전의 회복 등 놀라운 일이 일어날 수 있으므로 대비해야 한다는 취지였다.

아래 그림은 유월절과 초막절 등 4개의 블러드 문 사이에 유대력으로 새해 첫날에 개기일식이 일어난 것을 표시하고 있다. 이 개기일식은 2015년 3월 20일, 북대서양 연안과 북극에서 관측되었고, 한국에서 관측되지는 않았다.

블러드 문에 관해서는 존 해기(J. Hagee) 목사와 마크 빌츠(Mark Biltz) 목사가 유명했다. 그러나 이 두 사람 역시 일루미나티를 상징하는 손 모양을 자주하는 모습이 포착되어 거짓 대언자로 지목되기도 했다.

마크 빌츠는 내한 강연도 했다. 그는 이 달이 뜰 때마다 징조가 나타난다고 하면서, 아닐 수도 있지만

마크 빌츠의 『블러드문』

| Passover 4/15/2014 | Sukkot 10/08/2014 | Adar 29 Nisan 1 3/20/2015 | Passover 4/04/2015 | Sukkot 9/28/2015 |

분명히 하나님의 사인이라고 말했다. 이것을 많은 이들이 전했는데, 2015년 4개의 블러드 문이 다 지나갔지만 이렇다 할 일이 없었다.

> 크고 두려운 주의 날이 이르기 전에 해가 변하여 어둠이 되고 <u>달이 변하여 피가 되려니와</u> (욜 2:31)

> 그분께서 여섯째 봉인을 여신 뒤에 내가 보니, 보라, 큰 지진이 나며 해는 머리털로 짠 상복같이 검게 되고 <u>달은 피같이 되며</u> (계 6:12)

요엘서 말씀과 짝이 되는 계시록 말씀은 여섯째 봉인이다. 여섯째 봉인은 언제인가? 7년 환난기의 거의 끝부분이다. 그것이 바로 '크고 두려운 주의 날'이다. 아직 7년 환난기에 들어가지도 않은 지금은 아니라는 것이다.

그러므로 오지도 않은 일인데 성경을 두고 하늘만 쳐다보지는 말아야 한다. 실제로 하늘의 달과 위의 말씀들과 연관이 있어도 그것은 유대인 전체가 회심하는 환난기 맨 끝의 일이다. 그전에는 어떤 일이 있어도 유대인의 전체 회복은 일어나지 않는다는 것이 성경의 시간표가 전하는 메시지다.

3. 천국과 왕국의 구분

개역성경에서 모두 '천국'으로 번역한 말들

원래 표현과 달리 개역개정 성경에 모두 '천국'으로 번역된 단어들이 있다.

① kingdom of heaven : 천국
② kingdom of God : 천국
③ heavenly kingdom : 천국

이 세 가지를 모두 '천국'으로 번역해도 될까? kingdom, 즉 킹덤은 왕이 있어야만 성립되는 '왕국'이다. 여호와의증인이 왕국을 자주 찾으니 괜히 이상한 말로 생각하기도 하지만 왕국은 왕국이다. 둘째 것, 즉 'kingdom of God'은 하늘이라는 의미도 없는데 천국으로 번역되었다. 이래서 모든 개념이 흐트러져버렸다. 이것을 바로잡지 않으면 성경은 오리무중이 되고 만다. 이것들은 다음과 같이 정리되어야 한다.

① kingdom of heaven은 '하늘의 왕국', 하늘로부터 땅에 임하는 메시아 왕국이다. 침례자 요한과 예수님은 사역을 시작하면서 "회개하라, 하늘의 왕국이 가까이 왔다"고 했는데(마 3:2; 4:17) 여기의 '하늘의 왕국'은 하늘로부터 이 땅에 임하는 실제 나라이다. 이스라엘 백성은 이 메시아 왕국을 거부했다. 천국으로 번역되면 안 된다.

② kingdom of God은 '하나님의 왕국'으로 시간과 영원, 하늘과 땅을 포함한 그분의 모든 창조물에 대해 온 우주 속에서 하나님이 통치하시는 공간이다.

③ heavenly kingdom은 '하늘 왕국'인데, 이것이 신자가 죽어서 가는 천국(heaven)이다.

천국은 침노하는 자의 것? (마 11:12)

우리에게 익숙한 '천국은 침노하는 자의 것'이라는 말씀을 생각해 보자. 대개 열심히 천국에 가기를 사모하며 적극적으로 힘쓰라는 뜻으로 통용되는데, 천국은 정말 힘으로 쟁취하는 곳일까? 개역성경의 마태복음 11장 12절이다.

세례 요한의 때부터 지금까지 천국은 침노를 당하나니 침노하는 자는 빼앗느니라 (개역한글/ 개역개정)

다른 역본들에서 같은 구절을 살펴보자.

세례자 요한 때부터 지금까지 하늘 나라는 폭행을 당해 왔다. 그리고 폭행을 쓰는 사람들이 하늘 나라를 빼앗으려고 한다. (공동번역)

왜 이렇게 번역이 다를까? 폭행을 쓰는 사람들이 하늘나라를 빼앗으려 한다? 그럼 그리스도인들은 폭행을 쓰는 사람들인가? 이 성경은 분명히 폭력을 쓰는 악한 자들이 하늘나라를 빼앗으려 한다고 했다. 그런데 왜 세례자 요한의 때부터라고 했을까? 다른 성경도 살펴보자.

세례 요한이 설교하고 세례를 주던 때부터 지금까지 하늘나라는 공격받아 왔고 공격하는 자들이 힘으로 지배하려고 하였다. (현대어성경)

현대어성경을 보아도 좀 이상하다. 그리고 다음 영어성경들을 보아도 분명히 폭행하는 자들이 폭력으로 kingdom of heaven(하늘의 왕국)을 빼앗는다고 되어 있다.

And from the days of John the Baptist until now the kingdom of heaven suffereth violence, and the violent take it by force. (KJB, 킹제임스역)

From the days of John the Baptist until now the kingdom of heaven suffers violence, and violent men take it by force. (NASB, 신미국표준역)

From the days of John the Baptist until now, the kingdom of heaven has been forcefully advancing, and forceful men lay hold of it. (NIV, 신국제역)

이런데도 우리는 늘 보던 성경만 붙잡고 있으니 의미를 알 기회가 없었다. 우선 '침노하다'라는 단어는 사전적으로 이런 뜻이다.

1. 남의 나라를 불법으로 쳐들어가거나 쳐들어오다.
2. 성가시게 달라붙어 손해를 끼치거나 해치다.

그렇다면 천국을 불법으로 쳐들어가거나 성가시게 달라붙어 손해를 끼치고 해쳐야 하는 것일까? 강소천의 동요 〈이순신 장군〉의 가사도 우리가 잘 알고 있다.

"이 강산 침노하는 왜적의 무리를 거북선 앞세우고 무찌르시어……."

천국은 하나님의 귀한 선물이자 성도의 가장 큰 영광인 구원을 통해 값없이 받는 것이다. 혼란스러운 번역들은 우리가 배운 것처럼 천국을 침노해서, 그저 적극적으로 차지하라는 뜻으로 받아들일 수만은 없음을 보여준다. 그렇다면 하나님의 말씀은 분명 한 가지 뜻일 텐데 왜 이렇게 다른 성경들이 많을까.

> 침례자 요한의 시대로부터 지금까지 하늘의 왕국은 폭력을 당하며 폭력배들이 강제로 그것을 빼앗느니라. (킹제임스 흠정역)

정답부터 말한다면, 이것이 가장 적절한 번역이다. 위의 여러 한글 성경과 영어 역본들을 비교해보아도 이 번역이 가장 적절하다는 것을 누구나 알 수 있을 것이다.

> 세례 요한의 때부터 지금까지 천국은 침노를 당하나니 침노하는 자는 빼앗느니라

그런데 왜 이런 판이한 번역이 나오는 것일까?

일단 kingdom of heaven을 '천국'으로 번역한 것이 문제다.

예수님께서 대답하시되, 내 왕국은 이 세상에 속하지 아니하니라. 만일 내 왕국이 이 세상에 속하였더라면 내 종들이 싸워서 나를 유대인들에게 넘겨주지 아니하였으리라. 그러나 지금은 내 왕국이 여기에서 나지 아니하느니라, 하시니라. (요 18:36)

주기도문에서도 '나라이 임하옵시며'가 아니라 "아버지의 왕국이 임하옵시며 아버지의 뜻이 하늘에서 이루어진 것 같이 땅에서도 이루어지이다(마 6:10)"라고 해야 하는데, 이 왕국도 유대 땅에서 이루어지는 메시아 통치 국가를 뜻한다.

이 왕들의 시대에 하늘의 하나님께서 한 왕국을 세우실 터인데 그것은 결코 멸망하지 아니하리이다. 그 왕국은 다른 백성에게 남겨지지 아니하며 이 모든 왕국들을 산산조각 내어 소멸시키고 영원히 서리이다. (단 2:44)

이처럼 하늘의 왕국과 그곳을 다스릴 왕은 구약 때부터 예언되었으며, 그래서 동쪽의 지혜자, 즉 동방박사들도 왕을 찾아 경배를 드렸던 것이다(마 2:2).
그러면 왜 하필 침례자 요한의 때부터라고 한 것일까?

이르되, 너희는 회개하라. 하늘의 왕국이 가까이 왔느니라, 하였으니 (마 3:2)

이렇게 선포한 침례자 요한은 사람들에게, 너희가 다 죽게 되어 천국에 갈 날이 가까웠다고 선포한 것이 아니다. 그는 왕으로 태어나신 예수님을 통해 이루어질 메시아 왕국을 선포했다. 그래서 성경은 그 왕국의 시작이 그것을 처음 선포한 '침례자 요한의 시대로부터'라고 못 박는 것이다.

율법과 대언자들은 (침례자) 요한의 때까지요, 그때 이후로는 <u>하나님의 왕국</u>이 선포되어 사람마다 그리로 밀고 들어가느니라 (눅 16:16)

요한 이후부터는, 회개하고 메시아를 받아들이는 자는 누구나 하늘의 왕국에 들어갈 수 있게 되었다. 그렇다면 폭력으로 빼앗는 자들은 누구인가? 하늘의 왕국이 천국이 아니므로 폭력을 쓰는 자들은 성도가 아니다. 땅에 이루어질 하늘의 왕국을 훼방하는 자는 물론 마귀이며 인간으로는 왕이신 예수님을 거부한 유대인 백성들, 바리새인과 서기관들, 제사장 등 종교 지도자들이다.

요한이 와서 먹지도 아니하고 마시지도 아니하매 그들이 말하기를, 그가 마귀 들렸다, 하더니 사람의 아들이 와서 먹고 마시매 그들이 말하기를, 보라, 음식을 탐하는 자요, 포도즙을 많이 마시는 자요, 세리와 죄인들의 친구로다 (마 11:18~19)

바리새인들은 그것을 듣고 이르되, 이자가 마귀들의 통치자 바알세붑을 힘입지 않고서는 마귀들을 내쫓지 못하느니라, 하거늘 (마 12:24)

그들은 이런 막말로 메시아를 알아볼 수 없게 비방하는 것도 모자라 백성들이 하늘의 왕국으로 들어가지 못하도록 훼방했다.

그러나 서기관들과 바리새인들, 위선자들아, 너희에게 화가 있을지어다! 너희가 사람들에게 하늘의 왕국을 닫고 너희도 들어가지 아니하며 안으로 들어가려 하는 자들도 허락하지 아니하는도다. (마 23:13)

이보다 더 큰 폭력이 어디 있겠는가? 이처럼 예수님을 훼방하고 각종 음해와 모의를 통해 예수님을 따르는 이들을 핍박한 자들이 폭력배다. 예수님은 마지막에 유대인들에게 있을 일들을 말씀하시면서도 여전히 주님의 왕권을 인정하지 않을 폭력배들이 있다고 말씀하신다.

그러므로 너희도 준비하고 있으라. 너희가 생각하지 않는 시각에 사람의 아들이 오느니라. 그런즉 자기 주인으로부터 그의 집안사람들을 넘겨받아 다스리며 제 때에 그들에게 양식을 나누어 줄 신실하고 지혜로운 종이 누구냐? …그러나 그 악한 종이 마음속으로 이르기를, 내 주인이 오는 것을 늦추시는구나, 하며 자기 동료 종들을 때리고 술 취한 자들과 함께 먹고 마시기 시작하면 그가 그를 기다 리지 않는 날 그가 알지 못하는 시각에 그 종의 주인이 와서 그를 잘라 내고 위선 자들과 함께할 그의 몫을 그에게 지정하리니 거기서 슬피 울며 이를 갊이 있으 리라. (마 24:44~51)

유대인들에게 하늘에서 임하는 땅의 왕국을 주시려는 예수 그리스도의 초림이 있었지만 결국 그 왕국은 거부되었고, 천년왕국으로 미뤄졌다(마 23:37~39). 천년왕국은 구원받은 유대인들과 환난 기간에 믿음을 지킨 이방 인들의 왕국으로서 예수님이 왕으로 재림하셔서 성도들과 함께 통치하실 실제 왕국이다.

유대인들이 처음부터 예수님을 받아들였다면 하늘의 왕국은 실현되었을 것이다. 물론 즉시 이루어지는 것은 아니고, 하나님의 계획에 따라 구속의 사 역을 십자가에서 끝내신 이후였을 것이다. 그랬다면 주님은 구속사역, 즉 부 활과 승천 이후에 땅에 오셔서 지상의 왕국을 실현하셨을 테지만, 유대인들 은 일부를 제외하고는 다 자기들의 왕을 거부했고(요 1:11), 그들의 완악함으 로 인해 이방인들에게 복음이 전파되는 기회가 생겨 이방인들의 충만함이 이루어지는 때가 이르렀다.

나중에 자세히 다루겠지만 지금의 이 은혜시대(교회시대)는 다니엘의 70이 레 중 69이레와 마지막 한 이레 사이의 공백기로서 구약의 성도들은 잘 알지 못하던 때이다. 우리에게 구원의 은혜가 임한 것은 유대인들이 눈멀게 되었 기 때문이다(롬 11:25). 그것이 하나님의 순차적 구원 프로그램이다.

그런즉 어떠하냐? 이스라엘은 자기가 구하는 그것을 얻지 못하였으나 선택 받은 자는 얻었고 그 나머지는 이 날까지 눈멀게 되었으니 이것은 기록된 바, 하나님께서 그들에게 잠들게 하는 영과 보지 못할 눈과 듣지 못할 귀를 주셨도다, 함과 같으니라. (롬 11:7~8)

천국을 침노하는 것이라고 가르치는 사람들은, 여호수아가 가나안에 들어가듯이 싸워서 차지하라는 논리를 내세운다. 하지만 우선 가나안을 천국의 모형으로 삼는 것이 문제다.

가나안에는 악한 자들도 살고 있고, 무찔러 이겨야 할 족속들도 있으며, 그곳에 입성한 뒤로도 많은 전쟁이 있었다. 게다가 이스라엘 백성의 자녀들은 얼마 안 가 하나님을 다 잊고 세상은 아수라장과 같이 되고 말았는데 이곳이 어떻게 천국의 예표가 될 수 있는가?

가나안을 천국으로 생각하여, 수많은 이들이 초청(출애굽)받았지만 단 두 명밖에 가나안 땅을 밟지 못했다면서 천국에 가기가 매우 힘들고 싸워서 침노해야 한다고 가르치는 경우가 많지만 이는 큰 실수다. 전쟁에 나가지 않는 여자들은 어떻게 해야 할까? 그리고 이집트에서 나온 성인 남자 중 두 명만이 들어간 것이지, 20세 미만과 아이들은 모두 가나안 땅에 들어갔다(신 1:39).

가나안 땅 입성은 천국행이 아니라 구원받은 이후의 삶, 즉 고난도 있지만 성화를 이루어가는 삶으로 이해하는 것이 타당하다. 또한 두 명만이 가나안에 갔듯이 침노하는 사람들이 차지하게 되는 것이라면, 천국은 경쟁 논리와 상대 평가가 적용되는 곳이 되고 만다.

하나님은 사람을 구원하실 때 상대적으로 평가하시지 않는다. 일정한 기준이 되면 누구나 다 들어올 수 있도록 매우 쉬운 기준을 제시하셨다. 반면에 우리가 할 수 있는 것들에 대해서는 저마다 다르게 보상하신다. 인간이 할 수 없는 것은 그분께서 거저 주시므로 누구나 받을 수 있고, 인간이 할 수 있는 것은 상대적 평가를 통해 공평하게 상을 주신다.

결론적으로, 하늘의 왕국을 '천국'으로, 왕국의 복음을 '천국 복음'으로 오해한 나머지 성경이 잘못 번역되고, 문맥을 모호하게 변형시켰으며, 그에 따라 해괴한 신학이 등장한 것이다. 이 말씀을 풀면 다음과 같은 내용이다.

"왕으로 오신 메시아 예수님이 통치하시는, 하늘로부터 임하는 땅의 왕국이 침례자 요한 때부터 선포되었으나 예수님의 왕권을 인정하지 않는 유대인들과 종교 지도자들은 지금까지 그 왕국이 임하지 못하도록 힘을 쓰고 폭력을 휘둘러 훼방하며 빼앗으려 했다."

　　이 왕국은 이방인의 때가 차면 반드시 설 것이다(눅 21:20~28).
　　끝으로 이 왕국은 은혜의 복음을 믿어 구원받은 그리스도인들과 직접 연관이 없으며, 이 말씀도 우리에게 실천하라고 주신 것이 아니다. 성경에 등장하는 시대와 수신자를 분별해야 한다. 성경의 문맥을 파악할 때, 말씀이 누구에게 주시는 것인지 수신자를 혼동해서는 안 된다. 마귀에게 하신 말씀을 내게 적용할 수 없듯이 성경에 나온 말씀이라고 다 내게 주신 말씀은 아니다. 성경 기록들은 우리의 실천이나 적용이 아니라 배움을 위해 있는 것이다(롬 15:4).
　　또한 늘 일관된 한 가지의 해석 방법은 곤란하다. 예를 들어 예수님을 '어린 양'이라고 표현할 때가 있고, '목자'로 표현할 때가 있는데, 늘 양으로만 이해하거나 늘 목자로만 이해하는 것이 아니라 흠 없는 희생물로는 어린양으로 이해하고, 잃은 영혼을 찾는 모습으로는 목자로 이해하듯이 상황에 맞게 받아들여야 한다는 것이다.

4. 대체신학 : 이스라엘 독립 전의 성경해석

유대인에게 주시는 말씀을 그리스도인들에게 주시는 말씀으로 해석하게 된 것은 AD 70년에 이스라엘이 완전히 멸망하여 온 세계로 흩어졌기 때문이다. 유대인이 없으니 유대인 관련 말씀을 해석하기가 어려웠던 것이다. 그래서 어거스틴과 그의 신학을 이어받은 학자들은 이를 모두 교회에 주시는 말씀이라며 영적인 해석을 했다. 이것을 신약교회가 이스라엘을 대신했다는 의미로 '대체신학'이라고 부른다.

그런데 이스라엘의 황폐함이 있은 뒤 거의 1,900년이 지난 1948년에 이스라엘이 다시 팔레스타인(가나안) 땅에 서게 된다. 이 나라는 성경에 예언된 모든 것을 이루고 앞으로도 성취하게 될 명백한 이스라엘이다. 그런데도 대체신학 위에 서 있는 교단의 학자들은 그간 세워진 신학을 모두 부정하기가 어려웠다.

자기들이 주장해온 것들의 오류를 인정하는 것은 어려운 일이다. 하지만 진리까지 묻어두면서 그것을 고집하는 일은 옳지 않다. 계속 교회가 이스라엘이라고 주장하면 지금 중동의 문제와 이스라엘에서 벌어지는 주목해야 할 많은 일들을 어떻게 설명할 것인가? 난감한 문제를 미루는 사이에 때는 점점 마지막에 이르고 성도들은 도둑같이 오실 주님의 때에 둔감하여 점점 더 역사의 시간표를 제대로 볼 수 없게 되고 말 것이다.

유대인에 관한 내용을 교회에, 즉 우리 그리스도인들에게 적용하는 것이 절대 불가하다는 것이 아니다. 일차적으로 본래의 의미를 안 뒤에는 영적으로 우리에게 적용할 수 있는 경우들이 있다. 그러나 성경의 모든 말씀을 큐티하듯 묵상하면서 내게 주시는 말씀이라고, 그것이 전부라고 한다면 곤란하다는 이야기다.

이런 대체신학은 하나님이 이스라엘을 영원히 배척하셨으므로 그들에 대한 약속들은 교회가 받게 된다는 반유대주의적 관점이다. 이것은 로마 가톨릭교회와 거기서 나온 프로테스탄트 개신교단을 비롯한 여러 세력이 유지해 온 신학이지만 이제 설득력이 없으며 종말의 역사를 이해하는 데 큰 방해가 되고 있다.

AD 70년, 이스라엘이 멸망할 때 예루살렘 성전도 파괴되어 살아남은 유대인들은 세계 각지로 흩어졌고, 135년에는 예루살렘 도시가 파괴되었다. 이후 줄곧 유대인들은 탄압당했다. 로마제국은 물론 이슬람교도들이 그들을 괴롭혔고, 근대에 와서는 서유럽과 미국의 일부 세력도 그들을 박해했다. 로마 가톨릭교회가 유대인들을 가리켜 '그리스도를 죽인 자들'이라고 부르며 폄하하는 것은 인간 스스로 심판자가 되겠다는 교만한 생각에 불과하다. 오히려 하나님께서는 하나님의 백성을 돕는 자들에게 복을 주시겠다고 하셨다.

> 내가 너로부터 큰 민족을 만들고 네게 복을 주어 네 이름을 크게 하리니 네가 복이 되리라. 너를 축복하는 자들에게는 내가 복을 주고 너를 저주하는 자에게는 저주를 내리리니 네 안에서 땅의 모든 가족들이 복을 받으리라, 하셨더라. (창 12:2~3)

> 그러므로 너를 삼키는 모든 자들은 삼켜지며 네 모든 대적들 즉 그들 각 사람은 포로가 되고 너를 노략하는 자들은 노략물이 되며 너를 먹이로 취하는 모든 자들은 내가 탈취물로 주리라. (렘 30:16)

한편 하나님은 그들을 고통 가운데만 두지 않고 건져내는 회복을 약속하셨다. 그러므로 비록 지금의 유대인들이 대부분 무신론자이고 정통파는 많지 않지만, 언젠가 성경 기록대로 반드시 회심하고 돌아올 그들을 하나님의 백성으로 대해야 한다(슥 12:9~10; 마 23:37~39).

5. 이스라엘의 회복, 예언과 실현

메시아닉 쥬의 문제

메시아닉 쥬[1] 란 유대인 중 메시아인 예수 그리스도를 받아들인 기독교 개종자들을 말한다. 그들이 개종하는 이유는 정확하지 않으며 또 과연 그들이 신약성경이 정의한 그리스도인이라 할 수 있는지도 의문이다. 그들은 자기들을 크리스천이라고 하지 않고 굳이 '메시아닉 쥬'라고 하기 때문이다.

성경에 따르면 신약시대에는 이 세상의 모든 사람이 불신 유대인, 불신 이방인, 그리고 교회로 구분된다(고전 10:32). 이방인이든 유대인이든 구원받으면 교회에 속하지 따로 다른 그룹을 만들 수는 없다(고전 12:13). 그러므로 구원받았다고 주장하면서 스스로를 메시아닉 쥬라고 부르는 것은 불필요하다.

한국에서 이들의 존재가 알려진 것은 〈회복〉이라는 다큐멘터리 영화 때문이었다. 이 영화는 기독교를 믿는 유대인들이 이스라엘 땅에서 점차 늘어나고 있음을 말하는데, 정통 유대인들이 이들을 향해 증오심을 불태우며 테러와 협박을 일삼지만, 그들의 회심을 위해 오히려 애쓰고 있는 유대인 신자들의 이야기를 담고 있다.

메시아닉 쥬는 이스라엘의 회복이 있어야 전 세계의 회복이 있고, 그래야 주님이 재림하신다는 생각을 갖고 있다고 한다. 우리나라에서도 이런 이야기는 어렵지 않게 들을 수 있다. 그러나 이스라엘이 정말 기독교인들의 선교로 회복이 될까? 마지막 환난기의 역사 없이 그들이 회복된다는 것은 성경을 바로 보지 않았기 때문에 나올 수 있는 막연한 생각이고, 성경의 유대인을 그대로 유대인으로 보지 않고 성도와 혼동한 결과다. 개역성경에는 이런 구절

---

1. 메시아닉 쥬(Messianic Jew)의 '쥬'는 Jew(유대인)이다. 외국어 표기법에는 불필요한 〈ㅠ〉, 〈ㅕ〉 등 중모음을 안 쓰게 되어 있어서, '쥬스', '츄잉 검' 등은 다 틀린 것이고, '주스', '추잉 검'으로 써야 한다. 메시아닉 '쥬'도 '주'라고 써야 표준어인데, '주님' '주여' 할 때의 '주'와 혼동이 되어 흔히 '쥬'라고 구분해 쓰는 경우가 많다. 이 책에서도 '메시아닉 쥬'로 통일해 표기한다.

이 있다.

이 동네에서 너희를 박해하거든 저 동네
로 피하라 내가 진실로 너희에게 이르노
니 이스라엘의 모든 동네를 다 다니지 못
하여서 인자가 오리라 (마 10:23, 개역개정)

그래서 복음이 다시 이스라엘로 들어가
면 재림이 이루어진다고 설명하는 이들이
있다. 유대인들이 어떤 이유로든 기독교로
개종하는 때가 오면 예수님이 재림하신다
는 것이다. 그런데 이 문제의 구절은 "너희가 이스라엘의 도시들을 다니기 전
에 사람의 아들이 오리라"라고 말한다.

마지막 환난의 역사를 통해 이루어질 일을 인정하지 않기 때문에, 마태복
음 24장 14절의 "왕국의 이 복음이 모든 민족들에게 증언되기 위해 온 세상
에 선포되리니 그제야 끝이 오리라." 하는 부분을 오해하여, 온 세상에 복음
이 전파되면, 즉 미전도 종족과 함께 끝까지 버티고 있는 유대인들이 기존 기
독교인들의 선교와 전도로 회심하고 복음화되면 재림이 이루어진다고 그들
은 생각하는 것이다.

일부 메시아닉 쥬가 생겨난 것 자체가 마지막을 가리키는 징조로 볼 수도
있다. 그럼에도 불구하고 이스라엘 사람들은 전도자들의 기대와 달리 전체
민족이 회개하지 않을 것
이기 때문에 그들의 진정
한 회복은 환난 통과 후 주
님 재림 직전에나 일어날
일이다.

현시대 유대인들의 복음
화는 극소수의 일시적 현

여느 나라와 다름없는 이스라엘의 동성애 퀴어축제

상이며 세계적으로 유대인들은 유대교적 마인드를 가진 무신론자이며 진화론자이다. 과학계와 경제 금융계, 예술 분야 등에 포진되어 있는 유명한 유대인들과 이스라엘 국민은 거의 모두 인본주의자이며 그리스도인이 아니다. 다시 말하지만 유대인들의 전체적인 회심은 '주의 날'에 이루어진다(욜 2:31~32).

예수님은 시편을 인용하시며 예수님을 다시 보게 되는 날이 황폐한 때이며, 모든 백성이 주님을 찬송하며 부르는 날이라고 하셨다.

보라, 너희 집이 버림받아 너희에게 황폐하게 되었느니라. 진실로 내가 너희에게 이르노니, 너희가 말하기를, 찬송하리로다 주의 이름으로 오시는 이여, 할 때까지 너희가 나를 보지 못하리라, 하시니라. (눅 13:35)

고난 끝에 비로소 "주의 이름으로 오시는 이여" 하며 예수님을 인정한다는 것이다. '오시는'이라는 표현에 주목해야 한다. 이것은 즉 (비밀리에 하늘에 나타나실 휴거의 공중강림이 아닌) 공개적 지상강림의 문맥이다. 이 시기가 바로 이스라엘 민족의 대대적인 회심의 때다.

마른 뼈와 이스라엘의 회복

이스라엘은 인류 역사의 진행 상황과 미래를 보여준다. 그들의 역사를 알고 이루어질 일들을 주목하면 때를 알 수 있다. 온 세상으로 뿔뿔이 흩어졌던 그들의 회복과 미래는 성경에 어떻게 나타나 있을까?

에스겔의 환상에 나오는 마른 뼈들은 주님의 말씀에 군대처럼 일어난다. 이는 완전히 멸망한 것 같았던 이스라엘 민족이 원래의 땅에 돌아와 다시 서는 것을 뜻한다. 이 유명한 환상에 관한 이야기는 설교 때 회복과 부흥의 교훈으로 인용되곤 하지만 이 이야기의 끝에 나오는 말씀은 늘 잘리거나 무시되곤 한다.

주의 손이 내 위에 임하사 **주**의 영 안에서 나를 데려다가 뼈가 가득한 골짜기 한 가운데 두시고 또 나로 하여금 사방에 있는 그 뼈들 곁으로 지나가게 하시니라. 보라, 그 열린 골짜기에 뼈들이 심히 많으며, 보라, 그 뼈들이 심히 말랐더라. 그분께서 내게 이르시되, 사람의 아들아, 이 뼈들이 살 수 있겠느냐? 하시기에 내가 대답하되, 오 주 **하나님**이여, 주께서 아시나이다, 하니 그분께서 다시 내게 이르시되,

이 뼈들 위에 대언하고 그것들에게 이르기를, 오 너희 마른 뼈들아, **주**의 말씀을 들으라. 주 **하나님**이 이 뼈들에게 이같이 말하노라. 보라, 내가 숨을 너희 속으로 들어가게 하리니 너희가 살리라. 내가 너희 위에 힘줄을 두고 너희 위에 살이 생기게 하며 너희를 살갗으로 덮고 너희 속에 숨을 넣으리니 너희가 살리라. 또 내가 **주**인 줄을 너희가 알리라, 하라.

이에 내가 명령 받은 대로 대언하니 내가 대언할 때에 시끄러운 소리가 나며, 보라, 흔들림이 있고 그 뼈들이 함께 와서 뼈마다 자기 뼈에 이르더라. 내가 또 보니, 보라, 힘줄과 살이 그 뼈들 위에 생기고 살갗이 그것들을 덮었으나 그것들 속에 숨은 없더라. 그때에 그분께서 내게 이르시되, 사람의 아들아, 바람에게 대언하라. 바람에게 대언하여 이르기를, 주 **하나님**이 이같이 말하노라. 오 숨아, 네 바람으로부터 와서 이 죽임 당한 자들 위에 숨을 불어 그들이 살게 하라, 하라. 이에 내가 그분께서 명령하신 대로 대언하였더니 숨이 그들에게 들어가매 그들이 살아서 자기 발로 서는데 심히 큰 군대더라. (겔 37:1~10)

교회에서는 대개 여기까지만 인용하고 말지만, 이렇게 마른 뼈 환상을 주신 후에 하나님은 그 뼈들의 정체에 대해 확실히 설명하신다. 하나님의 군대가 된 그 뼈들은 바로 다시 회복될 '이스라엘의 온 집'이다.

그때에 그분께서 내게 이르시되, 사람의 아들아, <u>이 뼈들은 이스라엘의 온 집이니라.</u> 보라, 그들이 이르기를, 우리의 뼈들은 말랐고 우리의 소망은 없어졌으며 우리로 말하건대 우리 몸의 부분들은 끊어졌다, 하느니라. 그러므로 그들에게 대언하여 이르기를, 주 **하나님**이 이같이 말하노라. 보라, 오 내 백성아, 내가 너

희 무덤들을 열고 너희로 하여금 너희 무덤들에서 나오게 하며 너희를 이스라엘 땅으로 데려가리라. (겔 37:11~12)

이 환상은 이스라엘이 회복되는 것을 뜻할 수도 있고, 이스라엘 땅으로 돌아갔지만 아직 구원받지 못해 숨(생기)이 없는 상태로 볼 수도 있다. 마지막에 유대인들이 메시아를 받아들이면 이런 상태도 회복될 것이다. 그렇다면 마른 뼈와 같았던 유대인들이 어떻게 살아나고 다시 그들의 고국 땅으로 돌아왔는지 역사를 통해 살펴본다.

이스라엘의 멸망, 흩어짐, 회복

그들은 예수님 승천 후 70년에 로마의 타이터스(디도) 장군에 의해 완전히 멸망했다. 예루살렘 파괴 후에도 2년간 저항했던 최후의 맛사다 요새 전투에서 유대인들은 적에게 죽임을 당하기 전에 조를 짜서 각 조장이 조원들을 죽이고, 최후의 1인이 조장들을 죽인 뒤 자결하는 방식으로 최후를 맞았다. 유대인들이 자기 재산인 다이아몬드를 삼켰다가 배설물로 꺼내고 하는 생활 습관을 알았던 로마 병정들은 죽은 자들의 배를 갈라 모든 다이아몬드를 약탈해 갔다고 전해진다.

그 당시 유대인 핍박으로 인해 약 140만 명의 사망자가 나오고 10만 명이 포로가 되었다고 한다. 이후 살아남은 유대인들은 전 세계로 나라를 잃고 흩어졌다. 이처럼 붕괴된 나라의 민족이 여전히 같은 이름으로 2천 년 가까이 명맥을 유지해 왔다. 이것은 안식일을 지키며 모여야 하지만 먼 길을 이동하거나 매매를 하거나 심지어 불을 피우는 것도 금지된 유대인들의 율법 때문에 집단적으로 모여 살 수밖에 없는 특성 때문이기도 하고, 많은 다른 민족이 그들을 핍박했기 때문에 특별 구역을 지정받아 사는 등의 조치가 있었기 때문에 가능했던 일이다.

그들은 까닭 없이 미움을 받기도 했고, 로마 가톨릭교회와 심지어 종교개혁자들에 의해서까지 죽임과 핍박을 당하기도 했다. 이들은 히틀러와 같은 사람에게는 열등한 종족으로 몰려 집단 학살을 당했고, 두뇌가 우수한 탓에 각 나라로 잡혀가기도 했다. 흔히 히틀러에게 600만 명이 희생됐다고 알려져 있지만 실제 숫자는 파악이 불가능하며, 그보다 훨씬 적은 수일 것으로 추정된다.[2]

아무튼 유대인의 시련은 예견된 것이었다. 그들이 창세기와 무수한 대언자의 글에 예언된 메시아를 몰라보고 예수 그리스도를 십자가에 못 박을 때, 총독인 빌라도는 그에게서 죄를 찾지 못하여 심적인 갈등을 느꼈다. 그러나 우유부단한 그는 무리에 떠밀려 예수님을 죽이기로 하고 백성들을 향해 말한다.

> 빌라도가 자기가 아무것도 이기지 못하고 도리어 폭동이 일어나려는 것을 보고 물을 가져다가 무리 앞에서 손을 씻으며 이르되, 나는 이 의로운 사람의 피에 대하여 무죄하니 너희가 그것과 상관하라, 하매 (마 27:24)

백성들은 명절이라 한 사람을 풀어주게 되어 있는 기회를 사악한 강도 바라바에게 주며 사람의 아들로 오신 하나님을 죽음에 넘기고 의기양양하게 말한다.

> 이에 온 백성이 응답하여 이르되, 그의 피가 우리와 우리 자손에게 임하리이다, 하니라. 이에 그가 바라바는 그들에게 놓아주고 예수님은 채찍질하고 십자가에

---

2. 처음에 800만 명으로 주장됐던 희생자 수는 600만 명으로 줄었다가 점점 내려갔다. 지금은 홀로코스트 추모 석관에도 150만으로 수정된 상태다. 〈르몽드〉는 500만(1978), 루돌프 회스 아우슈비츠 소장의 자백은 300만, 예루살렘 히브리대학 예후다 바우어 교수는 160만, 오스트리아 정치학자 라울 힐베르크는 125만, 홀로코스트 역사가 제럴드 라이트링어는 70만, 저술가 리처드 베랠은 최대 40만, 구소련의 국립문서보관소의 자료에는 75,000명 등으로 고무줄과도 같다. 또한 세계적십자사의 유대인 희생자 통계는 질병과 기아를 포함해 66,206명이다(1994). 확실한 것은 희생자 수를 입증할 객관적 자료는 어디에도 없다는 사실이다. 한편 기존의 600만 명을 계속 주장하는 이들은, 희생당한 유대인의 수를 줄이려는 것은 대체신학자와 반 유대주의자들의 음모라고 반박하기도 한다.

못 박게 넘겨주니라. (마 27:25~26)

"그의 피가 우리와 우리 자손에게 임하리이다." 이 말은 그대로 실현되어 그들은 멸망하고 자손들은 방황하며 온 세상을 떠돌게 되어 마치 마른 뼈와 같이 생기 없이 살아왔다.

주가 말하노라. 보라, 날들이 이르리니 내가 내 백성 이스라엘과 유다의 포로 된 자들을 다시 데려오며 또 그들로 하여금 내가 그들의 조상들에게 준 땅으로 되돌아오게 할 터인즉 그들이 그 땅을 소유하리라. **주**가 말하노라. (렘 30:3)

하나님은 예레미야 대언자를 통해 그들이 다시 자기 땅으로 돌아올 것을 말씀하셨다. 그러나 여전히 하나님의 아들을 알아보지 못하는 백성들에 대한 징계도 주어질 것이 예언되었다.

내가 너와 함께하여 너를 구원하리라. **주**가 말하노라. 내가 너를 흩어서 민족들에게로 가게 하였거니와 그 모든 민족들은 내가 완전히 끝을 낼지라도 너는 완전히 끝을 내지 아니하리라. 다만 내가 적절히 너를 바로잡을 것이요, 전혀 벌하지 않은 채 두지는 아니하리라. (렘 30:11)

이것을 이스라엘이 바빌론으로 포로가 되어 잡혀갔을 때의 일로 보는 경우도 있으나 다른 구절들을 보면 전무후무한 대환난의 시기를 가리키는 마지막의 역사임을 분명히 알 수 있다.

주가 이같이 말하노라. 우리가 소리를 들었는데 그것은 떨고 두려워하는 소리요, 평안의 소리가 아니로다. 이제 너희는, 남자가 아이를 배어 산고를 겪느냐? 하고 묻고 또 알아보라. 남자마다 산고를 겪는 여인같이 자기 손을 허리에 대며 모든 얼굴이 창백하게 변함을 내가 봄은 무슨 까닭이냐? 아아, 슬프도다! 그 날이 커서 그것과 비길 날이 없나니 그 날은 곧 <u>야곱(이스라엘)의 고난의 때</u>로다.

그러나 그가 그 고난에서 구원을 받으리로다. (렘 30:5~7)

이것은 바로 '주의 날', 이스라엘이 메시아를 알아볼 그 대환난의 끝부분에 있을 극심한 고통을 의미한다. 그 증거는 다음 구절에 있다.

만군의 **주**가 말하노라. 그 날에 내가 네 목에서 그의 멍에를 꺾어 버리며 네 결박을 끊으리니 타국인들이 다시는 그로 하여금 자기들을 섬기게 하지 못할 것이요, 오히려 그들이 **주** 그들의 하나님과 내가 그들을 위해 일으킬 그들의 왕 다윗을 섬기리라. (렘 30:8~9)

이는 이스라엘 자손이 많은 날 동안 왕도 없고 통치자도 없고 희생물도 없고 형상도 없고 에봇도 없고 드라빔도 없이 거하다가 그 뒤에 이스라엘 자손이 돌아와 **주** 자기들의 하나님과 자기들의 왕 다윗을 찾고 마지막 날들에 **주**와 그분의 선하심을 두려워할 것이기 때문이라. (호 3:4~5)

바빌론 포로의 시대에는 그들이 조국으로 돌아왔어도 다윗 왕이 없다. 예레미야 당시나 이후로 어떤 시대에도 다윗 왕은 없었을 것이다. 다윗의 왕권으로 오신 예수님도 거부한 그들이기에 이 일은 오직 대환난 후에 있을 천년왕국에서나 가능한 일이다.

이처럼 흩어진 유대인들을 디아스포라라고 한다. 이들이 큰 군대로 다시 일어선 것은 기적이다. 또한 수천 년이나 된 구약성경을 가지고 세계정세를 낱낱이 예측하며, 환난기 때 있을 특정한 사람의 이름이나 국가의 명칭까지 정확히 알 수 있다는 것은 기적이 아닌가? 이것은 꿈보다 해몽이 좋은 그런 일이 아니다. 오직 성경이기에 가능하며 이로써 우리는 이 모든 일이 하나님으로부터 왔다는 명백한 증거를 보게 된다. 이스라엘의 회복은 그들의 멸망만큼이나 정확하게 예언된 일이다.

6. 이스라엘과 팔레스타인 땅의 역사

이스라엘 사람들은 멸망 후 온 세상을 떠돌았다. 그들의 땅 또한 여러 민족에게 유린당하며 긴 세월을 보냈다. 이 땅의 역사를 간단히 시대별로 살펴본다.

AD 70년 : 예루살렘 성전의 파괴

66년경 유대인들은 로마의 지배에서 벗어나고자 항거했지만 로마의 장군 타이터스(디도)는 68년에 예루살렘에 근접해 도시를 포위했고, 70년 유월절 경 예루살렘에 도착했다. 유대인 200만 명이 기도 운동을 펼쳤지만 4월부터 7월까지 모든 출입을 통제하면서 도시는 정복됐다. 예수님의 예언대로 예루살렘 성전도 이때 파괴되었다.

예수님께서 성전을 떠나서 가실 때에 그분의 제자들이 성전의 건물들을 보여 드리려고 그분께 나아오매 예수님께서 그들에게 이르시되, 너희가 이 모든 것을 보지 아니하느냐? 진실로 내가 너희에게 이르노니, 여기서 <u>돌 하나도 다른 돌 위에 남지 아니하고 다 무너지리라</u>, 하시니라. (마 24:1~2)

이후 72년 예루살렘 남쪽 100km 지점에 있던 난공불락의 마사다 요새에서 저항하던 유대인들까지 73년에 최종 함락되면서 이스라엘은 패망했다.

135년 : 마지막 유대인 반란

하드리아누스 황제가 유대교 예배 제한법을 공포하고 유대 성전이 있던 자리에 이교 사원을 세우겠다는 발표를 했을 때 시몬 바르 코크바가 이끄는 무리의 반란이 3년간이나 이어졌다. 이 반란의 진압 과정에서 58만 명이 사망했고, 굶주림과 질병으로 사망한 이들까지 합치면 100만 명이 훨씬 넘는 숫자가 죽었다고 전해진다. 살아남은 사람들도 로마 제국 전역에 노예로 팔려 갔다.

135~640년 : 로마 지배 시기

이 시기에 예루살렘 폐허 위에 세워진 도시 앨리아 카피톨리나에는 유대인이 들어오면 죽인다는 로마의 칙령이 발표되었고, 그곳에 이교의 사원이 건축된다. 유대 지방은 이름 자체가 '시리아 팔레스티나'로 바뀌게 되는데, 이 이름에서 '팔레스타인'이라는 지명이 나왔다.

성경에는 출애굽기와 이사야서에 팔레스티나라는 지명이 등장하며(출 15:14; 사 14:29, 31), 요엘서에도 팔레스타인이 나온다(욜 3:4). 2세기경의 기록에도 현재의 이집트와 팔레스타인 가자 지구 사이 연안에 정착해 유대인들에 맞서 살아가는 바닷가 주민들에 대한 기록이 있다. 지금의 팔레스타인 땅인 요르단 서안과 가자 지구, 그리고 이스라엘이 독립 후 차지한 지역 모두가 역사적으로는 팔레스타인의 땅으로 그들은 이해하고 있다. 이 복잡하고 골치 아픈 지역은 유대인들과 오랜 세월 분쟁을 겪어 왔는데, 여호수아가 하나님으로부터 모두 진멸할 것을 명령받았으나 다 처리하지 못한 지역에 해당한다.

640~1090년 : 이슬람교 시대

640년경 이 지역은 이슬람교 세력에 의해 점령당한다. 서방 세계와 연결돼 있던 로마와는 달리 이슬람 세력은 모든 접촉을 단절했고, 모든 곳에 아랍 문화를 건설했으며 자신들의 종교를 강요했다. 예루살렘에는 앗 사크라(전시용 바위 돔 사원)와, 바로 앞의 알 아크사 사원(실제 성지)이 들어섰다. 이에 관한 내용은 '제3성전' 주제에서 다시 다룬다.

1095~1492년 : 라틴 시대(십자군 전쟁기)

이 혼란의 시기는 팔레스타인 지역에서 로마 가톨릭교회가 예루살렘 성지를 이슬람 세력으로부터 탈환하기 위해 십자군 원정이라는 이름으로 이슬람교도 터키인들과 싸웠던 시기다. 그들은 교회의 권위를 높이기 위해 예루살렘을 점령해 세상을 지배하고자 했던 것이다. 1099년, 십자군은 예루살렘을 잠시 빼앗았지만 그 후 다시 아랍에 빼앗기는 등 공방이 반복되었다. 10회의 십자군 전쟁은 1492년까지도 이어졌지만 결국 예루살렘 탈환에는 실패했다. 양쪽 군대와 민간인 약 20만 명이 사망했을 것으로 추정한다.

1250~1517년 : 맘루크 시대

이 시대에는 이슬람교 맘루크 왕조를 공격하여 죽이고 내쫓은 터키인 살라딘의 후손들이 팔레스타인 지역을 다스렸다. 이때는 팔레스타인, 이집트, 시리아에 47명의 통치자가 존재했던 혼란의 시기였다.

1517~1917년 : 오스만 터키 시대

오스만 터키 제국은 지중해 동쪽 연안과 북아프리카의 많은 지역을 점령했다. 그들이 팔레스타인 지방을 점령한 이 시기에는 다른 민족의 침략은 거의 없었으나 국지적 전쟁은 많이 있었다.

1566년, 현존하는 예루살렘의 성벽이 재건되었고 이슬람 문화는 더욱 강화된다. 예루살렘은 아브라함을 조상으로 하는 세 종교, 즉 유대교, 기독교, 이슬람교의 성지다. 현시대 유대인들은 솔로몬 성전과 스룹바벨 성전 이후 헤롯이 재건한 성전이 로마에 의해 파괴되었으므로 반드시 예루살렘의 성전 터에 다시 그것을 지어야 한다고 생각하고 있기 때문에 이 지역의 갈등은 끝까지 이어질 것이다.

1800년대 후반 : 시온주의의 태동

시온(Zion)은 이스라엘의 산 이름으로 헤르몬산의 가장 높은 부분을 말한다. 도시의 이름이기도 한 시온은 예루살렘에서 가장 높은 도시로 '다윗의 도시'로도 통하는 곳이며 이스라엘의 가장 중요한 상징적인 곳이다. 시온주의(Zionism)란 팔레스타인 지역을 이스라엘 땅으로 회복시키려는 운동이자 사상을 뜻한다.

이 시기에 천년왕국을 믿는 기독교인들은 유대인들이 거룩한 땅으로 돌아가는 일에 대한 관심을 자극했다. 유대인들이 성전을 회복하고 환난을 거쳐 예수 그리스도를 메시아로 받아들이는 일이 성경의 수순이기 때문이다. 이것은 서구 사회 기독교인들의 재림에 대한 열망이 만든 결과다. 이 시기에는 예언적인 문학 작품들이 출현해 서양 교회들의 설교와 선교 분위기에 많은 영향을 주었고, 자기 땅을 잃은 유대인들의 꿈같은 고토 회복에 자극을 주었다. 바론 로스차일드는 팔레스타인 농업 식민지 계획을 주창했는데 이 계획이 유대인들에게 매혹적으로 다가왔다.

1861년, 팔레스타인을 식민화하기 위한 모임이 런던에서 결성되었고, 독일과 프랑스에서도 같은 움직임이 있었는데, 유대인들 사이에서는 고국 땅이 이슬람 세력이 아닌 유럽 강대국의 지배하에 들어가면 그 땅으로 이민을 간다는 생각이 퍼지게 되었다. 성경에서 그 땅을 자기들에게 영원히 주시겠다는 하나님의 말씀을 늘 읽어온 그들은 회당에서 오랫동안 드려온 "내년에는 예루살렘에서…"라는 기도가 실현되는 꿈을 꾸었다.

그러나 프랑스에서 유대인 출신 장교 알프레드 드레퓌스 대위가 군사적 추문 사건의 희생양이 되어 파면당하고 악마섬의 죄수로 갇히는 사건이 일어난다. 그는 몇 해 뒤에 무죄로 누명을 벗지만, 나라 잃은 민족의 입장에서 당한 이 일로 유대인들은 어찌 보면 당연한, 독립 국가 설립을 한층 꿈꾸게 된다.

1894년 오스트리아의 언론인 테오도르 헤즐은 드레퓌스 사건을 신문에 크게 다루었다. 또한 그는 1897년에 제1회 시온주의자 의회를 소집했다. 서방 국가에서 온 유대인 지도자들은 이 의회에서 "시온주의는 유대 민족이 팔레스타인 법에 보장되는 조국을 만들기 위해 투쟁한다"는 요지의 결의문을 발표했다.

이런 움직임들의 결과로 1907~1908년에는 최초의 유대인이 팔레스타인에 유입되었다. 1914년에는 9만 명이 넘는 유대인들이 팔레스타인에 이주해 살게 되었고, 40개 이상의 농업 개척지가 설립되었다.

1917년 : 밸푸어 선언

영국의 외무장관 아더 밸푸어는 독일과의 전쟁에 영
향력 있는 유대인들의 후원을 얻기 위해 영국 내각의
승인을 받은 선언문을 발표한다. 이스라엘의 독립에
결정적인 역할을 했던 이 선언은 에스겔서의 마른 뼈
들이 서로 소리를 내며 연락하는 과정의 일부였다.

아더 밸푸어

세계적인 유대인 거부 바론 로스차일드 경에게 전달
하는 방식의 이 선언문에는 이스라엘 재건에 관한, 다
음과 같은 결정적 내용이 수록되었다.

> "영국 정부는 팔레스타인에 유대 민족의 모국을 건설하는 일에 호의를 갖
> 고 있으며 이 목표의 성취에 최선을 다할 것입니다. (이 과정에서) 현재 팔레
> 스타인에 있는 비유대인 공동체의 공민권과 종교적 권리를 침해하는 일이
> 나, 다른 나라에서 유대인이 누리는 권리와 정치적 지위를 침해하는 일이
> 행해져서는 안 될 것입니다."

이런 분위기 속에서 유대인들의 이주로 황폐한 팔레스타인 땅이 비옥하게
바뀌어 가자 그곳의 아랍인들은 점점 악의를 품기 시작했다. 1929년에는 영
국인들의 지배에 대항하는 대규모 폭력 사태가 일어나기도 했고, 이런 난동
은 1936년까지 끊이지 않았다. 영국은 이런 환경에서 유대인들을 보호했고,
독립 국가를 이룰 때쯤에는 유대인들의 자주국방력이 아랍인들의 틈바구니
에서 버티기에 충분한 수준이 되었다.

1918년 : 영국의 이스라엘 점령

영국의 알렌비 장군은 영국 왕의 정부를 대표해 거룩한 땅 예루살렘으로
진군했는데, 총 한 방 쏘지 않고 터키의 항복을 받아낸다. 당시 터키인들은

알렌비(Allenby)의 이름을 Allah-bey, 즉 '알라신의 예언자'로 보고 즉각 땅을 내주었다고도 한다. 이후로 이스라엘 독립까지 약 30년간 영국령으로 있던 이 지역은 오늘날의 이스라엘과 요르단 서안 지구(West Bank), 가자 지구(Gaza Strip)를 포함하는 일대였다.

1920~1946년 : 영국의 팔레스타인 위임 통치

팔레스타인의 영국 위임 통치령은 제1차 세계대전 이후 영국에게 할당된 국제 연맹의 통치령이다. 1920년부터 1946년까지 영국은 팔레스타인 지역을 위임 통치했다. 1923년 이후에 이 지역은 요르단강 서안은 현재의 이스라엘과 팔레스타인 자치 정부가 위치한 지역으로 1948년까지 영국이 통치하였고, 동안은 트란스요르단으로 분리해 하심가 출신 왕족에게 자치권을 주어서 통치했다.

1933~1945년 : 히틀러에 의한 탄압

1933년에 독일 총리가 된 나치당의 아돌프 히틀러는 유대인 포로수용소를 조직적으로 세워 유럽의 많은 유대인을 이주시켰으며, 열등한 인종으로 취급하여 제2차 세계 대전이 끝나는 1945년까지 박해했다.

1940년대 : 독일 패망 후 아랍 주변국들의 독립 러시

제2차 세계 대전이 끝나자 연합군은 유대인을 포함한 포로들을 석방한다. 이후 유럽 이외 지역에 있던 부유한 유대인들의 도움은 흩어진 백만 명 이상의 유대인을 팔레스타인에 정착하게 만드는 계기가 되었다.

1932년에 이라크가 독립했고, 1943년에 레바논이, 1944년에 시리아가 독립했다. 1945년에는 이스라엘 재건에 강한 적개심을 품은 이집트 · 시리아 · 레바논 · 이라크 · 사우디 아라비아 · 예멘 · 트란스요르단이 아랍 동맹을 맺었다. 1946년에는 시리아와 트란스요르단이 독립한다. 이 시기를 전후로 1919년에 아프가니스탄이, 1922년에 이집트, 1952년에 리비아, 1956년에 수단, 1960년에 니제르와 차드 등, 1961년에 쿠웨이트, 1967년에 남예

멘이 독립했다.

1947년 : UN의 팔레스타인 분할안

UN은 평화를 위해 팔레스타인 지방을 유대인과 아랍인들의 나라로 분할할 것을 가결한다. 예루살렘은 천주교와 개신교, 그리고 이슬람교에까지 거룩한 도시, 완전히 개방하는 국제도시로 선포된다. 이 분할안에 유대인들도 불만이 있었으나 정치적 목적으로 찬성했고, 아랍인들은 반대했다. 이때 내란을 두려워한 30만 명가량의 팔레스타인 아랍인들은 집을 버리고 피난민 신세가 되어 도망치는데, 국제 연합이 임시 천막을 세워주었다.

1948년 : 이스라엘의 독립(5월 14일)

영국이 팔레스타인 위임 통치를 끝내자 이스라엘 정부는 정식으로 65만 이상의 인구를 지닌 이스라엘 국가를 설립한다. 에스겔서 37장의 마른 뼈가 드디어 하나의 커다란 군대를 이룬 것이다. 물론 아랍 세력은 이를 용납하지 않았고, 아랍 동맹은 이스라엘에 선전포고를 한다. 이때 일어난 독립 전쟁(제1차 중동 전쟁)에서 수는 많아도 무기력한 아랍 군대들을 압도하면서 이스라엘은 더 많은 영토를 차지하게 된다. 예루살렘 서쪽 지역은 이때부터 이스라엘이 점령했고, 1950년부터 정치적 수도가 되었다(행정 수도는 텔아비브).

이스라엘은 1949년에 네게브 사막을 포함한 팔레스타인 땅 약 5천 제곱 킬로미터를 차지하며 총 18,000 제곱 킬로미터의 영토로 확장했다. 그 해에 UN군이 이스라엘의 공공질서를 확립하는 데 도움을 주도록 허용하지만 아랍인들은 UN의 결의를 수용하지 않았다. 이 해에 70~80만 정도의 팔레스타인 피난민들은 인근 아랍 국가들로 이주한다.

1948년 회복의 역사는 바빌론으로부터의 회복이 아닌 두 번째 회복, 즉 온 나라로 흩어진 민족들이 모이는 것에 관한 예언의 실현이다.

그 날에 주께서 다시 자신의 손을 <u>두 번째</u> 세우사 자신의 백성 중의 남은 자들 곧 남게 될 자들을 되찾되 아시리아와 이집트와 바드로스와 구스와 엘람과 시날과 하맛과 바

이스라엘의 독립 소식을 전한 1948년 5월 16일자 팔레스타인 포스트 1면

다의 섬들로부터 되찾으실 것이요, 또 그분께서 민족들을 위하여 기를 세우시고 이스라엘의 쫓긴 자들을 모으시며 땅의 사방에서부터 유다의 흩어진 자들을 함께 모으시리라. (사 11:11~12)

1964년 : 팔레스타인 해방 기구(PLO) 설립

아랍 연맹의 촉구로 피난민들에 의해 팔레스타인 해방 기구 PLO(Palestine Liberation Organization)가 창설된다. 반(反)이스라엘 전선인 이들의 목적은 유대인들을 그 땅에서 몰아내고 자신들만의 독립된 팔레스타인을 세우는 것이다. 이들은 1970년까지는 요르단에, 이후로는 레바논에 근거지를 두고 팔레스타인 점령지에서 게릴라식으로 투쟁했다. PLO는 1974년에 이르러 국제적인 인정을 받는다. 1988년에는 팔레스타인의 독립을 선언했고, 이스라엘의 존재를 암묵적으로 인정했다.

91년 마드리드 평화 협상과 93년 오슬로 협정에 따라 팔레스타인 건국 운동이 성취되는데, 팔레스타인 정부가 들어선 후에는 오히려 PLO의 존립이 불확실해졌다.

1967년 : 6일 전쟁(6월 5~10일)

1952년에 수에즈 · 시나이 전쟁 (제2차 중동전쟁) 이후 1960년대에 이스라엘 정보국은 아랍이 군사 적으로 공격할 계획을 세운 사실 과 소련의 무기가 그들에게 대량 유입되고 있다는 정보를 입수하 고 1967년에 먼저 이집트와 요르 단, 시리아를 공격한다(제3차 중동 전쟁). 병력의 수는 아랍이 무려 30 배나 우세했지만 이스라엘의 육 군과 공군은 이들 나라를 쳐부수 고, 수에즈에 있는 소련의 미사일 기지까지 고스란히 차지했다. 이

6일 전쟁에서 승리한 이스라엘 군인들. 전면에 이슬람의 바위 사원이 보인다.

때 유대교, 이슬람교, 그리스도교 의 공동 성지인 예루살렘의 동쪽 지역까지 점령한다.

국방장관 모셰 다얀 장군의 지 휘 아래 단 6일 만에 끝난 이 전쟁 은 세계 전쟁사에 유례가 없는 놀

6일 전쟁 완승 후(가운데가 다얀 장군)

랄만한 전투로, 이스라엘은 시나이반도와 요르단 서안 웨스트뱅크, 가자 지 구, 골란고원 등을 지배하게 된다. 이 전쟁으로 이스라엘의 영토는 4배 확장 되었다. 아랍의 사망자가 3만 5천 명이었던 반면, 이스라엘의 사망자는 천 명 을 채 넘지 않았다.

소련은 이집트에 군사적 지원을 계속하면서 미 국무장관 헨리 키신저를 불러 휴전을 요청했고, 소련의 군사 개입 가능성을 예측한 미국은 긴장 완화 를 위해 UN을 통해 10월에 휴전을 결의했다. 이 UN 결의 338조는 전쟁 이 전의 상태로 물러나는 것이 주요 내용이다. 이후 이스라엘과 시리아 사이의

비무장 지대에 UN 감시군이 주둔하게 되었다.

그러나 이스라엘은 골란고원은 반환하지 않고 유대인 정착촌을 건설하며 1981년에 자국 영토로 무단 병합했는데, 시리아와 맞닿은 동쪽 휴전선은 일정치 않은 상태였다.

1973년 : 욤 키푸르 전쟁

1973년 10월 6일 유대 속죄일 욤 키푸르(Yom Kippur)를 지키기 위해 각 회당에 유대인들이 모였을 때 시리아와 이집트의 침략이 있었다. 이스라엘 군부는 처음으로 허점을 보였지만 한 시간 내에 예비군을 집결시켜 반격에 나서 잠시 빼앗긴 골란고원을 되찾고, UN의 정전 명령이 있기까지 전진했다. 19일간의 전쟁에서 이스라엘도 수세에 몰리며 많은 사상자를 냈지만 시리아와 이집트에는 훨씬 더 많은 타격을 입힌 전쟁이었다.

중동의 전쟁과 위기는 늘 영토와 함께 석유 문제로 발발한다. 소련을 비롯한 강대국의 개입도 늘 석유를 선점하기 위한 기득권 싸움이었다. 70년대는 이 욤 키푸르 전쟁으로 인해 전 세계가 석유의 위기를 겪어야 했고, 여러 나라의 경제는 큰 타격을 입었다. 1977년 민족주의 진영인 우파 정치 세력 리쿠르당이 이스라엘에서 집권하게 된다. 이스라엘의 우파 지도자들은 이스라엘의 문제를 영토에 국한하지 않고, 성경을 근거로 팔레스타인 땅을 신이 부여한 영원한 땅으로 인식하고 있다.

이후로 이스라엘에서 이런 민족주의의 목소리는 점차 힘을 더했다. 종교 민족주의당, 구시 에무님(신앙의 블록) 세력, 그리고 이라크, 모로코, 튀니지, 알제리 등 이슬람 국가에서 이주해온 유대인인 세파르딤도 리쿠르당 집권에 큰 몫을 했다. 1990년대에 러시아에서 이주해온 세력도 우파 민족주의 강경 노선을 지지하는 자들이다.

1978년 : 캠프 데이비드 회담과 이집트와의 평화 협정

제1차 세계대전 후 이집트령으로 인정된 시나이반도는 이스라엘에 의해 가끔씩 점령되던 곳인데, 1967년부터는 계속해서 이스라엘의 점령지가 되었지만 제4차 중동전쟁인 욤 키푸르 전쟁 이후, 1974~1975년 병력 분리 협정에 따라 그 일부가 이집트령으로 되돌아갔다.

그 후 1977년 사다트 이집트 대통령의 이스라엘 방문과 1978년 9월 미국의 지미 카터 대통령이 주선한 캠프 데이비드(메릴랜드에 있는 미 대통령 전용 별장) 회담을 통해 이스라엘과 이집트는 1979년에 평화 협정을 체결하였으며 이 협정에 따라 이스라엘은 시나이반도에서 군대를 단계적으로 철수했고, 1982년에는 시나이반도 전체를 이집트에 넘겨주었다.

1988년 : 팔레스타인 자치 정부와 하마스 설립

1988년 오슬로 평화 협정에 의해 팔레스타인 자치 정부가 출범한다. 해외 거주민을 제외한 요르단 서안과 가자 지구를 통치하는 정부다. 1996년에는 팔레스타인 사람들에 의해 직접 보통 선거가 이루어져 88명의 입법 의원이 선출되었다.

1988년은 이슬람 저항 단체 하마스가 결성된 해이기도 하다. 무슬림 형제단(1928)에서 갈라져 나온 이슬람 지하드(1983)에서 파생한 단체로, 다른 이슬람 단체들과 마찬가지로 과격하지만 사회 분야의 인프라 구축에도 힘쓰는 단체다.

종종 뉴스에 보도되는 이스라엘과 팔레스타인의 분쟁을 보면 국제 사회의 비난이 이스라엘의 오만한 독선적 조치들 위에 쏟아지는 것을 볼 수 있다. 그러나 편파 보도도 많은 것이 사실이며, 이스라엘은 자신들에게 주어진 영토 사수를 위해 최선을 다하면서 나름의 교전 수칙을 지키고 있기도 하다.

어쨌든 그들은 다시 그 땅에서 뽑히지 않으리라는 예언을 성취하고 있다. 그들 스스로 자신들의 땅을 지키며 다시는 디아스포라가 되지 않기 위해 애쓰고 있는데, 이는 물론 하나님이 자기 백성을 통해 약속하신 모든 것을 이루어가는 과정이다. 지속적으로 중동 국가들에 둘러싸여 궁지에 몰릴 이스라엘은 언젠가 자국 보호를 위해 다니엘서에 나오는 열 발가락 국가와 손을 잡는 마지막 7년의 문으로 들어가게 될 것이다.

그가 많은 사람과 한 이레 동안 언약을 확정하리니… (단 9:27)

1995년 : 라빈 총리 암살

민족주의 진영에 반하는 세력은 좌파 노동당 세력이다. 강경파는 온건하고 평화적인 노선을 걷는 이들을 무척 경계하는데, 이는 유대인 정착촌의 와해를 우려하기 때문이었다. 급기야 1995년 11월 4일에는 노동당의 이츠하크 라빈 총리가 극우파 청년에게 암살되는 사건이 벌어지기도 했다. 이 때문에 민족주의 진영은 수세에 몰리기도 했지만 2000년을 전후로 다시 힘을 얻게 되었다.

2004년 : 아라파트 의장 사망

팔레스타인 자치 정부 수반이었던 야세르 아라파트 의장은 1993년 오슬로 협정을 계기로 이스라엘의 라빈, 시몬 페레즈와 노벨평화상을 공동 수상한 인물이다.

그는 2004년 지병으로 프랑스 군 병원에서 사망했는데,

93년 오슬로 협정 당시 클린턴 전 미 대통령과 이스라엘의 라빈 총리(왼쪽), 아라파트 PLO 의장(오른쪽)

이스라엘의 독살설이 끊이지 않았으며 일부 증거도 드러나 2011년 시신 공개와 함께 자세한 조사가 이루어졌다. 프랑스는 아라파트의 미망인 수하 여사의 요청에 따라 2012년 11월 그의 유해에서 60여 점의 표본을 채취했고, 스위스와 러시아, 프랑스 연구진은 이 표본을 토대로 조사했다.

2013년 12월 연구진은 아라파트가 방사성 물질인 폴로늄에 중독된 것이 아니라 감염에 뒤이은 노환으로 숨졌다고 결론내렸다. 정치적 타협을 한 것인지는 알 수 없지만 자칫 큰 정치적 공방으로 비화될 뻔한 아라파트의 죽음은 그렇게 일단락되었다.

7. 이스라엘의 최근과 현재 상황

팔레스타인의 국가 지위 획득

많은 때에 팔레스타인과의 크고 작은 무력 충돌이 재현되고 하마스 등의 자살 폭탄 테러가 이어짐에 따라 이스라엘 민족주의 진영의 입장이 이스라엘 내에서 여전히 설득력을 얻고 있다. 즉, 팔레스타인 민족은 본질적으로 폭력적이며 이스라엘을 국가로 용인하지 않는다는 생각이 지배적이다. 오늘날까지 대다수의 이스라엘 사람은 국가의 존립이 외세로부터 늘 위협받고 있어 위태롭다는 생각을 지니고 있다. 그러나 늘 약자로 비치는 팔레스타인 민족에 대해 우호적인 국제 여론은 그들이 이스라엘 사람들이 생각하는 것과는 달리 유대인과의 공존을 받아들이는 평화주의자라는 시선을 보내는 경우가 많다.

미국 오바마 대통령의 재선 직후인 2012년 11월에는 하마스의 포탄이 이스라엘 쪽으로 잘못 날아간 사건에 이스라엘의 보복 공격으로 백여 명의 민간인이 희생되어 전면전의 위기까지 언급될 정도로 긴장감이 돌았다. 팔레스타인 어린이가 "왜 우리는 다른 나라 어린이들처럼 평범할 수 없나요?"라며 성토하는 모습이 전 세계로 전파되면서 세계인들은 또 한 번 이스라엘의 안하무인 식 대처를 비난했지만 영토에 대한 그들의 확고한 의지는 혈통에 깊이 박힌 불문율과 같은 것임을 다시 확인시켜 줄 뿐이었다. 이 사태는 정전 협정과 서로의 승리 주장으로 일단락됐지만 이후로도 크고 작은 많은 분쟁이 일어났다.

2012년 11월 29일, UN 산하 유네스코 정회원국에 머물던 팔레스타인이 정식으로 국가 지위를 인정받았다(비회원 옵서버 국가). 이날은 65년 전 UN이 팔레스타인을 이스라엘과 아랍 영토로 분리했던 날이기도 했다. 완전 독립 국가를 꿈꿔온 팔레스타인의 염원이 실현될 날이 다가왔다고 언론은 보도했지만 이스라엘은 도발에 엄중히 대처하고 응징하겠다고 기존 입장을 굽히지 않아 국제 사회가 실질적인 변화를 체감하기는 어려웠다.

| 팔레스타인 땅과 이스라엘의 지형도 변화

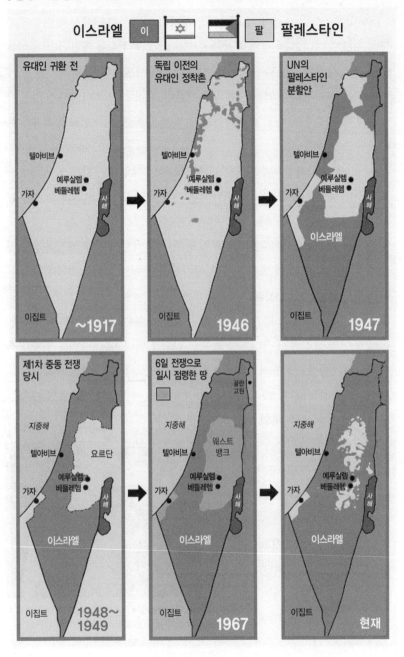

오바마에게 건넨 네타냐후 총리의 선물

근현대에 소비에트 연방과 러시아는 성경의 예언적 측면에서 이스라엘 침공을 주도할 나라가 될 것으로 지목될 만큼 이스라엘에 큰 위협이었다. 이는 모두 이스라엘에 매장된 광물질 등 막대한 에너지원에 대한 탐욕과 중동 지역 나라들을 지원하여 얻는 석유 때문이었다. 과거 소련의 이스라엘 침공 야욕은 번번이 들통이 나고 좌절되었는데, 이것을 곡과 마곡 전쟁으로 오인한 학자들도 있었다.

이스라엘은 과격한 이슬람 국가들에 둘러싸인 살얼음판 같은 정세 속에서도 굳건히 독립 영토를 지켜 왔지만 국제 여론의 악화 속에서 강경 노선을 이어가는 이스라엘의 입지는 점점 좁아지고 있다. 그간 그들을 둘러싼 중동의 여러 나라 속에서 수많은 전쟁과 무력 충돌이 있었지만 현재 이스라엘의 가장 큰 위협은 이란의 핵 보유 문제다. 이란은 숙적 이스라엘을 겨냥한 증오심을 드러내고 있기 때문이다.

2012년 이스라엘을 방문했던 오바마 미국 대통령에게 베냐민 네타냐후 총리가 구약 성경의 에스더기를 선물한 일이 있었다. 에스더서는 인도에서 에티오피아까지 127개 지방을 통치한 아하수에로왕 때, 그의 왕비였던 유대인 에스더의 이야기다. 아각(아말렉) 사람 하만은 에스더의 삼촌 모르드개를 못마땅하게 여겨 유대인 말살 정책을 시도했지만 에스더는 왕비로서 그 음모를 슬기롭게 넘겨, 나라를 구하고 하만을 응징했다는 바빌론 포로 시대의 이야기가 바로 이 책의 줄거리다. 이것은 이스라엘의 굳은 민족주의와 국가수호 의지를 드러낸 '은유가 담긴 선물'이었다.

2012년 방문 당시 다소 긴장된 모습의 네타냐후 이스라엘 총리(왼쪽)와 오바마 전 미국 대통령

트럼프, 예루살렘을 이스라엘 수도로 인정

이스라엘에 강력한 메시지를 보내며 유화 정책을 썼던 트럼프 전 대통령 은 2017년 12월에 예루살렘을 이스라엘 수도로 인정하고 미국 대사관의 이 전을 지시했다(예루살렘 선언). 2018년 5월 14일에는 실제로 미국 대사관을 행정 수도 텔아비브에서 예루살렘으로 옮겼다. 이는 매우 정치적인 제스처 로 미국 내 유대인들과 기독교 세력의 결집과 지지를 노린 것이었다. 어쨌든 불신자인 트럼프를 통해서라도 예루살렘이 세계의 중심으로 주목받는 것은 한 걸음 더 역사를 이루는 일에 틀림없었다.

이 조치는 팔레스타인을 비롯 한 아랍권의 거센 반발을 불러 왔고, 특히 위기를 느낀 팔레스 타인은 대규모 반이스라엘 시 위를 벌이기도 했다. 트럼프의 국내 정치를 위한 여론전 성격 이 강했지만 이스라엘의 총리 베냐민 네타냐후는 이날을 '역 사적인 날'이라 칭하며 트럼프 대통령에게 깊이 감사한다고

트럼프는 예루살렘을 이스라엘의 수도로 선언하 면서 통곡의 벽에서 유대인 모자 키파를 쓰고 기도 하는 모습을 보였다.

했다. 그는 트위터에 "예루살렘은 3세기 동안 우리의 희망, 꿈, 그리고 기도의 중심이었습니다"라고 쓴 반면, 팔레스타인의 지도자 아바스는 "예루살렘은 영원한 팔레스타인의 수도"라고 했다.

그러나 UN은 이를 승인하지 않았고, 이 문제는 이스라엘과 팔레스타인의 긴장을 고조시키는 또 하나의 불씨가 되고 있다.

이스라엘/미국과 이란의 긴장

이후 이스라엘과 이란의 긴장이 고조되기도 했다. 트럼프는 2020년 1월 3 일 드론 공격으로 이란의 가셈 솔레이마니 쿠드스군 사령관을 제거했다. 그 리고 "전쟁을 시작하기 위해서가 아니라 멈추기 위해서였다"고 발언했다. 솔

레이마니는 이란인들에게 특별한 존재였기에 이란 국민의 분노는 하늘을 찌를 듯했다. 솔레이마니는 2017년 미국 〈타임〉이 '세계에서 가장 영향력 있는 인물 100인'으로 선정되기도 했는데, 그에 대해 전직 미국 중앙정보국(CIA) 분석가는 이렇게 평가했다.

솔레이마니 사령관

"중동의 (이슬람) 시아파들에게 그는 제임스 본드, 에르빈 롬멜[3], 레이디 가가를 하나로 합친 것과 같다."

이란 국민의 충격과 분노를 읽을 수 있는 대목이다. 당시에 실제로 호르무즈 해역에 전운이 감돌기도 했다. 사태가 잠잠해진 8월에는 알카에다의 2인자인 아부 무함마드 알마스리가 8월에 테헤란에서 이스라엘에 의해 암살됐다는 보도가 나왔지만 이란 측이 부인했다. 11월 27일에는 이스라엘의 정보기관 모사드가 이란의 핵과학자인 모센 파크리자데를 암살했다.

이후 미국과 이란의 갈등은 이어졌고, 그 여파로 솔레이마니 사망 1년이면서 조 바이든의 취임을 보름 정도 앞둔 2021년 1월 4일에 한국의 선박 한국케미호가 호르무즈 해역에서 이란에 나포되기도 했다. 한 달 후 선원 19명이 풀려났지만 선장은 95일 만에 석방되었다. 한국에 동결된 이란의 석유 자금이 또 다른 원인이었지만 1월 4일 이란이 핵무기를 위한 "우라늄 농축 농도를 20% 상향하겠다"고 공표한 날이었다.

아무튼 이스라엘은 팔레스타인을 비롯한 중동 국가들과 여전히 긴장을 이어가고 있다. 네타냐후는 2020년 4월 총리 연임에 성공했고, 이를 위해 이란과의 긴장 관계를 이용하기도 했다.

참고로 이란은 아랍 국가가 아니다. 아랍은 사우디아라비아를 중심으로 모두 하나로 통일해도 되는 22개 이슬람 국가들인데, 얼핏 아랍으로 연상되는 이란과 터키는 이에 해당하지 않는다. 이란은 아랍과 언어도 조금 다르며

---

3. 독일에서 가장 위대한 영웅으로 칭송받은 제2차 세계대전의 독일 장군

페르시아 왕국의 영화를 되찾으려는 자부심을 지닌 아리안족으로 구성돼 있다. 히틀러가 자신들을 아리안족으로 우월하게 여겼듯이, 이란은 유럽에 가까운 인종들로 구성돼 있다. 이런 구분이 마지막 역사에서 다니엘서의 '열 발가락'을 규정하거나 아마겟돈 때 일어날 민족들을 고려할 때 참고가 되어야 할 것이다.

아브라함 협정 또는 트럼프 협정

2020년 8월 13일 트럼프와 그의 유대인 사위 쿠슈너는 일명 아브라함 협정이라고 하는 이스라엘-아랍에미리트-바레인 협정을 이끌며 종교 통합적 행보를 이어가기도 했다. 이는 유대교(이스라엘)와 이슬람교(아랍에미리트, 바레인)가 기독교(미국)의 중재로 합의한 협정이었다. 세 종교의 동일한 시조는 아브라함이기 때문이다.

아랍에미리트는 이란에 대한 위협 때문에 이스라엘과 손을 잡았지만 이 효력이 얼마나 갈지는 의문이다. 트럼프는 이조차 자신의 업적을 위해 사위를 통해 추진했고, 이 조약이 '트럼프 협정'으로 불리길 원했다. 조 바이든 대통령의 시대에는 이스라엘이 트럼프 만큼의 정치적 이득을 볼 수 없겠지만, 미국은 여전히 이스라엘에 유화 정책을 사용하는 반면 중동에는 강경책을 유지할 것으로 예상된다. 물론 미국은 중동 국가들에 무기를 판매하면서 그 긴장을 계속 활용하기를 원하고 있다.

미국의 중재로 협정을 맺는 3국. 왼쪽부터 바레인 알자야니 외무장관, 이스라엘 네타냐후 총리, 미국 트럼프 대통령, 아랍에미리트 알나흐얀 외무장관

계속되는 팔레스타인과의 분쟁

2021년에도 두 국가는 갈등을 빚었다. 4월 중순 이슬람 라마단이 시작된 이후 이스라엘 경찰과 팔레스타인 시민이 야간에 충돌하는 일이 잦아지며 사태가 고조되었다. 이스라엘 당국이 동예루살렘에 거주하는 팔레스타인 시민 일부에게 퇴거를 강요하자 팔레스타인의 분노가 더 커졌다.

이스라엘이 쌓은 장벽으로 둘러싸여 사실상 감옥과도 같은 가자 지구의 팔레스타인은 사제 폭탄 수준의 원시적인 무기로 저항하지만 이스라엘의 최첨단 무기에 훨씬 큰 희생을 입었다. 열흘 동안 이어진 마찰에 팔레스타인 고위 사령관 바셈 이사가 피살되기도 했다. 5월 20일 휴전에 합의했지만, 팔레스타인 아동 61명을 포함해 총 232명이 사망하고 1,900여 명이 다친 반면 이스라엘에서는 12명의 사망자와 300여 명의 부상자가 발생했다.

앞으로도 마찰은 지속될 것이다. 이스라엘은 옛 영토와 성전 터를 모두 차지할 때까지 멈추지 않을 것이기 때문이며, 팔레스타인 역시 간단히 몰아내기에는 그 수가 너무 많기 때문이다.

이 분쟁에는 각각 정치적 목적도 있었다. 팔레스타인은 탄압받는 희생자의 모습을 중동 국가들에 호소한 것이었고, 이스라엘 역시 트럼프만큼 협조하지 않는 조 바이든과 민주당 정권을 향해 시위를 한 셈이었다. 또한 비리 혐의로 검찰 조사를 받고 있던 네타냐후가 지지율의 반전을 노린 수단이기도 했다.

네타냐후를 몰아낸 무지개 연정

하지만 2021년 6월, 72세의 네타냐후는 결국 15년 만에 총리직에서 물러났다. 이스라엘에서 1948년 건국 후 최초로 우파와 좌파, 중도, 아랍계 정당이 손을 잡은 이른바 무지개 연정, 즉 3월 총선에서 의석을 차지한 13개 정당 중 8개가 최장수 총리 네타냐후를 몰아낸 것이다. 이스라엘 집권 연정에 아랍계 정당이 포함된 것은 이번이 처음이지만 사실 이스라엘에도 이슬람 세력이 국가 전반에 영향을 미치며 활동 중이라는 것은 기독교인들이 잘 모르는 부분이다.

이 결과로 네타냐후 측근에서 변심한 극우 정당 야미나의 나프탈리(납달리) 베네트 대표와 중도 정당 예시아 티드의 야이르(야이로) 라피드 대표가 2년씩 총리직을 나누게 됐다. 베네트는 이스라엘의 강경 극우 보수 집단이자 초정통파로 불리는 하레디파 유대교인이다. 모세오경을 그대로 따르는 하레디파는 극소수였으나 성인 여

나프탈리 베네트(왼쪽)와 야이르 라피드

성 1명당 6명이 넘는 출산으로 2015년경 80만 명으로 급부상해 전체의 10%를 차지하는 등 크게 늘고 있는데, 하레디파 출신 총리는 베네트가 처음이다.

하레디파는 혈통적 구분이라기보다 종교와 사상적 구분으로 다음 장에 소개하는 혈통 중에는 아슈케나짐 유대인들이 더 많다고 한다.

8. 유대 민족의 구분과 시온의정서

가짜 유대인으로 알려진 아슈케나짐

현재 전 세계 유대인의 수는 약 1,500~1,800만 명으로 추산되는데, 이들을 크게 아슈케나짐과 세파르딤, 에티오피아계인 팔라샤 등 몇 부류로 나눈다. 현재 아슈케나짐은 미국, 이스라엘, 유럽, 남아공에 약 1,200만 명으로 전 세계 유대인의 70~80%를 차지한다.

아슈케나즈(아슈케나지) 유대인은 북동 유럽계 유대인으로 카자르 왕국을 세웠던 투르크계 카자르인의 후손이다. 아슈케나짐은 아슈케나즈의 복수로 성경에는 '아스그나스'로 등장한다. 이는 야벳의 후손인 고멜의 혈통이다.

고멜의 아들들은 <u>아스그나스</u>와 리밧과 도갈마요, (창 10:3; 대상 1:6)

아슈케나짐은 도갈마의 일곱 번째 아들 카자르의 후손들인데, 카자르 민족

은 7세기 이후로 지금의 러시아 땅을 차지하고 있다가 8세기경 그리스도교와 이슬람의 흡수 전략에 중립으로 맞서며 둘 중 어느 쪽도 아닌 유대교로 개종했는데, 11세기 이후 칭기즈 칸의 정복 때 뿔뿔이 흩어졌다. 이들은 11세기부터 19세기까지 헝가리, 폴란드를 중심으로 벨라루스, 리투아니아, 러시아, 우크라이나 등을 포함한 동유럽 국가들로 이주하여 공동체를 형성했다.

나치에 의해 희생된 사람들도 대부분 아슈케나짐인데, 전형적인 백인인 코카서스인으로 분류한다. 미국 연예인 중 잘 알려진 유대인 더스틴 호프만이나 바브라 스트라이샌드처럼 매부리코가 특징인 것도 이들이다. 스스로를 카자르족이라고 밝힌 영국 작가 아서 쾨슬러는 1976년에 이런 역사를 밝혀낸 저서『열세 번째 지파』로 엄청난 반향을 일으켰는데, 1983년에 부인과 함께 자택에서 시신으로 발견되었지만 자살로 종결됐다.

12지파 외에 13번째 지파라고 불리는 이들은 공산주의와 자본주의도 만들었고 일루미나티도 만들었으며, 오늘날 온 세상을 쥐락 펴락하는 존재들로 알려져 있다. 대개 아슈케나짐을 가짜 유대인으로 부르며, 시온의정서의 지침이 되는 세계 지배의 음모가 이들에게서 나오는 것으로 여긴다.

정통파 유대인 세파르딤

대개 아슈케나짐이 아닌 유대인을 지칭하는 말이기도 한 세파르딤은 이베리아 반도(스페인·포르투갈)를 기원으로 하는 유대인 그룹인데, 세파르딤은 스파라드(세파르디)의 복수이다. 이들은 성경에 '스바랏'으로 나온다. 스페인을 이르는 라틴어 '히스패니아'와 동의어로 여겨지고 있다.

> 포로로 잡혀간 이스라엘 자손들의 이 군대는 가나안 사람들의 땅을 사르밧까지 소유하고 예루살렘의 포로 된 자들 곧 스바랏에 있는 자들은 남쪽의 도시들을 소유하리로다. (옵 1:20)

순수 셈족으로 알려져 있는 세파르딤은 전 세계에 약 220만 명 정도가 남아 있고 이스라엘 내에 140만이 있는 것으로 파악된다. 중세에는 전 세계 유대인의 절반을 차지했고 라디노어(유대 스페인어)를 사용했다. 당시 이들은 가톨릭으로 개종하라는 압력을 받다가 약50만 명의 유대인 중90%는 이베리아 반도를 떠나 북아프리카, 이탈리아, 오스만 제국으로 이주했다.

세파르딤은 유대교 정통파의 한 갈래로서, 전체 유대인의 20%를 차지하며, 남유럽과 중동, 남미 등에 많다. 1949년 이스라엘 독립 전쟁 이후 아랍 지역을 떠난85만 명 중 약60만 명은 이스라엘로, 나머지는 유럽과 미국으로 이주했다. 이들 안에 미즈라힘이라 불리는, 중동 지방 서아시아와 캅카스에 기원을 가지는 유대인 집단도 있다.

세파르딤은 진짜 유대인으로서 마지막에 회개할 자들로 이해할 수 있으며, 장차 계시록에 나오는 12지파의 14만4천으로 가장 유력한 집단이라고 말할 수 있다.

가짜 유대인과 정통파 유대인 문제도 논쟁적 사안이다. 회복된 땅에 거하는 자들 대다수를 유대인으로 보고 그들이 마지막에 회개할 것이라는주장도 있다. 가짜 유대인에 대한 주장은 반유대주의자들의 유대인 폄하라는 것이다.

하지만 현재 이스라엘의 이슬람 현황만 보아도 그들 대다수를 순수 유대인으로 보는 것은 무리임을 알 수 있다. 2016년 통계에 의하면 이스라엘의 17%는 수니파 무슬림이며, 아랍어 사용 인구가 140만 명이다. 1988년 이후 이슬람 모스크는500% 성장해400여 개가 넘고 있으며 이스라엘 국경을 지키는 무슬림 군인은 약1,700명이다. 이슬람 인구는 독립 이후 10배로 성장했고, 약26,000여 명의 무슬림이 이스라엘 교육기관에서 학업 중이며, 이슬람 종교지도자 이맘이 300명을 넘는다.

지금도 이스라엘은 코로나 백신 패스 등을 가장 먼저 도입하는 등 어떤 국가보다 개방적이다. 그러므로 이스라엘은 장차 환난기에 적그리스도와 쉽게 협정을 맺어 대다수가 짐승의 표를 받아들인 뒤에야 참 유대인들이 등장하고, 또 후반부 3년 반에는 광야로 도피하는 일이 벌어질 것으로 보는 것이 타당하다. 전체 이스라엘 인구가 광야로 피하는 것은 논리적으로 맞지 않는다(306~311쪽 참고).

그럼에도 이 모두가 논쟁적 주제이므로 단정하기보다는 예의주시하는 것이 옳은 자세일 것이다. 독자들도 유대인에 관한 문제는 섣불리 단정하지 말고 이 책을 끝까지 읽은 뒤에 종합적으로 판단하시기를 바란다.

유대인의 음모를 다룬 위서 『시온의정서』

시온주의는 다니엘 시대에 바빌론의 포로로 잡혀간 유대인들이 바빌론의 강가에 앉아 시온을 그리며 울었던 민족의 한을 바탕으로 한다. 70년대 그룹 보니엠의 '리버스 오브 바빌론'이나 교회에서도 연주되는 베르디 오페라 나부코의 3막 2장에 나오는 '히브리 노예들의 합창'이 그런 유대인의 향수를 대변한다.

유대인들은 엄청난 재력과 정치적 영향력을 가지고 세계를 지배하려는 음모 세력으로 비난받기도 하는데, 그렇게 되기까지 시온의정서(시온 장로 의정서, The Protocols of the Learned Elders of Zion)라는 문서가 큰 역할을 했다.

그러나 이 문서는 반유대주의를 조장하기 위해 만들어진 위서이다. 1897년 8월 29일부터 31일 동안 스위스의 바젤에서 열린 제1차 시오니스트 회의에서 발표된 시온 장로 14인의 의결문 형식인 이 책은 1903년 러시아에서 처음 출판되었고, 20세기 초반에 유대인을 혐오하는 표지들에 담겨 전 세계로 퍼졌다. 자동차 왕 헨리 포드는 1920년대에 미국을 통해 배포된 50만 부의 인쇄비용을 대기도 했다.

시온의정서의 내용은, 전통적인 사회를 붕괴시키고 언론과 금융을 장악

시온의정서의 표지들. 여러 언어로 인쇄될 때마다 유대인에 대한 악의적인 삽화가 추가되었다.

해 사람들의 의식을 강제로 개조하고 노예화해 세계 지배의 야욕을 실현하는 유대인 왕국을 건설하는 것이며, 24개의 행동 강령과 세부 실천 사항으로 구성되어 있다. 프랑스 정치 풍자가 모리스 졸리의 〈19세기 정치에 대해 마키아벨리와 몽테스키외가 지옥에서 나눈 대화〉라는 글(1864)을 표절한 것이며, 1897년부터 1903년 사이에 러시아의 표트르 라치코프스키 등이 이 책을 작성했다는 자료가 인터넷에 있지만, 이 문서를 면밀히 연구한 제이콥스와 바이츠만의 반박서 『세계지배 프로젝트 시온의정서』(김영사)에서는 첩보 세력의 짓으로 추정할 뿐 작자를 알 수 없다고 밝히고 있다.

시온의정서는 유럽과 미국 사회 내에서 반유대주의에 불을 지폈으며, 홀로코스트와 같은 대량 학살의 원인 중 하나로 지목되어 역사상 최악의 위조문서로 꼽힌다. 1921년에 허위 문서로 밝혀지고, 1933년에는 법정에서도 가짜로 판결됐지만 사람들의 관심과 오해는 사라지지 않았고, 이후 벌어진 2차 세계대전 당시 나치의 만행을 정당화하는 데 이 책의 논리가 활용되기도 했다.

심지어 오늘날까지도 시온의정서의 내용을 많은 세계인이 기정사실로 믿고 있으며, 음모론으로 소비하고 있기도 하다. 그 이유에 대해서는, 유대인 학살 등 원인이 불명확한 불가사의한 현상에 대해 사람들은 일차적이고 단순한 답을 원하기 때문으로 보기도 한다.

그러나 아무리 바로잡아도 수그러들지 않는 이 책에 대한 오해를 단지 오해라고만 보기에는 세계의 유대인들이 행하는 일들이 이 책에 등장하는 훈령들과 너무나 일치한다. 그래서 어쩌면 거짓을 거짓으로, 이슈를 이슈로 덮는 고도의 이중 속임수가 아닌가 싶을 정도이며, 시온의정서를 위서가 아닌 진실로 여기는 부류도 여전하다. 이 부분은 종말의 역사를 다룰 때 유대인의 동향과 함께 계속 주시해야 할 일이다.

유대인의 회복과 종말의 때에 관한 이견들

유대인이 조상들의 땅으로 돌아오고 성전을 재건축해야 적그리스도의 무대가 열린다. 그런데 이 유대인들이 1948년 독립으로 인해 성전 건립의 요건

이 갖추어졌으므로 재림의 때는 초읽기라고 인식하는 이들이 있는 반면, 현재 미국과 이스라엘의 대다수 유대인은 가짜이므로 순수 혈통이 다 돌아와 땅을 채울 때까지 진정한 회복은 이루어지지 않을 거라고 주장하는 이들도 있다.

성경 속의 이스라엘 땅이 아직 다 회복되지 않은 것을 지적하는 이들도 21세기에 재림이 이루어지지 않을 것이라고 하거나 아예 수백 년이 더 소요될 것으로 예측하기도 한다. 하지만 현재 순수 혈통의 유대인이 극소수라면 그들이 수가 늘어나 회복되어 현재의 이스라엘을 밀어내고 모든 땅을 되찾기까지는 수백 년도 모자랄 수 있다.

이 모두가 혈통에 대한 해석에서 나오는 견해다. 앞서 설명한 대로 대부분은 가짜 유대인이라 해도 세파르딤 같은 유대인들이 회복의 핵심적 역사를 담당하면 재림이 이루어질 수 있다고 해석하기도 한다. 본 책은 이 해석을 지지하며, 공중강림 때가 이르려면 성취되어야 할 일도 많이 남았지만, 그때를 굳이 먼 미래로 단정하는 것은 무리라고 본다. 주님 오시는 날은 하나님이 결정하시며, 주님이 하고자 하시면 특별한 방법으로 매우 빠르게 진척될 수도 있으므로 해석에 너무 의존하기보다는, 하나님의 날이 오는 것을 기다리고 서두르라 한 말씀처럼(벧후 3:12) 언제든지 주님이 곧 임하실 수 있음을 믿고 대비하는 것이 옳을 것이다.

9. 환난 성전이 될 '제3성전' 논란

이슬람 세력에 빼앗긴 성전 터

예루살렘에는 제1차 솔로몬 성전, 제2차 스룹바벨 성전이 있었고, 2차 성전을 개축한 헤롯 성전은 AD 70년에 함락됐다. 이 성전의 서쪽 옹벽 일부가 지금도 남아 있는데, 통곡의 벽, 또는 서쪽 벽이라 불린다.

제2차 세계 대전 후 예루살렘은 둘로 분할된다. 도시의 서쪽은 이스라엘이, 동쪽은 트란스요르단이 차지한다. 1949년에는 휴전선에 분리벽이 설치되었다. 그러나 중요한 성지들은 거의 동쪽 지역에 포함돼 있었기 때문에 이것은 UN 결의안 181조인 국제적 개방도시화의 취지에 맞지 않는 것이었다. 이에 1950년에는 이스라엘이 예루살렘 서쪽을 자국의 수도로 선포하기에 이르렀는데, 사실 이것은 국제법에 어긋나는 일이었다.

6일 전쟁이 있었던 1967년에 이스라엘은 예루살렘 동쪽을 불법으로 병합함과 동시에 요르단 서안과 가자 지구를 점령하고 통치하기 시작했는데, 이때 통곡의 벽이 이스라엘로 넘어 왔다. 1980년에 이르러 이스라엘은 통일된 동서 예루살렘을 이스라엘의 영원한 수도로 지정했다. 국제 사회는 이스라엘의 행위를 비난했지만 이 모든 지역에서 이스라엘의 철수를 요구하지 않았기 때문에 결과적으로 예루살렘의 서쪽은 이스라엘의 영토로, 동쪽은 이스라엘이 점령한 땅으로 국제 사회가 간주하고 있다.

6일 전쟁의 가장 중요한 성과는 예루살렘의 나머지 동쪽을 지배하게 되었다는 점이다. 이것은 사실 놀라운 예언의 성취다. 예루살렘이 회복되는 날은 이방인들의 때가 거의 다 차기 시작하는 순간이다. 성경에는 그때까지 예루살렘이 짓밟힐 것이라고 예언되어 있다.

오직 그 날들에는 아이 밴 자들과 젖 먹이는 자들에게 화가 있으리로다! 그 땅에 큰 고난이 있고 이 백성에게 진노가 있으리라. 또 그들이 칼날에 쓰러지고 모든 민족들에게 포로로 잡혀 가며 예루살렘은 <u>이방인들의 때가 찰 때까지</u> 이방인들에게 짓밟히리라. (눅 21:23~24)

바빌론의 느부갓네살 왕 통치 이래로 이방인들에게 짓밟힌 예루살렘은 한 번도 유대인들에게 제대로 되돌아간 적이 없다. 그러나 6일 전쟁으로 그들의 땅이 실효적으로 이스라엘 영토가 되었으니 이제 위의 예언은 거의 이루어진 것이나 다름없다. 따라서 이방인들의 때도 거의 다 찬 것이 아닌가 생각할 수 있을 것이다.

그러나 그들의 땅은 아직 온전히 회복되지 않았다. 예루살렘 성전 터가 아직 그들의 것이 아니기 때문이다. 이곳에 들어선 이슬람 사원[4]이 유대 성전이 되면 그제야 이방인들의 때의 마지막이 임하면서 환난이 시작될 것이다(살후 2:4; 계 11:1~2). 성전이 재건되어야만 인류의 모든 역사는 마지막 태엽을 풀 수 있다.

이스라엘 깃발 너머로 보이는 바위 사원

Qubbat as-Sakhra
(Dome of the Rock)

Masjid Al-Aqsa

자주 혼동하는 알 아크사(왼쪽)와 앗 사크라(바위 사원)

그러므로 예루살렘 성전은 모든 준비를 마친 하나님의 마지막 방아쇠이며 그곳을 통해 신호탄이 울릴 것이다. 이 최후의 버튼을 두고 하나님은 아직 오래 참고 계신다.

유대인들은 성전 재건에 필요한 모든 자재와 준비를 갖춘 상태이며, 그 땅을 무력으로라도 탈취해 성전을 짓고 거기서 희생 제사를 복원해야 한다는 강경파와 다른 지역에 짓자는 평화주의적 온건파가 대립하고 있다.

이 유대인들의 성전은 하룻밤에 착공하여 완성되는 것은 물론 아닐 것이므로 우리가 깨어 주시하면 도둑같이 오시는 하나님의 때를 어느 정도는 분별할 수 있다. 날짜를 점칠 수는 없어도 대략적인 시간표는 알 수 있다는 것이다. 이것은 이미 매우 임박한 일이다. 이스라엘은 그래서 '역사의 해시계'로 불린다.

---

4. 이것은 바위 사원이 아닌 '알 아크사' 모스크를 가리킨다. 언론에 자주 '알 아크사'로 보도되는 황금돔 바위 사원은 '앗 사크라'인데, 상징적 건물로 비어 있으며 알 아크사가 이스마엘이 승천했다는 이슬람의 두세 번째 주요 성지다(사진 참조).

이스라엘의 제3성전은 인류 역사의 마무리를 결정하는 중대한 사건인 만큼 관심이 모아지는 것이 당연하다. 제3성전은 현재 성전이 없는 이스라엘에 세워질 예정인데, 솔로몬 성전과 스룹바벨 성전 이후에 지어지는 것이기 때문에 세 번째 성전이라고 부른다.

예루살렘 성전 터에는 이슬람 사원이 있어서 그 자리를 이스라엘이 차지하려면 전쟁도 불사해야 한다. 제3성전은 어떤 식으로 건축될지 알 수 없지만 부지의 면적 상 유대인들이 마땅히 기대하는 에스겔의 환상에 나오는 성전이 지어지려면 이슬람 사원 자리만으로는 턱없이 부족하다. 그러므로 흔히 말하는 제3성전은 환난 성전으로 적그리스도의 활동 무대이다. 우리는 진짜 성전인 에스겔 성전이 천년왕국 때 지어질 것을 알지만 유대인들은 멈춰진 희생 제사 부활을 위해 어떻게든 빨리 성전을 건설하려 하고 있다.

에스겔서에 등장하는 성전 터는 부지만 해도 사방이 모두 500 갈대[5]로 한 면이 거의 1.6km인 거대한 정사각형이다. 성벽의 문 하나가 솔로몬 성전 전체 크기와 맞먹는 엄청난 사이즈다.

그러므로 지금은 이슬람과의 합의나 전쟁으로 성전 건립이 성사된다고 해도 소규모 약식으로 지어질 수밖에 없다. 이것을 환난성전으로 볼 수 있을지는 또 다른 문제다.

아무튼 원래 규모는 에스겔 성전의 크기이므로 그것이 이루어지려면 이스라엘 국경에 일대 변혁이 일어나야 한다. 이런 것들 때문에 성전과 적그리스도의 등장에 회의적인 시각을 가진 사람들도 있는 것이다.

---

5. 에스겔서 42장에 나오는 '1갈대'는 3.19m이다. 개역성경은 '500 갈대'를 '500 척'으로 번역해 6~7배 계산 차이가 나는 오역을 했다. 개역성경의 '척'과 '자'는 큐빗(규빗)과 같은 것인데, 짧은 것은 44.7cm, 긴 것은 52.5cm이다. 그러나 개역성경에는 따로 규빗이라는 단위도 등장하기 때문에 불필요한 혼란을 준다. 참고로 일반에서 삼척동자, 구척장신 할 때의 '1척(尺)'은 큐빗과 달리 33.3cm로 '1자'와 같다.

제3성전 이슈를 분별하는 포인트

그러면 제3성전 문제를 분별하려 할 때 놓치지 말아야 할 것은 무엇일까?

1. 유대인들의 희생 제사 장소

유대인들은 아직 메시아도 오지 않았다고 믿고, 예수님과 신약성경을 인정하지 않기 때문에 그들이 생각하는 성전과 신약성도들이 생각하는 성전은 다르다. 이것을 주도하는 자들은 메시아 예수님을 믿지 않는 자들이다. 그러므로 제3성전 이슈를 칭송하거나 이것을 하나님이 기뻐하실 것처럼 생각하는 것은 잘못이다.

유대인들이 우리와 같은 하나님을 섬기는 것은 분명하지만 그들은 메시아로 오셨던 예수님, 즉 삼위일체 중 한 분을 무시하는 것이므로 엄밀한 의미에서는 하나님을 믿는 것이 아니다. 그래서 이미 폐한 희생 제사를 드리기 위해 성전을 짓는 것이다. 왜? 속죄를 위해서다. 예수님이 단번에 드리신 제사를

| 성전의 종류와 구분 |

성전	1 솔로몬 성전	2 스룹바벨 성전 (헤롯 성전)	그리스도의 몸된 성전 (성도)	3 제3성전 (환난 성전)	4 에스겔 성전 (천년왕국 성전)
건축	BC 957년 솔로몬	BC 515 스룹바벨 AD 63 헤롯 재건		미래, 다니엘의 70이레 중 마지막 한 이레에 건축	천년왕국 때 건설
특징	BC 586년 바빌론에 함락	AD 70년 로마에 함락		대환난의 끝에 함락	새 예루살렘에는 없음
구절	왕상 5~8장 대하 5장	에스라 6장 마 24:1 눅 2:41~50 요 2:12~22		단 9:27 마 24:15 살후 2:4 계 11:1~2	겔 40~48장 계 20:1~10
기억해야 할 포인트 →				짐승의 무대 (유대인들에게는 없는 개념)	유대인들이 생각하는 제3성전

인정하지 않기 때문에.

그분께서는 저 대제사장들과 같이 먼저 자기의 죄들로 인하여 날마다 희생물을 드리고 그다음에 백성의 죄들로 인하여 희생물을 드릴 필요가 없으시니 이는 그분께서 친히 자신을 드리실 때에 이 일을 단 한 번에 행하셨기 때문이라. 율법은 연약함을 가진 사람들을 대제사장들로 삼거니와 율법이 있은 뒤에 하신 맹세의 말씀은 영원무궁토록 거룩히 구분된 아들을 대제사장으로 삼느니라. (히 7:27~28)

이처럼 예수님이 완성하신 일이 제사이다. 이토록 편리하게 모든 민족이 구원을 얻을 수 있도록 바뀐 일을 다시금 복잡하고 효력 없는 희생 제사를 통해 이루려는 반역적 생각이다. 이것은 아직도 예수님이 매달려 있는 천주교의 십자가와도 비슷하다. 그들은 예수님을 미사 때마다 다시 희생시킨다. 이들 역시 주님의 단번 속죄를 믿지 않고, 자신들의 종교적 행위를 통해 죽을 때까지 죄사함을 받으라고 한다.

2. 하나님의 때와 법에 대한 이해

제3성전은 적그리스도 짐승이 들어가서 자신을 일컬어 하나님이라고 할, 전무후무한 신성모독의 현장이다. 아무리 재림을 기다린다고 해도, 아무리 7년 환난기가 악한 시대라 해도 하나님의 이름이 더럽혀지는 그 역사에 분노해야 하지 않을까? 그런데도 이를 하나님의 거룩한 일로 여겨 환영한다면 그들의 신성모독에 동참하는 일일지도 모른다.

그러면 이렇게 물을 수 있다. 어쨌든 성경이 그곳을 하나님의 성전이라고 부르지 않느냐고 말이다. 아무리 적그리스도의 무대라고

영화로도 만들어졌던 《제3성전》 (2013, 감독 김종철). 그러나 유대인에 대한 인식은 다소 아쉽다.

는 하지만 성전은 분명한 것 아니냐고 생각할 수 있다. 물론 그런 측면이 있다. 그런데 그 성전은 그 시대, 즉 7년 환난기의 법에 따라 성전이 되는 것이고, 7년이 시작되기 전인 지금 시대에는 땅에 하나님의 성전이 존재하지 않는다. 지금이 어떤 시대인지, 어떤 법이 유효한지를 알아야 한다.

제3성전을 통한 중대한 오판은 하나님의 법을 인정하지 않는 것이며, 하나님이 정하신 시대를 거부하는 것이다. 지금은 은혜시대이다. 하나님의 성전은 어디에 있는가? 과연 다시 지어져야 하는 것인가? 오늘날 성전은 그리스도인들이다. 상징적 의미가 아니라 말 그대로 성전이다. 주님의 집이 건물로 따로 있고, 사람에게도 거하시는 것이 아니다(고전3:16).

이것을 알지 못하는 사람들이 성전을 건립하려는 것이다. 한국인들은 교회를 성전이라고 부르니 더욱 신비한 느낌을 받을 수밖에 없다. 법이 바뀌고 이 땅에서 성전이 사라져야 땅에 성전이 세워지는 것이다. 그 새로운 때란 7년 환난기이다. 휴거가 이루어지면 땅에 성도가 없다. 그러면 주님의 전이었던 그리스도인 모두가 이 땅을 떠나게 된다. 휴거로 인해 땅에 있던 성전이 모두 사라지는 것이다. 그때에야 비로소 땅에 성전이 들어서서 적그리스도의 무대가 만들어질 것이다.

은혜시대가 끝남과 동시에 이후로 남아서 뒤늦게 깨달은 자들이 구원을 받으려면 행위를 보여야 한다. 목 베임을 각오하고 믿어야 인정받는다. "나는 어쩔 수 없이 짐승의 표를 받았지만 마음으로는 예수 그리스도를 믿습니다"라고 해도 소용이 없다. 그 시대에는 육신의 죽음을 감수하면서 받는 것이 구원이다. 그러나 환난성도는 성전이 아니다.

제3성전 이야기는 최근에 한껏 분위기가 고조되기는 했지만 오래된 이야기다. AD 70년에 예루살렘 성전이 훼파된 이후로 오늘날까지 정통 유대인들의 열

유대인들의 성전 상상도

망이 그것이었다.

그러나 그보다 더 오래전부터 예수님의 재림을 기다린 성도들의 열망도 아직 이루어지지 않았다. 제3성전은 재림과 맞물려 있으므로 성도들이 열광하는 것도 이상한 일은 아니다. 그렇지만 하나님은 계획대로 이루시는 분이며, 그 계획표는 성경에 이미 기록하셨다. 이 법을 이해하는 것이 중요하다.

3. 혈통적 유대인에 대한 이해

유대인들은 신약성경을 인정하지 않는다. 예수님을 받아들인 유대인들 사이에서도 신약 성경을 무시하는 분위기는 마찬가지다. 그들은 모세오경(토라)을 중시하고, 신약의 권위는 그만큼 인정하지 않는다.

그들을 신성한 민족으로 여기는 사람들은, 유대인이라고 하면 뭔가 대단한 일이라도 일어날 줄 안다. 제3성전 문제만 해도 산헤드린 공회가 준비하고 아론의 후손인 아무개가 집전을 한다고 하면 무언가 신비한 일이라도 벌어질 것으로 생각한다. 하지만 지금은 그들이 선민이 아니라 우리 그리스도인 자체가 선정된 세대이자 왕가의 제사장이다.

> 그러나 너희는 선정된 세대요 왕가의 제사장이요 거룩한 민족이요 특별한 백성이니 이것은 너희를 어둠에서 불러내어 자신의 놀라운 빛으로 들어가게 하신 분께 대한 찬양을 너희가 전하게 하려 하심이라 (벧전 2:9)

그리스도인이 자기 신분을 망각하고, 아직 예수님을 인정하지 않는데도 혈통만으로 유대들을 신령하게 여기는 일은 없어야 한다.

> 그분을 받아들인 자들 곧 그분의 이름을 믿는 자들에게는 다 하나님의 아들이 되는 권능을 그분께서 주셨으니 이들은 혈통으로나 육신의 뜻으로나 사람의 뜻으로 나지 아니하고 오직 하나님에게서 태어난 자들이니라. (요 1:12~13)

그분을 받아들이지 않은 자는 하나님의 자녀가 아니다. 신비하게 여길 필요가 전혀 없다. 더욱이 정통 유대인이 아닌 사람들은 대부분 무신론자이다. 물론 그들은 마지막에 가서 회개할 민족이고, 존중해야 하지만 지금은 정통파이든 보통 유대인이든 따질 이유가 전혀 없고, 성도인가 아닌가만 살피면 된다.

제3성전 문제는 우리가 주목할 표적이긴 하나 가만히 있어도 소식이 들려올 것이다. 민감하게 여기고 대비하되, 열광하거나 유대인들의 그릇된 목적을 지지해서는 안 된다. 아직은 땅에 성전이 생길 때가 아니다. 그날이 가까워오면 재림도 가까운 것이니 기뻐할 수 있지만, 죽어가는 영혼들이 많으니 그런 일들을 신경 쓸 시간에 전도하고 혼을 구할 때이다.

10. 유대인 신비주의 현상과 율법적 회귀 본능

인류 전체가 유대인이라는 주장

유대인에 관해서 신비롭게 여기거나 그들을 통해서만 하나님이 말씀하시는 듯한 인상을 받는 크리스천들이 있다. 히브리어 원어에 집착하거나 이스라엘을 가야만 무언가 영험한(?) 것을 얻게 된다고 보는 것도 같다. 하지만 이런 것들은 환상이며 신비주의적 끌림이다. 이런 사람들이 알아야 할 유대인과 구약에 대한 오해가 있다.

짐 스텔리[6]라는 사람의 〈정체성의 위기〉라는 동영상이 있었다. 이 강연은 한마디로 우리가 누구인지 그 정체성을 알아야 회복되고 구원받는다는 것인데, 온 세상 사람은 결국 유대인이라는 해괴한 논리였다.

짐 스텔리는 유다와 베냐민 지파의 남 유다왕국은 바빌론 포로에서 돌아

---

6. Jim Staley. 많이 알려진 사람은 아니므로 크게 경계할 것은 없고, 이 사람 자체보다 유대인에 대한 잘못된 이야기들에 주의해야 할 일이다.

와 회복됐으므로 우리가 흔히 말하는 유대인은 이들이라고 한다. 그런데 북이스라엘은 포로로 잡혀 간 나라에서 열방으로 흩어져 흡수됐고, 그것이 전 세계의 민족이 되었다는 것이다. 말하자면 접붙여

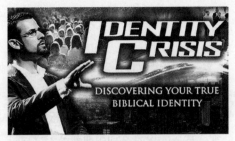

정체성의 위기를 말하는 짐 스텔리의 동영상 화면

진 이스라엘로 볼 수 있기 때문에 그들도 돌아와야 한다는 주장이다. 그래서 전 세계 모든 민족이 돌아오게 되는데, 그 시기는 메시아인 예슈아의 재림 전까지가 될 것이라고 한다. 그러니까 예수님의 재림을 바란다면 모든 민족을 주님께 돌아오도록 힘써야 한다는 것이다. 세상 모든 민족이 결국 이스라엘이므로 모두를 복음화해야 예수님이 재림하시기 때문에 믿는 우리는 유대인들의 절기를 지키는 등 회복돼야 한다는 말이었는데, 너무 황당해서 보고도 제대로 이해한 것인지 의심이 될 정도였다.

짐 스텔리에 의하면, 성경은 둘로 분열됐다가 하나로 회복되는 것을 자주 말하고 있다… 그래서 이스라엘도 한쪽만으로는 불완전한 상태이므로 회복이 돼야 하는데, 우리의 정체성이 바로 돌아가야 할 나머지 한쪽 부분이다… 이런 것이다.

한마디로 이것은 대체신학의 육적인 버전이다. 앞에서 알아본 것처럼 교회가 이스라엘을 (영적으로) 대체했다는 것이 대체신학인데, 짐 스텔리는 실제적인 육적 회복을 말하고 있으니 말이다. 그것도 믿지 않는 사람들까지 그 범위를 넓힌 셈이다.

형제들아, 너희가 스스로 지혜로운 것으로 여기지 않게 하기 위하여 이 신비에 대해 너희가 모르기를 내가 원치 아니하노니 그것은 곧 이방인들의 충만함이 이를 때까지 일부가 눈머는 일이 이스라엘에게 생긴다는 것이라. 그리하여 온 이스라엘이 구원을 받으리라. 이것은 기록된 바, 시온에서 구출자가 나와 야곱에

게서 경건치 아니한 것을 돌이키리니 (롬 11:25~26)

민족들은 바벨탑에서 전 세계로 흩어져 살았다. 그러다가 아브라함을 택해 이스라엘 민족을 부르셨다. 그리고 이스라엘과 이방인의 구분이 생겼으며 사마리아와 같은 혼혈족이 있었으나 이스라엘은 그들조차 멸시했다. 그래서 복음도 먼저 유대인에게만 선포되었고, 예수님의 부활과 승천 이후에야 혼혈족과 이방인의 순서로 퍼져나가게 된다. 이 순서는 예수님이 직접 말씀하신 것으로 당연히 모든 사람은 유대인과 혼혈족과 이방인으로 나뉜다는 것을 알 수 있다.

오직 성령님께서 너희에게 임하신 뒤에 너희가 권능을 받고 예루살렘과 온 유대[유대인]와 사마리아[유대 혼혈족]에서 그리고 땅의 맨 끝 지역[이방인]까지 이르러 나를 위한 증인이 되리라, 하시니라. (행 1:8)

이렇게 성경은 복음의 전파 과정을 알려주고 있고, 반쪽 유대인인 혼혈족까지도 구분하는데 세상 모든 민족이 유대인이라니, 이방인을 개처럼 생각하던 유대인들이 들으면 코웃음을 칠 궤변이다. 이런 일은 복음을 무가치하게 만드는 일이다.
주님의 자녀는 혈통이나 육신의 뜻, 사람의 뜻으로 되는 것이 아니다.

그분께서 자기 백성에게 오시매 그분의 백성이 그분을 받아들이지 아니하였으나 그분을 받아들인 자들 곧 그분의 이름을 믿는 자들에게는 다 하나님의 아들이 되는 권능을 그분께서 주셨으니 이들은 혈통으로나 육신의 뜻으로나 사람의 뜻으로 나지 아니하고 오직 하나님에게서 태어난 자들이니라. (요 11:11~13).

이처럼 유대인이 존재했지만 그들이 주님을 거부함으로써 민족과 육적인 소속에 관계없이 주님 안으로 들어온 교회가 된다. 그것이 하나님의 계획이다. 모든 사람이 유대인일 수 없다는 것이다. 한편 짐 스텔리는 강연 도중 일루미나티 손 모양을 하는 것이 자주 포착되기도 했다.

토라는 다른 61권보다 특별한가?

그는 토라(Torah), 즉 모세오경에 대한 또 다른 궤변을 말한다.

"토라와 율법이 오직 유대인에게만 주어졌다고 하는 것은 사탄이 2천 년 동안 퍼뜨린 신화입니다."

이 말은 모든 사람이 율법을 지켜야 한다는 뜻이다. 짐 스텔리는 자신도 안식일을 지키고 율법대로 살아보니 삶이 변화되고 드디어 안정을 찾았다고 한다. 이렇게 주장하는 이들은 비단 그뿐만이 아니다.

그러나 율법은 '법'이다. 율법은 사람의 죄를 드러내 죄인이 죄인임을 판명해주는 역할을 한다. 그러나 율법의 기능은 거기까지이며, 사람을 살리지 못한다. 누구도 그것을 다 지킬 수 없음을 깨닫게 하는 것이다. 예수님조차 율법 아래 계셨지만 우리를 율법에서 구속하시고 죄를 제거해 살길을 열어주셨다.

> 그러나 충만한 때가 이르매 하나님께서 자신의 아들을 보내사 여자에게서 나게 하시고 율법 아래 있게 하셨나니 이것은 율법 아래 있는 자들을 구속하시고 또 우리가 아들로 입양되게 하려 하심이라. (갈 4:4~5)

율법은 우리를 살리는 법이 아니다. 그렇다고 율법이 없어지는 것은 아니다. 마지막 불신자들을 영원히 정죄할 흰 왕좌의 심판 때도 필요하다. 영원한 천국에서도 우리가 구원받은 증표와 과정으로 율법은 폐기되지 않을 것이다. 구원은 죄인이었기 때문에 가능했고, 죄인이라는 일종의 자격은 율법이 부여했기 때문이다.

율법의 역할은 거기까지… 새로운 법이 나왔는데 왜 자꾸 과거의 법을 두려워해야 할까? 그 과거의 법을 멸시하고 무시하자는 것이 아니다. 다만 우리를 지배하지 않기 때문에 이제는 새로운 법 안에서 자유해야 한다.

구원받은 그리스도인은 성령의 새 법의 지배를 받는다. 안 그러면 그리스도인이 아니다. 사람이 옛 법을 지키는 것은 자기 마음이지만, 새 법은 우선적으로 반드시 지켜야 한다. 그렇다고 율법과 모세오경을 무시하자는 것일까? 전혀 아니다.

> 그런즉 우리가 믿음을 통해 율법을 헛되게 만드느냐? 결코 그럴 수 없느니라. 참으로 우리가 율법을 굳게 세우느니라. (롬 3:31)

우리가 예수 그리스도를 받아들일 때 율법을 오히려 굳게 세운다. 그 법의 지배를 받지 않을 뿐 그 법이 반드시 필요함을 안다는 것이다. 그러나 말씀과 각 법에는 기능이 있고 적용 대상이 있다. 마가복음 16장 18절을 읽고 치명적인 독을 마시면 안 되듯이 우리에게 주어진 것이 있고 참고용이 있다.

구약은 옛 상속 언약이고, 신약은 새 상속 언약이다. 우리는 신약성도이다. 당연히 신약이 우리가 받은 유언장이다. 그렇다고 옛 언약을 무시하지 않는다. 그것이 새 언약을 받게 된 과정을 보여 주고, 새 법의 당위성이 되기 때문이다. 그러나 법적 효력은 새 법에 있다는 것이다.

유대인이 되려는 사람들은 굳이 예수님을 '예슈아'라고 부르면서 믿는다고 하지만 발을 걸쳐놓은 것뿐이지 온전히 믿지 않고 있다.

> 내가 하나님의 은혜를 헛되게 하지 아니하노니 만일 의가 율법으로 말미암아 온다면 그리스도께서 헛되이 죽으셨느니라. (갈 2:21)

율법을 통해서는 의가 오지 않는다. 예수님은 헛되이 죽으신 것이 아니다. 이런 말씀이 와 닿지 않으니 신약은 참고용이고 토라만 진짜라고 말한다. 완전히 주객이 전도되었다. 이래서 마귀가 그리스도교는 바울교라는 말을 퍼뜨리는 것이다. 성경 66권의 완전성을 붕괴시키니 신앙의 누수 현상이 일어난다. 오히려 그 반대다. 전체가 진리지만, 신약교회가 지킬 교리와 법면에서는 신약의 서신서가 메인이고 토라는 참고용이다.

모든 것이 성경의 권위를 추락시키는 일임을 주목해야 한다. 그런 주장을 할 사람들은 차라리 유대교인이 되어야 한다. 기독교는 유대교에서 나왔지만 이 둘을 섞으면 둘 다 붕괴될 것이다.

안식일을 회복해야 하는가?

유대인에게 어떤 비밀의 열쇠가 있다고 믿는 사람들은 유튜브를 끄고 바른 성경 앞에 돌아와 그리스도인이 되기를 바란다. 그들 중 일부가 아주 중요하게 여기는 말씀이 있다.

> 또 그가 지극히 높으신 이를 대적하려고 엄청난 말들을 하며 지극히 높으신 이의 성도들을 지치게 하고 또 <u>때와 법</u>을 바꾸려고 생각할 것이며 그들은 <u>한 때와 두 때와 반 때</u>까지 그의 손에 주어지리라. (단 7:25)

여기 때와 법을 바꾸는 것이 안식일을 일요일, 즉 태양신의 날인 선데이(Sunday)로 바꾸려 하는 것이라는 주장이다. 정말일까? 일단 그들이 신성시하는 토라에 있는 말씀은 아니다.

저렇게 하려는 자는 누구인가? 한 때와 두 때와 반 때는 3년 반이고, 아무튼 7년 환난기에 들어 있는 시기다. 지금 시대의 안식일에 관한 이야기가 아니다. 또한 환난기에 이런 일을 행하는 자는 당연히 적그리스도이다(위 구절의 '때와 법'이 반드시 안식일인지도 알 수 없음). 안식일을 바꾼 것이 적그리스도라니까 그들은 이 사람을 로마 황제나 교황 등으로 해석하려는 것 같다.

하지만 안식일은 어떤 음모에 의해 강탈된 것이 아니다. 예수님은 수요일 저녁에 죽으시고 정확히 사흘 밤낮 후 안식일이 끝나는 토요일 저녁에 부활하셨는데, 한 주의 첫날 아침 일찍 발견되셨다.

> 이제 예수님께서 <u>주의 첫날</u>에 일찍 일어나신 뒤에 전에 친히 몸속에서 일곱 마귀를 내쫓아 주신 막달라 마리아에게 처음으로 나타나시니라. (막 16:9)

그 뒤로 제자들은 주의 첫날에 모였다. 그들은 다 유대인이었고, 안식일의 중요성과 의무를 아주 잘 아는 사람들이었다.

그 뒤 같은 날 곧 주의 첫날 저녁때에 제자들이 유대인들을 두려워하여 모인 곳에서 문들을 닫았는데 예수님께서 오셔서 한가운데 서서 그들에게 이르시되, 너희에게 평강이 있을지어다, 하시니라. (요 20:19)

주님이 오늘 부활하셨는데 안식일에 모이기 위해 6일을 기다려야 했을까? 예수님이 안식일의 주인이신데 대체 무엇 때문에 그래야 할까. 예수님은 어쩌다 보니 그날 죽으신 것이 아니다. 메시아 탄생이 예정돼 있듯이 죽으심도 유월절이었다. 그리고 정확히 3일 뒤 요나의 표적대로 살아나신 것이다. 이것은 기독교가 더 이상 유대인의 종교가 아니며, 모든 이들을 위한 복음임을 선포하는 과정이다.

이것이 주일의 시작이다. 안식일은 온 세상으로 전파될 복음을 받아들일 이방인들이 지킬 수 있는 종류의 것이 아니었다. 지금 메시아닉 쥬 중에 안식일을 제대로 지킬 사람은 없으며 심지어 유대인도 다 지키지 못하는 날이다. 이 논란은 이미 사도들이 종결해 성경에 기록했다.

그러나 바리새인들의 분파에 속한 어떤 믿는 자들이 일어나 이르되, 그들에게 할례를 행하고 모세의 율법을 지키라고 명령하는 것이 필요하다, 하니라. (행 15:5)

많은 논쟁이 있은 뒤에 베드로가 일어나 그들에게 이르되, 사람들아 형제들아, 너희가 알거니와 이방인들이 내 입을 통해 복음의 말씀을 듣고 믿게 하려고 하나님께서 매우 오래 전에 우리 가운데서 나를 택하시고 또 마음을 아시는 하나님께서 우리에게 성령님을 주신 것 같이 그들에게도 주사 그들에게 증언하시며 믿음으로 그들의 마음을 정결하게 하사 우리와 그들 사이에 아무 차별도 두지 아니하셨느니라. 그런데 이제 너희가 어찌하여 하나님을 시험하여 우리 조상들이나 우리나 능히 메지 못하던 멍에를 제자들의 목에 두려 하느냐? 오직 우리는 그들과 마찬가지로 주 예수 그리스도의 은혜로 구원받을 줄을 믿노라, 하니라. (행 15:7~11)

이런 논쟁 끝에 사도 야고보가 말한다.

그러므로 내 판결은 이러하니 곧 우리가 이방인들 가운데서 하나님께 돌아온 자들을 괴롭게 하지 말고 다만 그들에게 글을 써서 그들이 우상들의 더러운 것과 음행과 목매어 죽인 것과 피를 멀리하게 하자는 것이라. (행 15:19~20)

모세의 율법은 이방인들이 지키기 어렵기 때문에 괴로운 것이라고 한다. 사도들은 자신들과 조상도 지키지 못한 법이라고도 했다.

율법은 하나라도 어기면 모두 어긴 것과 똑같다. 유대인 정착촌이 아닌 곳에서 금요일 저녁 무렵부터 토요일 저녁까지 돈도 안 쓰고, 불도 안 지피고, 아무 일도 안 할 수 있는가? 어떤 분은 그토록 안식일을 강조하면서도 아직 여건이 안 되어 토요일 아침부터 밤까지를 지킨다고 한다. 안식일을 절반이나 떼어먹는 일이다. 이런 상태에서 안식일과 율법을 지킨다고 말하는 것은 특권 의식과 교만이며 교리의 오해다.

주목해야 할 유대인의 특징

지금까지 유대인들의 특징과 역사 등 계시록을 이해하기 위해 알아야 할 지식들을 살펴보았다. 이런 것들을 살피다 보면 재미있는 것이 있다. 성경이 참으로 신기하다 싶은 부분인데, 아무튼 하나님 말씀은 하나도 땅에 떨어지지 않는다는 느낌이 든다.

이에 유대인들이 응답하며 그분께 이르되, 네가 이런 일들을 행하니 우리에게 무슨 표적을 보이느냐? 하매 (요 2:18)

이 말씀처럼 유대인은 끊임없이 표적을 구한다. 이것이 그들의 특징이다. 그래서 유대인을 특별하게 여기고, 히브리어만이 특별하다 생각하며, 그들처럼 되려는 사람들을 보면 자꾸만 표적을 구한다. 유대인이 되려고 하니까 유대인의 특성을 지니게 되는 것 같다. 유대인은 두뇌가 우수하지만 교만하고 완악하고 고집스러우며, 귀를 막고, 십자가에 걸려 넘어지고, 눈멀게 되며, 다른 민족을 멸시하고, 목이 곧으며, 표적을 구한다.

메시아닉 쥬도 표적에 상당히 집착한다. 이스라엘과 중동의 많은 이들이 예수님께로 돌아오는데, 이들 중 심지어 신약성경도 복음도 모르는데 예수님을 직접 보았다는 사람이 많다. 온 가족이 다 예수님을 만났다고 하고, 천사를 보기도 했단다. 그들이 천사를 어떻게 알아보았을까? 천사는 날개가 없는 성인 남자의 모습이라 못 알아보고 그들을 대접할 수도 있다 했는데 말이다. 아마도 성경에 없는 아기 천사나 여자 천사, 날개 달린 무언가를 보았으니 천사라고 했을 것이다. 그들은 무언가 몰라도 엄청난 느낌을 받았다고도 한다. 그들의 증언은 복음보다는 오순절 은사운동의 '영'을 떠올리게 하는 것 같다.

> 유대인들은 <u>표적을 요구</u>하고 그리스인들은 지혜를 추구하나 우리는 십자가에 못 박히신 그리스도를 선포하노니 그분은 유대인들에게는 걸려 넘어지게 하는 것이요 그리스인들에게는 어리석은 것이로되 부르심을 받은 자들에게는 유대인들에게나 그리스인들에게나 그리스도는 하나님의 권능이시요 하나님의 지혜이시니라. (고전 1:22~23)

유대인은 너무 잘나고 너무 고집이 세서 표적을 봐야 믿겠다고 한다. 그래서 구원 간증(?)에도 성경과 복음이 없는 것이다. 이렇게 해서 모든 이스라엘이 돌아올까? 이방인이든 유대인이든 민족의 구분을 따지지 말고 그리스도인은 그냥 그리스도인이다. 유대인의 전체적 회개는 이 시대에 불가능하다. 표적을 통해서는 더더욱. 예수님은 그들을 두고 말씀하신다.

악하고 음란한 세대가 표적을 구하나 대언자 요나의 표적 외에는 아무 표적
도 그 세대에게 주지 아니하리라, 하시고 그들을 남겨 둔 채 떠나가시니라. (마
16:4)

표적을 구하는 세대는 악하고 음란한 세대다. 예수님은 이런 사람들에게
서 떠나신다. 요나의 표적은 그들 앞에 환상으로 펼쳐지는 표적이 아니다. 아
무도 보지 못한 예수님의 부활을 믿는 믿음을 선택하라는 뜻이다. 그러나 그
들 중 일부만 성도가 되었고, 대부분 믿지 않았다.

유대인은 하나님이 선택하신 자들이 분명하지만, 선택하신 이유는 그들
만을 살리시기 위함이 아니라 그들을 통해 인류를 구원하시기 위함이었
다. 이제 구원 사역이 이루어진 시점에서 성경과 인류 역사 전체를 바라보
아야 한다.

다니엘서의 제국과
70이레 예언

요한계시록의 예언과 짝을 이루는 다니엘서의 이중 계시는

종말의 역사를 푸는 중요한 열쇠다.

느부갓네살이 만든 신상과 제국의 행렬 등을 통한 역사와

남은 역사를 알아야 요한계시록이 풀린다.

1. 느부갓네살의 금 신상과 70이레

금 신상 꿈에 관한 다니엘의 해석

다니엘서를 아는 것은 매우 중요하다. 다니엘서의 예언은 요한계시록 예언과 짝을 이루는 것이 많으며, 인류 역사가 어떻게 흘러왔는지 확인해주는 동시에 미래의 일도 알려준다. 이 예언들은 대부분 성취되었고, 일부분만 남아 있으므로 말세를 사는 성도들은 여기에 주목해야 할 것이다.

바빌론 제국의 유다 침공은 BC 606, 597, 586년에 세 차례에 걸쳐 이루어졌다. 먼저 BC 606년에 다수의 유대인들은, 비록 타락했으나 역사상 가장 강성하고 화려했던 바빌론 제국(지금의 이라크)으로 포로가 되어 갔다(단 1:1~2). 이 시기에 벨드사살이라는 이름을 받은 다니엘과 세 친구, 즉 사드락과 메삭과 아벳느고라는 이름을 받은 하나냐 · 미사엘 · 아사랴 역시 포로로 잡혀가 어린 나이에 왕궁에서 공부하게 되었다. 이 네 젊은이들은 지혜로우며 모든 면에서 가장 명민한 청년들이었기 때문이다. 세 친구가 왕의 호의를 거절하다가 용광로에서 살아남은 이야기나 다니엘이 사자 굴에서 살아 나온 이야기는 너무나 유명한 일화이다.

다니엘은 후에 높은 벼슬에 오를 정도로 왕들의 신임이 두터웠다. 그는 느부갓네살 왕이 꾼 금 신상의 꿈을 해석했는데, 이 꿈의 계시는 인류의 미래 역사를 보여주는 놀라운 예언을 담고 있다. 느부갓네살은 바빌론의 모든 왕 중에서도 으뜸이었다.

느부갓네살 왕은 즉위 2년에 어떤 꿈을 꾸고 마음에 번민하다가 내로라하는 주술사와 마법사, 갈대아 사람 등을 모두 불렀다.

"내가 한 꿈을 꾸고 그 꿈을 알기 위해 내 영이 근심하였도다."

그러자 갈대아 사람들이 말했다.

"오 왕이여, 영원토록 사시옵소서. 그 꿈을 왕의 종들에게 말씀하소서. 우리가 그 해석을 보여 드리겠나이다."

그러나 왕은 막무가내였다.
"그것이 내게서 떠났도다.
만일 너희가 그 꿈과 그 해석
을 내게 알려주지 아니하면
너희를 여러 조각으로 쪼개
며 너희 집들을 거름더미로
만들 것이요, 만일 너희가 그
꿈과 그것의 해석을 보이면
선물과 보상과 큰 명예를 내
게서 받으리라."

　모인 지혜자들은 황당했지만 왕의 꿈을 알 길이 없었다. 급기야 왕은 그들
이 핑계를 댄다며 격노하여 모든 지혜자를 죽이라는 명령을 내리게 되고, 다
니엘과 친구들도 죽임을 당하기에 이르렀지만, 자초지종을 들은 다니엘은
그를 잡으러 간 아리옥에게 말한다.
　"바빌론의 지혜자들을 멸하지 말고 나를 왕 앞으로 데려가소서. 그리하면
내가 왕에게 그 해석을 보여 드리리이다."
　다니엘은 왕에게 나아가 그의 꿈 내용과 해석까지 모두 내놓았다.
　"은밀한 일들을 계시하시며 마지막 날들에 있을 일을 느부갓네살 왕에게
알려주시는 한 하나님이 하늘에 계시나이다. 왕의 침상에서 본 왕의 꿈 곧 왕
의 머리 속의 환상들은 이러하니이다."

　오 왕이여, 왕이 보셨사온대, 보소서, 큰 형상이니이다. 이 큰 형상이 왕 앞에 섰는데 그
것의 광채가 뛰어나며 그것의 형태가 두려웠고 이 형상의 머리는 정금이요, 그의 가슴과
두 팔은 은이요, 그의 배와 두 넓적다리는 놋이요, 그의 두 다리는 쇠요, 그의 두 발은 얼
마는 쇠요, 얼마는 진흙이었나이다. 왕이 보셨는데 마침내 손을 대지 아니하고 깎아 낸
돌이 그 형상을 치되 쇠와 진흙으로 된 그의 두 발을 쳐서 그것들을 산산조각 내매 그때
에 쇠와 진흙과 놋과 은과 금이 다 산산조각 나서 여름 타작마당의 겨같이 되어 바람에
쓸려감으로 그것들의 자리를 찾지 못하였고 그 형상을 친 돌은 큰 산이 되어 온 땅을 채

웠나이다. (단 2:31~35)

계속해서 다니엘은 그 꿈의 해석을 말했다.

오 왕이여, 왕은 왕들의 왕이시오니 하늘의 하나님께서 왕에게 왕국과 권능과 세력과 영광을 주셨나이다. 사람들의 자녀들이 어느 곳에 거하든지 그분께서 들의 짐승들과 하늘의 날짐승들 곧 그것들을 왕의 손에 주시고 왕을 그 모든 것을 다스릴 치리자로 삼으셨나니

❶ 왕은 이 금 머리이니이다.

❷ 왕 이후에 왕의 왕국보다 못한 다른 왕국이 일어날 것이요,

❸ 셋째로 또 다른 놋 왕국이 온 땅을 다스릴 것이며

❹ 넷째 왕국은 쇠같이 강하리니 쇠는 모든 물건을 산산조각 내며 정복하나이다. 이 모든 것을 부수는 쇠같이 그 왕국이 모든 것을 산산조각 내고 상하게 하리이다.

왕께서 그 두 발과 발가락들이 얼마는 토기장이의 진흙이요, 얼마는 쇠인 것을 보신 것 같이 그 왕국이 나누일 것이로되 왕께서 쇠와 진흙이 섞인 것을 보신 것 같이 그 왕국에 쇠의 강함이 있으리이다. 그 두 발의 발가락들이 얼마는 쇠요, 얼마는 진흙인 것 같이 그 왕국도 얼마는 강하되 얼마는 부서질 것이며 왕께서 쇠와 진흙이 섞인 것을 보신 것 같이 그들이 자신을 사람들의 씨와 섞을 터이나 쇠와 진흙이 섞이지 아니함같이 그들이 서로에게 달라붙지 못하리이다.

❺ 이 왕들의 시대에 하늘의 하나님께서 한 왕국을 세우실 터인데 그것은 결코 멸망하지 아니하리이다. 그 왕국은 다른 백성에게 남겨지지 아니하며 이 모든 왕국들을 산산조각 내어 소멸시키고 영원히 서리이다. 손을 대지 아니하고 산에서 깎아 낸 돌이 쇠와 놋과 진흙과 은과 금을 산산조각 낸 것을 왕께서 보셨사온즉 위대하신 하나님께서 이후에 있을 일을 왕에게 알리셨나이다. 그 꿈은 확실하며 그것의 해석은 분명하나이다, 하니라. (단 2:37~45)

왕은 감탄하여 엎드려 다니엘에게 경배하고 그에게 봉헌물과 향기로운 냄새

구분	다니엘서 2장	다니엘서 7장	국가	시기
❶	머리(금)	사자	바빌론	BC 605~539
❷	가슴과 팔(은)	곰	메대/ 페르시아	BC 539~331
❸	배와 두 넓적다리(놋)	표범	그리스(헬라)	BC 331~168
❹	두 다리(철)	열 뿔 짐승	로마	BC 168~AD 476
	발과 발가락(철과 진흙)		부활한 로마	?
❺	손을 대지 아니하고 깎아 낸 돌	심판의 왕좌	그리스도 왕국	7년 환난 직후

를 드리도록 명령했다.

"네가 능히 이 은밀한 일을 드러내는 것을 보니 진실로 너희 하나님은 신들의 신이시요 왕들의 주시며 은밀한 일들을 드러내시는 이시로다."

느부갓네살은 다니엘을 위대한 자로 삼아 그에게 큰 선물을 많이 주고 그를 바빌론의 모든 지혜자를 다스릴 총독들의 우두머리로 삼았다.

그렇다면 느부갓네살의 꿈에 등장한 왕국들은 역사 속에서 어떻게 실현되었을까? 이것을 알아보

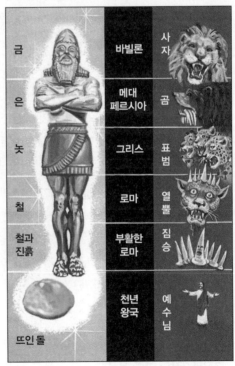

| 다니엘서 2장과 7장의 상징 비교

기 전에 다니엘서 7장의 이중 계시를 함께 볼 필요가 있다. 다니엘은 환상 중에 큰 바다에 네 바람이 일면서 나타나는 네 마리의 큰 짐승을 본다.

첫째 짐승은 사자와 같으며 독수리의 날개들을 가졌는데 내가 그것의 날개들이 뽑힐 때까지 바라보니라. 또 그 짐승이 땅에서 들려 사람과 같이 두 발로 서게 되었으며 또 사람의 마음이 그 짐승에게 주어졌더라.

또, 보라, 다른 짐승 곧 둘째 짐승은 곰과 같은데 그 짐승이 한 쪽에서 몸을 일으켜 세웠으며 자기의 입에, 자기의 이빨 사이에 갈빗대 셋을 물었더라. 그들이 그 짐승에게 이같이 이르기를, 일어나서 많은 고기를 먹어 치우라, 하더라.

이 일 뒤에 내가 보니, 보라, 다른 짐승 곧 표범과 같은 것이 있는데 그것의 등에는 날짐승의 날개 넷이 있었고 또 그 짐승에게 머리 넷이 있었으며 통치 권세가 그 짐승에게 주어졌더라.

이 일 뒤에 내가 밤의 환상들 속에서 보는데, 보라, 넷째 짐승은 두렵고 무서우며 심히 강하고 또 큰 쇠 이빨을 가지고 있어서 삼키며 산산조각 내고 그 나머지를 자기 발로 짓밟았더라. 그 짐승은 그것 전에 있던 모든 짐승과 다르고 또 열 뿔을 가졌더라.

내가 그 뿔들을 깊이 살펴보는데, 보라, 다른 작은 뿔이 그것들 가운데서 나오더니 처음의 뿔들 중의 셋이 그것 앞에서 뿌리째 뽑히더라. 또, 보라, 이 뿔에는 사람의 눈 같은 눈들이 있고 또 큰일들을 말하는 한 입이 있더라.

그 왕좌들이 무너져 내릴 때까지 내가 보매 옛적부터 계신 이가 앉아 계시는데 그분의 옷은 눈같이 희고 그분의 머리털은 순결한 양털 같으며 그분의 왕좌는 맹렬한 불꽃 같고 그분의 바퀴들은 타오르는 불 같더라. 불 같은 시내가 그분 앞에서 흘러나오고 천천이 그분을 섬기며 만만이 그분 앞에 서 있더라. 심판이 준비되고 책들이 펴져 있더라. (단 7:4~10)

2장과 7장의 이중 계시

다니엘 2장의 신상은 왕국을, 그리고 7장의 환상은 각 왕을 묘사했다. 두 곳을 대조해서 보면 각각 어느 나라를 가리키는지 알 수 있다.

❶ 머리 부분(금) / 사자 = 바빌론

2장(왕국)	7장(왕)
이 형상의 머리는 정금이요 (32절) (바빌론의 느부갓네살) 왕은 이 금 머리이니이다. (38절)	첫째 짐승은 사자와 같으며 독수리의 날개들을 가졌는데 내가 그것의 날개들이 뽑힐 때까지 바라보니라. 또 그 짐승이 땅에서 들려 사람과 같이 두 발로 서게 되었으며 또 사람의 마음이 그 짐승에게 주어졌더라. (4절)

7장의 첫째 짐승은 독수리의 날개를 가졌는데 날개들은 뽑혔다. 나중에 이 짐승은 사람처럼 두 발로 서고 사람의 마음을 받았다. 그 당시 가장 강하고 화려했던 나라 바빌론은 느부갓네살의 꿈에서는 정금으로 된 신상의 머리 부분이다. 이 나라의 상징은 사자이다. 고고학적으로도 이라크 지역에서 수많은 사자상이 출토되기도 하였는데, 이 중에는 독수리의 날개를 가진 것도 있다고 한다.

역사상 가장 화려했던 바빌론은 2장에서 보석의 제왕인 금으로 상징되는 동시에 7장에서는 동물과 조류의 왕인 사자와 독수리로 암시되어 있다. 왕의 날개가 뽑힌다는 것은 힘을 잃는다는 의미이며 그것이 사람의 마음을 받았다는 것도 나약해지는 것을 뜻한다고 볼 수 있다. 결국 그 왕은 후에 올 나라에게 침략당하고 멸망한다. 그래서 다니엘이 예언한 대로 바빌론의 빛나는 영화도 종말을 고하게 된다.

❷ 가슴과 팔(은) / 곰 = 메대 · 페르시아

2장(왕국)	7장(왕)
그의 가슴과 두 팔은 은이요 (32절) 왕 이후에 왕의 왕국보다 못한 다른 왕국이 일어날 것이요, (39절)	둘째 짐승은 곰과 같은데 그 짐승이 한 쪽에서 몸을 일으켜 세웠으며 자기의 입에, 자기의 이빨 사이에 갈빗대 셋을 물었더라… 그들이 그 짐승에게 이같이 이르기를, 일어나서 많은 고기를 먹어 치우라, 하더라. (5절)

다니엘은 70세 넘게 살면서 바빌론을 멸망시키고 등장한 메대(메디아)/페르시아(지금의 이란) 제국의 통치 시대를 보게 된다. 이 나라는 신상의 금 머리 다음에 올 은으로 된 팔과 가슴에 해당한다. 메대와 페르시아 두 나라의 연합체인 이 제국은 강하기는 하나 바빌론만큼의 수준에는 이르지 못했다.

7장에서 이 나라는 곰으로 나온다. 힘은 강하나 지혜가 사자만 못한 곰은 한쪽 몸을 들고 있으며 세 개의 갈빗대를 물었는데 그때에 누군가가 이 짐승에게 "일어나 많은 고기를 먹어 치우라"고 외친다.

곰이 몸을 들었다는 것은 두 나라의 연합체인 이 제국의 균형이 깨지면서 더 많은 힘이 페르시아에 실리게 되는 것을 뜻하고, 그 짐승이 세 개의 갈빗대를 물고 있는 것은 주변의 세 나라(리디아 · 이집트 · 바빌론)를 굴복시킨 역사적 사실을 의미한다고 해석되고 있다.

❸ 배와 두 넓적다리(놋) / 표범 = 그리스

2장(왕국)	7장(왕)
그의 배와 두 넓적다리는 놋이요 (32절) 셋째로 또 다른 놋 왕국이 온 땅을 다스릴 것이며 (39절)	다른 짐승 곧 표범과 같은 것이 있는데 그것의 등에는 날짐승의 날개 넷이 있었고 또 그 짐승에게 머리 넷이 있었으며 통치 권세가 그 짐승에게 주어졌더라. (6절)

놋으로 된 배와 두 넓적다리는 메대/페르시아의 멸망 후에 등장한 그리스(헬라 제국)이다. 7장에서 이 나라는 네 개의 머리와 네 개의 날개를 가진 표범으로 나온다. 이것은 알렉산더 왕국이 4개의 국가로 분열될 것을 예언한 것으로, 다니엘서 8장 22절에서 말씀하듯이 이 나라들은 그리스의 세력만 못한 나라들이었다. 4명의 장군들이 세운 나라는 다음과 같다.

프톨레마이오스는 이집트 일대를 차지하며 프톨레마이오스 왕조를 시작하였고 셀레우코스는 시리아, 안티고누스는 마케도니아, 루시마쿠스는 트라키아와 소아시아 지역을 차지하고 나라를 세웠다.

❹ 두 다리(철)와 발과 발가락(철과 진흙) / 열 뿔 짐승 = 로마제국과 부활한 로마

2장(왕국)	7장(왕)
그의 두 다리는 쇠요, 그의 두 발은 얼마는 쇠요, 얼마는 진흙이었나이다. (33절) 넷째 왕국은 쇠같이 강하리니 쇠는 모든 물건을 산산조각 내며 정복하나이다. 이 모든 것을 부수는 쇠같이 그 왕국이 이 모든 것을 산산조각 내고 상하게 하리이다. (40절)	넷째 짐승은 두렵고 무서우며 심히 강하고 또 큰 쇠 이빨을 가지고 있어서 삼키며 산산조각 내고 그 나머지를 자기 발로 짓밟았더라. 그 짐승은 그것 전에 있던 모든 짐승과 다르고 또 열 뿔을 가졌더라. 작은 뿔이 그것들 가운데서 나오더니 처음의 뿔들 중의 셋이 그것 앞에서 뿌리째 뽑히더라. 또, 보라, 이 뿔에는 사람의 눈 같은 눈들이 있고 또 큰일들을 말하는 한 입이 있더라. (7~8절) 넷째 짐승은 땅 위에서 넷째 왕국이 될 터인데 이 왕국은 모든 왕국과 달라서 온 땅을 삼키고 짓밟아 산산조각 낼 것이요, 또 이 왕국에서 나온 열 뿔은 앞으로 일어날 열 왕이요, 그들 뒤에 다른 왕이 일어날 터인데 그는 먼저 있던 자들과 다르고 또 세 왕을 정복하리라. 또 그가 지극히 높으신 이를 대적하려고 엄청난 말들을 하며 지극히 높으신 이의 성도들을 지치게 하고 또 때와 법을 바꾸려고 생각할 것이며 그들은 한 때와 두 때와 반 때까지 그의 손에 주어지리라. (23~25절)

여기서 철로 된 종아리 부분은 로마를, 철과 진흙이 섞인 발과 발가락은 로마의 세력에서 나오는 미래의 어떤 나라를 상징한다. 철과 같은 권세로 모든 나라를 부수는 로마는 두 다리로 되어 있는데 이것은 후에 동로마와 서로마로 나뉘는 것을 말한다.

이 왕국의 왕에 해당하는 7장의 짐승은 무섭게 생긴 괴물로서 철 이빨로 모든 것을 부수고 짓밟았다. 또 이 짐승은 열 개의 뿔을 가지고 있다. 눈이 있고 입이 있어서 하나님을 모독하는 말을 하는 작은 뿔이 그것들 가운데서 나와 먼저 있던 뿔 세 개를 뽑아버린다.

작은 뿔은 적그리스도이다. 이 짐승 이후에 왕좌들이 무너져 내리고(단 7:9), 심판이 임하는 것(단 7:10)을 볼 때, 그리고 '한 때와 두 때와 반 때까지 그의 손에 주어졌다'고 한 것으로 볼 때 이때는 이스라엘이 본격적으로 혹독한 고난을 당하는 7년 환난기의 '후반부 3년 반(세 때 반)'을 뜻한다. 이 부활한 로마는 아직 명확하게 밝혀지지 않았으므로 세 개의 뿔 등에 대해서도 억지로 그 정체에 대해 추측하지 말고 때가 되면 알 수 있는 일로 미루어 두는 것이 좋다고 본다. 성경에 정확히 알 수 있도록 계시되지 않은 내용을 억지로 알아내려 하면 많은 빗나간 해석이 생기게 된다. 사실 이런 억지 해석은 지금까지 비일비재하여 성도들의 혼란을 가져오고 성경의 권위를 약화시켰다. 때가 임박하면 모두가 알 수 있게 될 것이다.

7년 환난기는 신약교회 성도들이 직접 겪을 일이 아니다. 또한 남아 있을 사람들을 위해서 알고자 하는 경우에도 구체적 대입보다 성경 예언의 중요성과 이에 해당하는 일이 발생할 것을 경고하는 것만으로도 충분하다.

제국 중 맨 끝에 오는 이 열 개의 발가락은 로마의 정신 아래 연합할 10개의 국가나 민족, 언어, 혹은 왕으로 본다. 철이 섞여 있다는 것은 이것이 로마의 회복을 기치로 하는 연합체를 뜻한다고 볼 수 있을 것이다. 한때는 이것을 유럽 연합(EU)으로 보는 견해가 지배적이었지만, 유럽 연합의 국가 수가 수십 개에 이르고 유로화의 위력이 미미하자 이 해석은 힘을 잃고 있다.

열 발가락이 중동의 국가들이라는 해석도 있다. 이슬람 자체가 로마 가톨릭교회의 기획에 의해 만들어졌다는 주장이 있음을 볼 때 이 또한 가능한 해석이라고 볼 수 있다.

비록 이 나라들이 뜻은 같이하지만 철과 진흙같이 서로 섞이지 못할 것이라는 예언대로 이 나라들은 겉으로는 자신들의 안전과 부흥을 위해 연합하지만 끝까지 반목할 것이다. 한 마디로 이 나라들은 이스라엘과 7년간의 평화조약을 맺음으로써 환난기를 불러오는 세력으로 볼 수 있다.

한편 계시록 13장 1절에도 열 뿔 가진 짐승이 등장하는데, 이 짐승은 부활한 로마나 어떤 국가가 아니고 사람, 즉 적그리스도를 의미한다.

❺ 손을 대지 아니하고 깎아 낸 돌(뜨인돌)＝미래의 그리스도 왕국

2장(왕국)	7장(왕)
손을 대지 아니하고 깎아 낸 돌이 그 형상을 치되 쇠와 진흙으로 된 그의 두 발을 쳐서 그것들을 산산조각 내매 그때에 쇠와 진흙과 놋과 은과 금이 다 산산조각 나서 여름 타작마당의 겨같이 되어 바람에 쓸려감으로 그것들의 자리를 찾지 못하였고 그 형상을 친 돌은 큰 산이 되어 온 땅을 채웠나이다. (34~35절)	그 왕좌들이 무너져 내릴 때까지 내가 보매 옛적부터 계신 이가 앉아 계시는데 그분의 옷은 눈같이 희고 그분의 머리털은 순결한 양털 같으며 그분의 왕좌는 맹렬한 불꽃 같고 그분의 바퀴들은 타오르는 불 같더라. 불 같은 시내가 그분 앞에서 흘러나오고 천천이 그분을 섬기며 만만이 그분 앞에 서 있더라. 심판이 준비되고 책들이 펴져 있더라. (9~10절)

이 왕들의 시대에 하늘의 하나님께서 한 왕국을 세우실 터인데 그것은 결코 멸망하지 아니하리이다. 그 왕국은 다른 백성에게 남겨지지 아니하며 이 모든 왕국들을 산산조각 내어 소멸시키고 영원히 서리이다. (44절)	마침내 옛적부터 계신 이가 오셔서 지극히 높으신 이의 성도들에게 심판을 주셨으므로 때가 이르매 성도들이 그 왕국을 소유하였더라. (22절) 왕국과 통치와 온 하늘 아래 왕국의 위대함이 지극히 높으신 이의 성도들의 백성에게 주어지리라. 그분의 왕국은 영존하는 왕국이며 모든 통치 권세가 그분을 섬기며 순종하리라. (27절)

2장의 신상 예언을 보면 사람의 손으로 깎아내지 않은 돌이 떠서 형상을 부수고 온 세상을 가득 채운다. 7장에서는 네 짐승의 등장 후 심판의 내용이 나온다.

이 나라는 매우 갑작스럽게 임할 (예수 그리스도의) 왕국이며 좀 더 구체적으로는 세상 나라들을 심판하시는 예수 그리스도의 천년왕국이다. 이 나라는 멸망하지 않는 나라이다. 여기 '손을 대지 아니하고 깎아 낸 돌'은 사람이 만든 왕국이 아니라는 의미다. 성경의 '돌'은 모퉁잇돌, 흰 돌, 산 돌 등과 같이 예수님을 예표하거나 거룩한 성전의 재료가 된다.

이와 반대되는 것으로 하나님을 대적하는 상징은 벽돌이다. 인간이 굽고 찍어내 하나님의 권위에 대적하는 탑과 이방신을 섬기는 신전을 만드는 사악한 것이다. 이런 것은 바벨탑의 정신이기도 하며 중세 석공들의 비밀조합인 사탄 조직 프리메이슨의 정신과도 일치한다.

다니엘의 인류 역사 왕국들에 대한 예언은 너무나 세세하여 기록 시점을 의심하는 이들도 있다. 그러나 다니엘서는 분명히 미래를 알지 못한 상태에서 하나님의 영감에 의해 기록된 것으로 이후에 일부 성취되었고, 오늘날을 사는 우리조차 아직 보지 못한 일들까지 다루고 있는 놀랍고도 두려운 예언이다. 또한 이 예언들은 계시록 13장, 17장, 18장의 예언들과 연결되어 더욱 명확한 미래를 보여준다.

2. 69이레와 마지막 한 이레

역사의 포인트로 주신 70이레 계산법

다리오 왕 제1년에 다니엘은 대언자 예레미야의 책을 통해 바빌론 포로 생활이 70년이 되면 끝날 것을 알게 되었다.

메대 사람들의 씨에 속한 아하수에로의 아들 다리오가 갈대아 사람들의 영토를 다스릴 왕으로 세워진 첫 해 곧 그의 통치 제일년에 나 다니엘이 책들을 통하여 **주**의 말씀이 대언자 예레미야에게 임하사 알려주신 그 햇수를 깨닫되 곧 그분께서 예루살렘이 황폐한 가운데 <u>칠십 년</u>을 채우시리라는 것을 깨달으니라. (단 9:1~2)

이에 그는 자신과 자신의 조상들의 죄를 하나님께 고백하며, 하나님의 진노가 예루살렘을 떠날 것과 하나님의 성소에 빛이 들어오기를 바라며 기도했다. 그런데 기도를 마칠 때에 하나님께서는 천사 가브리엘을 통해 다니엘

| 간략하게 본 70이레 개념도

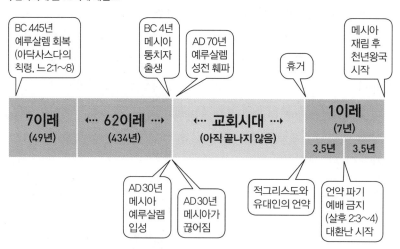

의 백성인 유대인들의 죄들이 완전히 제거될 때까지는 70년이 아니라 70이레, 즉 490년이 필요함을 알려주셨다.

(다니엘서 9장)

24 주께서 네 백성과 네 거룩한 도시에게 칠십 이레를 정하셨나니 이것은 범법을 그치고 죄들을 끝내며 불법에 대하여 화해를 이루고 영존하는 의를 가져오며 환상과 대언을 봉인하고 또 지극히 거룩하신 이에게 기름을 붓고자 함이라.

25 그러므로 알고 깨달을지니라. 즉 예루살렘을 회복하고 건축하라는 명령이 나아가는 때로부터 통치자 메시아에 이르기까지 일곱 이레와 육십이 이레[69이레]가 있으리니 심지어 곤란한 때에 거리와 성벽이 다시 건축될 것이며

26 육십이 이레 뒤에 메시아가 끊어질 터이나 자기를 위한 것은 아니니라. 장차 임할 통치자의 백성이 그 도시와 그 성소를 파괴하려니와 그것의 끝에는 홍수가 있을 것이며 또 그 전쟁이 끝날 때까지 황폐하게 하는 것이 작정되었느니라.

| 다니엘서 70이레의 역사와 시기

때	역사	실제 기간
70이레 + 62이레 = 69이레 (483년)	예루살렘을 회복하라는 명령 ~ 메시아가 죽을 때까지	BC 445 ~ AD 30
공백기	교회시대 (이방인들의 충만함이 이루어지는 때, 현시대 포함)	메시아가 끊어진 뒤 적그리스도가 등장해 이스라엘과 언약을 맺을 때까지
나머지 한 이레 (7년)	장차 올 통치자(적그리스도)가 이스라엘과 7년간 언약을 맺고 3년 반 뒤에 파기함 (성소 파괴, 홍수, 끝까지 전쟁이 있음)	? (미래)

27 그가 많은 사람과 한 이레 동안 언약을 확정하리니 그가 그 이레의 한중간에 희생물과 봉헌물을 그치게 하며 또 가증한 것들로 뒤덮기 위하여 심지어 완전히 끝날 때까지 그것을 황폐하게 할 것이요, 작정된 그것이 그 황폐한 곳에 쏟아지리라, 하니라.

여기서 한 이레는 7일을 나타내는데, 성경의 다른 예들에서처럼(민 13:34; 겔 4:1~8) 하루는 1년으로 계산하는 것이 예언의 해석을 위해 합당하다. 그러므로 70이레, 즉 70주는 원래 490일인데 1일을 1년으로 계산하면 유대인들의 죄 문제를 완전히 해결하는 데 490년이 필요함을 알 수 있다. 다니엘이 이 예언을 받을 때는 BC 540년경이다. 그러므로 하나님께서는 BC 540년 이후의 어느 시점에서 예루살렘을 회복하라는 명령이 떨어지고 그때로부터 69이레 즉 483년이 지나면 메시아가 죽을 것이라고 말씀하신다.

메시아이신 예수님의 십자가 처형은 AD 27~33년경에 있었다. 이때로부터 476년을 빼면 BC 449~443년경이다. 원래는 69이레의 483년을 빼야 하지만 성경의 한 해는 360일을 기준으로 하고 태양력의 한 해는 365.25일을 기준으로 하므로 483년은 태양력으로 계산한 476년을 뺀 것이다.

우리는 역사의 기록을 통해 BC 449~443년경 느헤미야 시대에 예루살렘 성벽을 쌓으라는 명령이 있었음을 알 수 있다.

또 왕의 삼림을 지키는 자 아삽에게 편지를 내사 그 집에 속한 궁궐의 문들과 그 도시의 성벽과 내가 들어갈 집을 짓기 위한 들보들을 만들도록 그가 내게 재목을 주게 하옵소서, 하매 내 위에 임한 내 하나님의 선한 손에 따라 왕이 내게 허락하니라. (느 2:8)

이런 연대들을 정확히 아는 것은 큰 의미가 없기에 하나님께서는 예수님의 출생 시기나 처형 시기를 정확히 알려주지 않으셨다. 다만 한 가지 확실한 것은 다니엘의 환상 이후에 유대인들이 예루살렘으로 돌아간 뒤 예루살렘 성벽을 중건하라는 명령이 떨어진 시점부터 예수님의 죽음까지 69이레, 즉

483년(태양력으로 476년)이 지나갔다는 것이다. 다니엘은 메시아의 죽음이 자기를 위한 죽음이 아니라 대신 속죄 죽음이었음을 미리 예언했다(단9:26). 이런 시간 프레임을 보면서 우리는 다니엘 70이레의 해석을 위해 하루를 1년으로 계산하는 것이 정당함을 알 수 있다. 그러므로 이제 남은 것은 한 이레, 즉 7년이다.

여러 역사학자는 예수님이 BC 4년경에 출생해서 AD 30년경에 십자가에서 죽으셨다고 말한다. 그렇다면 예루살렘을 회복하라는 명령은 BC 445년에 느헤미야의 청원을 받아들인 아닥사스다왕에 의해 내려진 칙령으로 볼 수 있다(느2:1~8).

BC 445년부터 메시아가 출현한 AD 30년까지가 484년이지만 BC 1년과 AD 1년 사이에는 1년의 기간이 없으므로 1년을 빼면 483년이 된다. 이런 연도를 계산할 때 정확한 날짜까지 알 수 없으므로 약간의 견해 차이가 있지만 예루살렘 성벽의 중건 명령과 예수 그리스도의 십자가 처형은 69이레(483년)의 시간 프레임에서 확실히 이루어졌다. 예언의 포인트가 되는 사건들의 성취로 확인이 가능하다는 것이다.

예수님의 죽으심과 부활 등이 시간까지 정확히 이루어진 사실을 볼 때, 그리고 명확하고 분명한 하나님의 속성을 볼 때 진짜 날짜는 매우 정확히 69이레임을 우리는 나중에 천국에서 확인할 수 있으리라 본다.

다니엘서 9장 26절에서는 이렇게 69이레가 끝난 뒤 갑자기 장치 임할 통

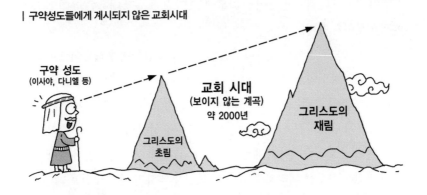

| 구약성도들에게 계시되지 않은 교회시대

치자가 등장한다. 이 통치자는 25절의 메시아 통치자가 아니다. 그는 유대인들과 전쟁을 하며 성소를 파괴한다. 27절을 보면 그는 유대인들과 한 이레(7년) 동안 언약을 맺는데 갑자기 그 이레의 한 중간, 즉 3년 반 되는 시점에 그 언약을 파기하고 희생물과 봉헌물을 드리지 못하게 하며 가증한 것으로 성소를 황폐하게 한다. 이 7년은 아직 이루어지지 않았다. 그래서 69이레와 남은 1이레 사이에 긴 공백이 생겼다.

이것은 교회시대가 유대인들에게 계시되지 않았음을 보여준다. 다음 그림에서 보듯이 구약의 대언자에게는 예수님의 초림과 재림 사이의 교회시대라는 계곡이 보이지 않았다. 이 부분에서 꼭 기억해야 할 것은 69이레와 마지막 한 이레가 연속적이지 않다는 사실이며, 그 사이에 다니엘을 포함해 구약의 대언자들이 보지 못한 최소한 2,000년의 기간이 존재한다는 것이다.

모두 정리하면, 유대인들에게는 70이레의 490년 중 69이레(483년)는 이미 지나갔고, 마지막 한 이레, 즉 7년만 남아 있다. 69이레 이후부터 70째 마지막 이레가 시작될 때까지의 공백기는 이방인들의 충만함이 이루어지는 때, 즉 교회시대다. 마지막 한 이레는 물론 7년 환난기이며, 이것이 끝날 때 유대인들의 전체적인 회심이 이루어진다. 그리고 그 이후에 천년왕국이 이어질 것이다.

마지막 한 이레인 환난기에 대한 이해

70이레가 다니엘에게 주어진 이후에 그 안의 세부적 내용은 그대로 역사에서 이루어져 왔다.

이 70이레는 원천적으로 다니엘의 백성인 유대인들에게 해당되므로 신약교회나 신약성도와 아무 관련이 없다. 다만 그들에게 계시되지 않은 공백기 즉 69이레 후의 공백기가 바로 우리 이방인들의 교회시대에 해당한다.

이 기간에 정혼하신 우리의 신랑 예수님은 승천하셔서 신부인 교회 성도들을 위해 처소를 준비하고 계신다(요 14:1~3). 공백기가 끝나면서 신랑이 오셔서 자신의 신부를 데리고 가시면 이제 인류 역사의 마지막 한 이레인 7년

이 이 땅에 임하게 된다. 바로 그 기간에 하늘에서는 그리스도의 신부에게 보상을 주는 그리스도의 심판석이 열리고 땅에서는 믿지 않다가 환난기에 들어간 유대인과 이방인에 대한 환난기가 시작될 것이다. 이 기간에 대해서는 예수님이 직접 다니엘서를 인용하며 들려 주셨다.

그런즉 대언자 다니엘을 통해 말씀하신바 황폐하게 하는 가증한 것이 거룩한 곳에 선 것을 너희가 보거든 (누구든지 읽는 자는 깨달을지어다.) (마 24:15)

적그리스도는 3년 반이 되는 때에 이스라엘과의 언약을 파기하고 예루살렘 성전에 들어가 자기를 가리켜 하나님이라 하며 경배를 요구할 것이다. 이 멸망의 아들은 바울도 데살로니가후서에서 언급했다.

아무도 어떤 방법으로든 너희를 속이지 못하게 하라. 먼저 떨어져 나가는 일이 일어나고 저 죄의 사람 곧 멸망의 아들이 드러나지 아니하면 그 날이 이르지 아니하리라. 그는 대적하는 자요, 하나님이라 불리거나 혹은 경배 받는 모든 것 위로 자기를 높이는 자로서 하나님처럼 하나님의 성전에 앉아 자기가 하나님인 것을 스스로 보이느니라. (살후 2:3~4)

이때부터 세상의 창건 이후로 없었던 극심한 대환난이 3년 반 동안 지속될 것이다. 예수님은 이 마지막에 있을 극심한 환난에 대해 말씀하셨다.

그때에 유대에 있는 자들은 산들로 도망할지어다. 지붕에 있는 자는 자기 집에서 무엇을 취하려고 내려가지 말며 들에 있는 자는 옷을 가지러 되돌아가지 말지어다. 그 날들에는 아이 밴 자들과 젖 먹이는 자들에게 화가 있으리로다! 그러나 너희의 도피하는 일이 겨울이나 안식일에 일어나지 않도록 너희는 기도하라. 그때에 큰 환난이 있으리니 세상이 시작된 이래로 이때까지 그런 환난이 없었고 이후에도 없으리라. (마 24:16~21)

이때에 대해서는 다니엘도 정확하게 기록하고 있다.

그때에 네 백성의 자손들[유대인들]을 위하여 일어서는 큰 통치자 미가엘이 일어날 것이요, 또 고난의 때가 있으리니 그것은 민족이 있은 이래로 그때까지 결코 없었던 고난일 것이며 그때에 네 백성이 구출을 받되 책에서 발견된바 기록된 모든 자가 구출을 받으리라. (단 12;1)

이때는 다니엘의 백성인 유대인들을 주요 목표로 하는 고통의 때다. 바로 이때에 유대인들을 구원하기 위해 미가엘이 등장한다.

이런 말씀을 영적인 환난으로 보거나 그리스도인을 포함한 세상 모든 사람이 다 겪는 환난으로 보는 사람들이 있지만, 하나님의 말씀에는 단서가 있다. 마태복음 24장 16절에는 '모든'이라든지 '전 세계적'이라는 암시가 전혀 없다. 오히려 마태복음 24장 16절은 '유대에 있는 자들'이라는 표현을 쓰면서 이 대환난이 유대인들의 환난임을 보여준다.

물론 적그리스도의 공포 정치는 온 세상에 임할 테지만, 전반부 3년 반이 지나면 짐승의 표 거부자를 다 죽이기 때문에 남은 자들은 이 기간 끝의 핍박 대상이 아니다. 어차피 그들은 환난기 끝에 영원히 사망했다가 흰 왕좌의 심판을 받는다. 최소한 마태복음 24장의 예수님 말씀은 명백히 유대인에 관한 것이다.

또한 '겨울에 일어나지 않도록'이라는 표현은 이것이 국지적인 일임을 보여준다. 북반구가 겨울일 때 남반구는 여름이기 때문이다. '안식일에 임하지 않도록'이라는 표현도 마찬가지다. 안식일을 제대로 지키는 사람들은 오직 유대인들뿐이다. 세계인 모두가 대상이면 앞뒤가 맞지 않는 말씀이 된다.

또한 지붕에 있는 자는 집으로 내려가지 말라고 하신 것도 지붕 위가 생활 공간인 유대인의 집 형태를 보면 알 수 있다. 복음서에는 지붕을 뜯고 예수님께 병자를 내려보낸 사람들 이야기가 나온다. 유대인들의 지붕은 평평했고, 가로지른 서까래 위에 잔가지들을 엮어 덮은 뒤, 그 위에 다시 짚을 섞어 빚은 진흙을 발라 만든 것이기 때문에 지붕을 뜯는 데 큰 공사가 필요하지 않았던 것이다. 그러므로 이 말씀은 유대인이 아닌 사람들이 아파트나 주택의 옥상이나 지붕을 보수하는 등의 흔치 않은 상황을 굳이 말씀하신 게 아니라, 유대인이면 바로 알 수 있는 그들의 풍습을 통해 말씀하신 것이다(348쪽 참고).

이런 것을 그대로 받아들일 수 없는 신학 체계에서는 어쩔 수 없이 영해(靈解)를 하게 되고, 그러면 그럴수록 성경은 점점 더 모호해지며 하나님의 단순한 말씀은 곡해될 수밖에 없다. 이러한 시스템의 대표적 피해 사례가 바로

지붕이 삶의 한 공간으로 활용되었던 유대인들의 가옥 형태

신천지 이단이다. 다니엘서 9장 26절은 적그리스도가 성소를 파괴하고 황폐하게 하는 그때에 홍수가 있을 것을 말하는데, 요한계시록 12장에 이 부분의 짝이 되는 말씀이 있다. 계시록 해설 부분에서 자세히 알아본다.

다니엘서의 예언들은 매우 구체적이고 수학적으로 되어 있기 때문에 알고자 하는 사람은 믿지 않을 수 없는 확실한 증거가 된다. 우리가 믿음으로 휴거와 환난기를 포함하는 인류의 마지막 역사를 바라보는 것은 계시록이나 성경의 어느 한 부분 때문이 아니라 신구약의 여러 조각이 합치되어 맞아떨어지기 때문이다.

입체적으로 성경의 증거들을 살펴보지 않고 한두 곳에서 자신들이 원하는 구절을 이용해 교리를 만드는 이단들을 조심해야 한다. 그들 역시 성경 한 권이면 모든 논리의 조작이 가능하기 때문에 바른 해석과 맑은 정신으로 말씀을 겸허하게 연구하고 풀어가는 자세가 반드시 필요하다.

3장

교회가 걸어온 길과
성경의 역사

교회의 역사를 알면 역사가 가는 곳을 알 수 있다.

초대교회 이후로 생겨난 교회는 어떻게 타락했는가?

그리고 성경은 어떻게 번역되고 변개되면서 우리 손에 왔는가?

1. 교회의 배교 시기

'떨어져 나감'의 두 의미

교회의 변질과 배교(배도)는 성경에도 경고돼 있고, 많은 이들이 내다보고 있다. 신약성도들의 휴거 직전까지 종교인들의 대대적인 배교가 있을 것이다. 이제 앞으로 있을 일들을 순차적으로 알아볼 것이다. 명목상의 교회는 진리에서 떠나 다른 복음을 좇을 것이며, 주님의 신부인 교회는 이 땅을 떠나게 된다. 마지막이 임하기 전에 있을 배교 현상에 대해 그 과정과 원인을 짚어본다.

배교는 교회의 역사에서 늘 있었던 일이지만 전체적인 배교는 마지막 때에 일어날 것이다. 그 일이 끝날 즈음에 성도들의 휴거가 있을 것이므로, 이두 개의 상관관계를 알아볼 필요가 있다. 휴거 자체에 대해서는 이후에 다시살펴볼 예정이다.

다음 말씀은 J. 버논 매기가 휴거와 배교로 동시에 해석한 부분이다.

> 아무도 어떤 방법으로든 너희를 속이지 못하게 하라. 먼저 <u>떨어져 나가는 일</u>이 일어나고 저 죄의 사람 곧 멸망의 아들이 드러나지 아니하면 그 날이 이르지 아니하리라. (살후 2:3)

'떨어져 나가는 일'이 있어야 하고 '멸망의 아들이 드러나야' 그날이 임한다는 것이다. 그날이란 마지막 주의 날로, 그 전에 적그리스도가 등장한다. '떨어져 나감(falling away)'이라는 말은 그리스어 apostasis(어퍼스터시스, 떨어져서 있다)에서 나온 단어로, 이것으로부터 apostasy(어퍼스터시, 배교, 배도, 탈당)라는 단어가 생긴 것이다. 언젠가 믿음이 있었으나 이제는 그것으로부터 떨어져 나간다는 뜻이다.

그러나 '떨어져 나감'을 신미국표준역 성경(NASB)처럼 apostasy(배교, 배도)로만 국한해 번역하면 안 된다. '배교'는 '떨어져 나감'의 전체 의미가 아니기 때문이다. 바울은 교회를 향하여 말하고 있으므로 이는 교회에 관한 사건인데, 단어의 의미로 보나 표현 자체로 보나 '떨어져 나감'이라는 말은 다음 두 가지 일을 동시에 표현한 것으로 보는 것이 정확하다.

① 외형적 교회는 진리에서 떨어져 나감 = 배교[1]
② 참다운 교회는 지상에서 떨어져 나감 = 휴거

이로써 이 땅에서 진정한 믿음이란 찾아볼 수 없게 되는 것이며, 예수님의 말씀도 실현된다.

…사람의 아들이 올 때에 땅에서 믿음을 보겠느냐? 하시니라. (눅 18:8)

예수님이 공중에 다시 오시는 때에는 땅에 믿음을 가진 자가 없다고 말씀한다. 모두 휴거되었기(떨어져 나갔기) 때문이다. 물론 휴거 이후로 이 땅에 남은 사람 중에도 회개하고 믿는 자들이 있겠지만 이들은 교회 성도가 아니라 환난성도이며, 환난기는 은혜시대와는 달리 죽음으로써만 구원을 얻는 때이다.

가짜 교회가 전체적으로 바른 교리에서 떠나고, 진짜 교회가 이 땅에서 전체적으로 떠나가는 일이 있은 뒤에 적그리스도가 등장한다. 이는 매우 당연하고 이치에 맞는 일인데, 신실한 그리스도인들의 교회가 바르게 살아 있다면 적그리스도의 세계정부는 실현되기 어렵고, 참 교회가 휴거되어 올라가지 않는 한 하나님의 진노가 땅에 쏟아질 수는 없기 때문이다.

---

1. 그러나 이것은 구원이 취소된다는 의미는 아니다. 믿음에서 파선한 자들이나 성도로서 악행에 빠진 이들은 육체가 죽더라도, 보상이 없을지라도 영혼은 구원을 받는다. 물론 참된 복음을 가진 사람들은 배교하는 일이 거의 없을 것이며, 배교자들이라면 복음을 오해하거나 종교 생활로 위안을 삼고 구원을 착각한 사람들일 것이다.

종교적 기독교의 전체적인 변질

기독교가 자기 길에서 옮겨졌다고 할 만한 '통째로' 변절하는 수준의 일이 과연 일어날지 의문일 수도 있지만 이미 많은 징조가 나타나고 있다.

일단 세계의 복음주의 기독교 인구는 현저히 줄어들고 있다. 유럽의 교회는 그들의 가정과 마찬가지로 오래전에 거의 붕괴했으며 이슬람 인구는 폭발하고 있다. 교회들은 상당수 식당과 술집과 나이트클럽, 각종 이교도의 사원으로 용도 변경되었다.

중남미는 거의 천주교 일색이다. 천주교는 하늘의 여왕을 섬기는 종교로서 기독교와는 전혀 다르다(렘 7:18; 44:17~19, 25). 아시아는 힌두교와 불교, 이슬람교를 비롯한 잡다한 신을 섬기고 아프리카에는 토속 종교와 다양한 우상숭배의 종교가 있으므로 기독교의 배교를 논할 필요가 없는 황무지다. 북미와 한국 등지에서는 기독교가 약간 강세지만 이 또한 하락세이며 기독교 이단도 폭발적으로 늘고 있다. 결국 생명의 복음과 바른 교리가 살아 있는 참된 신앙인은 지구상에 그리 많지 않으며, 유대교나 정교회 등에도 생명이

큰 개조 없이 레스토랑으로 바뀐 한 교회의 모습(미국).

이슬람 모스크가 천 개에 달하는 영국 교회의 암울한 현실.
(위) 나이트클럽이 된 존 번연의 고향 베드포드의 한 교회.
(왼쪽) 시크교 사원으로 변한 교회.
(오른쪽) 레스토랑으로 바뀐 어느 교회의 내부.

없기는 마찬가지다. 정치적으로 기독교가 발붙이기 어려운 공산권 인구도 적지 않다.

소수의 기독교도 거의 진리보다는 돈을 섬기며 교회 자체가 우상이 되어 기업처럼 돌아가고 있다. 교회들은 이제 '주님의 이름으로 많은 것을 행할 뿐인(마 7:22)' 회사처럼 운영된다. 무엇보다도 하나의 시스템으로 통합하는 작업이 가장 위험하다. 연합체, 교단, 국가 교회, 세계조직, 그리고 타종교와의 연합이 우리 시대에 공공연히 벌어지고 있다. 그러나 교회는 믿는 자들의 연합으로, 눈으로 확인되지 않을 뿐 예수 그리스도 안에서 이미 하나다. 각자의 자리에서 믿음을 지키다가 때가 되면 공중에서 모일 것이다. 그러므로 인위적인 연합에는 다른 속셈이 있는 것이며, 그것은 적과의 동침이다.

2. 배교에 이르기까지의 교회 역사

유대교에서 시작된 교회와 기독교

배교에 대해 알아보려면 현재의 교회가 어떤 과정을 거쳐서 오늘에 이르게 되었는지 그 족적을 살펴보는 일이 필수다. 그래야 현재의 위치와 갈 길을 알 수 있기 때문이다. 흔히 천주교의 문제점을 이야기하면 '누워서 침 뱉기'라며, 어차피 거기가 우리의 뿌리인데 화합해야지 왜 비판을 하느냐고 말하는 이들이 있다. 그러나 이것은 완전히 잘못된 상식이며 그들과 우리를 '구교'와 '신교'로 구분하는 방법 또한 틀린 것이다.

기독교, 즉 하나님의 아들 예수 그리스도를 믿는 신앙은 그 뿌리가 유대교다. 예수님도 육신은 유대인이고 처음 믿은 자들과 사도들도 모두 유대인이다. 왜냐하면 우선적으로 자기들에게 약속된 메시아를 기다리고 믿었던 사람들, 그리고 메시아가 나타났을 때 알아보고 받아들인 사람들이 유대인들이기 때문이다.

유대인들은 예수님을 팔아 넘기고 죽이기까지 했지만 그들 중 믿는 유대인들은 예수님의 부활을 보았고, 죽은 자들은 부활하기도 했으며, 주님의 승천을 목격하기도 했다. 이들은 그 신앙을 유지하며 다시 오리라고 약속하신 주님을 기다렸다. 마가의 다

락방에서 그들에게 성령님이 임하셨고, 교회라는 구원받은 성도들의 연합체가 처음으로 그들 안에서 형성되었다. 우리는 다음의 두 구절 사이에 중요한 변화가 있음을 볼 수 있다.

> 그때에 그의 말을 기쁘게 받아들인 자들이 침례를 받으매 바로 그 날에 삼천 혼 가량이 <u>그들에게</u> 더해지니라. (행 2:41)

> 하나님을 찬양하며 온 백성에게 호감을 얻으니 주께서 구원받아야 할 자들을 날마다 교회에 더하시니라. (행 2:47)

교회라는 표현이 처음 등장하는 부분이다. 예수님이 "이 반석 위에 내가 '내 교회'를 세우리니"라고 말씀하신 것이 드디어 여기서 실현된 것이다(마 16:18).

구약에도 교회가 있었다며 사도행전 7장 38절에서 스데반이 사용한 모세 시대의 '광야교회'라는 표현을 드는 경우가 있다. 그러나 이 구절에서 '교회'로 번역된 그리스어 '에클레시아'는 어떤 목적으로 부름받은 특정 집단을 뜻하는 일반적인 용어다. 그러므로 이집트 탈출 당시 이스라엘은 하나님이 이집트에서 불러내신 자들이다. 그런 의미에서는 교회라고 불릴 수 있지만 예수님께서 친히 세우시겠다던 교회는 아니다. 신약교회, 즉 예수님이 장차 세

우실 것을 말씀하신 '그분의 내 교회'는 오순절 성령 강림과 더불어 사도행전 2장 47절에서 처음 실현된다.

복음이 전파된 순서와 변천기(과도기)

초대 교회는 예수님을 구원자로 믿은 사람들과 예수님이 구원자임을 뒤늦게 깨달은 사람들, 몇몇 제자들처럼 믿었지만 용기가 없어 도망쳤던 사람들이 그 회원이었다. 이들은 얼마 안 가 로마의 핍박을 받게 되고 원형 경기장에서 맹수들의 밥이 되기도 했다. 그들은 예수님의 다시 오심을 갈망하며 지하로 숨어들기도 했다.

그렇게 많은 이들이 순교하면서 복음이 전해졌고 그 복음은 마침내 이방인들에게도 선포됐다. 이것은 예수님이, 이후에 성령님이 오시면 순차적으로 하나님의 구원 프로그램이 실현될 것이라고 말씀하신 그대로다(46~47쪽 참고).

사도행전에는 사람들이 다양한 방법으로 구원받는 모습이 나온다. 성경이 완성되기 전, 방언과 병 고침 등과 같은 기적이 일어나던 변천기(과도기) 상황

| 사도행전 1장 8절의 복음 전달 순서

오직 성령님께서 너희에게 임하신 뒤에 너희가 권능을 받고 예루살렘과 온 유대와 사마리아에서 그리고 땅의 맨 끝 지역까지 이르러 나를 위한 증인이 되리라, 하시니라.

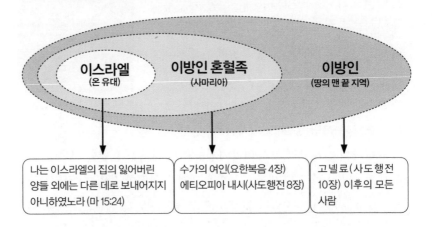

이스라엘 (온 유대) / 이방인 혼혈족 (사마리아) / 이방인 (땅의 맨 끝 지역)

나는 이스라엘의 집의 잃어버린 양들 외에는 다른 데로 보내어지지 아니하였노라 (마 15:24)

수가의 여인(요한복음 4장) 에티오피아 내시(사도행전 8장)

고넬료(사도행전 10장) 이후의 모든 사람

을 지금 그대로 도입하여 이런 은사를 받아야 구원의 확증이 있다는 식으로 주장하는 것은 무지의 결과다. 또한 마태복음 등 복음서가 신약성경에 들어 있다 해서 그 시대조차 신약시대로 오인해서는 안 된다. 예수님의 십자가 사건 이전은 모두 구약시대이다. 이것을 오인하면 예수님이 유대인들에게 하신 말씀을 일차적으로 우리에게 주신 것으로 받아들이는 실수를 하기 쉽다.

말씀을 바르게 보지 못하면 모든 것이 안개 속에 가려진 듯 뿌옇고 '그냥 그런가 보다' 하게 되며 결국 확실하게 잡히는 것이 없으니 은사에 매달리거나 열심만 내게 된다. 그러나 늘 진리의 말씀을 연구하라고 하신 것처럼 우리는 바른 성경과 바른 해석을 늘 추구해야 한다.

3. 통합을 위한 로마의 음모

콘스탄틴의 획기적인 종교 통합

그런데 예수 그리스도를 믿는 이들은 죽음을 두려워하지 않고 어떤 협박에도 굴하지 않았기 때문에, 당시 신의 칭호를 받던 최고 권력자들을 체면이 서지 않게 하는 존재들이었고, 통치에 걸림돌이 되는 큰 부담거리였다. 로마의 통치자들도 늘어나는 성도들을 무작정 죽일 수만은 없었다.

콘스탄틴 대제(콘스탄티누스 1세)

그렇게 수백 년이 흐르는 동안 로마에는 그리스도교와 이방 종교 등이 혼합된 혼란스러운 상황이 전개되었고, 통치자에게는 여러 민족을 통합할 대책이 필요하게 되었다. 이때 전혀 새롭고 놀라운 전환을 선택한 것은 콘스탄틴 대제(Constantinus I, 274~337)였다. 그것은 '종교 통합'이었다. 지금으로 비교한다면 마치 조계종 종정이 대통령이 되어, "화합을 위해 나는 이제부터 기독교인이 될 것이며, 우리나라의 공식 종교는 기독교다!"라고 공표하는 것만큼이나 이상한 일이었다. 로마의 정치 수반이자 바빌론 신비종교의 대제사장, 최고 승원장(Pontifex Maximus)인 콘스탄틴은 양의 탈을 쓰고 기독교를 국가 교회로 지정하며 통합을 이루었는데 이런 악행은 로마의 교회 지도자들이 배교하면서 그를 지지했기에 가능했던 것이다.

유대 역사가 요세푸스[2]를 비롯한 비양심적 교회사가들은 이런 과정을 기독교의 승리인 것처럼 채색했지만, 콘스탄틴의 악행은 그리스도인도 아닌 단테가 그의 작품 『신곡』에서 "슬프다! 콘스탄틴이여! 그대를 통해 얼마나 많은 악이 세상에 들어왔던고!"라고 쓴 것에서 단적으로 알 수 있다. 콘스탄틴의 회심 간증은 기획된 것이었고, 그는 예수 그리스도를 영접한 사람이 아니며, 끝까지 태양신 미트라를 섬긴 이교도였다.

혼합주의적 문화와 우상숭배

이후 로마는 많은 이교적 풍습을 기독교의 절기와 섞어 부활절과 크리스마스 축제 등을 만들며 복음의 진수를 훼손했다. 부활절은 이스터 여신을 숭배하는 봄 축제이며(춘분), 크리스마스는 태양신 숭배를 위한 겨울 농신제(동지)로 역시 이교도들의 풍습이었다. 유대인들에게는 유월절 등 더 중요한 명절이 있었지만 요즘 교회는 다른 것들은 다 버리고, 성경에 있지도 않은 이 두 가지 절기와 청교도의 풍습인 추수감사절 등 축제성 절기와 헌금 걷기 좋은 명절들만 유지하고 있다. 유월절은 325년 니케아 공회 때 공식 폐지되어 주의 만찬(성만찬)을 부활절에 행하게 되었다.

정작 예수님께서 명령하신 규례는 침례와 주의 만찬 두 가지뿐이다. 이것들 또한 구원에 이르게 하는 과정이거나 효력이 발생하는 의식이 아니며 의

---

2. 요세푸스 팜필루스(265~339). 1세기의 유대인 저명한 역사가 요세푸스와는 다른 인물임.

무도 아니다. 이것들은 성도들이 자신의 믿음을 시인하고 고백하는 상징적 과정이며 주님을 기념하기 위한 것이다. 궁극적으로 그리스도인에게는 이 두 개 외에 다른 어떤 규례도 없다. 그리스도인의 섬김은 오직 자발적으로 자원해서 이루어지는 것이고, 그에 따른 보상과 심판도 그리스도의 심판석에서 회계 보고하는 과정으로, 그리스도와 일대일로 이루어지게 된다. 그래야만 참된 믿음의 행위가 구분될 수 있기 때문이다.

콘스탄틴 당시는 바벨탑을 쌓은 니므롯과 원래 그의 어머니였던 세미라미스가 낳은 아들 담무즈(겔 8:14)를 섬기는 우상숭배가 성행하던 시절이었다. 이 세미라미스는 거의 모든 문화에 남아 있는 여신으로, 당시에는 지역에 따라 이시스 · 다이아나 · 아스다롯 · 아스타르테 · 비너스 · 아프로디테 등의 이름으로 숭배받고 있었다. 세미라미스와 담무즈의 이집트식 이름인 이시스와 호루스는 '어미와 새끼' 신앙의 가장 대표적인 이름이다. 호루스는 이교도들이 니므롯의 환생이라고 믿는 아들 담무즈이다.

바로 이 어미와 새끼 숭배 사상이 콘스탄틴의 종교 통합을 통해 마리아와 아기 예수로 둔갑했다. 이런 조치들로 콘스탄틴은 믿음이 확실치 않은 그리

거의 모든 문화에서 숭배되고 있는 어미와 새끼의 우상. 천주교의 마리아와 아기 예수도 마찬가지다.

스도인들까지 흡수해 통치력을 극대화한 것이다. 그때부터 기독교는 제도권 안으로 들어왔고, 극단적인 변화가 불가피하게 되었다.

독립적인 신앙을 유지하던 적은 양무리들

그렇게 가짜 기독교가 세상에 퍼질 때도 거짓 신앙을 거부하고 명맥을 유지하던 사람들이 있었다. 이들은 교회 역사상 계속 핍박받고 역사가들에 의해 이단으로 지목받기도 했으며 존재조차 아예 지워지기도 했다. 그들은 늘 사람의 제도나 권력자보다 하나님을 두려워하며 바른 교리를 양보하지 않고 숨어서 살아왔다.

그들에게는 교단도 어떤 조직적 연합도 없었다. 역사는 단지 그들을 이끄는 지도자나 지역의 이름으로 그 적은 양무리의 이름을 겨우 남겨놓고 있다. 초대 교회시대부터 근대에 이르기까지 발렌티니안 · 도나티스트 · 폴리시안 · 왈덴시스 · 보고밀 · 알비겐시스 · 후터라이트 · 롤라드 · 후스 · 아나뱁티스트(재침례파) · 메노나이트 등의 이름으로 불린 이들은 완벽하지는 않았어도 최소한 바른 교리를 유지하기 위해 애썼고, 국가 교회에 굴복하지 않았다. 이들의 신앙은 불필요하고 악한 풍습들로 신자들을 괴롭히지 않는 순수한 것이었다.

이들의 정신은 자유롭게 바른 신앙을 유지하려는 사람들에 의해 오늘날까지도 이어지고 있다. 이것은 결코 이들만이 참된 기독교인임을 뜻하지 않는다. 다만 예수 그리스도를 믿는 신앙은 성령님을 모신 자들에 의해 이루어지는 것이므로 특정한 교회 권력이나 통치 세력의 개입이 없이 자발적으로 이루어져야 하며, 타 종교나 정치 권력과 뒤섞여서는 안 된다는 뜻이다.

그러나 역사는 이들보다는 권력을 가진 자들의 편이었다. 역사 기록은 언제나 승자의 편이기 때문이다. 그러나 로마 권력에 의해 넓어진 기독교의 문이 참된 길이라고 아무도 생각하지 않을 것이다. 언제나 넓은 길은 멸망으로 가는 길이기 때문이다.

너희는 좁은 문으로 들어가라. 멸망으로 인도하는 그 문은 넓고 그 길이 넓어 거기로 들어가는 자가 많고 (마 7:13)

소수의 양무리는 많은 핍박을 받았지만 죽음의 위협 앞에서도 천국의 영광과 세속의 자유를 맞바꾸지 않았으며, 신앙을 유지하기 위해 산을 넘고 물을 건너면서도 다시 오리라고 약속하신 주님의 재림을 사모하며 살았던 사람들이었다. 이런 아픔의 역사를 지닌 신앙의 선조들을 하나님께서 기뻐하셨을 것이며 위로를 주셨을 것이다.

적은 양 무리여, 두려워하지 말라. 너희 아버지께서 그 왕국을 너희에게 주시는 것을 참으로 기뻐하시느니라. (눅 12:32)

4. 로마 가톨릭교회[3]의 잘못된 교리

기독교(Christianity)는 교회교(Churchianity)와 구분되어야 한다. 기독교 신앙의 역사는 교회교 세력의 기독교 세력에 대한 박해와 억압으로 얼룩져 있다. 후에 로마 가톨릭교회는 루터파 · 칼빈파 · 감리교 · 모라비안 · 퀘이커 · 구세군 · 청교도 · 침례교 · 성공회 등도 이단으로 정죄했다.

로마 가톨릭은 첫 교황 베드로를 정점으로 이룩됐다고 말하며 자신들의 정당성을 주장하지만 이는 황당한 거짓말이다. 베드로는 그들의 교황과는

---

3. 로마 교회는 1054년에 동방정교회와 라틴 교회로 나뉘었지만, '로마 가톨릭'이라 하면 동서 분열 이전의 모든 그리스도교(Roman Catholic Church, Anglican Church, Eastern Orthodox Church, Church of Sweden, Old Catholic Church)를 총칭하기도 한다.

달리 결혼도 했고, 로마에 간 적도 없다는 것이 성경을 통해 드러나기 때문이며, 그들의 주장을 뒷받침할 어떤 근거도 없기 때문이다. 그들은 "너는 베드로라. 이 반석 위에 내가 내 교회를 세우리니(마 16:8)"라는 말씀을 근거로 내세우지만 베드로의 이름은 그리스어로 '작은 돌'이라는 뜻이다. 또한 '이 반석'이라 함은 베드로의 믿음 고백, 즉 "주는 그리스도시요 살아 계신 하나님의 아들이시니이다"라는 고백을 뜻한다.

교황은 늘 모든 종교인과 친구다. 한 예로, 살아서 슈퍼스타 취급을 받은 교황 요한 바오로 2세는 1986년에 이탈리아의 아시시에서 세계 12개 주요 종교 단체 지도자 130명과 모여 세계 평화를 위해 기도 모임을 가졌다. 사실 이것은 그의 가장 놀라운 업적 중 하나로 평가받곤 한다. 그와 함께 기도한 자 중에는 뱀 숭배자, 배화교도들(불숭배자), 영매자들, 정령 숭배자들, 북아메리카 마법사들, 불교도들, 회교도들, 힌두교도들, 개신교도들, 그리고 천주교인들이 있었다. 이것이 자칭 '그리스도의 지상 대리자'가 할 일인가?

천주교는 기독교의 형식들을 이용한 '종교'다. 성경을 도구로 하기 때문에 그 안의 말씀을 통해 구원받는 천주교인들이 더러 있을 수는 있지만 그 확률은 대단히 낮다. 구원받았다고 말하는 천주교인들조차 연옥을 거쳐야 한다고 믿는 이들이 많다. 여러 면에서 천주교는 대단히 그릇된 종교다. 그래서 마틴 로이드 존스는 천주교를 일컬어 '사탄의 걸작품'이라고 했다.

그들의 교리는 교황령에 의해 언제든지 바뀔 수 있는 것인데, 이들이 가장 심혈을 기울인 부분은 마리아에 관한 아이디어다.

하나님의 아들 예수님은 사람이 되시기 위해 여자의 몸을 빌리셨을 뿐이다. 예수님은 공생애 시작 때 자신에게 물로 포도즙을 만들라고 하는 마리아에게 "여자여, 내가 당신과 무슨 상관이 있나이까?"라고 하셨다(요 2:4). 마리아는 예수님을 낳고 길렀지만 예수님의 공생애는 마리아와 상관이 없다.

사실 한국에서는 마리아를 많이 내세우지 않지만 본격 천주교 국가에서는 마리아를 '하늘의 여왕'으로 공공연히 떠받들고 있다. 그러나 그녀의 정체는 세미라미스이다. 이스라엘 백성이 우상으로 여신을 섬겨 하나님의 진노를 산 적이 많은데, 여기 나오는 하늘의 여왕이 바로 마리아이다.

자녀들은 나무를 모으고 아버지들은 불을 피우며 여인들은 가루를 반죽해서 납작한 빵을 만들어 <u>하늘의 여왕</u>에게 바치고 다른 신들에게 음료 헌물을 부음으로 내 분노를 일으키느니라. (렘 7:18)

| 가톨릭교회가 변개한 교리와 이단적 주장들
• 마리아 평생 동정녀설 / 367년
• 마리아는 하나님의 어머니이다 / 431년
• 마리아 숭배 제정 / 451년
• 죽은 성자와 순교자에 대한 기도 효험 인정 / 787년
• 사제 독신 규정 / 1079년
• 종교 재판소 설립 / 1184년
• 면벌부 판매 시작 / 1190년
• 고해성사 제정 / 1215년
• 화체설(빵과 포도주가 실제 살과 피가 됨) 제정 /1215년
• 연옥설(지옥의 예비단계) 제정 / 1274년
• 성경을 금서로 정함 / 1229년
• 마리아 무염시태(죄 없이 탄생) 교리 / 1854년
• 교황무오설(교황은 죄가 없음) / 1870년
• 마리아 몽소승천(죽지 않고 승천함) 교리 / 1950년

그들이 바친 '납작한 빵'은 개역성경에 그저 '과자'라고 나오지만 정확히 번역해야 한다. 우리가 주님을 기억하며 떼는 빵은 찢어진 예수님의 몸이므로 그냥 거친 이스라엘식 빵이다. 빚어서 만들거나 공장에서 찍어낸 과자가 아니다.

그런데 천주교에서는 동전처럼 납작하게 찍어낸 빵을 사제들이 먹여준다. 이 성찬식용 과자를 개신교에서도 거의 사용하고 있다. 이것은 하늘의 여왕에게 바쳐지던 납작한 빵과 비슷한 것이므로 절대 사용해서는 안 되겠다. 간혹 이것을 씹어서 먹지 말라고 하는 경우도 있는데, 이는 천주교의 화체설, 즉 성찬용 빵과 포도주를 사제가 축사하면 예수님의 실제 몸과 피가 된다는 교리의 영향으로 보인다.

교황 칭호는 440년에 제정했다. 교황을 일컫는 Pope라는 말은 '아버지'라는 뜻이다. 가톨릭 사제를 뜻하는 신부(神父, God Father)라는 말도 '하나님 아버지'이므로 사람이 불러서는 안 되는 신성모독적인 표현이다. 교황은 '그리스도의 대리자'로서 존재하고 머리에 쓰는 모자에도 그런 말이 적혀 있지만 아무도 그들에게 그런 권한을 준 적이 없다.

땅에 있는 자를 너희 아버지라 부르지 말라. 너희 아버지는 한 분 곧 하늘에 계신 분이시니라. (마 23:9)

가톨릭 미사에 사용되는 성체

하나님의 아들 예수 그리스도가 그분 자신의 가르침을 후대에 전하고 다스릴 권세를 사도직의 계승자인 로마 교황에게 맡겼다는 개념에 따라, 천주교는 신앙과 도덕에 관한 공회의 결정이나 교황의 선언 등은 그리스도의 약속과 성령을 통해서 나온 것이므로 오류가 없다고 주장한다. 이 역시 아무 근거 없는 것이다. 역대 교황들은 그리스도인들을 죽이고, 전쟁과 약탈을 일삼으며, 거짓 교리를 만들고, 엄청난 부를 축적한 것 외에도 자신의 사생아를 낳아 다시 교황 자리에 앉히기도 하는 등 수없는 암투와 권력 다툼을 벌인 악행의 근원이었다.

2014년 프란치스코 교황 방문 때, 광화문 미사에 등장한 한국식 성모 마리아와 예수상

많은 선량한 그리스도인들이 로마 교회로부터 이단으로 몰려 순교를 당했다. 로마 가톨릭교회의 성도 학살은 그 수를 다 헤아리지 못할 정도로 많다. 파악이 가능한 것만도 7천만 명 이상이며, 그들은 중남미를 비롯한 여러 나라를 약탈하며 사람들을 죽이고 정복하여 성당 건립을 위한 물자를 조달하기도 했다.

천주교 찬송가집에 있는 〈하늘의 여왕〉. 할리우드 영화 〈시스터액트〉에도 OST로 수록됐다.

5. 동방 정교회와 라틴 교회의 분리

1054년에는 동방 정교회(그리스 정교회)와 라틴 로마 교회로 분리돼 두 개의 체제로 가기 시작했다. 교회가 교황 제도를 도입하여 권력을 드높이고 교회 전체를 대표하려 하자 동서(양) 교회 간의 이견이 커지게 되고, 여러 교리도 맞지 않아 결국 분리가 된 것이다. 특히 동방 정교는 로마 교황을 다른 주교들보다 높은 위치로 인정하지 않으며 주교 이외의 성직자들은 혼인이 가능하다는 입장이었기 때문이다.

동방 정교회는 예루살렘, 안디옥, 알렉산드리아, 콘스탄티노플 등지를 배경으로 분리되었다. 십자군을 통한 콘스탄티노플 공격 사건 등으로 서방 천주교가 비잔티움 제국과 대립하며 양 교회의 대립은 한층 깊어졌다. 1453년 콘스탄티노플은 오스만 제국에 의해 멸망함으로써 콘스탄티노플 총 주교 하의 동방 정교회는 19세기 중엽에 그리스가 독립하기까지 터키의 지배를 받았다. 그 기간에는 러시아가 정교회를 대표하는 중심 국가였다.

오늘날 동방 정교회는 콘스탄티노플을 중심으로 안디옥, 알렉산드리아, 예루살렘 교회 등 초대로부터 이어져 온 4개의 총대주교좌와 그리스, 러시아, 조지아, 세르비아, 루마니아, 불가리아, 키프로스, 알바니아, 폴란드, 체코슬로바키아 등 동등한 권한을 지닌 10개의 독립 교회로 되어 있다.

정교회는 마리아와 성인 숭배 등 많은 교리가 비슷하지만 예수님의 십자가 형상 이외의 성상 제작은 금기시한다. 천주교, 개신교와 함께 그리스도교의 3대 분파로 분류되는 정교회는 현재 2억 5천만 정도의 신자들이 있으며 국내에도 소수의 정교회와 신자들이 있다.

대개 정교회는 천주교 · 개신교와 함께 그리스도교의 3대 분파로 구분되고 있다. 그러나 정교회나 개신교나 모두 교회의 뿌리가 될 수 없는 로마 교회에서 나온 것이다. 물론 종교개혁을 통한 프로테스탄트 개신교는 복음으로 많이 돌아섰지만 큰 틀에서 '교회교'의 체제를 벗어나지 못했다. 교회의 뿌리는 건물과 다스리는 체계에 있지 않다. 교회에 복종하고 그 권위를 인정하는 것으로 구원이 이루어지지도 않음도 우리는 기억해야 한다.

6. 종교개혁이 얻은 것과 잃은 것

'오직 믿음으로 얻는 구원'의 승리

1500년대에는 마르틴 루터(1483~1546)의 종교개혁이 있었다. 루터는 신학자이자 가톨릭 사제로, 로마 교회에서 시킨 대로 여러 가지 방법을 따르며 진리를 찾기 위해 노력한 사람이었다. 그러나 아무리 자신을 괴롭게 하면서 죄의 용서를 구하고 진리를 탐구해도 마음 한구석의 의심은 사라지지 않았고, 어떤 것도 확신할 수가 없었다.

그렇게 고민하던 그는 대학에서 신학 교수로 가르치다가 "나의 하나님, 어찌하여 나를 버리셨나이까?"라는 시편의 말씀을 통해 예수님도 한 인간이면서 동시에 하나님의 아들이시기 때문에, 마리아에게 대신 고하고 심지어 마리아의 어머니 안나에게까지 기도해야 할 필요가 없음을 스스로 깨닫게 된다. 그는 모든 성도가 하나님 앞에서 제사장이 되므로 교황이나 사제가 없어도 누구나 그분께 직접 나아갈 수 있다는 것을 알게 되고 비로소 참된 회개(돌아섬)를 통해 구원을 받았다.

또한 그는 성경을 통해 '칭의'에 관한 진리를 깨닫게 된다. 인간이 의롭다고 인정을 받는 길은 교회에 내는 헌금이나 신조를 외우는 등의 일이 아니고, 하나님에 의해 '오직 믿음'으로만 가능

비텐베르크 성당에 95개조 반박문을 붙이는 루터의 삽화

하다는, 너무나 당연한 사실을 알게 되었다.

내가 그리스도의 복음을 부끄러워하지 아니하노니 이는 그 복음이 믿는 모든 자를 구원에 이르게 하는 하나님의 권능이기 때문이라. 먼저는 유대인에게요 또한 그리스인에게로다. 복음에는 하나님의 의가 믿음에서 믿음까지 계시되어 있나니 이것은 기록된바, 의인은 믿음으로 살리라, 함과 같으니라. (롬 1:16~17)

'의인은 믿음으로 살리라' 하는 말씀은 구약의 도마라고 불리는 대언자 하박국에 따른 것이다.

보라, 위로 높여진 자의 혼은 그의 속에서 곧바르지 아니하나 오직 <u>의인은 자기</u> <u>믿음으로 살리라</u>. (합 2:4)

마르틴 루터는 용감히 로마 가톨릭교회에 맞서 비텐베르크 성당 정문에 95개 항목의 반박문을 게시하게 되었고, 이 사건은 종교개혁의 시작이 되었다. 이 반박문에는 면벌부(면죄부) 문제, 연옥설과 죽은 자에게 드리는 기도, 고해성사 문제를 비롯해 교회의 축재와 교황권의 남용 등이 주요 항목으로 등장한다. 많은 반대와 난관에 부닥쳤지만 이런 파격적인 방식으로 포문을 연 개혁이 어느 정도 성공할 수 있었던 것은 루터 개인의 용단에 앞서 모든 여건이 무르익은 때문이었으며 하나님의 섭리 덕분이었다.

당시 교황권의 약화와 인문주의(인본주의)의 발전은 종교개혁의 필연적 배경이었다. 르네상스, 즉 문예부흥 운동의 일환으로 이탈리아에서 발표된 단테의 장편 서사시 『신곡(La Divina Comedia, 1321)』과 복카치오의 단편 소설집 『데카메론(Decameron, 1353)』 등에는 교황의 악행에 대한 신랄한 비판이 담겨 있었고, 이를 통해 대중은 신선한 충격과 사고의 전환을 갖게 되었으며, 이것은 독일로 넘어가 개혁의 봇물이 터질 수밖에 없도록 모든 분위기가 조성되었다.

또한 체코 프라하 출신의 얀 후스 같은 사람의 개혁적 설교에 대중이 동요하자 교황청의 탄압이 이어지고, 결국 굽히지 않는 후스를 화형시키는 일이 벌어져 대중의 반발이 생겼다. 이것이 거대 권력에 대한 반발로 이어지게 된 것이다.

로마 가톨릭교회가 성도들이 읽지도 못하도록 금지한 성경을 처음 영어로 번역한 존 위클리프는 성직자들의 부패를 비판하는 등 개혁적인 설교와 저술로 많은 영향을 미쳤다. 그런데 교황청은 그가 죽은 뒤 30여 년이 지난 시점에 꺼질 줄 모르는 영향력을 의식해 그를 이단으로 정죄하고 심지어 그의 유골까지 파헤쳐 화형을 시킨 뒤 강에 뿌렸다. 그러나 그의 정신은 오늘날에도 계승되고 기념 조직으로 남아 있다. 이런 죽어간 밀알들의 외침이 있었기에 마르틴 루터의 종교개혁이 성공할 수 있었던 것이다.

교황과 독일 황제는 개혁 주장 철회를 요구하며 갖은 방법으로 회유했으나 루터는 뜻을 굽히지 않았고, 많은 제후의 지지로 루터파는 오랜 싸움 끝에 정식으로 승인을 받게 된다.

루터의 종교개혁은 기원 후 20세기 동안 가장 크고 영향력 있는 사건 중 열 손가락 안에 드는 일이었다. 이것은 단순히 종교적 사건이 아니었다. 실로 종교개혁은 민주주의의 자유로운 표현에도 큰 영향을 미쳤으며 절대 권력에 대한 인식 전환에도 크나큰 도전을 주었다.

존 위클리프

루터는 인류에 미친 종교개혁의 문을 열었고, 독일어로 성경을 번역하고 찬송가를 보급했으며, 가정생활의 재건에도 큰 공로를 세운 위대한 하나님의 사람이었다. 또한 4천여 편의 저술을 남긴 신학자이기도 했다.

종교개혁은 완전하게 이루어졌나?

루터는 교리와 신학을 통한 진리 회복에 집중했고, 이것은 큰 능력으로 나타났다. 그러나 백성들의 개혁 참여 목적은 조금 달랐다. 그들은 대개 교황 이하 사제들에게 연 월 단위의 십일조와 각종 기부금, 세금, 위로비, 심방비, 여행 경비까지 빼앗겼기 때문에 착취를 당하지 않기 위해 개혁에 동조했다.

당시 유행어로 로마 가톨릭교회는 ROMA라고 불렸다고 하는데 이것은 '돈을 사랑함이 모든 악의 근원(Radix Omnium Malomum Avaritia)'이라는 라틴어 머리글자를 딴 것이었다. 이처럼 민초들은 성령님의 역사에 대한 사모함이나 진리에 대한 갈급함보다는 자신들을 억압하는 로마에 대한 증오로 정치적인 항거(protest)를 했다. 그 때문에 개신교는 오늘날까지 프로테스탄트(Protestant)라고 불리고 있다.

이런 항거는 로마의 분노를 샀고, 항거자들은 스스로를 방어하기 위해 세상적인 방법으로 세상의 보호 하에 머무는 길을 택했으며 결국 참된 개혁에는 실패한다. 그들이 거짓 종교에 항거해 개혁한 것이 아니라 로마 권력에 항거했기 때문이었다.

독일에서의 종교개혁은 국가와 결탁해 통치자들의 군사력에 의지하게 되는 순간 더 이상 능력이 없었다. 그 결과 현대의 독일은 루터가 꿈꾸던 세상이 아니라 가톨릭 기반이 되었으며 최근에는 기하급수적으로 이슬람 인구가 늘고 있다. 개혁 당시에도 오스트리아 · 이탈리아 · 스페인 · 포르투갈 등은 개혁의 바람이 거의 불지 못해 오늘날까지 가톨릭 국가로 남아 있는 것을 볼 수 있다.

이후의 종교개혁은 프랑스의 존 칼빈(장 칼뱅)과 스위스의 울리히 츠빙글리 등을 통해 이어졌다. 그러나 개혁자들도 로마 가톨릭교회의 방해 세력 때문에 더 큰 세력을 모았고, 개혁교회를 결집시키기 위해 국가 교회를 형성하였으며, 자신들의 개혁적 의견에 반대하는 이들을 단죄하기도 했다. 결국 그들도 로마 가톨릭교회의 악행을 본의 아니게 답습하게 된 것이다. 각 나라 개혁자의 수장들은 이 과정에서 많은 사람을 죽이기도 하고 이단으로 정죄하기도 하는 등 비극적인 일을 되풀이한다.

청교도들이 신앙의 자유에 대한 갈망으로 세운 미국은 국가 교회인 영국 성공회의 식민지 시대를 경험했다. 극소수의 성경 신자들은 박해를 받게 되었고, 이로부터 권리 장전과 종교의 자유를 보호하는 법률들이 제정된 것이다. 그러나 이것은 모두 사회적 개념의 자유였기에 기독교의 진리를 지키기 위한 것과는 거리가 있었으며 물질과 신체적 억압에 대한 정부와의 방지 협약 같은 것이었다.

울리히 츠빙글리

역시 로마 가톨릭 사제였던 칼빈은 루터가 반박문을 붙이던 당시 8살이었으므로 종교개혁에서 한 세대 뒤의 인물이다. 그는 현대 신학에 크나큰 이론적 배경을 마련한 사람이지만 호불호가 뚜렷하게 갈리는 인물이기도 하다.

존 칼빈(장 칼뱅)

그는 장로교의 창시자로서 공로도 많다. 최초의 조직신학서라 할 수 있는 『기독교 강요』 같은 책들을 체계적으로 저술하여 거의 모든 개신교의 신학적 바탕에 많은 영향을 미쳤다. 그러나 '칼빈주의 5대 강령' 즉 튤립(TULIP)으로 대표되는 그의 신학적 문제는 지금까지도 성경적으로 모순을 일으켜 구원과 심판, 하나님의 의지와 인간의 자유 교리에 큰 혼란을 주고 있다. 그는 루터와 츠빙글리의 신학을 조화시킨 신학자였으나 어거스틴과 토마스 아퀴나스의 영향을 많이 받아 천주교의 이스라엘 대체신학을 그대로 답습하였으며, 그 때문에 성경적 종말론이 없었다.

칼빈에게 있어서 미카엘 세르베투스 사건은 그의 행적 중 가장 큰 오점으로 기록되고 있다. 이것은 삼위일체와 예수님의 인성과 신성에 대한 신학적 반론으로 문제가 된 세르베투스를 이단시하고 화형시킨 일이었다. 세르베투스는 사형당할 만한 일을 저지르지 않았기 때문에 이 일은 큰 논란이 되었다. 세르베투스 외에도 여러 사람이 칼빈에게 무고하게 정죄를 당해 목숨을 잃었다.

믿음이 다르고 아무리 극악무도한 이단이라도 그들을 죽이는 것은 옳지 않다. 그것은 인간의 권한이 아니다. 사람이 자기 양심에 따라 무언가 믿을 수 있는 권리, 지옥에 갈 수 있는 자유까지도 하나님은 보장하셨다. 우리는 하나님도 아니며 악마도 아니다. 어떻게 타인에게 믿음을 강요하고, 나와 생각이 다르다는 이유로 죽이고 때릴 수가 있겠는가. 그러나 종교개혁자들은 목표에 심취한 나머지 수단을 가리지 않는 실수를 저질렀다. 이런 폭력은 사실상 로마 가톨릭교회의 성례나 교리 등의 많은 부분을 그대로 답습하려는 시도에 동의하지 않고 그들의 방식으로 개혁하려 하지 않는 소수의 무리들을 처리하는 과정에서 벌어졌다. 그렇게 종교개혁 세력은 소수의 무리 중 당시에 활동한 성경 신자들을 무력으로 짓밟았다.

가톨릭교회의 전승은 형식적으로 그대로 개신교에 남게 되었다. 정죄하고 회유하던 로마 가톨릭교회는 그들의 개혁을 마지못해 인정하는 대신 완전한 개혁은 이루지 못하도록 덫을 놓았다. 결국 프로테스탄트 세력들은 많은 것을 얻었지만, 언젠가는 다시 그들의 본가인 가톨릭교회로 되돌아가게 할 찜찜한 요인들을 방치한 채 절반의 개혁에 머무르고 말았다.

> 파라오가 모세를 불러 이르되, 너희는 가서 **주**를 섬기되 오직 너희의 양 떼와 소 떼는 두고 너희의 어린것들은 또한 너희와 함께 갈지니라, 하니 (출 10:24)

이것은 이스라엘 백성들을 데리고 이집트를 떠나려던 모세에게 파라오(바로)가 한 말이다. 그가 사람들을 보내주는 것처럼 보이지만 여전히 그는 백성들의 발목을 잡고 있다.

결국 저들이 되돌아갈 수밖에 없는 장치를 만든 것이다. 로마 가톨릭은 개혁 세력들을 놓아 준 것처럼 보였지만 그날 이후 지금까지 양의 탈을 쓰고 개신교 전체를 흡수하기 위해 갖은 방법을 쓰고 있다. 너그러운 얼굴을 하고 있지만, 마치 콘스탄틴이 기독교 신자인 척 하며 기독교 자체를 붕괴시키려 한 것처럼 야욕의 발톱을 감춘 채 개신교에 성큼성큼 다가오고 있다.

7. 영어 성경의 탄생과 복음 선교의 시대

권위역 킹제임스 성경의 탄생

많은 이들이 로마 가톨릭이 금서로 지정한 성경을 번역하다 죽어갔지만, 성경은 마침내 백성들의 언어로 번역되었다. 이 일을 위해 하나님은 그 당시 최고 석학인 에라스무스를 사용해서 올바른 그리스어 신약성경 본문을 편집하게 하셨다. 그는 천주교의 성경 독서 금지가 가져온 폐해를 누구보다 잘 알고 있었기에 바른 성경을 성도들에게 돌려주고자 평생토록 수고하며 이런 글을 남겼다.

> 나는 매우 연약한 여인이라도 복음서와 사도 바울의 서신서를 스스로 읽고 깨닫기를 바라며 … 그런 말씀들이 모든 나라의 언어로 번역되어 스코틀랜드와 아일랜드 사람뿐만 아니라 터키 사람이나 이슬람 사람들이 읽을 수 있기를 바란다. 나는 또한 쟁기질하는 소년이 쟁기질을 하면서 하나님의 말씀을 노래하고, 옷을 짜는 사람이 옷 짜는 기계 소리에 맞추어 이 말씀들을 흥얼거리며, 여행하는 사람이 이 말씀들을 통해 여행의 무료함을 달랠 수 있기를 바란다.
>
> …우리는 다른 공부를 한 것으로 인해 후회할지도 모른다. 그러나 죽음이 다가올 때 성경 말씀을 읽는 사람은 참으로 행복한 사람이다. 이 귀한 말씀은 우리에게 직접 말씀하시고, 병을 고치시고, 죽으셨다 다시 일어나신 그리스도의 형상을 보여 주며, 그분이 바로 우리 옆에 있음을 깨닫게 해준다.
>
> 「Famine in the Lord」, Norman Ward, p.38.

또한 킹제임스 성경의 근간을 마련한 윌리엄 틴들(틴데일)은 가톨릭 신학자가 "성경이란 필요 없소. 보통 사람들이 읽도록 성경을 영어로 번역한다는 것은 어리석은 일이오. 사람들이 필요로 하는 것은 단지 교황뿐이오. 교황의 법 없이 사느니 차라리 하나님의 법 없이 사는 게 훨씬 더 낫소"라고 말하는 것을 듣고는 가톨릭의 우민 정책에 항의하며 다음과 같이 말했다.

> "나는 교황과 그의 모든 법에 도전하며, 만일 하나님께서 목숨을 살려주신 다면 앞으로 몇 년 내에 쟁기를 끄는 소년이 교황보다 성경을 더 많이 알게 할 것이오."

영어 성경 번역을 위해 평생을 바친 틴들은 결국 붙잡혀 화형으로 생을 마 감하면서 로마 가톨릭교회의 절대 권력에 맞설 수 있는 것은 왕뿐이라고 생 각했다. 그는 죽어가면서 "주님, 영국 왕의 눈을 열어주소서!"라고 기도했고, 그 기도가 이루어져 하나님은 영국 왕 제임스 1세로 하여금 최고의 히브리 어와 그리스어 학자들을 수십 명 동원해 가톨릭 세력에 맞설 영어 성경을 출 간하게 하신다.

그것이 하나님이 보존해주신 킹제임스 성경이다. 이 성경은 신적 권위를 인정받아 '권위역'(Authorized Version)이라고도 불린다. 400년 넘게 개정 없 이 이어온 이 성경은 많은 공격을 받아왔지만 오늘날까지 가장 많이 사용되 고 있다.

종교개혁 다음 시대에는 폭발적인 선교 운동이 이루어졌다. 이는 로마 가 톨릭 교회로부터 해방된 성경 이 영어로 번역되고, 이어서 신실한 성도들에 의해 각 나 라 언어로 옮겨지면서 가능했 던 것이다. 이때는 요한 웨슬 리, 조지 휫필드, 허드슨 테일 러, 윌리엄 캐리, 디엘 무디 등 셀 수 없이 많은 위대한 복음 전도자들에 의해 큰 중흥을 이룬 시기였다. 이 부흥은 자

화형으로 죽어가면서도 바른 성경을 위해 기도했던 윌리엄 틴들

유주의 신학과 현대역본들이 등장해 찬물을 끼얹을 때까지 이어졌다.

성경 번역에 왕의 칙령이 필요했던 이유들

교황 세력은 성경이 번역되는 일을 집요하게
막고 탄압했다. 그들이 그렇게 했던 이유는 자
신들이 속인 거짓 교리가 들통나는 것이 두려
워서였다.

제임스 왕 당시의 이런 육적·영적 싸움은 번
역자들이 성경의 서문에 담은 〈제임스 왕께 드
리는 글〉에 잘 담겨 있다.

"우리는 한편으로 국내외에서 교황의 추종자
들에 의해 모함을 받을 것이며 그들은 우리에

킹제임스 영어성경 초판

게 해악을 끼칠 것입니다. 이는 그들이 하나님의 거룩한 진리를 무지와 암흑
속에 가두어 두기 원하지만 우리가 부족하나마 하나님의 도구가 되어 하나
님의 거룩한 진리를 사람들에게 더욱더 널리 알리는 일을 수행하였기 때문
입니다. 다른 한편으로 우리는 자만에 차서 자기들의 길만을 고집하는 형제
들에게 중상모략을 당할 것입니다. 이들은 자기들이 직접 틀을 세우거나 만
든 것이 아니면 그 어떤 것도 좋아하지 않는 사람들입니다."

이처럼 교황을 비롯한 외부의 적과 내부의 분열, 마귀의 온갖 방해를 다 버
티려면 왕의 확고한 의지밖에는 방법이 없는 시대였다. 로마 가톨릭 세력은
실제로 의회와 함께 왕을 몰살하기 위해 화약 음모 사건(가이 포크스 사건)을
기획했다가 극적인 순간에 발각되기도 했다.

비판자들은 왜 성경에 왕의 이름이 들어가느냐고 하지만, 당시의 왕은 선
출직이 아닌 신적 권위를 지닌 군주였음을 감안해야 한다.

제임스 왕의 칙령에 따라 원어에서 영어로 성경을 옮긴 사람들은 40~50
명 정도의 번역자들이었다. 그들의 신분은 대개 당시 국교회의 감독(주교)과
청교도 집단이었으며 서로 팽팽한 긴장과 대립을 하면서도 모두가 수긍할

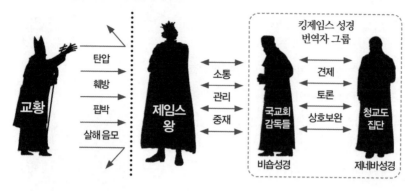

결과물을 도출해냈다. 그들은 위클리프와 틴들의 업적, 그리고 커버데일 성경과 제네바 성경 등 기존의 번역본들을 부지런히 참고했다. 여기에 절묘한 역학관계가 치우침 없는 번역을 탄생시켰다. 원어를 전달받는 데 있어서 이보다 더 좋은 라인업은 없다.

킹제임스 성경 번역 당시의 역학관계에는, 윌리엄 틴들의 염려처럼 왕의 권력이 필수적이었다. 제임스 왕에게도 교황에 맞서 왕권을 강화할 필요가 있었다. 이 성경은 업적을 통한 왕권 강화, 교황 세력에 대한 견제, 시민 계몽, 예배 성경의 통일 등의 필요성과 어우러져 절묘한 긴장 속에서 탄생했다.

결과는 탁월한 선택이었다. 민심도 얻으면서 명분도 챙기고, 안정적인 통치를 가능케 하면서 왕의 권위를 높일 수 있는, 길이 남을 업적이었다.

두 학자가 시작한 성경 비평과 변개

성경은 번역에 사용되는 본문에 따라 두 종류의 계열로 크게 나뉜다. 하나는 안디옥, 다른 하나는 알렉산드리아 계열이다. 성경은 이 두 도시의 이야기다. 시리아의 안디옥은 처음으로 그리스도인이라 불린 자들이 나타난 도시이다. 알렉산드리아는 우상으로 가득했던 이집트의 도시로 수많은 악한 학문들이 이곳을 통해 나왔다.

'본문'이란 신구약 정경의 수천 개가 넘는 사본들을 묶어 번역할 수 있도록 모은 것을 말한다. 시리아·안디옥 계열의 본문은 100년 전까지만 해도 거의 모든 성경의 번역 대상으로 수용된 건전한 본문이라 '공인본문' 또는 '수용본문'이라고 한다. 반면에 가톨릭교회와 관련이 있는 서방 계열과 알렉산드리아 계열의 성경은 1% 미만의 사본들의 지지를 받으므로 '소수본문'이라 불렀다.

그런데 200여 년 전부터 성경을 하나님의 말씀으로 받아들이지 않는 이들이 '본문 비평'이라는 도구로 성경에 손을 대기 시작했다. 이들 중 대표적인 사람이 천주교 성향의 케임브리지 학자 웨스트코트(B.F.Westcott)와 호르트(F.J.A.Hort)이다.

현대역본들의 신약은 거의 모두 이들의 그리스어 '비평본문'을 사용한다. 이들은 그리스어에 능통하고 학식이 깊었지만 하나님의 말씀을 아예 믿지 않은 사람들이다. 두 사람은 교황청 도서관에 전시되어 오던 '바티칸 사본'과 시내산 그리스 정교회 수도원의 쓰레기 더미에서 발견된 '시내 사본'을 가장 권위 있는 것으로 주장했는데, 이 변질된 사본을 근거로 공인본문에서 5,604군데나 수정하여 이른바 '수정 그리스어 본문'을 만들었다 (1881).

웨스트코트(왼쪽)와 호르트

이들은 공인본문에서 약 9,970개의 단어를 추가, 삭제, 수정, 또는 변개했다. 이는 신약성경 전체의 7%에 해당하는 분량이다. 변개된 부분은 매우 중요한 개념인 삼위일체, 지옥, 예수님의 신성, 마귀의 실체, 구원의 영속성, 심판의 실재성 등이며 이로 인해 많은 신학과 교리가 무너지게 되었다. 위의 두 학자는 한마디로 성경을 신뢰하지 않은 사람이었다. 다음은 호르트의 말이다.

"나는 에덴동산 같은 곳은 존재하지 않았다고 생각하며 아담의 타락도 영국 시인 코울릿지가 지적한 것처럼 그의 후손들의 타락과 전혀 다를 바 없다고 생각한다."

"만일 당신의 협조를 얻기 위해 신약성경의 절대 무오류성을 믿어야 한다면 유
감스럽게도 나는 당신과 함께할 수 없습니다." –동료에게 보낸 말

호르트는 신비적 초자연주의에 몰두했으며 공산주의를 찬양했다. 또한 진
화론에 큰 감명을 받아 찰스 다윈의 『종의 기원』을 읽고 다음과 같이 밝히기
도 했다.

"…나의 주의를 가장 많이 끈 것은 다윈의 책이오. 그 책은 동시대인으로서
자부심을 느껴야 할 책이오. 만일 그렇다면 새 시대가 열리는 것입니다."
–J. 엘러톤에게 보낸 편지 중

이런 놀라운 사실 외에도 그는 지옥의 실존을 믿지 않았으며 연옥설을 강
력히 지지했고, 유아세례[4]의 효력을 믿었다. 심지어 그는 그리스도의 대속
에 의한 죄의 제거를 이단 교리로 폄하했다.

"그리스도가 우리의 죄를 대신해 죽기까지 고통당했다는 것보다 더 성경적
이지 못한 것은 없다. 정말로 그것은 거의 보편적 이단 교리의 한 측면인 것
이다."

이런 생각이 이단 교리 아닐까? 그러면 그는 기독교의 학자나 목사가 되지

---

4. 믿음을 고백하거나 이해할 수 없는 아기들이 부모의 대리 신앙고백으로 구원받을 수 없는 것
인데, 아직도 가톨릭과 개신교에서 행하고 있는 교회의 통과의례. 유아세례를 받았다는 이유
로 자신이 천국에 갈 것으로 오해하는 이들의 구원을 가로막는 일이므로 재침례파 등 가톨릭
과 개신교 국교회로부터 탄압받은 소수의 무리들은 유아세례를 반대하면서, 믿음을 고백할
나이가 된 자들이 다시 침례를 받아야 한다고 주장한 것이다.

말았어야 할 사람이 아닌가.

웨스트코트 역시 성경의 가장 큰 기초가 되는 창세기부터 무시했다.

"…오늘날에는 어느 누구도 창세기의 첫 세 장이 문자 그대로의 역사를 제
공한다고 믿지 않을 것이다. 도대체 어떻게 그렇게 믿을 수 있는지 이해할
수 없다. 그 세 장이 우리에게 복음을 보여 주고 있음을 지지할 사람은 아무
도 없을 것이다."

"…나는 성경 전체를 뒤덮고 있는 '성경의 무오류'라는 단어를 부인하오."
－ 호르트에게 보낸 편지 중에서

게다가 그는 모세나 다윗도 실존 인물로 믿지 않았고, 예수님의 재림도
영적인 것으로 생각했으며 성경에 기록된 기적도 모두 실재하는 것이 아
니라고 믿었다. 또한 천국과 지옥도 어떤 '장소'가 아니라 특정한 '상태'라
고 믿었다.

천주교의 공세로 그는 점차 가톨릭교회의 입맛에 맞는 학자로 변모해
갔으며 로마 교황의 사도 계승권을 연구하기도 했고, 죽은 자에 대한 기
도를 지지했다. 그는 영국 개역 성경위원회의 일원으로 일하며 킹제임스
성경에서 고쳐야 한다고 생각하는 부분을 가톨릭 본문으로 수정할 것을
제안했다.

현대역본 성경들의 심각성

안타까운 것은 이 두 학자들에 의해 아무도 거들떠보지 않던 소수본문이
대다수 현대역본의 본문으로 탈바꿈된 것이다. 그래서 우리가 흔히 보는 신
국제역(NIV), 신미국표준역(NASB) 등은 물론 한국의 개역성경까지 이 본문
을 근간으로 번역되었으며, 최근에는 여기서 한 발 더 나아간 메시지(MSG)

성경까지 나오게 되었다. 최근에 인기를 끌고 있는 유진 피터슨의 메시지는 구원의 방법을 변개시킨다.

> 예수께서 말씀하셨다. "너는 귀 기울여 듣지 않는구나. 다시 말해주겠다. 사람은 누구나 근본적인 창조 과정을 거쳐야 한다. '태초에 수면 위를 운행하시던 성령'을 통한 창조, 보이는 세계를 움직이는 보이지 않는 세계, 새로운 생명으로 들어가게 이끄는 세례, 이 과정들이 없으면 하나님 나라에 들어갈 수 없다."

과연 물세례가 사람을 새로운 생명으로 이끄는가? 이것은 천주교회가 가르치는 세례 중생 교리다. 머리에 물을 백 번 천 번 뿌리거나 심지어 물속에 들어가는 침례를 받았다 해도 믿음이 없으면 구원받지 못한다.

우리는 친일파가 번역한 『난중일기』를 읽지 않을 것이다. 또한 나치주의자가 쓴 독일의 근현대사를 신뢰하지 않을 것이다. 성경의 문제는 이보다 훨씬 심각한 문제의식을 가지고 접근해야 하는 중대 사안이다. 저술가 게일 리플링거에 의하면, 요즘 가장 많이 참고용 영어 성경으로 추천되고 가장 많이 팔리는 NIV 성경의 편집장 에드윈 팔머는 다음과 같은 놀라운 발언을 했다.

> "NIV는 오늘날 정통 개신교계에 팽배해 있는 크나큰 오류, 즉 거듭남이 믿음에 의한 것이고, 거듭나려면 예수를 구원자로 영접해야 한다는 오류를 지적한다. 예수가 하나님이라고 분명하게 언급한 구절은 몇 되지도 않는다."

이런 말은 성경 학도들을 경악하게 만들었다. 그런데도 이 성경은 큰 출판사(존더반)에서 나온 새롭고 쓸만한 현대어 번역으로 받아들여지고 있다. 편집장의 말로 보아 그는 구원받은 그리스도인도 아닌 것 같다. NIV의 편집자 중에는 동성애자까지 있다.

예수님 승천 이후 300여 년이 지나 하나님이 주신 정경은 성도들의 일반적 동의에 의해 재확인되었다(397년 카르타고 공회). 성령님의 전이 되는 성도들의 심령 속에서 살아 움직이고 역사하는 말씀들이 드러난 것이다. 그런데 오늘날은 그런 것을 판단할 수조차 없을 정도로 공인본문에서 번역된 성경은 찾아 보기 힘들다. 그래서 모두가 소수본문으로 이루어진 성경을 읽으면서 의아한 점을 풀지 못하는 것이다.

한국에서의 성경 문제는 더욱 심각하다. 2012년 말 개역한글의 저작권 만료를 우려한 대한성서공회는 개역개정을 보급해왔지만 번역이 나아진 것은 거의 없어 보인다. 정작 고쳐야 할 단순 오역조차 고치지 않은 것은 수십 년간의 실수를 인정하지 않으려는 의도라고 볼 수밖에 없다. 그들은 특정 사이트에서 다른 성경이 검색 서비스를 제공하는 것조차 막으면서 독점권을 행사하고 있다.

물론 개역성경의 공로는 작지 않다. 많은 성도가 이 성경으로 하나님을 알고 구원받았다. 그러나 번역과 보급이 어려웠던 시절이 지나고 여력이 생긴 후에는 어떻게든 그것을 개선하고 바로잡았어야 했다. 숱한 모순과 오역, 문법적 오류를 고치지 않는다면 이것은 수백만 독자를 기만하는 일이다.

이제 성경 문제는 교리와 신학 자체를 좌지우지한다. 사무엘 깁 박사는 사람들이 성경의 권위를 인정하지 않는 세태를 이렇게 분석했다.

"사람들은 특정한 성경을 반대하는 것이 아닙니다. 킹제임스 성경(흠정역)이 아닌 NIV든지 NASB든지, 어떤 성경이라도 그것이 하나님의 오류 없는 말씀이라고 하면 그때부터 사람들은 그 성경을 배격할 것입니다. 사람들은 하나님의 말씀이 일점일획의 오류도 없이 보존돼 있다는 사실을 반대하는 것이지요. 왜냐하면 그런 성경이 있다면 모두가 그것에 복종해야 하기 때문입니다."

아무도 본문을 수정하거나 비평할 수 없고, 어떤 성경이든지 한 성경이 하나님이 보존해주신 100% 진리가 되는 순간 모두가 그것을 인정하고 모든 생각과 교리를 고정시켜야 하기 때문에 사람들은 그런 성경을 싫어한다는 것이다. 정확한 분석이다. 과연 우리는 참되고 전능하신 하나님이 온전한 성경을 우리에게 주시지 않았다고 생각할 수 있을까?

그렇다면 하나님은 무엇을 근거로 우리를 심판하시고 우리에게 책임을 물으실까? 매번 다른 해석으로, 어떤 기준 없이 멋대로 심판하는 신이 공평하고 공의로운 신일까? 우리는 무엇을 기준으로 구원의 안전에 거하며 내세의 소망을 가지는가? 오직 하나의 성경뿐이다. 그래야 모두가 공평하심을 인정하고 심판에 굴복할 것이다.

반드시 우리 안에서 해답을 찾아야 할 문제다. 어쩌면 성경 문제는 역사와 종말을 알고 사람들을 계도하는 것보다 하나님 앞에서 더 중요하고 근원적인 문제가 될 것이다. 이 문제가 바로 정립되지 않으면 어떤 이론이나 믿음도 정립될 수 없기 때문이다.

미국 신학교들의 입장 변화

이런 현대역본 성경들에 담긴 비평주의는 엄청난 결과를 가져왔다. 역사상 한 번도 공적으로 부정되지 않았던 성경의 무오성이 한 번 무너지기 시작하자, 성경을 그대로 믿는 것은 진부하고 비과학적이며 꽉 막힌 생각처럼 비치게 되었다. 이런 움직임은 신학자들과 신학 교수들 사이에서 점차 변화를 일으켰다고 해롤드

해롤드 린셀

린셀은 그의 저서 『교회와 성경무오성』에서 분석하고 있다.

소위 신복음주의로 불리는 자유주의 신학은 미국의 거의 모든 유명 신학교를 휩쓸었으며 그 영향은 한국에도 그대로 전달되었다. 신학생들은 성경의 무오성을 믿는 이들이 40%에도 미치지 못하는 상태에서 목회지로 나가 교회를 개척하고 사역을 한다. 그 나머지 60%가 넘는 신학생들은 교인들 앞에서 성경에 오류가 있다고 가르치지는 않겠지만 그들은 마음속으로 성경

은 인간이 기록한 것이므로, 당연히 비평의 잣대와 현대적 시각으로 재평가해야 한다는 생각을 가지고 있을 것이다. 이 역시 2010년경의 조사 결과이므로 더 흐트러졌을 것이 분명한데, 최근에는 이런 설문조차 이루어지지 않는 것 같다.

그들은 신자들에게, 현대까지 성경이 전달되면서 모두 보존될 수는 없었기 때문에 겸손한 마음과 믿음으로 완전치 못한 부분을 보완하는 수밖에 없다고 주장하곤 한다.

실제로 주변에서 신학교에 가는 사람 중에는, 성경의 무오성에 도전하는 지도 교수의 당당함에 오히려 매료되거나, 교회에서 그간 배워온 무오성의 교리는 우물 안 개구리 식의 철없는 믿음이었다는 생각을 하면서 진보적으로 변해가는 사람들이 많았다. 그들은 믿음에서 벗어나는 발언을 하는 교수들을 옹호하고 점점 더 복음 밖으로 나갔다.

그러나 성경은 어느 하나가 비진리가 돼버리면 도미노처럼 무너지는 구조로 이루어져 있으며, 우리 신앙의 이유나 구원의 보장 등 어느 것 하나도 증명할 수 없게 된다. 하나님의 창조, 인간의 타락, 메시아 약속, 메시아 예수 그리스도의 오심, 그분의 죽으심과 장사되심, 부활과 승천, 그리고 다시 오심과 믿는 자의 구원과 불신자에 대한 심판을 위한 영원한 천국과 지옥… 이 모든 것이 다른 곳이 아닌 '성경'에 기록되어 있기 때문이다! 어떤 전해오는 이야기나 사람의 생각, 개인의 느낌과 신학적 탐구가 이것을 보장하지 못한다.

이런 의미에서 성경은 전체적으로 온전한 진리가 아니라면 모든 것이 비진리가 되는 구조다. 예수 그리스도는 하나님의 아들 메시아가 아니면 신의 아들을 사칭한 지상 최대의 사기꾼이 되고 만다. 그러므로 애매한 회색지대에서 우리는 나와야 한다. 차든지 뜨겁든지 하는 것이 하나님이 원하시는 일이다.

성경의 무오성은 성경 자체가 보증한다. '모든' 성경 기록은 우리의 배움을 위해 기록되었다고 했으며(롬 15:4), 바울은 자신의 말이 온전한 그리스도의 계시라고 선언하기도 했다.

만일 어떤 사람이 자기를 대언자나 영적인 자로 생각하거든 그는 내가 너희에게 쓰는 것들이 주의 명령인 줄 인정할지니라. (고전 14:37)

그러나 형제들아, 내가 너희에게 확실히 알리노니 내가 선포한 복음은 사람을 따라 나지 아니하였느니라. 나는 그것을 사람에게서 받지도 아니하고 배우지도 아니하였으며 다만 그것은 예수 그리스도의 계시로 말미암았느니라. (갈 1:11~12)

또한 사도들은 자신들이 전하는 것이 사사로운 기록이 아님을 분명히 했다.

위로자 곧 아버지께서 내 이름으로 보내실 성령님 그분께서 너희에게 모든 것을 가르치시고 내가 너희에게 무엇을 말하였든지 너희가 그 모든 것을 기억하게 하시리라. (요 14:26)

우리는 성경을 자신의 생각으로 사사로이 바꾸거나 멋대로 해석해선 안 된다.

…그 안에 깨닫기 어려운 것이 더러 있으므로 배우지 못하여 불안정한 자들이 다른 성경 기록들과 같이 그것들도 왜곡하다가 스스로 파멸에 이르느니라. (벧후 3:16)

이 말씀은 베드로가 바울 서신들을 성경으로 인정한 증거가 되는 구절이기도 하다. 예수님도 사람들에 의해 보존된 구약의 기록들을 하나님의 말씀으로 인정하셨다.

그분께서 응답하여 이르시되, 기록된 바, 사람이 빵으로만 살 것이 아니요, 하나님의 입에서 나오는 모든 말씀으로 살 것이라, 하였느니라, 하시더라. (마 4:4)

그래서 정경 66권의 마무리는 다음과 같은 엄중한 경고로 끝나는 것이다. 이는 비단 계시록에만 해당되는 말씀이 아니라고 보아도 무방하다.

> 내가 이 책의 대언의 말씀들을 듣는 모든 사람에게 증언하노니 만일 어떤 사람이 이것들에다 더하면 하나님께서 이 책에 기록된 재앙들을 그에게 더하실 것이요, 만일 어떤 사람이 이 대언의 책의 말씀들에서 빼면 하나님께서 생명책과 거룩한 도시와 이 책에 기록된 것들로부터 그의 부분을 빼시리라. (계 22:18~19)

성경의 무오성은 양보할 수 없는 진리

그리스도인들에게 성경 단어들이 일점일획도 틀림이 없음을 말하면 부정할 수는 없으므로 고개를 끄덕인다. 하지만 그것을 그대로 받아들이는 사람은 매우 드물다. 단순히 하나님의 말씀에 오류가 있다고 말할 수는 없으니 '신념적 차원'에서 인정하는 것이다.

성경 무오성을 양보한 결과로 배교의 길로 치닫는 교회와 신학교들에 대해 해롤드 린셀은 말한다.

> 성경의 무오성이 한 번 포기되면 필연적으로 바람직하지 못한 결과들이 따른다는 것이 나의 논점이다. 그것은 마침내 배교로 종식될 것이다. 한 번 무오성을 버리게 될 때 신학적 악화의 과정을 멈추는 것은 거의 불가능하다.

많은 증거가 이 견해를 뒷받침하고 있다. 찰스 스펄전은 성경에 오류가 있을 수 있다는 견해를 기독교가 아닌 새로운 종교로 규정했을 정도다.

> 이제 우리의 신중한 확신은 많은 교회 안의 사태가 겉으로 보이는 것보다 훨씬 더 악화되고 있으며 급격한 속도로 몰락해가고 있다는 것이다. …어떤 새로운 종교가 시작되었다. 그것은 분필을 치즈라고 하는 것 이상으로 더 이상 기독교가 아니다. 도덕적인 정직성이 결여된 이 종교는 약간 진보

된 옛 신앙인 것처럼 위장하고 있다. 그리고 이것을 구실로 삼아 복음 전파를 위해 세움 받은 목회자들을 빼앗아간다. 그리스도의 속죄는 강탈당하고 성령님의 영감은 조롱당한다. 성령님은 어떤 영향을 끼치는 힘으로 격하되고, 죄의 형벌은 꾸며낸 이야기로 바뀌며, 부활은 신화가 된다. 그러면서도 이런 우리 신앙의 원수들은 우리가 그들을 형제들이라고 불러주며 그들을 우리와 함께한 동맹으로 유지시켜 주기를 기대하고 있다.

과연 그것은 '새로운 종교'라고 할 만하다. 네덜란드 소년 이야기에 나오는 둑은 멀쩡한 것과 무너진 것, 두 가지밖에 없다. 구멍이 생겨서 겨우 막고 있는 둑은 그 구멍이 아무리 작아도 멀쩡한 둑에 가까워질 수가 없기 때문이다. 그것은 시간이 지나면 곧 붕괴되므로 무너진 둑과 같은 종류인 것이다. 그래서 그것은 둑이 아니고 새로운 구조물이다. 스펄전의 경고는 계속된다.

찰스 스펄전

그리스도의 구속을 믿는 자들이 이제 공공연히 그것을 경시하는 자들과 연합하고, 성경을 믿는 자들이 완전 영감을 부인하는 자들과 모의를 꾀하며, 복음주의적 교리를 주장하는 자들이 공개적으로 타락 사건을 꾸며낸 이야기라고 말하고 성경의 인격성을 부인하는 자들과 부도덕한 신앙에 의한 칭의를 말하는 자들, 그리고 죽음 이후에 또 다른 유예 기간이 있다고 말하는 자들과 동맹을 맺고 있다. 솔직히 말하자면 우리는 이런 일치를 그리스도인의 일치라고는 결코 부를 수 없다. 그들은 마치 죄악을 도모하고 있는 연합체처럼 보이기 때문이다.

성경의 무오성에 반대하는 견해는 크게 몇 가지로 구분된다. 성경에서 복음을 제외한 내용들에는 오류가 있을 수 있다는 견해, 즉 전체 모든 구절이 하나님의 말씀은 아니라는 입장, 성경에 기록된 이해 불가능한 기록들을 인간적 차원에서 부합하는 설명을 찾거나 신학적으로 설명이 되는 방

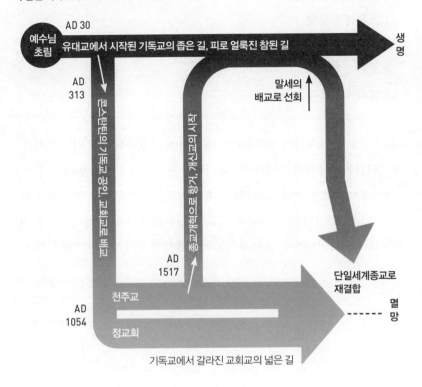

AD 30
예수님 초림
유대교에서 시작된 기독교의 좁은 길, 피로 얼룩진 참된 길
생명

AD 313
콘스탄티누스의 공인된 기독교

말세의 배교로 선회

종교개혁으로 향가, 개신교의 시작

단일세계종교로 재결합

AD 1517

천주교

AD 1054

정교회

멸망

기독교에서 갈라진 교회교의 넓은 길

향으로 이해하는 태도, 하나님이 전능하시고 예수님이 나를 구원하셨다는 사실을 믿는데 다른 것을 시시콜콜 따지고 변론할 필요는 없다는 주장 등 이다. 교회가 성경의 진리를 양보하기 시작하면 갈 곳은 결국 배교의 길뿐 이다.

그런 자들과 친하게 되면 서로 높여주게 되고 상대가 잘못을 해도 바른 판 단을 할 수 없다. 그래서 에큐메니즘 아래에서의 연합이 위험한 것이다. 그러 다 보면 화합을 외치게 되고, 성경의 100% 진리를 고수하는 일은 고리타분 한 생각으로 전락한다. 찰스 우드브리지 박사는 신복음주의의 수렁으로 가 는 다섯 단계를 다음과 같이 정의했다.

① 오류를 묵인함

② 오류를 수용함

③ 오류와 협력 또는 제휴함

④ 오류에 감염됨

⑤ 오류에 정복(굴복)됨.

그러므로 오류에 대한 침묵부터가 진리가 아닌 오류의 편에 서는 일이다. 서로 다름을 포용하며 함께하라고 속삭이는 자들이 이 길에 서 있다.

예상보다 많은 이들이 이 과정을 걸을 것이지만 그것은 더 이상 우리 주 하나님에 대한 신앙이 아닌 '새로운 종교'의 길임을 잊지 말고 굳은 마음을 지녀야겠다. 왜냐하면 바른 길은 점점 험하고 좁아질 것이 분명하기 때문이다.

4장

배교의 움직임과
팬데믹 통제사회

━━━━━━━━━━━━━━━━━━━━━━━━━━━

배교는 조직적으로 이루어지고 있다.

개신교단은 한국교회협의회를 통해 세계교회협의회와 연결되어 있으며

이것은 전 세계적인 조직으로서 기독교 이단과 타 종교까지 아우른다.

이들의 정체와 함께 코로나19가 불러온 팬데믹 통제 사회의 전망까지 돌아본다.

1. 유명 기독교 지도자들의 변절

로버트 슐러와 빌리 그레이엄의 인터뷰[1]

기독교 지도자들의 가르침은 많은 영향력을 갖는다는 점에서 신중해야 할 부분이다. 많은 변절자, 배교한 지도자 중 빌리 그레이엄은 대표적인 인물이다. 과거에 강력한 복음 전도자였던 빌리 그레이엄은 자신의 태도를 바꿔 로마 가톨릭교회의 자금으로 대형 집회를 열면서 2016년 사망할 때까지 서서히 변해갔다. 과거에 그는 천주교와 손을 잡았다.

> "나는 나의 신앙이 정통 로마 가톨릭 교도들의 신앙과 본질적으로 동일한 것임을 발견했다."

1978년에 이미 그는 이렇게 말했다. 그는 교황 요한 바오로 2세를 세 번 방문하고 나서 그에게 보낸 교황 대표단들의 말을 따라 교황을 '세계에서 가장 위대한 복음 전도자'라고 불렀고, 천주교와 상반되는 신학적인 문제는 '개인의 영혼 구원에 관한 한 중요하지 않다'고 말했다. 그는 또한 유신진화론자였다.

빌리 그레이엄(왼쪽)과 로버트 슐러

유명한 미국의 수정교회(crystal church)는 호화로운 대형 교회의 상징과도 같은 곳으로 로버트 슐러 목사가 생전에 만든 곳이다. 2012년경 이 교회는 재정 적자를 이기지 못하고 파산했다. 슐러는 종교 통합주의자이며 프리메

---

1. 동영상 녹취 번역문. 동영상 시청은 네이버에서 '바이블로그' 검색 후 '로버트 슐러, 빌리 그레이엄, 릭 워렌의 배교' 검색 또는 https://blog.naver.com/woogy68/140135832888

이슨이다. 한마디로 대 배교자라고 할 수 있는데, 빌리 그레이엄이 그와 나눈 대화를 보면 아연실색할 지경이다. 그런데도 지금껏 빌리 그레이엄에 대한 기독교인들의 칭송은 끝이 없다. 그의 말들이 사실이라면 전도나 신앙생활도 전혀 할 필요가 없다.

- 슐러 : 기독교의 미래에 대해 말씀해 주시기 바랍니다.
- 그레이엄 : 모두가 알다시피, 교회, 곧 그리스도의 몸이 있습니다. 이 몸은 전 세계의 그리스도인 그룹뿐만이 아니고 그리스도인 그룹이 아닌 자들로도 구성되어 있습니다. 누구든지 그리스도를 사랑하거나 안다면, 그 사실을 의식적으로 느끼든 느끼지 못하든 다 그리스도의 몸의 일원입니다.
나는 온 세상을 그리스도에게로 이끌 큰 부흥이 조만간 일어나리라고 믿지 않습니다. 사도 야고보가 사도행전에서 말했듯이, 이 시대를 향한 하나님의 목적은 자신의 이름을 위한 백성을 불러내는 것입니다. 사실 하나님께서는 지금 이 시간에 바로 그 일을 하고 계십니다.
그분께서는 자신의 이름을 위해 무슬림 세계에서나, 불교도 세계에서나, 기독교 세계에서나, 혹은 믿지 않는 세계에서 백성을 불러내고 있습니다. 하나님이 부르셨으므로 이들은 다 그리스도의 몸의 일원입니다.
물론 그들 중 어떤 이들은 그리스도의 이름을 알지 못할 수도 있지만, 그들은 마음속에서 자기들이 갖고 있지 않으나 필요로 하는 어떤 것이 있음을 알며, 자기들이 현재 가지고 있는 빛으로 돌아서려 합니다. 그렇다면 그들은 구원받은 것이므로 우리와 함께 천국에 가게 됩니다.

- 슐러 : 뭐라고요? 지금 박사님은 어떤 사람이 어두움 가운데 태어나서 전혀 성경을 접해 본 적이 없어도 예수님이 그 사람의 마음과 혼과 삶에 들어올 수 있다고 말씀하시는 것입니까? 제가 말씀드린 것이 맞습니까?

- 그레이엄 : 맞습니다. 저는 그렇게 믿습니다. 저는 지금까지 전 세계의

여러 지역에서 야생 상태로 거하고 있는 종족들을 만났습니다. 물론 그들은 단 한 번도 성경을 보지도 못했고, 성경에 대해 들어보지도 못했으며, 예수 그리스도에 대해서도 들어 본 적이 없었습니다. 그러나 그들은 마음속에서 하나님이 계심을 믿고 있으며, 자기들이 살고 있는 곳의 사람들과는 다른 생활을 하려고 노력하고 있습니다.

• 슐러 : 박사님의 말씀을 들으니 정말 흥분이 됩니다!! 참으로 하나님의 긍휼은 크신 것이군요.

〈파운데이션〉지 997년 5~6월호

로버트 슐러는 늘 교황을 추앙하며 멘토로 생각한 인물이다. 그가 좋은 종교와 나쁜 종교를 구별하는 길은 그것이 긍정적이냐 아니냐에 달려 있다. 1990년 3월 2~4일, 슐러는 그의 교회에서 카리스마틱-가톨릭이 주관하는 '제6회 서해안 성령대회'를 개최했는데, 회중의 대다수가 천주교인이었고, 강사들도 절반 이상이 가톨릭교도였다. 그들은 슐러의 다음과 같은 선언을 듣고 기뻐했다.

"나는 이 수정교회에 대한 꿈을 가지고 있을 때 거룩한 아버지(Holy father, 교황)의 축복 없이 건축할 생각은 없었습니다. 그래서 나는 로마에 가서 교황을 만났습니다. …나는 수정교회의 사진을 교황께 보이고 그분의 축복 기도를 받기 원했습니다. 물론 우리는 함께 사진을 찍었고, 나는 그것을 12층 나의 사무실에 걸어놓았습니다. 그리고 나의 사역 30년 기념일에 그의 친수로 쓴 놀라운 메시지와 나의 거룩한 사역에 내리는 그의 사도적 축복의 모습을 담은 교황님의 절묘한 컬러 사진을 받았습니다."

릭 워렌의 정체와 심각성

슐러는 『목적이 이끄는 삶』으로 유명한 월로우크릭교회 릭 워렌 목사의 스승이기도 하다. 많은 국내 목사들도 로버트 슐
러와 릭 워렌의 영향을 받고 그들을 추종하고
있다. 특히 '열린 예배'라는 것, 즉 구도자 예배
를 만드는 이들이 그런 사람들이다. 슐러 이전
에는 '적극적인 사고방식'의 주창자 노먼 빈센
트 필 박사가 있다. 그는 기독교적 뉴에이지 사

릭 워렌 목사

고의 원조격이다.

동성애를 옹호하기도 하는 릭 워렌은 자신이 세계를 움직이는 핵심적 비
밀 조직인 일루미나티의 단원임을 인정했다. 그는 2005년의 한 종교대회인
PEW 포럼에서 아래와 같은 요지의 발언을 했다.

① 근본주의는 21세기의 적이다.

② 1920년에 세운 5가지 신앙 신조는 율법주의적이고 편협한 그리스도인의
   개념에 불과하다. 성경의 무오성/ 예수님의 처녀 탄생과 그분의 신성/ 예수
   님이 인류의 죄를 구속하시기 위해 오신 것과 그분을 믿음으로써만 얻는 구
   원/ 예수님의 부활/ 예수님의 재림.

③ 21세기는 종교다원주의에 의하여 움직일 것이며, 이것만이 세계 평화와 인
   류 공존의 유일한 길이다.

④ 로마 가톨릭 교도들과 복음주의자들은 연대해야 한다.

⑤ 평화를 위해서는 무슬림과 그리스도인이 따로 없다. 함께 일해 제2의 개혁
   을 해야 한다.

⑥ 나는 세계 모든 종파의 기독교 지도자들과 협력한다.

자, 이렇게 주장하는 그가 그리스도인일까? 그에게 동조하는 사람이 그리
스도인인가?

다른 사람 안에는 구원이 없나니 하늘 아래에서 우리를 구원할 다른 이름을 사
람들 가운데 주지 아니하셨느니라, 하였더라. (행 4:12)

다른 이름을 믿고 그 길로 행하는 자는 지옥에 갈 것이다. 의의 사역자요, 빛의 천사들로 나타나는 마귀의 전략 앞에 정신을 차릴 때다.

개들을 조심하고 악한 일꾼들을 조심하며 살을 베어 내는 자들을 조심하라. (빌 3:2)

참고로 NIV 성경과 함께 릭 워렌의 『목적이 이끄는 삶』을 출간하는 존더반의 모회사인 하퍼콜린스에서는 안톤 라비의 『사탄경』(Satanic Bible)과 남성 동성애 입문서 『게이 섹스의 즐거움』(The joy of gay jex)도 함께 출간하고 있다.

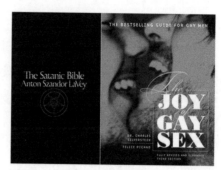

하퍼콜린스 출판사의 사탄경과 게이 섹스 가이드북

이런 흐름의 영향으로 국내에서도 많은 이들이 담대하게(?) 예수님의 진리에서 돌아서고 있다. 아니, 전부터 가지고 있던 색깔을 점차 드러내고 있다고 표현하는 것이 맞을 것이다. 국내에서는 몇 가지 형태로 배교의 양상이 나타나고 있다.

① 사랑을 베풀며 착하게 살면 천국 간다. 과거 조상들도 양심의 심판을 받았다.
② 다른 종교에도 구원이 있다. 기독교는 큰 빛, 절대자에 이르는 하나의 경로이다.
③ 다른 종교를 비방하지 말고 서로 연합해야 한다.
④ 하나님이 진화적인 방법으로 세상을 창조하셨다(유신진화론).
⑤ 구원은 믿음만으로 얻는 것이 아니며, 선행이 따르지 않으면 취소될 수도 있다.

목회자들이 구원의 확신을 비웃고, 신학교에서 성경의 무오류성을 조롱하고, 공의의 하나님보다 사랑의 하나님만 강조하며, 돈과 성장을 위해 세상 과학과 철학에 교회의 문을 넓게 열고 있다. 그 결과, 창조 신앙과 복음의 진리는 현저히 위축되고 있으며, 세상과 성도들 양쪽 모두를 놓치고 있다. 무엇보다도 그들의 걸음은 하나님의 진노를 피할 수 없는 길, 성경에 예언된 배교의 길을 걷는 것이다.

2. 로마 가톨릭의 무한 변신

성경보다 우위에 있는 교황령

2000년 이후로 국내에서 천주교의 성장세가 두드러지고 있는 반면 개신교의 세력은 점점 줄어들고 있다. 이런 현상을 일컬어 '수평 이동'이라고 말하는 사람들도 있지만 이는 결코 수평 이동이 아니며 '개종'이다.

사람들은 왜 천주교로 갈까? 천주교는 다니기 편하기 때문이다. 술과 담배를 금지하지 않고 조상에 대한 제사도 금하지 않는다. 성경은 분명히 죽은 자들에 대한 숭배나 기도를 금하고 있는데 왜 천주교는 한국인들의 조상 제사를 허용할까? 처음부터 그랬을까? 아니다.

우리 민족에게 천주교가 전파될 때 많은 신자가 제사를 거부한다는 이유로 순교를 당했다. 부모도 몰라보는 사람들로 몰려 죽음을 당하기에 이르렀지만 끝까지 굽히지 않음으로써 순교를 당한 이가 셀 수 없이 많았고, 오늘날 그들의 육신은 양화진 등에 묻혀 있다.

그러나 천주교는 다른 민족에게 전파될 때 각기 다른 모습으로 변신하며, 로마 가톨릭교회 스스로가 죽은 성인의 유품·유골·신체 일부를 보관하고 신성시하는 악행을 저질러 왔기 때문에 중국과 한국에도 융통성을 발휘한다. 1939년 교황 비오 12세가 〈중국 의식에 관한 훈령〉을 반포함으로써 조상 제사를 허용했다. 우상숭배가 아닌 미풍양속 존중이라는 이름의 허울을 쓴 명령이었지만 교리의 창작이며 성경을 무시하는 태도다. 그 뒤로 지금까지 천주교인들의 제사는 허용되고 있다. 시대를 잘못 타고 난 애꿎은 사람들만 헛되이 순교를 당했고, 고무줄처럼 유연한 교리는 하나님보다 사람의 편의를 위해, 성경보다 우위에 있는 교황령으로 깔끔히 정리되었다. 이런 방침과 함께 술·담배를 금하지 않는 등의 편리함 때문에 개신교인의 감소와 정체 현상은 천주교의 성장으로 나타나고 있다.

　세상도 갖고 천국도 갖고 싶은 사람들은 기독교의 꽉 막힌(?) 교리와 말씀 엄수가 부담스러워 헌금과 고해성사, 미사와 각종 성례를 통해 적당히 믿으면서 마음의 찜찜함은 덜어내는 방식의 종교 생활을 더 선호하기 때문에 천주교로의 개종이 많이

교황의 다양한 만남. 한국의 한경직 목사부터 힌두교 여사제, 달라이 라마, 이슬람 지도자들, 정령숭배자, 빌리 그레이엄과 알파코스의 니키 검블 등

일어나는 것이다.

천주교의 정치적 위상은 국제적이고 대단하다. 작은 예로 성탄절 뉴스만 보아도 천주교는 개신교보다 항상 먼저 등장한다. 이것은 그들

바티칸에서 만난 프란치스코 교황과 여러 종교의 지도자들

이 마치 개신교의 친정이나 큰아버지 집처럼 여겨지기 때문인데, 근엄해 보이는 종교성, 바티칸이라는 국가에 대한 예우 등도 여기에 일조를 하고 있다.

문제는 이런 모습을 보면서 개신교 지도자들은 세력에 눌려 열등감을 느끼고, 우리는 왜 이런 대접을 못 받나 한탄하기도 한다는 것이다. 실제로도 일부 대형 교회 목사나 교단 총회장, 그리고 추종자들은 더욱 큰 힘과 권력을 갖는 것이 하나님 나라를 확장하는 것이라고 착각하여 합치고 합쳐서 더욱 큰 덩어리를 만들고자 하며, 가톨릭 세력과도 연합해 그들의 권위를 나누어 갖고 싶어 한다.

이런 통합의 절차들이 더 확장되면 에큐메니컬 운동으로 가다가 결국은 '잃어버린 형제들'을 향해 검은 마음으로 흰 손을 내미는 로마 가톨릭교회의 계략과 맞아떨어지면서 결국은 대규모 종교 통합이 이루어질 것이다. 해당 교회 성도들은 싫든 좋든 자기 목사님이 하는 대로 따라갈 것이고, 교회 지도자들은 그것을 순종이며 충성이라 말할 것이 분명하다.

한국신앙직제, 그리스도교로 통일?

지난 2014년 언론에는 "천주교, 개신교, 정교회 한 역사를 쓴다?… 신앙직제협의회 출범"이라는 기사가 등장했다.

그리스도교의 신앙 일치와 확장을 위한 전담 기구가 출범했다. 천주교, 정교회, 개신교계 주요 지도자들은 2014년 5월 22일 서울 정동 대한성공회

서울대성당에서 '한국그리스도교 신앙과 직제협의회'(신앙직제협의회) 창립총회를 열고 주요 협력 사항을 통과시켰다. 이 자리에는 천주교, 정교회, 한국기독교교회협의회(NCCK)와 NCCK 회원 교단인 대한

서울시 중구 대한성공회 서울대성당에서 그리스도인 일치 운동의 창립선언문을 들고 기념촬영을 하고 있다.

예수교장로회 통합, 기독교대한감리회, 한국기독교장로회, 한국구세군, 대한성공회, 기독교대한복음교회, 기독교대한하나님의성회, 기독교한국루터회가 참여했다.

이 기사가 언론에 보도되던 당시 프란치스코 교황 방한을 앞두고 교회 일치 운동이 더욱 가시화되는 상황이었으니 이제는 얼마나 더 혼합되었을지 알 수 있는 대목이다. 이젠 오히려 이 종파들을 구분하려는 시도조차 낯설게 느껴질 정도로 기독교의 경계나 진리의 선명성은 흐려지고 있다.

3. WCC와 WEA의 변화

세계교회협의회와 한국교회협의회

세계교회협의회(WCC, World Council of Church)는 100여 개국 349여 총회의 협의체로 구성된 조직이다. 8개 대륙별 지역 교회 연합체와 9개 프로그램 부서, 5개 자문위원회, 4개의 협의체가 있고, 5~6억 명의 회원이 등록돼 있다고 한다.

천주교와 개신교의 연합은 WCC의 활동을 통해 잘 알 수 있다. WCC 홈페

이지에 들어가 보면 회원 교회들을 파악할 수 있는데, 로마 가톨릭교회와 거의 모든 개신교단은 물론 제칠일안식일예수재림교회(안식교)까지 포함한다. 장로교·감리교·침례교 등 대부분의 교단도 소속돼 있음에도 불구하고 한국 교인들은 자신들의 교회가 이런 잡탕식 모임에 연합되어 있다는 사실조차 모른다.

WCC는 교회들의 모임이지만 복음을 위한 모임이 아니다. 이곳에서는 선교를 논하지 않고 다른 종교들과의 대화나 평화 등을 논하기 때문에 종교가 달라도 개종을 시키지 않는다. 이런 기관에 거의 모든 개신교단과 루터파와 모라비안 교회, 재침례파와 자유독립교회들까지 함께 소속되어 있다는 것은 놀라운 일이다.

대한민국에서 세계교회협의회에 협력하고 있는 공식 통로는 한국기독교교회협의회(NCCK 또는 KNCC, 협의회장: 이경호 베드로 주교)이다. 논란이 되면서 탈퇴한 교단도 더러 있지만 지금도 많은 회원 교단과 조직이 협력체로 존재하고 있다.

NCCK는 WCC의 한국 지부 격인데, 거의 동일한 신학적 입장을 취하는 것은 물론 WCC와 동일한 로고를 사용하고 있다. 이 단체의 홈페이지에는 모 교수의 '생명의 강 살릴 종교 여성 공동기도문'이 실려 있는데, 그 내용은 이렇다.

"오, 하나님, 부처님!··· 하늘에 계신 하느님, 부처님, ···성모 마리아님과 소태산 대종사님, ···나무아미타불, 아멘."

이들의 정체성을 보여주는 단면이다. 이런 단체들은 물론 기독교를 내세운 단체들의 행사나 그곳에서 나오는 이야기들은 이제 해괴한 잡신들의 축제를 방불케 한다.

한 예로, 1993년 11월 미국의 한 여성 회의에 참석한 2천 명의 회원들이 한 기도문을 성찬과 비슷한 의식을 집행하면서 여신을 향해 읊조리며 여신을 경배하는 젖과 꿀의 의식에 참여했다는 신문 보도가 있었는데, 이 행사의

- 아프리카 교단교회 African Instituted churches
- 영국 국교회 Anglican churches
- 아시리아 교회 The Assyrian Church
- 침례교단 Baptist churches
- 로마 가톨릭교회 The Catholic church
- 사도교회/ 그리스도의 교회 Disciples of Christ / Churches of Christ
- 복음주의 교회 Evangelical churches
- 퀘이커교 Friends(Quakers)
- 홀리네스파 Holiness churches
- 루터교회 Lutheran churches
- 메노파(재침례파) Mennonite churches
- 감리교 Methodist churches
- 모라비안 교회 Moravian churches
- 구 가톨릭교 Old-Catholic churches
- 동방정교회 Orthodox churches(Eastern)
- 아시아 정교회 Orthodox churches(Oriental)
- 오순절파 Pentecostal churches
- 개혁교회 Reformed churches
- 구세군 The Salvation Army
- 제칠일안식일예수재림교 Seventh-day Adventist Church
- 연합교회 및 연합 중인 교회들 United and Uniting churches
- 자유독립교회 Free and independent churches

참가자 대부분은 개신교 주요 교단 교인들이었다. 한 루터파 여자 목사는 이 모임에서 '예수 그리스도의 이름이 한 번도 거론되지 않은 것'을 자랑하였으며, 어떤 교회 지도자는 '아버지 하나님의 가부장적 이미지'를 쳐부숴 버리자고 외쳤다. 한국 출신의 신학자 정현경은 이제 그리스도인들은 불교, 힌두교, 그리고 필리핀 여신들로 구성된 '새로운 삼위일체'를 채택하자고 역설하기도 했다.

WCC 총회에서 살풀이 초혼제를 벌이는 신학자 정현경

자유주의 그리스도교의 모임이나 종교 간 대화에 자주 모습을 드러내는 여성 신학자 정현경은 사실상 하나님을 믿는 사람이 아니다. 그는 1991년 호주의 수도 캔버라에서 열린 제7차 WCC 총회의 기조연설을 위해 먼저 퍼포먼스를 했는데, 살풀이 초혼제 같은 것이었다. 그것은 억울하게 죽은 모든 영을 불러내 넋을 달래는 행위였다. 그 억울하게 죽은 영은 하갈과 우리야 등 성경 인물을 포함하는 것은 물론 예수님까지 해당된다. 이 총회는 기독교 무당인 그녀의 온갖 신성모독적인 말들과 행위들로 채워졌다.

WCC와 대립하던 WEA의 입장 변화

WCC와 대립되는 단체는 세계복음주의연맹(WEA, World Evangelical Alliance)이다. 2014년 서울에서 총회를 열기도 했던

WEA는 1846년 창립해 1951년부터 실제적으로 활동한 복음주의 교회의 대표적 국제 기구다. 128개국의 104개 단체로 구성돼 있으며, 약 6억 명 이상의 회원이 등록되어 있다.

그런데 국제 기독교 사회에서는 10년쯤 전부터 과거와 다른 움직임도 포착됐다. WEA는 원래 WCC와 대립각을 세워온 단체지만 최근에는 종교 일치 운동에 굳이 반대할 이유가 없다는 입장으로 선회했다.

2012년 WCC 총회 준비위원회 참석차 방한한 롤프 힐레 WEA 에큐메니컬 위원회 위원장은 "WCC의 신앙고백을 받아들이는 데 전혀 문제가 없다"는 입장을 밝혔다. 복음주의를 대표하는 인사가 WCC 회의에 공식 참석한 것이 한국 성도 입장에서는 좀 당혹스러울 것 같다는 대담자의 질문에 힐레 목사는 대답했다.

"장로교, 루터교, 성공회 등 보수적인 교회 교인이 개인 회원으로 참여하는 조직이다. 반면 WCC는 교파와 교단이 참여한다. 내가 소속된 교단은 WCC 회원 교단이며, 개인적으로는 WEA에 참여하고 있다. 한국은 생소하겠지만 세계적으로는 이런 것이 보편화돼 있다."

세계의 유형 교회는 크게 WCC로 대표되는 에큐메니컬 진영과 WEA로 대표되는 복음주의 진영으로 나뉘어 있다. WCC가 1948년 처음 창설됐을 때 복음주의자들은 건전한 역할을 할 것으로 많은 기대감을 가졌지만 1960년대에 들어서면서부터 WCC가 남부 아프리카의 독립 투쟁을 지원하는 등 다양한 정치적 문제에 개입하자 복음주의 진영에서는 교회가 헌금을 복음 전도가 아닌 폭력적인 활동에 사용한다는 우려감을 나타내기도 했다.

양 진영이 본격적으로 갈등하게 된 것은 복음주의 진영의 대표적 설교자인 빌리 그레이엄이 1974년 로잔에서 시작한 로잔 운동 때부터다. 당시 빌리 그레이엄이 기조연설에서 WCC의 신학 운동을 강하게 반박했기 때문이다. 그러나 생전의 빌리 그레이엄이 WCC 종교 다원주의자들보다 한 발 더 나아간 배교를 한마당이니 그런 다툼은 의미를 상실한 지 오래다.

그런데 이상한 것은 많은 신학자가 종교 다원주의 움직임을 복음주의 운동으로 보고 있다는 사실이다. 이들은 사실상 양대 진영의 생각이 다를 바 없다고도 한다. 복음이란 모든 사람의 평화와 더 많은 이들의 구원을 바라는 것이므로 교리와 신학의 문을 넓게 해서 다른 교파나 다른 종교인을 지옥 백성으로 정죄하지 말자는 것이 이 운동들의 핵심이기 때문이다.

그렇다면 인간들이 협의해서 넓은 길을 만들면 그것이 하나님께서도 용인하시는 길이 될까? 성경은 다르게 이야기하는데 그들은 이런 말씀을 모르는 것인가, 외면하는 것인가?

너희는 좁은 문으로 들어가라. 멸망으로 인도하는 그 문은 넓고 그 길이 넓어 거기로 들어가는 자가 많고 (마 7:13)

너는 내 앞에 다른 신들을 두지 말라. (출 20:3)

2012년 10월에 열린 한국기독교학술원 주최 WCC-WEA 학술 토론회에는 목회자, 교인, 신학대 교수 등 200여 명이 참석했는데, 이 모임은 교리 논쟁보다는 '상생'을 추구하는 목소리로 채워졌다고 언론은 보도했다. 이날 강연자들은 각각 2013년 부산에서 열리는 WCC 총회와 2014년 서울에서 열리는 WEA 총회에 상당한 의미가 있음을 인정하고, 양 기구의 특성을 존중해야 한다는 데 의견을 같이했다.

2012 WCC-WEA 학술회. 왼쪽 세 번째가 당시 WEA 의장 김상복 목사

한편 WCC와 WEA가 다툼에서 벗어나 협력해 나가길 바란다는 청중의 의견에 WEA 전 의장 김상복 목사(할렐루야교회 원로목사)는 재직 당시 "양 기구가 갈등 속에 있다고 오해를 하는데, 국제적으로 부딪힌 적이 한 번도 없었다"라고 말했다. 김 회장은 WCC 총회가 국제 회의인 만큼 반대할 이유가 없다면서 그간 반대 입장이었던 한기총에도 반대하지 말 것을 이야기했다고 말하기도 했다.

교회 일치, 종교 일치에 대한 주님의 경고

예수님은 마지막에 대규모의 종교적 미혹이 일어날 것을 경고하셨다. 우리는 본질적으로 다른 신을 인정할 수 없는 참 하나님을 믿고 있는데 어떻게 이런 일이 가능한지 도무지 이해할 수 없다. 하나님만을 섬기는 것이 싫다면 이 기독교계에서 기득권을 붙잡은 채 사람들을 속이지 말고, 과감히 불신앙을 선포해야 한다.

많은 지도자와 단체라는 이름으로 공신력을 얻은 이들이 선량한 성도들까지 미혹하고 있다. 성도들은 잠에서 깨어나야 한다. 목사의 말과 교단의 말은 하나님 앞에서 어떤 효력도 없다.

너희는 믿지 않는 자들과 더불어 공평하지 않게 멍에를 같이 메지 말라. 의가 불의와 무슨 사귐을 갖겠느냐? 빛이 어둠과 무슨 친교를 나누겠느냐? 그리스도가 벨리알과 무슨 일치를 보겠느냐? 혹은 믿는 자가 믿지 않는 자와 무슨 몫을 나누겠느냐? 하나님의 성전이 우상들과 무슨 조화를 이루겠느냐? 너희는 살아 계신 하나님의 성전이니라. 하나님께서 이르시되, 내가 그들 가운데 거하고 그들 가운데 거닐며 나는 그들의 하나님이 되고 그들은 내 백성이 되리라. (고후 6:14~16)

4. 세상을 움직이는 프리메이슨과 그들의 교리

하나님 없는 신세계질서를 추구하는 자들

여러분은 WCC나 세계 주요 금융 기관과 교육 기관, 종교 기관, 대통령과 종교 지도자 등을 프리메이슨 조직에서 만들었고 세계 유명 목사들도 그 조직의 일원이라는 이야기를 많이 들어 보았을 것이다. 그러나 너무나 믿기지 않을 정도로 엄청난 일들을 이야기하면 사람들은 오히려 믿지를 못한다. 그러면 우리 사회의 모든 것을 사탄 조직이 장악하고 있느냐고 반문하며 고개를 절레절레 젓는다.

세상을 조종하는 사탄 조직인 프리메이슨(Freemason) 비밀 결사가 실제로 존재하는지조차 모르고, 종교 통합운동과 기독교의 타락 등이 프리메이슨으로부터 비롯된 것인지 모르는 이들도 너무나 많다.

프리메이슨은 엄밀한 종교이면서 비밀 조직이다. 그들의 회원 명단에는 세계 유명 정치인과 종교인은 물론 한국의 인사들과 유명 목사를 포함한 정치가와 종교인들도 다수 포함되어 있다. 물론 그들이 공개한 인물들과 감춰진 인물들은 다를 것이다. 그런데 이들이 그 단체에 소속되어 활동하는 데는 두 가지 경우가 있다. 하나는 정말 그들이 원하는 세계정부 음모에 동참하며 신세계질서(New World Order)로 통합되는 세상에서 기득권을 차지하기 위해 악한 생각으로 참여하는 경우이고, 또 다른 하나는 그 조직의 긍정적인 면을 보고, 종교도 어차피 하나의 길을 향한 것이므로 좋은 의도로 속아서 참여하는 경우다.

프리메이슨은 실제로 그 단체의 활동 모습이나 대표자 등이 언론에 공개되는 일이 없다. 따라서 무성한 추측과 음모 이론 속에서만 존재하는 듯한 느낌이 많이 들기 때문에 이 단체의 실체에 대한 논란이 많다. 이들에 대해서는 중세 석공들의 회합에서 비롯되어 비밀리에 발전했다는 식의 설명이 있을 뿐이며 정작 우리가 궁금해 하는 실체를 알려주는 정보는 거의 없다. 이렇다 보니 폭로는 막연한 모함처럼 보이고 프리메이슨은 점점 베일에 가려지면서 존재 자체를 궁금해 하는 사람들이 많다.

또한 메이슨 단원들조차도 정확한 내막을 모른다고 한다. 국가정보원 같은 곳도 신분을 숨기고 유령 단체로 활동하는 경우가 많으니 비밀 결사 단체가 이런 현상을 보이는 것은 당연하다고 하겠다.

프리메이슨 고위 간부가 말하는 프리메이슨

프리메이슨이 쓴 책의 내용을 소개하고자 한다. 이것조차 프리메이슨의 실체에 대해서는 콕 집어서 말하지 않고, 무언가 꽁꽁 싸는 듯한 느낌을 받았다.

이 책 『프리메이슨 – 의식과 상징, 그리고 전통』 (The meaning of Masonry)을 지은 사람은 월터 윌름 허스트(1867~1939)라는 고위급 인사로 '조직의 특성과 상징, 종교적 측면을 철학적으로 분석한 위대한 지성 중 한 사람으로 해박한 지식과 깊은 이해를 지닌 사람'으로 소개되고 있다.

메이슨 지도자가 회원들을 깨우치기 위해 썼다는 이 책에는 그들을 이해할 수 있는 여러 개념이 나온다. 우선 간단히 요약하면 이렇다. 실체보다 중요한 것은 그들이 맺는 열매다.

> 프리메이슨은 종교 단체이다. 그들은 인간이 윤회를 통해 점점 나은 영혼으로 완성된다고 믿는데, 입문과 수련을 통해 영적인 발전 단계로 나아가는 것이 인간의 근본이며 최종적으로 완성된 영혼은 영원한 안식을 누린다.

이 책의 저자는 고대로부터 내려온 이런 원리 속에 모든 종교가 탄생했다고 주장한다. 또한 그들은 유대교와 기독교로 오인될 정도로 성경적 개념을 많이 인용하면서도 해석은 다르게 한다.

또한 매우 영지주의적이고 신비적이며 뉴에이지적 요소도 많다. 한마디로 사탄적인 모든 것을 담고 있는 고대의 종교 체계가 그 뿌리이며 모든 가증한 개념들의 출처임을 알 수 있다.

이런 내용을 보면 유명한 목사들이 프리메이슨이 될 수 있는 이유를 알 수 있기도 하다. 기독교 지도자들의 종교다원주의적 개념들과 가르침이 바로 프리메이슨의 개념이기 때문이다. 각각의 종교는 신앙의 대상을 두고 있지만 궁극적으로 하나의 입문 단체 역할을 할 뿐, 영적으로 지향하는 바는 같다는 것이다. 실제로 거물급 기독교 인사들도 자신들의 단체에 가입했다고 한다.

프리메이슨의 교리는 '형제애 · 구원 · 진리'이다. 그들은 단원들에게조차 이 단체가 무엇인지 설명하지 않는다고 한다. 그래서 사람들은 대개 프리메이슨을 자선 단체, 종교 단체, 비종교 단체, 보완적 종교 단체로 알지만, 그들이 조직 내에 거대한 자선 조직체를 운영하고 있다 해도 그것이 이 조직의 원래 목적은 아니다.

프리메이슨은 반쯤 공개적이고 반쯤은 비밀적인 단체인데, 신비한 밀교 집단이 아니며, 여타 종교처럼 눈과 귀로 보고 직접 들을 수 있는 공식 의전 절차와 교리와 상징을 가진 종교 단체라고 주장한다.

이들은 물론 인본주의를 지향한다. 그래서 휴머니티의 위대한 스승들로 소크라테스 · 플라톤 · 피타고라스 · 모세 · 아리스토텔레스 · 비르길리우스 등과 함께 사도 요한 · 사도 바울 등도 거론한다.

사도 바울 이후 기독교 신앙이 세상에 나오고, 거기에서 히브리 성경을 신비주의에 근거해 해석하는 카발리즘이 탄생하고, 이후 중세 성당기사단, 17~18세기의 장미십자회, 연금술사 등 수많은 종교 단체와 조직이 생겨났다. 그러다가 17세기에 드디어 현대적 프리메이슨이 태동하게 되었다. 250년 전(1600년대 말)에 활동을 개시한 프리메이슨의 족적을 더듬어 올라가 보자. 이 단체는 수 세기 전에 중세 건축 길드가 만든 빈약한 의전과 상징을 빌려와 거기에 풍부한 의미와 시각을 양념처럼 가미했다. 당시 상업

길드는 의전 절차에 도덕적 가치를 가볍게 덧씌워 조합원들을 영적으로 깨우치려는 전통이 있었다. 그 대표적 단체가 건축 길드였다.

5천 년 전에 행해진 이집트 (선박 건조) 입문 의식에는 오늘날 프리메이슨의 그것과 정확히 일치하는 교리들이 담겨 있다.

프리메이슨 역사에서 가장 오래된 것은 건축적인 표현 안에 비밀스럽게 감추어진 영적인 가르침이다.

그는 또 프리메이슨의 창설 의도를 알기 위해 시시껄렁한 책들을 본다 해도 속이 얹힌 것 같은 체증을 느끼게 될 거라고 말한다. 시중에 나온 프리메이슨 교리서나 역사서들은 프리메이슨의 피상적인 모습에만 매달려 신비한 밀교로 몰아가는 데 몰두하고 있는데, 사실 프리메이슨의 역사라는 것은 조직 자체에도 한 번도 소개된 적이 없다고 한다.

프리메이슨의 역할 모델은 예루살렘 성전 건축의 책임자인 '히람[2] 아비프'라고 한다. 아비프와 성경에 등장하는 예수의 죽음은 많이 닮아 있다고 한다.

프리메이슨의 전설에, 세 명의 위대한 직급장(솔로몬과 두 명의 히람)은 기독교의 삼위일체를 상징하는 3요소이다. 직급장인 히람 아비프에 의해 만들어진 신비의 사원에 쓰인 건축 자재는 살아 있는 돌인 인간의 영혼이며, 석공들이며, 신성한 목적을 지닌 동업자들이었다. 꿈의 사원의 완성은 '최고 단계의 비밀을 강탈하려던' 석공들의 음모로 무기한 연기되었다. 창조주의 목적을 백지화시킨 창세기의 타락과 비슷한 내용이다. 히람의 무덤은 바로 우리 자신들이다. 우리 모두는 하나의 무덤이며 그 안에는 처참하게 살해된 직급장이 묻혀 있다.

영적 성장의 마무리 단계에 오면 그는 이제 자신의 왕국을 다스리는 존재

---

2. '구루'를 뜻함. 인도 등지에서 종교 지도자, 선생을 뜻하는 산스크리트어.

가 된다. 진정한 직급장이 된 것이다. 정화와 자기완성, 육신과 영과 혼, 이 세 본성을 조화롭게 정돈하는 세 단계를 거치면서 신비의 트리플 타우(십자 가 상징의 기원으로 담무즈/Tammuz의 첫 글자인 T에서 나왔으며, 바빌로니아의 신비 의식에 사용됨)를 걸치게 된다.

그들은 극적인 입문 의식으로 인간의 영적인 부활을 상징적으로 표현해 내는데, 궁극의 완성 단계(로열 아치)에 도달하려면 먼저 본성을 완전히 포기 하고 단절하고, 욕망과 선입견을 떨쳐버리며, 억센 아집을 내팽개치는 과정 이 필요하다고 말한다. 이것은 결국 훈련과 자기 부정이 필요하다는 것으로 서 마치 자신을 부인하고 십자가를 지는 모습을 연상시킨다.

빛이 내려와 빛과 인간이 하나가 됨으로써 신은 인간이 되고 인간은 신의 경지 에 오르는 것이다. 마침내 영구불멸의 황금률이 유통기한이 있는 삶의 원칙을 대신하게 되면서 입문자는 불멸의 삶의 중심에 서게 된다.
우리는 여러 사실을 통해 위대한 대직급장은 머나먼 동방에서 태어나며, 그분의 출현이 임박했음을 알게 된다.

빛은 루시퍼, 즉 사탄이다. 이는 그들이 궁극적으로 사탄을 숭배 하기 때문이다. 인간이 신이 된다 는 것은 불교 등에서도 말하는 교 리이며 신인주의(神人主義) 사상 이다. 대직급장이란 적그리스도 로 보아도 무방할 것이다.
프리메이슨의 비밀을 담는 상징 들로는 육신을 뜻하는 그들의 앞 치마와 오각형별, 영적 단계별 각 종 장식이 언급된다. 다만 입문의

전시안 로열아치, 두 기둥, 체스판, 뼈와 해골 등이 등장하는 프리메이슨의 앞치마

높은 단계에서는 어떤 상징도 등장하지 않으며 '기질을 변화시키는 일'만 있다고 한다.

첫 단계에서 프리메이슨은 '기하학에 담긴 삶의 예술'과 '인간 정신을 갈고 닦고 발전시키는 과학'에 대해 배우게 되는데, 이것은 신비한 미스터리를 남들이 알 수 없게 상징화하는 이집트 철학이다. 그들이 건축 길드에서 시작되었듯이 육신은 4면체로 된 정사각형 건물로 상징화되었는데, 이것은 4가 육체적 형상을 지닌 모든 것을 상징하는 숫자라는 고대 철학을 본뜬 것이라 한다.

육적인 영혼은 숫자3과 삼각형으로 표현되며 피라미드의 형태다. 피라미드와 역피라미드가 만나면 이스라엘 국기에 있는 다윗의 별, 즉 신세계질서를 상징하는 모양이 된다. 고차원적 영혼은 숫자4와 사각형, 직각자로 상징되는데, 이것은 히브리어에서 음역된 여호와라는 말의 원 글자인 JHVH 네 글자로 불리며 우주의 꼭짓점 4개, 고대인들이 만물의 근원으로 일컫는 네 원소(물·공기·불·흙)도 4로 구성돼 있다고 주장한다.

> 입문 첫 단계에서 빛으로 돌아가는 것은 중대한 사건을 암시한다. 그것은 입문 의식을 거쳐 감각이 확장됐음을 상징하는 것이다. 그것은 세 가지 상징으로 나타나는데, 성스러운 법전과 직각자, 컴퍼스가 그것이다. 법전은 존재의 근간을 이루는 신의 말씀(입문자 사도 요한의 요한복음 1장 1절), 직각자는 거기서 탄생된 수동적인 혼, 컴퍼스는 앞의 두 요소가 상호작용한 결과 혼에서 만들어지는 활동적인 영의 에너지이다.

컴퍼스와 직각자는 프리메이슨의 상징이다. 이것이 중국 신화 속 창조 여신 복희와 여와 남매의 그림에서도 발견되는 것은 참으로 놀랍다. 상징에 나오는 G라는 글자는 기하학(Grometry), 신(God), 영지주의(Gnosis)를 의미한다고 하지만 정확하지는 않다. 구글(Google)의 G와 각종 상징이

프리메이슨의 상징

프리메이슨과 연관돼 있기도 하다.

위 인용문은 말씀이 하나님이라는 요한복음 1장 1절을 인용하고 있는데, 이럴 때 보면 이들이 마치 기독교나 유대교 신봉자들 같지만 사실 그들은 자신들의 교리에 성경을 비롯한 많은 개념을 가져와 사용하고 있을 뿐이다.

프리메이슨의 사악한 뉴에이지적 요소들을 보면 그 정체를 알 수 있다. 그들은 "우리를 천국으로 인도하는 가장 위대한 길은 바로 사랑이다"라고 말한다. 믿음보다는 사랑과 선행이 사람을 구원한다는 배교적 메시지와 일치하는 이야기다.

컴퍼스와 직각자를 든 복희와 여와 남매도

그들은 또 고린도전서 6장 19~20절을 들어 "그대 자신이 최고의 사원임을, 신의 영혼이 그대 안에 거하심을 모르는가?" 하고 묻는다. 이것은 신성한 상징의 의미를 완벽히 깨달을 만큼 본성을 정화시키고 계발시킨 단원은 신이 밖이 아닌 자기 자신 안에 있음을 깨닫게 됨을 말한다.

> 우리는 스스로의 중심에 있는 지부를 여는 방법을 알게 되었다. 우리 안에 깊숙이 숨겨진 '속박당한 빛'이 치솟아 올라오면 드디어 영원한 평화와 구원에 이르게 되리라.
> 더 높은 세상과 더 숭고한 삶이 있음을 깨달을 방법이 있다. 바로 존재의 깊은 곳 중심에 죽은 듯 잠들어 있는 자질을 흔들어 깨워 불러내는 것이다. 그 잠들어 있는 자질은 원의 중심인 영생불멸의 황금률이다.

우리는 각종 자기 계발서를 통해, 엄청난 능력이 인간에게 내재되어 있으니, 그 안에 있는 거인을 깨우라는 말을 얼마나 많이 들어 왔는가? 이 모두가 하나님 밖에 있는 개념들이며 그 뿌리는 바빌론 신비종교다. 프리메이슨은 이런 개념의 계승자이자 유포자다. 그러나 성경은 다르게 말씀한다.

우리는 어떤 일이 우리 자신에게서 난 것으로 생각할 만큼 능력이 있지 아니하며 오직 우리의 능력은 하나님에게서 나느니라. (고후 3:5)

상상력을 극대화하라고 자극하는 것이 현대 사회다. 프리메이슨도 마찬가지다.

다윈의 주장처럼 역사적 사실이든 과학적 사실이든 그것은 우리의 정신을 질식시키고 상상력을 가로막는다는 것을 잊지 말아야 한다. 그에 반해 신화는 상상력을 무한대로 자극해서 드러난 사실을 해석한 후 서로 적절히 연관 짓도록 이끈다.

잠재적 영적 능력을 100% 계발시키는 것이 바로 (프리메이슨으로의) 입문이다.

하지만 성경은 '상상'을 악한 것이라고, 사람의 마음이 가장 악하다고 말씀한다. 성경은 인간의 '상상'에 대해 단 한 번도 좋은 용례를 보여주지 않고 있다.

주께서 이르시되, 보라, 백성이 하나요, 또 그들이 다 한 언어를 가지고 있으므로 이 일을 하기 시작하니 이제 그들이 하려고 <u>상상</u>한 어떤 일도 막지 못하리라. (창 11:6)

바벨탑을 쌓은 자들은 악한 상상을 통해 하나님께 도전했다.

하나님께서 사람의 사악함이 땅에서 크고 또 그의 마음에서 생각하여 <u>상상하는</u>

모든 것이 항상 악할 뿐임을 보시고 (창 6:5)

노아의 때 하나님께서 온 세상을 멸망시킨 이유도 사람들의 상상이 악하기 때문이었다. 지금 시대는 어떤가? 그 양상만 달라졌을 뿐 사람들의 상상은 여전히 악하며 문명의 발전 속에서 극에 달하고 있다.

주가 말하노라. 그 까닭은 그들이 내가 그들 앞에 세운 내 법을 버리고 내 음성에 순종하지 아니하며 그 안에서 걷지 아니하고 오히려 자기들의 마음에서 <u>상상한 것을 따라 걸으며</u> 자기들의 조상들이 자기들에게 가르쳐 준 바알들을 따라 걸었기 때문이라. (렘 9:13~14)

그들이 하나님을 알되 그분을 하나님으로 영화롭게 하지도 아니하고 감사하지도 아니하며 오히려 자기들의 <u>상상 속에서 허망해지고</u> 또 그들의 어리석은 마음이 어두워졌나니 (롬 1:21)

가수 존 레넌은 '이매진(Imagine)'이라는 노래를 통해 천국도 지옥도 죽음도, 국가나 소유도 없다고 상상해 보면 평화가 온다고 말했다. 흔히 이 노래를 평화의 메시지로 생각하지만 그것은 마귀의 생각일 뿐이다. 천국도 지옥도 보상도 심판도 없다는 전제 속에서 하나님을 무시하고 인간들끼리 인간들의 생각대로 살겠다는 것은 멸망의 지름길이며 가장 어리석은 생각이다. 사람이 사람의 생각으로 지배하는 세상은 더욱 악해질 것이며, 혼돈으로 가득차고 말 것이다.

프리메이슨이 생각하는 것은 모두를 통제할 수 있

이집트에서 이스라엘 가는 길에 있는 프리메이슨 제단. 피라미드의 눈이 있다.

는 세계정부의 건설이며 영적으로 높은 단계에 이른 사람들만의 세상이다. 그들은 윤회를 거듭하면 이런 고차원적 세상이 올 것이라고 한다. 이런 가르침은 사람들을 속여 지옥으로 이끄는 일이다. 이 모두가 그들의 상상 속에서 벌어지는 일이며 마귀의 생각이다.

깊은 사고를 지닌 인간들이 누대에 걸쳐 가혹하리만치 괴롭혔던 질문이자 모든 종교와 철학의 주위를 맴도는 중심 주제인 질문, '나는 누구인가? 나는 어디서 왔는가? 나는 어디로 가는가?'… 그건 우리 마음이 가장 원하는 답이다.

우리 교리에서는 이승에 태어난 모든 영혼은 전생을 갖고 있다고 가르친다. 그 영혼은 이승에 태어나기 전에 다른 어딘가에서 살았다. 이승의 삶이 지나가면 또 다른 어딘가에서 살게 될 것이다. 이승에 오면서 우리 영혼은 물화 된 형태를 띠어야 한다. 달리 말해 육적 세상으로 들어오기 위해서는, 이 과정에 주어진 임무를 수행하기 위해서는 몸뚱이가 필요하다는 것이다. 영혼의 죄가 깨끗이 사해질 때까지 우리는 물질세계로 내려왔다가 육신이 없는 세상으로 올라가는 일을 계속해서 반복하게 된다(힘겨운 노동과 저승에서 갖는 휴식이라는 윤회의 리듬).

윤회, 전생, 이승, 저승… 이 모두가 불교와 힌두교 등의 개념과 일치하는 것이다. 우리는 여기에 다른 모든 종교가 하나로 연합할 수 있는 포인트가 있음을 알 수 있다. 이들은 종교로서의 기독교까지 포함시키고 있기 때문에 이들과 구분되는 것은 오직 '성경에 근거한 철저한 복음주의'밖에는 없다. 진리에 다다르는 길이 하나지만 그 표현 방식이 각각의 종교로 나타났다는 것이 종교 일치 사상의 핵심이다.

무릇 종교란 진리를 가르치는 데 그 목적이 있다. 다만 진리를 표현하는 방식이 다를 뿐이다. 우리 모두는 정신의 고향인 동쪽에서 왔다. 모든 빛과 생명의 원천인 그곳에서 나왔다. 이승에서의 삶은 서쪽(우리 고향의 정반대쪽. 숙명적으로 생명의 모태에서 추방된 우리는 우주적 관점에서 서쪽은 동쪽에서 말미암았듯이 언젠가 동쪽으로 돌아가게 됨)으로 추방된 삶이다. 모든 입회 지원자는 처음에 어둠 속 지부 서쪽에 위치하게 된다.

북쪽은 늘 불완전과 미개발을 상징하곤 했다. 북쪽은 무지의 공간이며 최하의 질이자 가장 신뢰할 수 없는 감각인 육체적 본능에 의해 이루어지는 감각적인 반응이라 할 수 있다.

그들의 개념은 성경을 이용해 다른 이야기를 하는 것인데, 이 부분도 성경과 반대의 개념이다. 인간은 에덴의 동쪽으로 추방된 존재다. 그래서 서쪽을 지향하게 되어 있다. 그들이 돌아가야 한다는 동쪽은 하나님의 반대편인 마귀의 편이다. 예수님께서 본성적인 생각을 가진 사람들의 통치자를 가리켜 '너희 아비 마귀'라고 말씀하셨듯이(요 8:44) 거듭나기 전 우리의 태생적 정체성은 마귀의 자식이다. 프리메이슨은 인간이 돌아갈 곳이 바로 마귀의 품이라고 말한다. 북쪽이 무지의 공간이라는 것은 하나님을 모독하는 것이다. 하나님의 처소는 항상 북쪽이었으며 지금도 마찬가지다.

제단의 **북쪽**에서 **주** 앞에서 그것을 잡을 것이요, 아론의 아들들인 제사장들은 그것의 피를 제단 위에 돌아가며 뿌릴 것이며 (레 1:11)

그밖에도 북방의 시온산은 위대한 왕의 도시이고(시 48:2), 주의 집은 북쪽을 향했으며(겔 8:14), 제사장들의 거룩한 방들은 북쪽을 향하고 있다(겔 46:19). 북쪽은 루시퍼, 즉 사탄 마귀가 하나님의 자리를 넘보던 바로 그 방향, 하나님이 계신 곳이다(사 14:12~13).

이 책에서 저자는 고대 종교들 사이에 교집합을 이루는 보편성이 존재하기 때문에 아득한 과거에 지금보다 훨씬 규모가 작고 집중화된 인간 군상의 마음 안에 자연과 인간의 운명과 신과 관계된 근본 교리가 숨어 있음을 알게 된다고 한다. 이것은 곧 모든 종족과 종교 안에 휴머니티의 사원을 다시 일으켜 세우는 방법에 관한 흔적이 남아 있으므로 가르침을 통해 이것을 알려줘

야한다는 것이다.

기독교의 본 목적은, 교회는 물론 범우주적 차원에서 유용한 입문 수단이 되고, 고대 입문 단체들에게서 알짜배기 교리를 전수받아 널리 확장시키는 것이다. 고대 종교에서 계승되고 발전된 것이 기독교다. 성 어거스틴은 이렇게 주장했다. "태초 이래로 세상에는 하나의 종교만이 존재했다. 로마 시대에 이르러 그것이 기독교로 불렸을 뿐이다."

성경은 깨달음의 최고단계로 나아가는 입문 과정을 상징적으로 일러주는 기록서다. 올곧이 복종해야 하는 '위대한 빛'이 바로 성스러운 율법서인 구약이다.

이 말은 기독교의 하나님은 유일한 참 신이 아니고 하나의 입문 수단이라는 것이다. 이런 생각에 속은 기독교인들은 각자의 종교에서 착한 사람이 되고 사랑이 넘치는 휴머니티를 실현하자고 말한다.

저자 윌름허스트는 기독교 종파에도 대직급장이 존재한다고 밝힌다. 그의 시대는 20세기 초반이니 이미 기독교에 대한 본격적인 공격은 성경에 대한 공격과 함께 다각도로 이루어졌음을 알 수 있다. 그 기독교 지도자나 자신들도 모두 진정한 비밀을 찾을 때까지 각자의 종교에서 상징화된 언어와 도구들을 사용하며 사람들을 이끈다고 그는 말한다.

그러므로 저자는 성경 속의 인물은 진짜 사람이 아닌 영적인 원칙의 화신이며, 성경은 일시적 사건을 기록한 평범한 역사가 아닌 영적인 진리의 기록으로, 숨겨진 진리를 상징적으로 드러내 놓은 것이라고 말한다. 시편 23편을 해석하면서, 푸른 초장으로 나를 인도하는 이는 신이 아니라, 진짜 신께로 인도하는 영구불멸의 어떤 법칙이라고 한다.

내 안의 영구불멸의 황금률은 나의 입문자이니 날 신께 인도하는 데 부족함이 없으리로다. 그것이 날 영혼의 양식과 명상의 푸른 초장(자기 수련과 수치심)에 누이며, 관조의 잔잔한 물가로 인도하는도다.

프리메이슨의 주요 앰블럼들. 이들도 결국은 천주교의 작품임을 알 수 있다.

이처럼 프리메이슨은 기독교를 이용해 기독교를 와해시키려는 의도를 가지고 있다. 이들이 어디에 있고 사회에서 어떤 일들을 하는지 알려면 인터넷을 검색해보시기 바란다. 이들에 대한 무수한 정보가 있다. 그러나 매일 그것을 탐독하고 파헤치려 한다 해도 모자랄 정도로 그 정보의 양은 무궁무진하며, 과연 그것이 사실일까 싶을 정도로 어마어마한 비밀들이 소개되어 있다. 그러므로 우리가 이들의 열매와 기본 의도를 잘 파악하고 있으면 매번 모든 현상에 귀를 기울이지 않아도 흔들리지 않고 성경의 진리를 지킬 수 있다고 믿는다.

일루미나티의 정체

빛으로 계몽된 사람을 뜻하는 일루미나티(illuminati)는 알룸브라도스라고도 하는데, 원래 교황청 친위대인 예수회(제수이트, Jesuit)에서 조직한 단체로 알려져 있다. 일루미나티는 1776년 5월 1일에 창설되었는데, 177651이라는 날짜는 미국의 1달러 지폐에 등장한다.[3] 피라미드와 모든 것을 보는 눈, 전시안(all seeing eye)의 그림에는 '신세계질서 이룩에 성공한다'라는 라틴어 글자가 있다.

1달러 지폐의 피라미드 부분

예수회는 종교개혁 이후 개신교 말살을 위해 로욜라가 1540년에 만든 조직이다. 프란치스코는 최초의 예수회 출신 교황이며, 한국 본부는 그들이 만든 서강대학교에 있다. 이 학교 출신 유명인으로 박근혜 전 대통령은 예수회

---

3. 피라미드 하단에 새겨진 MDCCLXXVI라는 문자는 숫자로 환산해 1776인데, 흔히 미국의 독립한 해인 1776년을 뜻한다고 하지만 일루미나티의 창설연도이기도 하다(M=1,000 D=500 C=100 L=50 X=10 V=5 I=1). 마지막 6은 5와 1로 표기하여 일루미나티 창설일인 5월 1일을 드러낸 것인데, 독립기념일은 7월 4일이다.

홈페이지에도 소개된다.

일루미나티에는 역대 미국 대통령 대다수와 영국 수상 등이 포함되며 조직 자체가 그 혈통들을 중심으로 이루어져 있다. 그들은 대통령 선거와 금융 정책을 비롯한 사회와 산업 분야의 모든 굵직한 일들을 조종한다고 알려진다.

세계적인 유명 인사들이 주축을 이루는 일루미나티는 극소수의 사람들이 지구를 살기 좋은 세상으로 만들고자 사명

예수회 출신의 프란치스코, society of Jesus는 그들의 이름이며 Jesuit는 종교개혁자들이 부른 이름이다.

감을 가지고 일하는 소수정예부대 같은 것이다. 그들의 목표는 인구를 약 5억 정도로 축소하는 것인데, 이것은 극소수 엘리트만의 세상을 건설하는 것으로 진화론적인 사고이며 적그리스도적인 생각이다.

찰스 다윈 시대의 진화론자 토머스 헉슬리의 손자 줄리언 헉슬리를 통해 그런 음모를 알 수 있다. 사람의 계급을 나누는 우생학적인 주장을 통해 열등한 종족을 가려내 인류에서 퇴출시키는 것이 그들의 목적이다.

유네스코(UNESCO, 국제연합교육과학문화기구) 사무총장까지 지낸 줄리언 헉슬리는 유네스코 준비위원회 사무국장이기도 했는데 그는 '유네스코 정책'의 초안을 마련하면서, 조직의 철학이 진화론에 기초해야 한다고 주장했다.

진화론적 관점에서 사람의 운명은 매우 단순하게 요약될 수 있다. 그것은 '최소 시간에 최대 진보를 이루는 것'이다. 이것이 왜 유네스코의 철학이 진화론적 배경을 가져야 하며, 왜 진화 개념이 이 철학에서 중심적 위치를 차지해야 하는지에 대한 이유이다… 유네스코의 모럴은 분명하다. 그 과제는 결코 달성된 적이 없었던 평화와 안전을 촉진하기 위한 과제를 교육, 과학, 문화 등을 통해 실현하는 것이다. 세계적 정치 기구를 만들어, 전쟁을 피하기 위한 확고한 수단으로 세계 단일정부 수립에 대한

계획을 세워야 한다.

또한『새 술은 새 부대에』(1957)라는 책에서 줄리언 헉슬리가 밝힌 개념들도 명백히 악한 인종차별적 개념이고, 엘리트 중심의 세계정부 건설에 대한 것이다.

줄리언 헉슬리

인간 개체의 완전한 발전과 인간 가능성의 성취가 우리 진화의 우선적 목적이라면, 영양실조와 빈곤을 가져오고, 또 세계의 물적 자원이나 그것의 미적, 지적 만족의 자원을 잠식하는 인구 과잉은 악이 되는 것이다…… 효과적이고도 수락할 만한 우생학적 정책을 수립하는 일은 시급할 뿐 아니라 고무적인 과업으로 여겨질 것이며, 그에 대한 정치적 또는 신학적 방해는 부도덕한 것으로 여겨질 것이다.

일루미나티가 만들고 조종하는 기관들은 UN과 연방 준비은행, IMF 등을 비롯해 전 세계적으로 포진해 있으며 큰 기업과 대학들도 그들의 손아귀에 있다. 이들의 전략 중 하나는 기독교 교회에 침투해 다른 것들을 가르쳐 변질시키는 것이며 이를 위해 전담 하부 조직도 두고 있다. 그래서 릭 워렌을 비롯한 많은 목사가 일루미나티 또는 프리메이슨의 일원인 것이다. 그들이 '하나님'이라고 말할 때 그것은 우리가 아는 창조주 하나님과 다른 존재일 수 있음을 기억해야 한다.

일루미나티는 대개 프리메이슨의 일원들이 되었고 궁극적으로 이들이 프리메이슨 조직을 장악했다. 세계의 주요 국가 요직은 거의 이들의 손아귀에서 탄생하며 국가 정책이나 어떤 나라가 살고 죽는 것도 거의 이들과 연관이 있다. 이제 이들은 한국을 그 발판으로 삼았다는 이야기가 설득력을 얻고 있다. 그래서 기독교가 가장 왕성한 몇 안 되는 나라 중의 하나인 한국에서 K-팝이 세계적인 유행을 타고, 문화 콘텐츠들이 세계인들을 매혹시키게 되며, 다문화의 물결이 거세지는 것과 함께 각종 세계 대회가 자주 열리고 세계적인 기구들이 상주하게 되는 것, 그리고 WCC 총회가 개최되는 것 등이 한국의 기독교를 붕괴시키는 전략이라는 분석이 일리가 있다.

그런 일들이 벌어지면서도 기독교가 배교 없이 건재하다면 그것이 오히려 이상한 일이다. 이제 많은 그리스도인이 성경에 나타난 참 믿음을 지키기보다는 그것을 한 바퀴 돌려 만든 달콤한 메시지에 귀를 기울이며, 거짓 선생들을 쌓아두고 그들을 추종하며 자신들의 타락을 정당화하게 될 것이다.

이런 조직들은 사실상 모두 천주교의 기획물이다. 로마 가톨릭교회는 이렇게 적그리스도의 하수인 노릇을 완벽히 수행해 짐승 위에 탄 여자가 되었다가 버림받을 것이며 그녀에게 임하는 심판으로 인해 온 세계가 애곡하게 될 날이 머지않았다.

기독교 내에는 왜곡된 은사주의가 주기적으로 유행을 하고 있다. 최근에는 코로나 사태로 소강상태를 보이기도 하지만, 과거에 알파코스 같은 프로그램은 금이빨의 기적을 불러온다며 사람들을 속이기도 했고, 성령집회는 웃음과 장풍과 쓰러뜨림으로 하나님의 영을 혼란의 창시자로 변질시킨 적도 있다. 또한 알 수 없는 소리로 된 엉터리 방언과 암환자 하나 일으키지 못하는 치유 사역이 성행했다.

은사주의 같은 문화는 기독교에만 있는 것이 아니다. 유튜브를 검색해보면 알 수 있듯이 천주교와 힌두교와 불교와 이슬람 등 모든 종교에서 이런 무아지경의 접신 행위를 하고 있다. 모두가 받아들일 수 있는 이런 일들은 WCC 모임에서 초혼제가 가능했던 것처럼 모든 종교가 수용할 수 있는 종교적 행위로서 연합의 가교 역할을 할 수 있다. 그밖에도 다양한 뉴에이지적 개념들이 유행하고 그것이 마치 기독교의 가르침인 양 유통되고 있다. 교회에서 요가를 가르쳐도 이상한 줄 모르는 세상이다. 앞으로 그 경계는 더욱 허물어질 것이다.

5. 코로나19 글로벌 팬데믹과 통제사회

지구 인구 감소를 위한 바이러스?

2019년 말에 발생해 2020년 이후의 세상을 강타한 코로나19 바이러스와 관련한 일들도 비밀 조직의 음모로 의심되고 있다. 물론 음모론은 크리스천만 주장하는 것이 아니라 정치적으로 이용되므로 조심스럽게 다뤄야 하지만, 경각심을 가질 필요가 있다. 음모론은 대략 이런 것이다.

"프리메이슨과 일루미나티 같은 비밀 조직이 지구 인구의 축소를 위해 고의로 바이러스를 퍼뜨렸다. 바이러스는 관련 연구소에서 배양된 것이다."

이런 이야기들은 막연한 주장이 아니라 나름의 근거들이 있다.

전염병의 대유행이라는 놀라운 사건 앞에서 먼저 영적인 문제를 생각해야 한다. 세계를 구하기 위해 애쓰는 사람들이 많은 만큼 세상을 손에 넣기 위해 발악하는 이들도 늘 있어 왔다. 고대로부터 인류를 하나님의 손에서 빼내어 자신들과 같은 멸망의 길을 걷게 하려는 마귀는 근대를 거쳐 현대로 오는 동안 고대의 비밀 교리들을 체계화시켰다.

그들에게는 다 '계획'이 있었다. 단계별로 세상을 새로운 질서로 재편하려는 목표가 있었으며 지금도 진행 중이다. 이 계획의 종착지는 세계의 통합이며 세계정부의 수립이다. UN을 비롯한 세계 기구들은 사실상 이런 무언의 목표로 설립된 것이다.

꼭 음모론이 아니어도 인류는 진화론에 입각해 최단 시간에 최대 진보를 이루기 위해 약자와 빈곤층과 장애인 등 하자가 있는 자들을 최대한 줄여

코로나 이후의 세상이 완전히 달라질 것이라는 의미로 BC(Before Corona)와 AC(After Corona)라는 용어도 등장했다.

공멸을 막는 것이 자연 선택의 길이라고 주장되어 왔다. 약육강식, 적자생존이라는 정당성이 있는 것이다.

뉴에이지 운동의 교과서로 통하는 앨리스 베일리의 어젠다는 '계획'(The plan)이다. 뉴에이지 사상가들은 하나같이 미래에 대한 질서를 말했다. 물론 그것들은 전혀 새로운 길이 아니라 에덴동산에서 뱀이 했던 유혹이며 옛길에 불과하다. 이들은 줄기차게 신세계질서(NWO)를 가르쳤고, 물리적인 방법을 통한 '인구의 효과적인 조절'도 가르쳤다.

이들은 사탄의 성공을 위해 모든 일을 하는 자들이었다. 헬레나 블라바츠키와 앨리스 베일리는 사탄 교리를 '신지학'이라는 이름으로 고대와 근대, 현대로 연결한 프리메이슨의 스승들이었다.

코로나 사태 이후 공해로 악명이 높은 도시인 인도의 뉴델리가 거의 처음으로 푸른 하늘을 드러냈다는 뉴스가 있었다. 어디 인도뿐이랴. 위성에 찍힌 지구의 사진은 유럽 등 코로나가 기승을 부려 사회적 거리두기와 도시 봉쇄가 실시되는 나라들을 중심으로 공해가 상당량 걷힌 것으로 나타났다. 이런 모습을 보면 세계를 움직이는 빅 브라더들의 욕심이 생길 만도 하겠다 싶다. 그들 눈에 하잘것없는 공해 같은 인류는 뚝 잘라 소멸시키고 싶은 존재일 수도 있다.

0.1%의 사람들은 이렇게 손쉽게 인류를 통제하거나 죽인다면 세상이 쾌적해지고, 그것은 자연 선택, 즉 자연 도태에 의한 세상의 재편이자 진화라고 여길 수 있다. 또한 뉴에이지 사상의 주요 교리가 '환생'인 만큼 당장은 죽지만 다시 태어나면 된다고 인구 강제 축소의 당위성을 말할 수도 있다. 프리메이슨 종교에서도 윤회는 영적 진보의 필수적 수단이다. 신이 되는 길의 업그레이드 과정이므로 억울할 일이 아닌 것이다.

헨리 키신저는 전 미국 국무장관으로 외교 영향력 일순위였던 유명 정치인이다. 한때 적그리스도의 그림자로 불리기도 했던 세계정부

헬레나 블라바츠키(왼쪽)와 앨리스 베일리

옹호론자이다.

키신저는 오랫동안 지구
의 인구 감축을 위해 노력해
왔다. 1975년 그가 설립한
미국 국무부 인구 사무국의
정책 계획 그룹은 1981년
특별보고서에서 "백악관 통

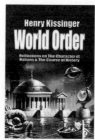

헨리 키신저와 그의 저서 『세계 질서』

제 밖에서 운영되는 계획기구가 전쟁, 기근, 질병 등을 통해 전 세계 인구를
20억 명으로 감소시키는 것이 유일한 목적이다"라고 밝혔는데, 미국의 모든
외교 정책은 이 목표를 기본으로 하고 있다고 한다.

『마지막 날들』(the final days)이라는 논픽션 북(1976)에는 키신저의 발언이
나온다.

"노인들은 쓸모없는 사람들이다."

1923년생인 그는 여태까지 살 줄 몰랐을까. 노인들은 불필요하게 먹기만
하는 자들이라는 그의 발언은 인구 감축의 대상을 짚어낸 발언이다. 그는 미
국 경제의 부담을 우려해 제3세계를 향한 정책은 인구 감소가 최우선 과제가
되어야 한다고도 했다(1974). 줄리언 헉슬리의 인류 진보설과 같은 맥락이
다. 철학자 니체의 오래전 말과도 궤를 같이한다.

"인간의 가장 큰 위험은 '병자'이며, 악인이나 맹수가 아니다. 처음부터 실
패자, 패배자, 좌절한 자… 가장 악한 자들인 이들은 대부분 인간의 삶의 토
대를 허물어버리고, 삶과 인간과 우리 자신에 대한 신뢰에 가장 위험하게 독
을 타서 그것을 의심하게 만드는 자들이다."

인간의 가장 큰 위험이 병자라는 니체의 말이 사실이면 병에 걸리는 사람은
즉시 인류의 해악이 된다. 그 때문에 코로나19 같은 전염력 강한 감염병에 대한
혐오는 더욱 파시즘적으로 나타난다. 노년층에서 10배나 높아지는 치사율이
나 기저질환이 있는 사람, 즉 병자들이 훨씬 더 취약하다는 점은 코로나19가 우
생학적 관점의 인구 제거에 매우 효과적인 것처럼 보이기도 한다.

하지만 니체 역시 뇌매독이나 뇌종양 등으로 인한 정신착란에 시달리다 병

사했다는 사실은 그들의 교만이 사악한 것임
을 알게 한다.

에릭 피앙카

2006년 텍사스대학의 진화 생태학자 에
릭 피앙카 박사의 발언은 더욱 노골적이다.
그는 지구가 비대하고 복잡해서 삐걱거리
며 스스로 재앙을 초래하고 있다면서, 이 위
기를 넘어서려면 수십억의 인구가 제거돼야
하는데, 에이즈보다는 빠른 사망을 불러오는 에볼라 바이러스 같은 '질병'이
단기간에 문제를 돌파할 것으로 기대한다고 했다.

"질병은 인류의 재앙을 통제할 것이다. 우리는 엄청난 붕괴를 기대하고 있다."

바로 에볼라나 코로나바이러스 같은 전염병의 팬데믹이 잉여 인류를 정리
해 지구를 구할 것이라는 이야기다. 진화론은 신지학의 비밀교의에서도 중
요한 사상인데, 이것이 신세계질서와 같은 뿌리이다.

그의 목표는 90%를 제거하고 10%만을 남기는 것이다. 가이아 이론에서
처럼 지구를 생명체로 보고, 그 생명체가 공멸보다는 일부만 죽이는 생존 방
법을 스스로 선택한다는 진화론적 관점이라면 그의 발언을 죄악시하기 어
렵다. 에볼라 바이러스는 며칠 만에 죽음에 이르기 때문에 고통이라는 측면
에서도 효율적(?)이라는 것이 피앙카의 생각이다.

그의 말처럼 지구 인구를 10%만 남긴다면 생산적이고 효과적으로 남겨야
한다. 남는 자들은 생식 능력과 노동력을 갖춘 젊은이들 우선일 것이며, 병자
들이나 장애인, 그리고 노인 인구는 가장 먼저 제외될 것이다. 노인과 병자들
에게 더욱 취약한 코로나바이러스의 특징이 키신저와 니체, 피앙카의 말과
오버랩되어 섬뜩하게 다가온다.

크리스천의 상황 인식과 의무

코로나19의 대유행이 음모론인지는 개인이 정답을 알기가 거의 불가능하
다. 그래서 사람들은 믿고 싶은 쪽으로 간다. 음모다, 아니다… 자꾸 이분법

적으로 접근한다. 하지만 한 가지 중요한 사실은, 설령 비밀 조직이 계획했다고 해도 다 그들의 계획대로 되는 건 아니라는 사실이다. 코로나는 확진율은 높지만 사망률이 너무 낮아 과연 비밀 조직의 작품인지, 아니면 의도했지만 실패한 것인지 알 수 없어서 음모론에 의문이 가기도 한다.

계획을 세워도 이루어지게 허용하시는 분은 하나님이다. 그들의 모든 계획은 하나님의 역사 안에서만 가능하다. 아무리 애를 써도 성경의 시간표를 벗어날 수 없다.

사람의 마음에 많은 계획이 있을지라도 주의 뜻, 그것만 서리라. (잠 19:21)

신실한 사람의 계획도 하나님이 주관하시는데 마귀의 하수인에 불과한 자들이 뭐라고, 더욱이 생명에 관한 것이 사악한 자들의 계획대로 흘러간다는 것은 전혀 말이 되지 않는다.

우리는 시대의 흐름을 읽을 수 있다. 음모론을 말하기 전에 성경을 보면 된다. 모든 일은 말씀을 이루는 과정이므로 그들은 궁극적으로 하나님의 자녀인 우리의 영혼을 해할 수 없다. 천로역정에 나오는 매인 사자들처럼 아무리 위협적이어도 그들이 뻗는 발톱은 눈앞에서 허우적댈 수밖에 없다. 물론 많은 두려운 일들과 위협이 우리 앞에 펼쳐질 것이지만 말이다.

성경에는 마지막 때에 관한 많은 말씀들이 있을 것 같지만, 사실 우리가 겪는 세계에 관한 것은 많지 않다. 7년 환난기에 있을 일이나 유대인에게 닥칠 일들을 제외하면 현시대를 대입시킬 부분은 그리 많지 않다는 것이다.

사실 예수님이 교회를 세우신 뒤의 시간은 2천 년째 이어지고 있지만 오직 '한 세대'에 관한 이야기다. 많은 환난에 관한 묘사는 다음에 다가올 시대의 이야기다.

구약의 다니엘은 마지막이 올 때까지 쉬고 있으라는 명령을 받는다. 여기에 약간 포괄적인 마지막 때의 상황이 등장한다.

그러나, 오 다니엘아, 너는 끝이 임하는 때까지 그 말씀들을 닫아 두고 그 책을 봉인하라. 많은 사람이 이리저리 달음질하고 지식이 증가하리라. (단 12:4)

모두가 다 아는 이 말씀은 개역성경에서 '많은 사람이 빨리 왕래하고…'로 번역된 부분이다. 많은 이들이 이리저리 분주하게 달음질한다는 것은 바쁘다는 의미와 교통수단의 발달로 볼 수 있고, 지식이 증가한다는 것은 정보량의 폭발로 볼 수 있을 것이다. 이런 시대가 바로 요즘 아닌가.

요한계시록 해설 부분에서 자세히 알아보겠지만, 장차 적그리스도 세계정부의 리더는 42개월 동안 사람들을 억압한다. 7년 대환난의 후반부 절반을 말한다(계 13:5). 전반부에는 사람들을 죽이지는 않지만 그 3년 반이 지나면 성전에 들어가 자신을 경배하게 하고, 거부하는 자는 다 죽이게 된다(계 13:15). 그를 따르는 징표는 이마와 오른손에 받게 하는데, 그냥 이마와 오른손이 아니라 그 '안쪽'이라고 했다(계 13:16~18).

'부유한 자'는 평균치를 훨씬 웃도는 많은 세금이나 기부금을 내면 면제를 받을 것 같은데, 예외가 없다. 이것이 무슨 뜻인가? 감염병을 대입하면 간단해진다. 바이러스는 빈부를 가리지 않는다.

영화 〈킹스맨〉에서는 사람들의 머리를 폭파시키는 칩을 모두에게 나누어 주지만 정작 그것을 만든 자들은 스스로에게 이식하지 않았다. 하지만 짐승의 표는 다르다. 세상을 움직이는 빅 브라더, 비밀 조직이 있어도 그들 역시 예외가 없다. 그들은 짐승에게 이용당하고 버려진다. 음녀도, 적그리스도도 짐승에게 이용당하고 멸망한다. 그리고 짐승은 마귀에게 이용당하고 버려지는 것이다.

그러나 이런 시대는 (매우 가까웠으나) 아직 도래하지 않았다. 휴거된다면 겪지 않을 시대이기도 하다. 이처럼 우리가 사는 교회시대(은혜시대)에 관한 구체적인 묘사가 적은 이유는 많이 알 필요가 없다는 뜻인 것 같기도 하다. 알 때가 되면 알 일들은 밤의 도둑을 지키듯이 귀를 기울이면 되고, 우리가 할 일은 그런 세상이 오기 전에 복음을 전하는 것이다.

음모든 아니든 세상을 통제하고 하나로 관리하는 새로운 시스템이 눈앞에 있다. 아직도 성취되고 이루어져야 할 일들은 많지만, 하나님이 허락하시면 순식간에 가능할 수도 있음을 코로나 사태를 지나면서 알게 되었다. 음모를 아는 것보다 때가 가까웠음을 아는 것이 중요하다.

크리스천은 진짜 중요한 것, 참된 것에 관심을 지닌 사람이어야 한다. 막연한 불안은 아무것도 해결해 주지 않는다. 주님 안에서 믿음을 굳게 하며, 인류를 통제하는 시스템들에 적극적으로 반대하면서 세상을 위해 기도하고 영혼 구원에 힘써야겠다.

오늘도 신체 건강한 자들이 영적으로 죽어가며, 지옥 바이러스에 감염된 확진자로 그 수를 더하고 있다. 네 이웃

제일 먼저 등장했던 이스라엘의 코로나 백신 여권. 백신에 대한 인센티브와 의무 접종 등의 논란에서 백신의 짐승의 표 주장이 나오기도 했다.

을 네 몸과 같이 사랑하라는 말씀처럼, 우리가 육신의 안위를 돌보는 만큼만 이웃을 위해 애쓴다면 주님이 오시는 날 그들과 함께 기뻐할 수 있을 것이다. 우리가 최소한의 할 일을 다 했을 때 비로소 주님이 속히 오시기를 바랄 수 있지 않겠는가.

이것들을 증언하시는 분께서 이르시되, 내가 반드시 속히 오리라, 하시는도다. 아멘. 주 예수님이여, 과연 그와 같이 오시옵소서. (계 22:20)

코로나19 백신이 짐승의 표?[4]

바이러스로 통제사회를 만들려는 음모가 록펠러 가문과 빌 게이츠 등에

---

4. 이 문제는 2021년 9월 상황이며, 향후 전개가 어떻게 될지 알 수 없는 문제다. 분명한 것은 백신은 짐승의 표가 될 수 없다는 것. 하지만 백신 접종 여부로 인센티브와 불이익을 주는 등 증명서를 둘러싼 권리가 장차 다가올 짐승의 표 시스템을 앞당기는 데 도움을 줄 수는 있으며, 코로나19 사태가 통제사회로 가는 길을 빠르게 앞당긴다는 것은 분명한 사실이다.

의해 추진돼 왔다는 등 폭로가 이어져 반발 세력이 늘고 있다. 그러나 음모의 실체를 알 방법이 없고, 바이러스의 고의 살포 세력이 있다 해도 알 길이 없다. 또한 음모가 사실이고 바이러스가 기획된

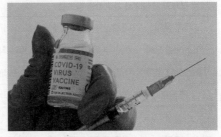

팬데믹 상황이 통제사회로 가는 길을 부추기는 것은 사실이지만 과도한 음모론은 조심해야 한다.

것이라 해도 감염되는 건 분명한 사실이기 때문에 따라갈 수밖에 없는 면이 있다.

코로나 백신이 짐승의 표라거나, 이것을 맞으면 지옥 간다고 주장하는 등 과도한 음모론과 신빙성이 낮은 주장들도 있으므로 조심해야겠다. 백신은 부작용이 일부분 있지만, 백신을 안 맞을 경우의 피해를 비교해 더 나은 선택을 하는 것뿐이다. 백신을 안 맞는 사람의 자유도 존중돼야 하지만, 백신에 효과가 있다면 맞지 않는 사람들은 사회적 위험을 높이는 셈이라 각국에서 백신 접종 증명서를 발행해 사람들의 권리를 제한하고 있기도 하다.

물론 이런 과정이 통제사회로 가는 길을 앞당기는 측면이 분명히 있지만, 그 자체로는 짐승의 표가 될 수 없다. 백신이나 증명서는 매매 수단이 아니고, 안 맞을 자유가 있으며, 거부한다고 죽이지 않는다.

짐승의 표는 환난기에 들어가야 나오는 것이고, 짐승이 발행하는 것이다. 아직 적그리스도 짐승이 드러나지 않았는데 어떻게 짐승의 표가 나올 수 있는가. 성도는 짐승의 표가 통용되는 세상이 오기 전에 모두 휴거된다. 설령 어떤 칩과 코드를 받아 경제 활동을 한다 해도 (환난 전 휴거가 사실이면) 성도와는 무관하다. 물론 휴거 이후에 남을 사람들을 위해서라도 성도들이 이런 도구를 일부러 받거나 환영할 필요는 없고, 경각심을 열심히 알려야겠지만 원칙적으로 그렇다는 것이다.

한 예로, 종교 통합 뉴에이지 역본 성경책을 만들려던 각 종교 지도자의 2020년 세계 모임이 코로나19 사태로 연기된 일이 있다. 그러면 통제사회를

| 세계 경제와 사회에서 가속화될 징조들

세계 경제	경제난은 사회 양극화는 물론 세계적 불황을 불러올 전망.
이스라엘 정세	이란, 시리아, 팔레스타인 등과 첨예한 대치 상황, 중동전의 위험이 존재.
이스라엘 성전	이슬람 사원 자리에 짓기 위한 제반 사항이 완료됨.
개신교	천주교와 다시금 연합하고 있으며 그 경계가 더 허물어짐.
성경	순수한 성경은 점점 배격당하고 변개된 현대역본이 주류를 이룸.
교회	참된 교회는 많이 사라지고 기업형 교회와 프로그램, 건물만 남음.
교회 일치 운동	WCC 등의 연합 움직임으로 천주교, 기독교, 이단 교회 등이 함께 움직임.
그리스도인	유럽은 붕괴하고 미국과 한국을 비롯한 일부 국가들에서 명맥을 유지함.
천주교	세계를 좌지우지하며 정치적 종교적 영역을 확장해 많은 나라를 장악함.
문화	건전한 문화는 거의 사라지고 사악한 사탄의 문화가 교회까지 침투함.
질병	인간이 만든 바이러스와 그 변종의 위협으로 통제사회가 앞당겨짐.
복음	예수 그리스도의 피의 복음은 사라지고 은혜와 사랑과 은사만 강조함.

가져오는 코로나는 배교와 휴거를 앞당기는 요인인가, 늦추는 요인인가? 정확히 규정할 수가 없다. 당겨지거나 늦춰진 것은 다행인가, 실망인가?

이처럼 어떤 일은 한 가지 작용만을 하지 않는다. 모든 것은 주님이 주관하신다. 어차피 있어야 할 일들이 벌어져야 주님이 오신다. 정치 활동이나 시위로 막을 수가 없다. 그러므로 성도는 하나님 앞에서 바른 신앙을 유지하며 죽어가는 영혼들을 하나라도 더 건지는 것이 옳을 것이다.

이상 코로나19 팬데믹까지, 3~4장을 통해 살펴본 징후들을 토대로 보아 교회의 배교는 우리의 눈앞에 다가왔고, 거부할 수 없는 물결이 되어가고 있음을 알 수 있다.

반드시 이루어져야 할 일이지만 인간의 입장에서는 이런 악한 물결을 막고 하나님 앞에 조금이나마 가증한 죄를 짓지 않도록 사람들을 가르치고 일깨워야겠다. 대략적인 세부사항은 도표를 참고하면 된다.

지금까지 역사적 사실들과 중요한 점검 사항들을 통해 실제적으로 교회들이 진리에서 떠나고 있음을 짚어 보았다. 반드시 이런 일들이 있어야 우리의 소망인 휴거와 심판이 있겠지만 서글픈 일도 많을 것이다. 시간이 가까울수록 정신을 차리고 이런 물결에 휩쓸리지 않도록 경계해야겠다.

5장

요한계시록
해설

최근 요한계시록은 편리한 과거적 해석과 무천년설로 의미를 잃고 있다.

특정 교파나 신학의 범주 안에서가 아니라 전천년 믿음의 바탕에서

성경 전체를 통해 건전하고 합리적으로 풀이한

복음주의자들의 해석을 중심으로 차근차근 풀어본다.

1. 요한계시록의 특징과 해석법

요한계시록의 기록자 사도 요한

계시록은 예수님의 사도 요한이 기록했다. '예수 그리스도의 계시'가 이 책의 주제인데, 이는 하나님으로부터 나온 것을 예수님이 요한을 통해 교회들에 전달하신 것으로 볼 수 있다. 예수님이 가장 사랑하신 사도 요한은 다른 모든 제자처럼 순교당할 뻔 했으나 살아남았다. 전승에 의하면 도미티아누스 황제 때 그를 핍박해 끓는 기름 솥에 던졌으나 죽지 않았다 해서 '살아 있는 순교자'로 불리기도 한다. 두려움을 느낀 박해자들은

밧모섬에서 계시를 받는 사도 요한을 그린 구스타브 도레의 그림

그를 처형하지 않고 밧모섬으로 유배 보냈고, 요한은 그곳에서 90세 넘게 살며 계시록을 기록한 것으로 추정한다.

요한복음의 끝부분에는 매우 흥미로운 말씀이 있다. 이것은 재림 때까지 요한이 죽지 않을 것을 예수님이 말씀하신 것이다.

베드로가 그[요한]를 보고 예수님께 이르되, 주여, 이 사람은 무엇을 하리이까? 하니 예수님께서 그에게 이르시되, 내가 올 때까지 그가 머물 것을 내가 원할지라도 그것이 너와 무슨 상관이 있느냐? 너는 나를 따르라, 하시더라. 그때에 그 제자는 죽지 아니하리라는 이 말씀이 형제들 가운데 널리 퍼졌으나 예수님은 그에게, 그가 죽지 아니하리라, 하지 아니하시고 다만, 내가 올 때까지 그가 머물 것을 내가 원할지라도 그것이 너와 무슨 상관이 있느냐? 하셨더라. (요

21:21~23)

여기서 주님이 오실 때까지 요한이 죽지 않을 것이라는 말씀은 밧모섬에서 재림의 계시를 받을 때까지 그가 살아남을 것을 뜻하는 것으로 보인다. 아무튼 가장 사랑받은 주님 제자 요한의 손에 마지막 때의 귀한 예언들이 맡겨졌다.

계시록의 해석 방법과 원칙

요한계시록은 위험하다는 이유로 교회에서 설교도 잘 듣기 어렵고, 사실상 그 내용을 제대로 가르쳐주는 곳도 드물다. 이런 상황이다 보니 성도들은 이상한 집단에 가서 계시록을 배우기도 하는 등 위험한 일이 많다. 계시록 자체가 위험한 것이 아니라 사사로운 해석이나 검증할 수 없는 개인적인 해석이 위험한 것이다.

여기서 설명하는 계시록의 관점은 가장 성경적이며 체계적인 해석으로, 많은 복음주의 학자들의 견해를 종합한 것이다. 어떤 신학이나 개인의 해석에 의존한 것이 아니라 철저히 성경 속에서 타당성을 비교해 검증한 것이며, 에스겔과 다니엘서 등 말씀 안에서 짝을 찾아 풀어가는 방식이다. 물론 모든 계시록 저서가 저마다 성경적이라고 주장하니 독자가 직접 판단하는 수밖에 없다.

계시록은 일부러 가르치지 않는 목회자도 있을 정도로 금기시되어 왔다. 계시록은 위험한 책은 아니지만 읽거나 가르칠 때 주의할 점이 있는 것은 사실이다. 그래서 다음 몇 가지 사항을 주의하라고 성경 교사들은 조언한다.

먼저 말씀 그대로의 의미를 파악해야 한다.

계시록은 환상적이고 신비한 요소가 다른 책보다 많지만 그렇다고 모든 것을 상징과 은유로 보면 안 된다. 이런 해석법을 따르는 이들은 전혀 타당성 없는 숫자 해석과 상징 연결로 계시록을 더욱 미궁 속으로 몰아넣는다. 성경 해석의 황금률과 마찬가지로 말씀을 있는 그대로 먼저 보는 것이 순서다.

계시록에는 문자의 의미 그대로 볼 수 있는 부분이 상징보다 훨씬 더 많음을 잊지 말아야 한다. 열두 지파면 그냥 이스라엘의 12지파이며, 십사만사천이면 그냥 그대로 14만 4천 명이다. 이것을 구원받은 이들의 상징 수라고 주장하거나 우리가 영적으로 어느 지파라는 식의 대입은 근거가 없다는 것이다. 왜 하나님이 굳이 모호한 숫자를 주셔서 우리를 혼란에 빠뜨리시겠는가?

성경이 성경을 해석하는 원리도 중요하다. 예컨대 24장로라고 하면 성경의 다른 곳에 이런 사례가 있는지 먼저 찾아야 한다. 이것도 구약의 열두 지파와 신약의 열두 제자를 일컫는다며 신구약에서 구원받은 자들의 총 수라고 하는 책도 보았는데, 이런 해석을 어떻게 따를 수 있을까?

각 사건의 발생 위치와 대상을 잘 구분해야 한다.

계시록의 다양한 사건 중에는 하늘에서 일어나는 것도 있고, 땅에서 일어나는 것도 있다. 또한 성도가 장차 목격할 일인지, 성도들의 휴거 이후 땅에 남은 사람들 사이에서 일어날 일인지, 천년왕국 때의 일인지 구분을 잘해야 혼란에 빠지지 않는다. 이것을 혼동하기 시작하면 개념 정립이 어려워질 것이다.

각 사건이 모두 시간의 흐름에 따라 기록된 것이 아님을 알아야 한다.

계시록이 시간의 흐름에 따라 순차적으로 기록되었다고 보고 풀어가면 이해가 어려워진다. 유대의 묵시 문학은 같은 사건을 여러 번 반복해서 기록하거나 때론 순서가 뒤바뀌는 특징을 지닌다.

계시록도 마찬가지인데, 특히 일곱 봉인과 일곱 나팔, 그리고 일곱 병의 심판이 순차적인 것이 아니라 오버랩 된다는 것을 잘 이해하고 시간을 배열해야 한다. 10장 11절의 '다시 대언'한다는 말씀은 이런 되풀이되는 방식을 드러내는 포인트이므로 반드시 기억해야 할 것이다. 그리고 내용 흐름과 관련 없는 참고사항을 다룬 괄호장, 삽입장 등을 잘 구분해야 한다(280쪽 참고).

계시록의 몇 가지 해석법

요한계시록을 푸는 데는 몇 가지 해석법이 있다. 특히 4~22장에 대해서는 예로부터 여러 가지 해석 방법이 있는데, 서너 가지 정도로 구분할 수 있다. 20장 이후는 확연한 미래이므로 주로 4~19장에 대한 해석이지만, 최근에는 20장 이후까지 영적으로 보기도 한다.

1. 과거적 해석 :

이것은 말 그대로 4~19장은 계시록이 기록된 1세기 후반까지 다 성취된 것으로 해석하는 방식이다. AD 6년경 태어나 90살 넘게 산 것으로 추정되는 사도 요한이 주로 경험한 일들을 기록했다는 차원이다.

천주교나 장로교 신학자들의 대다수가 이 과거적 해석

방법을 취하면서 마태복음 24장의 일들이 계시록 4~19장에서 다 일어났다고 믿고 그리스도인들과 요한을 핍박한 황제 등을 적그리스도로 해석한다. 하지만 요한계시록의 기록 시기는 AD 96년경으로 이미 이스라엘은 로마에 의해 20여 년 전에 멸망한 뒤였다. 666 짐승도 네로 황제를 상징한다고 하지만 네로는 이미 AD 68년에 사망한 상태였다.

그들은 요한이 계시록을 로마의 압제 때문에 상징으로 가려서 쓴 것이라 한다. 그래서 사도 요한이 당시 핍박받던 성도들이 소망을 가질 수 있도록 이 책을 기록했다고 한다. 하지만 이런 식의 해석은 무익하다. 이것으로 끝난다면 계시록은 우리에게 아무 의미도 없는 한낱 역사책이 될 것이기 때문이다. 계시록 3장까지는 소아시아에 실존하던 일곱 교회에 보내는 주님의 격려와 책망은 평이한 언어들로 기록되었다. 그 뒤에 이어지는 난해한 묵시적 기록들은 아직 다가오지 않은 일들에 관한 환상이기 때문에 어려운 것이고, 오늘날까지도 이루어지지 않았기 때문에 여전히 신비해 보이는 것뿐이다.

2. 역사적 해석 :

이것은 성경의 예언들, 특히 다니엘서와 계시록의 예언들을 역사적 사건들에 매치시키려는 시도다. 그래서 이 방법을 따르는 사람들은 요한 당시로 보면 미래에 관한 계시지만 우리에게는 과거에 해당하는 역사 속에서 계시록 4~19장의 사건들이 성취되었다고 해석한다.

이들 중 일부는 12장 6절에 나오는 1,260일을 계시록의 가장 중요한 기간으로 보면서 이 기간을 교황권이 세력을 강화시킨 1,260년으로 간주하기도 한다(538~1798년). 이 견해는 특히 교황을 적그리스도로 본 종교개혁자들의 관점이다. 물론 1,260일은 그게 아니고, 마흔두 달, 한 때 두 때 반 때인 3년 반을 이르는 것이다(계 11:2, 12:14, 13:5).

19세기에 제칠일안식일예수재림교회(안식교)의 시조 격인 윌리엄 밀러 (1872~1849)는 이런 방법으로 다니엘서 8장 14절의 2,300일을 다니엘 때부터 2,300년으로 보고 세상의 끝이 1844년 10월 20일에 있을 것으로 예측해 안식교의 종말 교리를 세웠다. 물론 아무 일도 없었다. 이 재림 불발 사건을 '대실망'이라고 부른다.

개신교에서는 마르틴 루터, 아이작 뉴턴, 매튜 헨리, 앨버트 반즈, 조지 래드, 이안 페이즐리 등이 이런 견해를 지지했고 국내에서는 개혁 교회가 주로 이런 역사적 해석을 지지한다. 이들은 마태복음 24장은 계시록 6장 12~13절과 같고 18세기 후반에 끝났다고 간주한다. 그리고 이들은 계시록의 일곱 교회가 교회시대의 변천을 보여준다고 생각하여 계시록의 사건들을 다음과 같이 역사에 대입시키려 했다.

- 일곱 봉인 : 요한의 시대부터 4세기경
- 일곱 나팔 : 5세기 이교도들의 서방 침공(고트 족의 로마 침략, 반달 족의 지중해 침략, 훈족의 북로마 침략 등), 오스만 터키의 동로마 정복
- 일곱 금병(대접) : 프랑스 대혁명, 이슬람과 로마 가톨릭 세력의 확장과

패배

- 첫째 짐승 : 정치적 교황
- 둘째 짐승 : 종교적 교황

이처럼 계시록에 나타난 사건이나 인물을 과거 인류 역사에서 찾기 위해 억지로 끼워 맞추기 때문에 무리한 해석을 할 수밖에 없었다. 역사적 해석법은 앞에서도 다룬 '이스라엘 대체신학'을 강하게 주장하는 청교도식 개혁/장로교가 취하는 것으로 현재 성도들과는 무관한 계시록 해석들이 여기서 많이 나온다. 그래서 이것도 오늘을 사는 성도에게는 과거적 해석법과 다름없는 방법이다. 18세기 이후로 많은 일이 벌어지고 성경의 비밀들이 드러났으므로 여전히 종교개혁 시대인 과거에 머무르면 바른 해석에 도달하기 어렵다.

3. 교훈적 해석 :

하나의 영적인 해석 방법으로 성경의 모든 일이 실제가 아니며, 어떤 진리를 상징적으로 표현한 것에 불과하다고 보는 것이다. 이 방식은 주된 해석을 이해한 뒤에는 얼마든지 적용하고 묵상해야 할 부분이지만, 이렇게만 이해하고 끝나는 것은 위험한 실수이며 주객이 전도된 방법이다. 앞으로 설명할 무천년설과 후천년설을 주장하는 쪽의 견해와 연결되는 논리이기도 하다.

4. 미래적 해석 :

계시록 4장 이후를 장차 일어날 일들로 해석하는 것이다. 성경의 예언 체계는 당연히 이 해석을 지지하며, 실로 이 해석 이외의 다른 해석은 사적인 해석에 불과하다. 왜냐하면 역사의 한 시점에 서서 과거와 현재만 보고 세운 해석 체계를 계속 고수하면 미래에 펼쳐지는 일들은 아무 의미가 없는 것이 되기 때문이다. 아무리 대단한 주석가의 견해라도 중세나 종교개혁 시대에 해석한 것만 계속 신봉하면서 이후에 일어날 일을 무시하면 성경이 정체돼 버린다. 그 주석가의 시대는 이미 과거임을 기억해야 한다. 그의 시대에만 해석이 머물러 있는 것은 굉장한 난센스다.

계시란 점진적으로 나아가기 때문에 비밀은 점점 더 드러나는 것으로 보아야 한다. 하나님의 계획도 성경 예언을 실현하는 선에서 변경되거나 선회할 수 있다. 우리가 해석하는 많은 일도 다른 것으로 대치될 수 있고, 시간표가 늦춰질 수도 있다. 그런데도 자기 해석만 고수하고 교단의 교리를 고집하면 하나님은 과거에만 일하신 분이 되어 성도에게는 재림과 천년왕국의 소망도 다 추상적이고 무의미한 일이 된다. 반드시 미래적 해석이 이루어져야 한다.

위와 같은 여러 방법이 있지만 이미 계시록 1장 19절에서 예수님이 해석 방법을 알려주신다.

네가 본 것들과 지금 있는 것들과 이후에 있을 것들을 기록할지니 (계 1:19)

이 말씀대로 계시록은 요한이 이미 본 과거의 것들과 그가 살고 있던 시대의 것들과 앞으로 미래에 있을 것들을 기록한 것이다.

- 1장 : 요한 기준의 과거 (네가 본 것들)
- 2~3장 : 요한 기준의 현재 (지금 있는 것들)
- 4~22장 : 요한의 환상 (이후에 있을 것들)

그러므로 4장 이후는 '미래적 해석법'을 취하는 것이 옳다. 사도 요한에게도 미래였지만 아직 다가오지 않은 일이므로 우리에게도 유효한 방법이다.

천년왕국과 재림 시기에 대한 세 관점

이처럼 요한계시록을 보는 기준은 재림의 시기를 바라보는 해석을 결정하기 때문에 매우 중요하다. 잘 알려져 있는 재림의 때를 나누는 기준은 계시록

20장 1~7절 말씀에 나오는 천년왕국을 중심으로 세 가지 견해가 있다. 성경에 '천년왕국'이라는 단어는 없지만 성도가 왕이신 예수님과 천 년 동안 통치하는 나라이며, 그 기간도 정확히 나타나 있는데, 이 왕국의 실현 여부와 시기에 대해서는 다음의 세 가지 학설이 있다.

① 후천년설 :

사람이 건설하는 유토피아 개념의 천년왕국 후에 예수님이 재림하신다는 학설. 교회의 복음 전파로 온 세상이 결국 기독교를 수용하면 예수님이 오시고, 이 땅에 그리스도의 왕국이 세워질 것을 주장한다. 세계대전 등을 거치면서 이 주장은 크게 약화되었다.

이들도 천년왕국을 믿기는 하지만 사람의 힘으로 유토피아를 건설하게 되면 그때 주님이 재림하신다는 것인데, 성경은 분명히 천 년 동안 예수님과 성도가 함께 다스린다고 했기 때문에 후천년설로는 이 말씀을 실현할 수 없다.

② 무천년설 :

천년왕국은 실제로 서는 나라가 아니라는 학설. 그리스도의 통치가 이루어지는 천년왕국이란 이 땅에 이루어지는 것이 아니라 일종의 이상향이며, 천 년이란 완전하고 많다는 뜻으로서 특정한 왕국의 실제 기간이 아니라는 주장이다.

신약의 교회가 구약의 이스라엘을 향한 모든 약속과 예언을 상속받았다는 것이 이 설의 핵심 주장이며, 교회가 다스리는 세상이 곧 천년왕국이다. 이것은 어거스틴을 통해 천주교에 정착된 이론으로 후에 칼빈과 청교도들이 답습하여 장로교 교리로 정리한 것이다. 이것을 주장하는 사람들은 신약시대에 교회가 신정 정치를 통해 이 땅의 왕국들을 다스리는 것을 이상적 국가 건설로 보았다. 그래서 중세 암흑시대의 천주교회나 구약의 장로 개념을 도입한 칼빈의 교회는 무력을 사용하면서까지 구약식 신정 정치를 구현하고자 했다.

한마디로 이것은 성경을 바르게 나누어 보지 못한 결과이며 많은 전제와 비유적/영적 해석이 없이는 성립할 수 없는 교리, 신약교회에 맞지 않는 해석이다.

③ 전천년설 :

주 예수님이 이 땅에 다시 오셔서 의의 천년왕국을 직접 건설하실 것이라는 믿음으로 천년왕국 전에 재림하신다는 의미다. 계시록 20장이 분명하게 이것을 말하고 있고, 구약의 선지서 등에서 매우 여러 차례 이 같은 세상을 예언하고 있다. 그러므로 이것은 하나의 '설'이 아니라 '전천년 믿음'이라고 부를 만한, 유일하게 성경적인 믿음이다.

천년왕국이 등장하는 계시록 20장 직전에 예수님은 재림하시고 심판하신다.

> 또 내가 하늘이 열린 것을 보니, 보라, 흰 말이라. 그 위에 타신 분은 신실하신 이, 참되신 이라 불리더라. 그분은 의로 심판하며 전쟁을 하시느니라. (계 19:11)

그 7년 전에 공중재림(휴거)이 있고, 이 말씀이 지상재림(현현)이며, 이어지는 20장은 바로 "또 내가 보니…"라고 시작하기 때문에 재림 후 천년왕국, 즉 천년왕국 전 재림이 확실하다.

전천년 믿음 안에서 휴거에 대한 세 관점

종말론에 관심이 있어서 짐승의 표를 말하고, 시기는 달라도 휴거와 환난기를 말하는 이들 모두 이 전천년 믿음 안에서 논의하는 것이다. 하지만 의외로 많은 신학자와 목회자들이 전천년설이 아닌 것을 가르치고 있다. 그 문제점은 계시록 설명 과정에서 더 소개한다.

한 조사에 의하면 한국 교회의 70~80%가 무천년설을 따르고 있다고 한다. 또한 한국 교회에서 제법 알려진 기존 교회 목회자들이 쓴 요한계시록 책들을 보면 거의 과거적 해석법에 역사적 해석법을 섞어 설명하고, 많은 부분을 교훈적 해석으로 채우기도 한다. 그러다 보니 진짜 궁금한 구절은 건너뛰기가 일쑤다.

전천년 믿음을 가진 성도들은 계시록 4~19장을 미래적 관점에서 해석하며 앞으로 있을 7년 환난기에 4~19장의 사건들이 생길 것이라는 해석에 다 동의한다. 그런데 환난기 통과 여부와 휴거의 시점에 대해서는 또 세 가지 견해가 있다.

① 환난 통과설 :

신약교회 성도들이 7년 환난기를 다 통과한 뒤 휴거를 받고 난 뒤에 천년왕국이 이루어진다고 믿는 견해다. 그러므로 이것을 믿는 교회와 목사들은 환난을 통과하기 위해 행위를 정결하게 하고 갖은 애를 쓰며 여러 가지를 준비해야 한다고 믿는다.

그러나 환난 통과설은 성경적으로 지지를 받지 못한다. 신약성도들이 환난을 통과하고 나면 7년 환난기 끝에는 구원받은 자들과 멸망 받을 자들의

| 계시록 해석법의 학설과 견해 구분

두 부류만 남는다. 이때에 휴거가 일어나면 구원받은 자들은 순식간에 몸이 변화되어 영화로운 몸을 입는다. 그리고 하늘로 올라가자마자 재림하시는 예수님과 함께 다시 땅으로 내려오는데 이 땅에는 천년 후 둘째 사망을 받을 자들만 남게 되기 때문에 천년왕국에 육체를 입고 들어갈 자들이 하나도 없게 된다. 그러면 성경에 기록된 천년왕국의 예언들을 다 성취할 수 없다.

② 환난 중간 휴거설 :

이것은 계시록 4~19장의 일곱 봉인, 일곱 나팔, 일곱 병 심판을 연대기적으로 나열해 일곱 나팔의 마지막 나팔이 7년 환난기의 한 중간에 오게 한 뒤, 휴거가 발생하는 고린도전서 15장 51절의 마지막 나팔이 곧 일곱 나팔의 마지막 나팔이라고 믿는 것이다. 이들은 대개 적그리스도가 이스라엘과 7년의 언약을 맺었다가 3년 반이 지난 뒤에 이 언약을 깨는 때가 신약성도들의 휴거 시점이라고 믿는다. 따라서 이들도 어느 면에서 부분적으로 환난 통과를 믿는 것이다. 그러나 계시록 11장 15절은 일곱째 나팔이 성경에 나오는 마지막 나팔이 아니며, 휴거 사건과도 무관하다(246~248쪽 참고).

③ 환난 전 휴거설 :

계시록 4~19장의 7년 환난기가 이 땅에 임하기 전에 신약성도들은 휴거를 받고 하늘에 올라가 7년 동안 혼인 예식을 치른 뒤 주 예수님과 함께 내려와 천년왕국에서 민족들을 다스린다는 믿음이자 해석이다. 계시록 3장 10절의 말씀에 따라 온 세상에 임하여 땅에 거하는 자들을 시험하는 7년 환난기에 교회는 들어가지 않으므로 4~19장의 일들은 교회와 전혀 무관하다고 믿는 것이다. 성도는 주님의 성전이자 지체이므로 환난의 진노가 임할 수 없다. 이것이 유일하게 성경적인 견해이므로 이 책은 '전천년 믿음과 환난 전 휴거의 복된 소망'의 관점에서 계시록을 해석한다(딛 2:13).

요한계시록의 구성과 전체 개요

시작하는 책 창세기는 인간의 실패를 기록한 책이고, 끝맺는 책 계시록은 은혜를 통한 회복을 말하는 책이다. 창세기와 계시록의 차이점을 비교해본다.

| 창세기와 요한계시록 비교

창세기	요한계시록
하늘과 땅 창조	새 하늘과 새 땅 창조
첫째 아담이 다스림	마지막 아담 예수님이 다스리심
신부(이브)를 아담에게 데려옴	신부(교회)를 예수 그리스도에게 데려감
죄가 사망을 가져옴	더 이상 사망이 없음
낙원의 상실	낙원의 회복
속이는 자 사탄의 등장	사탄의 영원한 멸망
슬픔과 고통, 죄의 시작	슬픔과 고통, 죄를 끝냄

다음은 계시록의 장 · 절에 따른 구성과 전체 개요다. 순서가 일정하게 기록된 것이 아니므로 앞으로 이 순서를 참고하면 혼동이 덜할 것이다.

| 계시록의 장별 구성

1장	그리스도의 환상(요한 당시 과거의 일)
2~3장	일곱 교회의 심판(요한 당시 현재의 일)
4~19장	교회 휴거 이후 땅에 남는 이스라엘과 이방 민족들을 향한 7년 환난기 (앞으로 교회시대 이후에 있을 미래의 일)
20장 1~6절	천년왕국 시대
20장 7~15절	하나님의 최후 승리와 사탄의 패배
21~22장	새 하늘과 새 땅과 새 예루살렘

| 요한계시록 전체 개요

1. 서론 (1:1~8)
2. 네가 본 것들 (1:9~20)   사도 요한이 환상을 받을 때의 상황과 내용

3. 지금 있는 것들 (2:1~3:22)
 	
  에베소, 서머나, 버가모, 두아디라, 사데, 필라델피아, 라오디게아 등
 	
  소아시아 일곱 교회에 보내는 메시지

4. 이후에 있을 것들 (4:1~22:5)
 	
  A. 환난기 (4장~19장)
 	
    ① 하늘의 왕좌 (4장)
 	
    ② 하늘의 책과 그것의 봉인들 (5장)
 	
    ③ 일곱 봉인 심판 (6장, 1~17절)
 	
    ④ 환난기에서 구속받은 자들 (7장)
 	
      14만 4천 명의 유대인 (1~8절), 수많은 이방인 (9~17절)
 	
    ⑤ 일곱 나팔 심판 (8~9장, 8:1~9:21)
 	
    ⑥ 하늘에서 오는 천사와 작은 책 (10장, 1~11절)
 	
    ⑦ 두 증인 (11장, 1~19절)
 	
    ⑧ 하늘에서의 전쟁 (12장, 1~17절)
 	
    ⑨ 바다에서 올라오는 짐승과 그의 대언자 (13장, 1~18절)
 	
    ⑩ 여러 가지 일을 알려줌 (14장)
 	
      14만 4천에 대하여/ 영존하는 복음에 대하여
 	
      짐승을 경배하는 자들에 대하여/ 땅의 수확에 대하여
 	
    ⑪ 일곱 병 심판 (15~16장)
 	
    ⑫ 종교적 바빌론의 심판 (17장)
 	
    ⑬ 상업적 바빌론의 심판 (18장)
 	
    ⑭ 그리스도의 지상강림 (19장)
 	
  B. 천년왕국 (20장)
 	
  C. 새 예루살렘 : 영원한 상태 (21:1~22:5)

5. 결론 (22:6~21)

2. 소아시아의 일곱 교회

일곱 교회의 정체에 대한 견해들

요한계시록의 시작과 함께 예수님의 계시는 그 당시 소아시아(지금의 터키 주변) 지역에 실제로 존재하던 일곱 교회에 주어진다. 이 교회들은 다음과 같이 여러 의미로 해석된다.

1. 요한 당시의 실제 일곱 교회

가장 먼저 있는 그대로 살펴볼 필요가 있다. 이 교회들은 사도 요한 당시 분명히 존재하던 교회들이다. 물론 다른 곳에도 교회가 많이 있었지만 주님은 이 일곱 교회의 문제들을 해결하시기 위해 요한을 통해 편지를 보내셨다. 이렇게 보는 것이 이 교회들에 대한 일차적 의미다.

2. 모든 시대에 존재하는 교회를 대표하는 교회들

일곱 교회에 주어지는 계시와 칭찬과 경고의 말씀이 사실상 모든 교회와 성도들에게 주어질 수 있는 말씀이므로 이 일곱 교회는 교회시대의 모든 교회를 뜻하기도 한다. 교회의 사정이나 모습이나 구성 요소 등에서 이들은 모든 교회를 각각 대표하고 있다. 그때 이후로 지금까지 약 1,900년 동안 땅에는 이런저런 모습의 교회들이 존재했다. 모든 교회는 이 일곱 교회 중 어느 한 교회의 모습을 띠고 있다. 아니면 모든 교회 안에 그 일곱 교회의 모습이 조금씩 들어 있다고 볼 수 있다. 어느 교회는 에베소 교회의 모습이 더 많고 어느 교회는 라오디게아 교회의 모습이, 어느 교회는 필라델피아 교회의 모습이 더 많다. 이처럼 당시 존재하던 여러 교회 중 일곱 교회만 거론하신 것은 그들이 교회시대의 대표적 성격을 지닌 교회들이기 때문이다.

3. 교회사의 흐름에 등장하는 교회들

이 일곱 교회가 역사 속에서 시대별로 존재했던 교회들을 가리킨다고 보

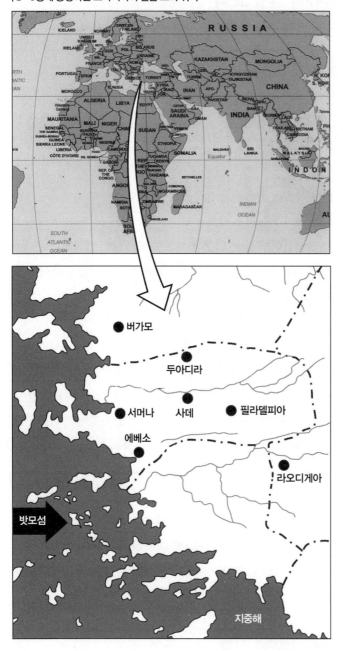

는 이들도 있다. 예를 들어 에베소 교회는 초기 사도시대 교회를, 그 뒤의 서머나 교회는 2~3세기의 박해받는 교회를, 사데 교회는 종교개혁 시대의 교회를 나타낸다는 식이다.

어느 면에서 이런 주장도 일리가 있지만 환난 전 휴거를 보여주는 필라델피아 교회가 라오디게아 교회보다 먼저 나오므로 성경적으로 바르다고 볼 수 없다. 사실 이런 견해는 역사적 해석법과 흡사한 부분이 많으므로 참고만 하는 것이 좋을 것이다.

사도 요한이 본 교회의 환상

요한은 밧모섬에서 교회에 관한 환상을 본다. 여기에는 예수님의 모습이 먼저 나타나 있는데, 요한은 그분을 보고 엎드려 죽은 자 같이 될 정도로 두려워했다. 왜냐하면 예전에 자신이 품에 안기기도 했던(요 13:23) 그런 친근한 선생님이 아니라, 하나님의 권위를 지닌 놀라운 모습과 위엄을 지닌 분으로 나타나셨기 때문이다.

내가 돌아서서 나와 말씀하신 그 음성을 알아보려 하니라. 돌아설 때에 내가 일곱 금 등잔대를 보았는데 그 일곱 등잔대의 한가운데에 사람의 아들 같으신 분께서 발까지 내려온 옷을 입고 가슴에 금띠를 두르고 계시더라. 그분의 머리와 머리털은 양털같이 희고 눈같이 희며 그분의 두 눈은 불꽃 같고 그분의 두 발은 용광로에서 달군 듯한 정제된 놋 같으며 그분의 음성은 많은 물들의 소리와도 같고 그분의 오른손에는 일곱 별이 있으며 그분의 입에서는 양날 달린 날카로운 검이 나오고 그분의 용모는 해가 세차게 빛나는 것 같더라. 내가 그분을 볼 때에 죽은 자같이 그분의 발 앞에 쓰러지니 그분께서 오른손을 내 위에 얹으시며 내게 이르시되, 두려워하지 말라. 나는 처음이요 마지막이니 나는 살아 있는 자라. 전에 죽었으나, 보라, 내가 영원무궁토록 살아 있노라. 아멘. 또한 내가 지옥과 사망의 열쇠들을 가지고 있노라. (계 1:12~18)

이 환상에 나오는 빛나는 예수님의 모습은 순결하며 권위가 있고, 음성에서는 위엄이 넘치며 사람의 영 · 혼 · 육을 찌르고 나누는 말씀을 지니셨다. 예수님은 우리의 친구이자 신랑이며, 하나님의 상속자로는 맏아들이 되시는 형제지만 그 이전에 전능하신 하나님의 본체임을 잊지 말아야겠다.

그러므로 우리가 가장 먼저 기억해야 할 하나님의 모습은 항상 좋기만 한 사랑의 하나님보다는 공의로 의롭게 심판하시는, 전능하시고 거룩하신 하나님이시다. 그럼에도 불구하고 성도는 하나님을 경외하고 존중하되 그분을 공포의 대상으로 여겨 두려워할 필요는 없다. 하나님은 아버지이시며 우리는 그분의 자녀이기 때문이다.

하나님께서는 우리에게 두려움의 영을 주지 아니하시고 권능과 사랑과 건전한 생각의 영을 주셨느니라. (딤후 1:7)

우리에게 세상이 알 수도 없는 평안을 주시는 주님은 세상 끝날까지 우리와 함께하리라고 약속하셨다. 그러므로 성도들은 죽으나 사나 주님과 함께 있을 것이다. 우리가 주님을 만나게 되면 다시는 떨어지지 않을 것이다(살전 4:17).

3. 일곱 교회를 향한 메시지

계시록 2장에서 예수님은 일곱 별이 일곱 교회의 천사들이라 했고, 일곱 등잔대(촛대)를 일곱 교회라고 하셨다.

네가 본 것들과 지금 있는 것들과 이후에 있을 것들을 기록할지니 곧 네가 본, 내 오른손에 있는 일곱 별과 일곱 금 등잔대의 신비라. 일곱 별은 일곱 교회의 천사들이요 네가 본 일곱 등잔대는 일곱 교회니라. (계 1:19~20)

여기서 천사(angel)는 하늘의 천사들이라기보다는 주의 명령을 행하는 사자들로 보아야 한다. 즉 교회를 치리하는 감독들이다.

일곱 교회는 예수님으로부터 대개 칭찬과 책망을 동시에 듣게 되는데, 서머나와 필라델피아 교회는 책망 없이 칭찬만을, 리오디게아 교회는 칭찬 없이 책망만을 받는다. 계시록의 교회들에는 길게 다룰 내용이 많지만 기존 지식을 바로잡는 것이 이 책의 목적이므로, 비교적 오해가 적은 소아시아 일곱 교회 부분은 다음의 도표들로 간략히 다루려 한다. 이 부분에서는 성경을 정확히 읽는 것만으로도 주님이 주신 메시지의 의미를 알 수 있을 것이다.

| 에베소 교회 (계 2:1~7)

소개	다이아나 여신을 숭배하던 도시로 사도 바울의 제2차 전도 여행 때 세워짐(행 18~20).
의미	바라던 자, 유대인 구성원들로 세워진 바람직한 교회.
칭찬/위로	내가 네 행위와 수고와 인내와 또 네가 사악한 자들을 용납하지 못함을 아노니 네가 스스로 사도라고 말하나 사도가 아닌 자들을 시험하여 그들이 거짓말하는 자들임을 알아내었으며 또 네가 참고 인내하며 내 이름을 위해 수고하고 낙심하지 아니하였느니라.
책망	네가 너의 처음 사랑을 버렸기 때문이라. 그러므로 네가 어디로부터 떨어졌는지 기억하고 회개하여 처음 행위를 하라. 만일 그리하지 아니하고 네가 회개하지 아니하면 내가 속히 네게 가서 네 등잔대를 그것의 자리에서 옮기리라.
교훈/경고	어디로부터 떨어졌는지 기억하고 회개하며 처음 행위를 하라. 회개하지 아니하면 내가 속히 네게 가서 네 등잔대를 그것의 자리에서 옮기리라.
약속	이기는 자에게는 내가 하나님의 낙원 한가운데 있는 생명나무에서 나는 것을 주어 먹게 하리라.
에베소 교회의 그리스도	오른손에 일곱 별을 붙잡고 일곱 금 등잔대 한가운데를 거니는 분. 계시록 1장 20절에 따라 금 등잔대는 교회이므로 에베소 교회에 드러난 예수님은 교회의 시작이자 기초, 중심, 머리가 되심(마 16:18).

| 서머나 교회 (계 2:8~11)

소개	BC 300년경 알렉산더 대왕의 계획으로 조성된 도시. 소아시아의 중심으로 인도, 페르시아, 로마 무역로의 중심이었음.
의미	몰약. 주님께 바쳐진 귀한 것
칭찬/위로	내가 네 행위와 환난과 궁핍을 알며 (그러나 네가 부유하도다) 또 스스로 유대인이라 하나 유대인이 아니요 사탄의 회당인 자들의 신성모독을 아노라.
책망	없음.
교훈/경고	마귀가 너희 중에서 몇 사람을 감옥에 던져 넣어 너희를 시험하리니 너희가 열흘 동안 환난을 당하리라. 너는 죽기까지 신실하라. 그리하면 내가 생명의 관을 네게 주리라.
약속	이기는 자는 둘째 사망의 해를 입지 아니하리라.
서머나 교회의 그리스도	환난과 고난을 극복하고 승리하신 분. 환난에 처한 서머나 교회에게 큰 위로가 되심.

| 버가모 교회 (계 2:12~17)

소개	1세기 말까지 아시아의 중심 도시. 우상숭배로 가득한 지역으로 사탄의 자리가 있는 곳이었음.
의미	혼인 또는 상승. 교회가 세상 권력과 합쳐져 이름이 올라감.
칭찬/위로	내가 네 행위를 알고 또 네가 거하는 곳을 아노니 즉 사탄의 자리가 있는 곳이라. 네가 내 이름을 굳게 붙잡고 안디바가 나의 신실한 순교자가 되어 너희 가운데서 곧 사탄이 거하는 곳에서 죽임을 당한 그때에도 나의 믿음을 부인하지 아니하였도다.
책망	발람의 교리를 붙잡는 자들이 네게 있기 때문이로다. 발람이 발락을 가르쳐 이스라엘 자손 앞에 걸림돌을 놓아 우상들에게 희생물로 바친 것들을 먹게 하고 또 음행하게 하였느니라. 이와 같이 네게도 니골라당의 교리를 붙잡는 자들이 있거니와 내가 그것을 미워하노라.
교훈/경고	회개하라. 그리하지 아니하면 내가 속히 네게 가서 내 입의 칼로 그들과 싸우리라.
약속	이기는 자에게는 내가 감추어 둔 만나를 주어 먹게 하고 또 흰 돌을 그에게 주리니 그 돌에는 새 이름이 기록되어 있어 그 돌을 받는 자 외에는 아무도 그 이름을 알지 못하느니라.
버가모 교회의 그리스도	양날 달린 칼을 가지신 분. 버가모 교회가 하나님의 말씀으로 믿음의 대적들과 싸울 것을 권면하고 격려하기 위함.

두아디라 교회 (계 2:18~29)

소개	마케도니아의 부유한 도시로 고대의 염료 제조 기술이 발달함.
의미	희생(제물). 역사적 해석상 천주교 시대를 이르는 두아디라는 그리스도가 완성하신 속죄 제사를 계속해서 드리며 구약의 희생 제사를 멈추지 않음을 이르기도 함.
칭찬/위로	내가 네 행위와 사랑과 섬김과 믿음과 네 인내와 네 행위를 아노니 마지막 것이 처음 것보다 많도다.
책망	네가 이세벨이라는 그 여자를 용납하기 때문이라. 그녀가 자기를 가리켜 여대언자라 하며 내 종들을 가르치고 꾀어 음행하게 하고 또 우상들에게 희생물로 바친 것들을 먹게 하는도다. 내가 그녀에게 그녀의 음행을 회개할 여지를 주었으나 그녀가 회개하지 아니하였도다.
교훈/경고	보라, 내가 그녀를 침상에 던져 넣을 것이요 그녀와 함께 간음하는 자들도 만일 자기 행실을 회개하지 아니하면 큰 환난 속에 던져 넣을 것이며 또 내가 사망으로 그녀의 자녀들을 죽이리니 그리하면 모든 교회가 나는 곧 속 중심과 마음을 살피는 자인 줄 알리라. 또 내가 너희 행위에 따라 너희 각 사람에게 주리라.
약속	내가 너희와 두아디라에 있는 남은 자들 곧 이 교리를 가지지 아니하고 그들이 말하는 대로 사탄의 깊은 곳을 알지 아니한 모든
약속	자들에게 말하노니 내가 어떤 다른 짐도 너희에게 지우지 아니하리라. 다만 너희가 이미 가지고 있는 것을 내가 올 때까지 굳게 붙잡으라. 이기고 나의 행위를 끝까지 지키는 자에게는 내가 민족들을 다스릴 권능을 주리니 그가 철장으로 그들을 다스리며 토기장이의 그릇같이 부수어 산산조각 내리라. 이것은 곧 내가 내 아버지에게서 받은 것과 같으니라. 내가 또 그에게 새벽별을 주리라.
두아디라 교회의 그리스도	눈이 불꽃 같고 발이 정제된 놋 같은 하나님의 아들. 어떤 신들보다도 높으신 가장 큰 위엄을 묘사함.

사데 교회 (계 3:1~6)

소개	양탄자 생산으로 부유한 도시였으나 지진으로 멸망한 지역.
의미	남은 자, 빠져나온 자.
칭찬/위로	내가 네 행위를 아노니 네가 살아 있다는 이름은 가지고 있으나…

책망	죽었도다. 깨어서 남아 있으나 죽으려 하는 것들을 강하게 하라. 내가 하나님 앞에서 네 행위의 완전함을 찾지 못하였나니 그러므로 네가 어떻게 받았고 들었는지 기억하고 굳게 붙잡아 회개하라. 그런즉 만일 네가 깨어 있지 아니하면 내가 도둑같이 네게 이르리니 내가 어느 시각에 네게 이를지 네가 알지 못하리라.
교훈/경고	사데에도 자기 옷을 더럽히지 아니한 몇 이름이 네게 있어 그들이 흰옷을 입고 나와 함께 걸으리니 그들은 합당한 자들이니라.
약속	이기는 자 곧 그는 흰옷을 입을 것이요, 내가 그의 이름을 생명책에서 지워 버리지 아니하고 그의 이름을 내 아버지 앞과 그분의 천사들 앞에서 시인하리라.
사데 교회의 그리스도	하나님의 일곱 영과 일곱 별을 가진 이. 일곱 영은 성령님의 완전함을 강조하는 것이며 일곱 별을 쥐고 계신다는 의미는 그리스도께서 교회의 목회자들을 통해 교회를 지키심을 뜻함.

| 필라델피아 교회 (계 3:7~13)

소개	AD 189년경에 건설된 그리스 문명의 상업 도시.
의미	형제 사랑.
칭찬/위로	내가 네 행위를 아노라. 보라, 내가 네 앞에 열린 문을 두었으니 아무도 그것을 닫지 못하리라. 네가 적은 힘을 가지고도 내 말을 지키며 내 이름을 부인하지 아니하였도다.
책망	없음.
교훈/경고	네가 나의 인내의 말을 지켰은즉 나도 너를 지켜 시험의 시간을 면하게 하리니 그것은 곧 앞으로 온 세상에 임하여 땅에 거하는 자들을 시험하는 시간이라. 보라, 내가 속히 오리니 네가 가진 그것을 굳게 붙잡아 아무도 네 관(冠)을 빼앗지 못하게 하라.
약속	보라, 사탄의 회당에 속한 자들 곧 스스로 유대인이라 하나 유대인이 아니고 거짓말을 하는 자들이 있는데, 보라, 내가 그들이 와서 네 발 앞에 경배하게 하고 내가 너를 사랑한 줄을 알게 하리라. 이기는 자는 내가 내 하나님의 성전에서 기둥이 되게 하리니 그가 다시는 나가지 아니하리라. 또 내가 내 하나님의 이름과 내 하나님의 도시 곧 하늘에서 내 하나님으로부터 내려오는 새 예루살렘의 이름을 그 위에 기록하고 나의 새 이름을 그 위에 기록하리라.
필라델피아 교회의 그리스도	거룩하고 진실하며 다윗의 열쇠를 가지신 분. 모든 것을 열고 닫는 분.

| 라오디게아 교회 (계 3:14~22)

소개	부유한 내륙 도시이며 온천으로 유명함.
의미	백성의 정의 또는 심판.
칭찬/위로	없음.
책망	네가 차지도 아니하고 뜨겁지도 아니하도다. 나는 네가 차든지 뜨겁든지 하기를 원하노라. 그런즉 네가 이같이 미지근하여 차지도 아니하고 뜨겁지도 아니하므로 내가 내 입에서 너를 토하여 내리니 이는 네가 이르기를, 나는 부자라. 내가 재산을 불렸으니 아무것도 부족한 것이 없다, 하면서 네 비참한 것과 가련한 것과 가난한 것과 눈먼 것과 벌거벗은 것을 알지 못하기 때문이라.
교훈/경고	내가 네게 권고하노니 너는 내게서 불로 정제한 금을 사서 부유한 자가 되고 또 흰옷을 사서 입어 네 벌거벗은 수치를 드러내지 말며 또 네 눈에 안약을 발라 볼지니라. 내가 사랑하는 자들을 다 책망하고 징계하노니 그런즉 열심을 내고 회개하라.
약속	이기는 자에게는 나 역시 이긴 뒤에 내 아버지와 함께 그분의 왕좌에 앉게 된 것 같이 내 왕좌에 나와 함께 앉는 것을 내가 허락하리라.
라오디게아 교회의 그리스도	신실하고 진실한 증인. 차지도 덥지도 않은 라오디게아의 물과 대비가 됨.

이 모든 말씀은 교회를 구성하는 모든 지체, 즉 성도들 개인과 모든 시대의 모든 교회에 적용되어야 한다. 우리 성도들은 다음에 적용된 내용들을 기억하여 주님의 신부로서 정결함과 신실함을 지니고 예수님 오시기를 사모해야겠다.

각 교회의 특징을 간단히 정리하면 다음과 같다.

에베소 : 첫사랑을 잃은 교회. 성직 계급 체제를 주장한 니골라당의 행위를 미워함.
서머나 : 핍박받는 교회. 그러나 부유함.
버가모 : 타협하는 교회, 우상숭배와 음행(발람의 교리), 니골라당의 교리를 붙잡음.
두아디라 : 부패한 교회. 우상숭배와 음행(이세벨을 용납).
사데 : 죽은 교회. 살아 있다는 이름만 있음.
필라델피아 : 신실한 교회. 주님의 인내의 말을 지킴.
라오디게아 : 열심을 잃은 교회. 미지근함. 가련하고 눈 멀고 벌거벗음.

4. 공중강림과 휴거

교회가 채여 올라가는 휴거 사건

일곱 교회 이후 계시록 4장이 시작되면 1절에서 바로 나팔 소리와 함께 하늘이 열리며 올라오라는 음성이 들린다.

이 일 뒤에 내가 바라보니, 보라, 하늘에 한 문이 열려 있더라. 내가 들은 첫째 음성 곧 나팔 소리같이 내게 이야기하던 음성이 이르되, 이리로 올라오라. 이후에 반드시 일어날 것들을 내가 네게 보이리라, 하더라. (계 4:1)

하늘은 주님이 강림하실 때에만 열리며 계시록에서 4장 1절과 19장 11절에 단 두 번만 나온다. 일단 이것을 통해 예수님이 공중으로 먼저 오시고, 다시 지상으로 오심을 알 수 있다. 4장 2절에는 요한이 즉시로 영 안에 있었다고 했다. 그는 이어서 하늘의 왕좌와 거기 앉으신 분을 보게 된다. 성경을 그대로 보면 요한은 순식간에 변화되어 하늘로 올라간 것인데, 다음과 같은 휴거의 과정을 잘 보여주는 놀라운 장면이다.

① 하늘이 열림.
② 나팔 소리 같은 음성이 올라오라 부름.
③ 몸이 변화됨.
④ 하늘로 올라가 이후로 주님과 함께함.

이것은 바울이 고린도전서에서 말씀한 신비와 일치한다.

보라, 내가 너희에게 한 가지 신비를 보이노니 우리가 다 잠자지 아니하고 마지막 나팔 소리가 날 때에 눈 깜짝할 사이에 순식간에 다 변화되리라. 나팔 소리가 나매 죽은 자들이 썩지 아니할 것으로 일어나고 우리가 변화되리니 이 썩을 것이 반드시 썩지 아니함을 입고 이 죽을 것이 반드시 죽지 아니함을 입으리로다. 그리하여 이 썩을 것이 썩지 아니함을 입고 이 죽을 것이 죽지 아니함을 입을 때에는 기록된 바, 사망이 승리 가운데서 삼켜졌도다, 하신 말씀이 성취되리라. (고전 15:51~54)

이처럼 '성취되리라' 한 것이 이루어지는 장면이 계시록 4장의 도입부다. 그러므로 요한의 휴거는 성도들의 휴거를 상징하는 것이다.

휴거의 실재성과 그 소망

먼저 휴거가 정말 있는지에 대해 잠깐 살펴본다. '휴거'라는 단어 자체는 성경에 나오지 않지만 '구름들 속으로 채여 올라간다'는 표현이 있다(살전 4:17). 성경에서 사람이 들려 올라간 사례는 예수님 이외에도 죽음을 보지 않고 올라간 에녹(창 5:21~24), 회오리바람을 타고 올라간 엘리야가 있다(왕하 2:11).

또 사도행전의 빌립은 예루살렘에서 가자로 내려가는 사막에서 에티오피아 내시에게 복음을 전한 뒤 갑자기 하나님의 손에 의해 채여 올라갔다가 아소도 지방에 나타난다(행 8:39). 바울도 셋째 하늘에 채여 올라갔었다(고후 12:2, 4).

영어로 랩처(Rapture, caught up), 즉 휴거는 라틴어 rapere가 어원인데, 이 말은 데살로니가전서 4장 17절에서 그리스어 하르파즈(harpaz)를 번역할 때 사용되었다. 성도들의 휴거는 황당무계한 이야기가 아니라 성경의 기록이고, '주 예수 그리스도를 믿으면 구원을 받는다'는 이야기와 똑같은 비중으로 효력이 있는 하나님의 말씀이며 홍해가 갈라진 것이나 똑같이 주님에게는 너무나 쉽고 간단한 일이다.

보라, 나는 **주**요, 모든 육체의 하나님이니라. 내게 너무 어려운 일이 있느냐? (렘 32:27)

휴거의 신비는 예수님 승천 이후 교회를 이룬 성도들의 오랜 소망이었다.

교회 역사 속의 모든 성도는 우리와 다른 존재들이 아니고 모두 다 이 일을 기다리며 우리처럼 살다가 먼저 간 지체였다. 우리 시대는 이런 놀라운 휴거가 실제로 일어날 가능성이 어느 때보다 높기 때문에 많은 성도가 더욱 큰 기대를 갖고 있다. 하나님이 언제로 그 일을 계획하셨는지 우리는 알 수 없지만 사모하는 마음으로 기다릴 일이다.

우리는 휴거의 소망을 가졌는가? 막연하게 생각하지 않고 정말 사모하면서 간절히 기다리는가? 이런 소망이 지치고 힘든 삶에서 기쁨을 주기도 하지만 현실 도피성 휴거를 꿈꾸는 것은 성도의 바람직한 자세가 아닐 것이다. 오직 예수 그리스도를 생각하고 그분을 바라보면서, 신랑이신 그분과 함께할 날을 꿈꾸며 현재의 삶을 감당해야 한다.

휴거가 일어나는 그때에는 정말 즐겁고 놀라운 일들을 만나게 될 것이며 몸도 영화롭게 변화될 것이다. 나팔 소리가 날 때 우리의 이름을 불러주실 주님을 생각하면, 그날이 정말 기대된다. 우리는 각자를 부르시는 주님의 목소리와 함께 마지막 나팔 소리를 분명히 알아들을 것이다.

우리가 성경의 기적들을 대할 때 일반적인 눈으로만 보려고 하면 이해하기 힘들 때가 있다. 그러나 주님은 우리와 다른 차원에 계신 분이다. 사람은 대기권만 벗어나도 숨조차 쉴 수 없는 존재다. 하나님은 모든 물질의 주인이시며 모든 것을 무에서 창조하신 전능하신 하나님이시다. 우리가 생각하는 기적은 그분에게 아무것도 아니다.

2차원 운동만 하는 지렁이 같은 동물은 입체적인 시각이나 개념이 없다. 그에게는 입체적 공간에서 갑자기 앞에 나타나는 다람쥐가 신기하다. 또 바로 사라졌다가 먹이를 들고 나타나는 다람쥐가 이상하게 보인다. 이 모든 것이 지렁이에게는 기적이 되는 것이다.

그런데 우리와 하나님의 차이는 지렁이와 다람쥐의 간격보다 훨씬 더 크다. 우리는 성경의 기적들보다 더 신기한 말씀의 정확함을 보았다. 도무지 꿰맞추려고 해도 맞을 수 없는, 고대에 수천 년에 걸쳐 기록된 말씀들이 정확히 짝이 있고 그대로 이루어지며 성경 안에서 논리적으로 뒤틀림이 없는 기적을 보았다. 그런 하나님께서 우리를 들어 올리시고 또 셋째 하늘에 다다를 수 있는 몸으로 홀연히 변화시키실 것을 생각하면 참으로 흥분되지 않는가? 그때는 땅의 모든 일에서 우리가 해방될 것이다.

휴거는 우선 데살로니가전서에 나온다. 이것은 장차 있을 일들을 알려주는 소망의 내용이다. 죽은 자들이 어떻게 될지, 또 살아서 예수님의 공중강림을 보게 될 우리에게 무슨 일이 있을지 알려주고 있다.

그러나 형제들아, 잠자는 자들에 관하여 너희가 모르기를 내가 원치 아니하노니 이것은 너희가 아무 소망 없는 다른 사람들 같이 슬퍼하지 아니하게 하려 함이라. 우리가 예수님께서 죽으셨다가 다시 일어나셨음을 믿을진대 그와 같이 예수님 안에서 잠자는 자들도 하나님께서 그분과 함께 데려오시리라. 우리가 주의 말씀으로 너희에게 이것을 말하노니 곧 주께서 오실 때까지 살아서 남아 있는 우리가 결코 잠자는 자들보다 앞서지 못하리라.

주께서 호령과 천사장의 음성과 하나님의 나팔 소리와 함께 친히 하늘로부터 내려오시리니 그리스도 안에서 죽은 자들이 먼저 일어나고 그 뒤에 살아서 남아 있는 우리가 그들과 함께 구름들 속으로 채여 올라가 공중에서 주를 만나리라. 그리하여 우리가 항상 주와 함께 있으리라. 그러므로 이 말씀들로 서로 위로하라. (살전 4:13~18)

휴거 시기와 환난 통과에 관한 논쟁

이 땅에 7년간 환난이 닥친다는 것에 대해서는 큰 이견이 없다. 다니엘의 70이레 예언은 분명히 유대인들에게 한 이레, 즉 7년이 남아 있고 유대인들과 거의 상관이 없는 지금의 교회시대는 69째 이레와 70째 이레 사이의 공백기임을 보여준다. 공백기가 있는 이유는 아무도 마지막 날을 점치지 못하게 하기 위해서일 것이다. 또 이 기간은 가능하면 모든 이들이 구원받기를 원하시는 하나님의 배려가 담긴 유예 기간이라 볼 수 있다.

앞에서 살펴본 대로 휴거는 환난 전이나 후냐, 중간이냐, 여러 차례냐, 혹은 아예 없느냐 등 학설이 많다. 그러나 성경을 있는 그대로 보면 전 세계적 환난은 휴거 이후에 있다는 것을 쉽게 알 수 있다. 그러므로 휴거는 환난 전에 단 한 번 일어난다. 휴거를 통해 그리스도 예수님 안에서 그분의 신부가 된 자들이 하나로 모여 단장을 하고 혼인 예식을 치러야 하므로 휴거가 여러 차례 일어나는 것은 논리적이지 않다.

초림과 재림에 대해서도 잠시 언급할 필요가 있다. 그리스도의 초림은 그분께서 비밀리에 베들레헴의 말구유에서 태어나신 때로부터 예루살렘에서 공개적으로 죽으시고 묻히고 부활하셨다가 승천하신 때까지의 총 33년 반을 가리킨다. 마찬가지로 그리스도의 재림도 그분께서 비밀리에 공중에 오셔서 자신의 신부를 데려가시는 때로부터 하늘에서 신부를 정결하게 하는 그리스도의 심판석과 혼인 예식을 치르고 7년 뒤에 신부와 함께 이 땅에 오시는 때까지의 총 7년을 뜻한다. 즉 그리스도의 초림이나 재림은 단순히 한 순간이 아니라 주님이 하시고자 하는 일들을 다 이루는 전체 기간이다.

그러므로 그리스도의 공중강림(휴거)과 지상강림(현현)은 각각 7년 환난기의 시작과 끝 부분에 일어나고 이 기간에 땅에서는 환난기가 진행된다.

이스라엘이 환난기에 들어간다는 것은 거의 모두가 동의한다. 그들과 화평의 조약을 맺는 적그리스도가 환난기의 한 중간에 본색을 드러내는 것이 성경의 수순이기 때문이다. 이스라엘은 하나님의 약속으로 오신 메시아를 죽인 자들이며 구약의 하나님과는 이혼한 아내로서 아직 회개하고 그분께 되돌아오지 않은 상태에 있다.

반면에 교회, 즉 신약성도들은 '한 처녀'로서 성도들 전체가 '한 몸'이다. 이들은 아직 결혼식은 하지 않았지만 정혼한 상태로 이미 주님과 혼인 관계에 있다. 그러므로 거의 지옥과 같은 환난기에 주님의 신부인 신약성도는 들어가지 않는다. 그래서 환난 후 휴거나 환난 중간 휴거는 논리적으로 맞지 않는다.

우리의 생명이신 그리스도께서 나타나실 때에 그때에 너희도 그분과 함께 영광 가운데 나타나리라. (골 3:4)

휴거는 다음과 같이 나팔 소리와 함께 일어난다.

우리가 예수님께서 죽으셨다가 다시 일어나셨음을 믿을진대 그와 같이 예수님 안에서 잠자는 자들도 하나님께서 그분과 함께 데려오시리라. 우리가 주의 말씀으로 너희에게 이것을 말하노니 곧 주께서 오실 때까지 살아서 남아 있는 우리가 결코 잠자는 자들보다 앞서지 못하리라. 주께서 호령과 천사장의 음성과 하나님의 나팔 소리와 함께 친히 하늘로부터 내려오시리니 그리스도 안에서 죽은 자들이 먼저 일어나고 (살전 4:14~16)

휴거는 지상이 아니라 공중으로만 비밀리에 강림하시는 사건이다.

그 뒤에 살아서 남아 있는 우리가 그들과 함께 구름들 속으로 채여 올라가 공중에서 주를 만나리라. 그리하여 우리가 항상 주와 함께 있으리라. (살전 4:17)

환난 후 휴거를 주장하는 이들은, 이 중대한 마지막의 역사에서 참 성도와 가짜를 어떻게 구분하겠느냐고 한다. 이들의 주장은 한마디로 고난을 견디고 믿음을 보여야 비로소 구원을 얻는다는 것인데, 이는 복음의 복된 소식을 무효화하는 것이다. 마음으로 믿어 입으로 시인하는 것이 구원에 이르는 길인데 어떻게 구원받은 성도가 육체적 고난을 견뎌서 재차 구원을 얻는다는 것인가? 구원 취소를 말하려는 것이라면 더더욱 문제다.

주님을 배반했던 이스라엘은 그런 과정을 거쳐 자기들의 회심과 믿음을 가진 것을 증명해 보여야 할 것이다. 또한 주님을 거부하다가 환난기에 들어가 뒤늦게 깨달은 자들도 목숨을 내놓기까지 고난을 당할 것이다. 그때도 오직 믿음으로 구원을 받지만 그 믿음을 지니고는 짐승의 표를 받을 수 없기 때문에 죽음을 불사해야 한다. 그러나 성도는 이미 그런 진노에서 구출받아 안전히 거하는 존재다.

그분께서 죽은 자들로부터 살리신 그분의 아들께서 하늘로부터 오실 것을 기다리는지 보여 주나니 이분은 곧 다가올 진노로부터 우리를 건져 내신(delivered) 예수님이시니라. (살전 1:10)

성경은 분명히 장차 다가올 일을 말씀하면서도 과거형으로 '예수님께서 이미 성도들을 건져 내셨다'라고 기록했다. 그러나 개역개정은 '장래의 노하심에서 우리를 건지시는 예수시니라'라고 번역했다. 이것은 애매한 표현으로 이미 건져내신 것이 아니라 진노가 있을 때, 즉 진노에 들어가서 건져 주심을 암시한다. NIV도 현재형 삼인칭 동사 rescues(구조하다)를 쓴다. 이런 단어 하나가 성경 해석에서 얼마나 많은 오해를 일으키는지 모른다.

그러면 이제 우리가 그분의 피로 말미암아 의롭게 되었은즉 더욱더 그분을 통해 <u>진노로부터 구원을 받으리니</u> (롬 5:9)

하나님께서는 우리를 <u>진노에 이르도록 정하지 아니하시고</u> 우리 주 예수 그리스도로 말미암아 구원을 얻도록 정하셨느니라. (살전 5:9)

이 말씀들 역시 우리가 환난기의 진노에서 구원받을 것을 알려주고 있다. 여기 나오는 진노(wrath)라는 단어는 유대인들이 마지막에 받을 고난의 날인 '주의 날'의 진노다. 특정한 말씀들을 잘못 해석함으로 환난 후 휴거를 주장하는 이들도 있는데, 다음 말씀도 환난 통과론자들이 자주 인용하는 말씀이다.

네가 나의 인내의 말을 지켰은즉 나도 너를 지켜 <u>시험의 시간을 면하게 하리니</u>(I also will <u>keep</u> thee <u>from</u> the hour of temptation) 그것은 곧 앞으로 온 세상에 임하여 땅에 거하는 자들을 시험하는 시간이라. (계 3:10)

이들은 이 말씀의 '시험의 기간을 면한다는 것'을 그대로 받아들이지 않고, 시험에 들어가긴 들어가는데 거기서 견딜 수 있게, 지켜준다는 의미로 해석하지만, 이것은 잘못된 해석이다. 'keep A from ~'은 '~로부터 A를 지켜준다'는 의미가 아니라 'A가 from 이하를 하지 못하게 하다'라는 뜻이다.

The tape <u>keeps</u> the page <u>from</u> falling apart.

해석: 그 테이프는 페이지가 떨어져 나가지 않게(못하게) 한다.

이 문장은 떨어져 나간 페이지를 지킨다는 뜻이 아니다. 이미 떨어져 나간 페이지에 무슨 테이프를 붙이는가? 이런 숙어에서 keep 대신 쓸 수 있는 말이 prevent(막다, 예방하다), stop(멈추다), prohibit(금지하다) 등이다. 그러므로 계시록 3장 10절의 keep thee from the hour of temptation은 너를 from 이하에 해당하는 일, 즉 시험의 시간에 가지 않도록 막는다는 의미다.

그런데도 자꾸만 "keep을 봐라. 시험에서 지켜준다는 거 아니냐" 이렇게 주장하는 이들이 있다. 하지만 여기 나오는 킵(keep)은 프롬(from)이 있을 때는 막는다, 못하게 한다는 의미가 된다. 이 문제는 모의고사와 수능, 취업 시험 등에 자주 나오는 유형인데, keep from의 의미를 제대로 알고 있는지 묻는 것이다. keep이 있으니 시험에 들어가서 지켜주겠다는 의미로 이해하는 사람들은 이런 문제에 오답을 쓰는 것이다.

하나님은 결코 자신의 백성을 지옥 같은 곳에 넣어 불신자들과 함께 고통받게 하시는 분이 아니다. 소돔과 고모라에 의인 열 명이 없어서 멸망이 임할 때도 하나님은 의인들이 적으니 연대 책임으로 그 속에서 함께 죽으라고 하시지 않았다. 의인들을 빼내어 피신시킨 후에 그 도시를 멸망시키셨다. 롯의 아내는 뒤를 돌아보다가 소금기둥이 됐지만 그녀도 구원받은 후에 징계받은 것이다. 하나님은 의인들이 멸망의 땅을 떠나기 전까지 아무 심판도 못 내리겠다고 하신다.

> 그가 그에게 이르되, 보라, 내가 이 일에 대해서도 너를 받아들였은즉 네가 말한 이 도시를 멸하지 아니하리니 너는 속히 거기로 도피하라. <u>네가 거기에 이를 때까지 내가 아무것도 할 수 없노라</u>, 하였더라. 그러므로 그 도시의 이름을 소알이라 하였더라. (창 19:21~22)

의인들을 하늘로 도피시키기 전까지 하나님께서는 이 땅에 진노를 쏟을 수 없다. 이것은 확실한 하나님의 원리다. 이런 명백한 말씀은 하나님의 방식이 상식적임을 알려준다. 어제도 오늘도 동일하신 하나님이 마지막 때라고 해서 다른 계산법을 적용하지는 않으실 것이 분명하다. 그래야만 우리가 재림을 사모하며 주님의 약속 안에 평안히 거할 수 있는 것이다.

성경은 여러 번 환난 전에 성도들이 떠날 것을 말씀한다. 그중에서도 나팔소리와 함께 우리가 공중에서 주를 만나리라는 사도 바울의 가르침에 이어지는 말씀은 명쾌하다.

> 그러나 형제[성도]들아, 그때와 그 시기에 관하여는 내가 너희에게 쓸 필요가 없나니 주의 날이 밤의 도둑같이 이르는 줄을 너희 자신이 완전히 아느니라. (살전 5:1~2)

성도가 불을 켜고 깨어 있으면 도둑이 오는 것을 알지만, 그 직전까지는 알 수 없다는 뜻이다. 환난 중간이나 환난 후에 임한다면 도둑 같이 이른다는 표현이 어울리지 않는다. 3년 반이나 7년을 깨어서 기다릴 도둑이 어디 있을까. 환난 전 휴거가 없다면 7년의 시작과 끝조차 알 수 없다. 이어지는 말씀은 분명 불신자들에 대한 말씀이다.

> 그들[불신자]이, 평안하다 안전하다, 하고 말할 그때에 아이 밴 여자에게 해산의 고통이 임하는 것 같이 갑작스러운 파멸이 그들에게 임하나니 그들이 피하지 못하리라. (살전 5:3)

그들에게 임하는 것은 파멸인데, 그들은 그것을 피하지 못한다. 말하자면 성도는 그것을 피한다는 것이다.

> 그러나 형제[성도]들아, 너희는 어둠 속에 있지 아니한즉 그 날이 도둑같이 너희를 덮치지 못하리라. (살전 5:4)

이처럼 하나님의 원리는 의인들을 환난에서 빼낸 뒤에 심판하신다는 것이다. 노아의 방주도 여덟 가족을 피신시키신 뒤에 땅을 물로 멸하신 사건이다.

왜 휴거가 '마지막' 나팔이냐고?

사도 바울이 말한 '마지막 나팔 소리'라는 표현에 따라 휴거 시기를 다르게 볼 수 있다는 견해가 있다.

보라, 내가 너희에게 한 가지 신비를 보이노니 우리가 다 잠자지 아니하고 <u>마지막 나팔 소리</u>가 날 때에 눈 깜짝할 사이에 순식간에 다 변화되리라. (고전 15:51)

대개 환난 전 휴거를 믿는 사람들은 별 의심 없이 이 말씀을 예수님이 공중 재림하실 때 들려올 나팔 소리로 이해한다. 하지만 환난 후 휴거를 주장하는 이들은, 환난기에도 일곱 나팔이 있는데 어떻게 환난 전에 울리는 나팔이 '마지막 나팔'일 수 있겠느냐고 반문하는 것이다.

그러나 사도 바울이 '마지막'이라고 한 이유는 몇 가지가 있다. 다음은 레날드 샤우어스가 소책자를 통해 설명한 내용의 요약이다.

① 예수님은 자신의 천사들과 함께 (공중강림이 아니라) 친히 땅으로 강림하실 때 분명히 나팔 소리가 있을 것이라고 하셨다(마 24:29~31).

그가 큰 <u>나팔 소리</u>와 함께 자기 천사들을 보내리니 그들이 그의 선택 받은 자들을 하늘 이 끝에서 저 끝까지 사방에서 함께 모으리라. (마 24:31)

바울이 이것을 몰랐을 리 없다. 그런데 계시록에서는 일곱 나팔이 마지막 것까지 다 울린 뒤에 강림하신다. 그러므로 주님이 지상 강림하실 때 울릴 나팔은 계시록의 일곱 나팔 이후의 나팔이지만 바울이 말한 나팔은 성도의 입장에서 이 땅에서 듣게 될 환난 직전의 '마지막' 나팔인 것이다.

② 계시록의 일곱 나팔은 모두 재앙과 심판에 관한 것이므로 사도 바울이 말한 나팔 소리와 예수님이 언급하신 나팔 모두 이것과 관련이 없으며, 바울이 30~40년 후에 기록될 요한계시록을 미리 언급한다는 것은 이치에 맞지

않는다. 또한 바울은 '나팔 소리들'이라고 하지 않고 단수로 언급했기 때문에 일곱 나팔과는 더욱 무관하다.

③바울은 하나님의 첫째 나팔을 염두에 두고 마지막 나팔을 언급했다. 처음 등장하는 나팔은 하나님이 이스라엘 백성을 만나주시는 시점에 등장한다.

시내 산이 온통 연기로 자욱하니 이는 주께서 불 가운데서 그 위로 내려오셨기 때문이더라. 그곳의 연기가 화로의 연기같이 위로 올라가고 온 산이 크게 진동하더라. 나팔 소리가 오랫동안 나며 점점 더 커질 때에 모세가 말한즉 하나님께서 그에게 음성으로 응답하시더라. 주께서 시내 산에 곧 그 산의 꼭대기에 내려오시고 주께서 그 산의 꼭대기로 모세를 부르시니 모세가 올라가매 (출 19:18~20)

이스라엘 백성에게 율법이 주어지는 상황이다. 율법은 진노를 이루는 것으로 죄를 확정하는 기능을 한다. 바울은 이때 울린 나팔의 상황이 마감되는 때, 즉 죄와 사망이 완전히 끝나는 나팔을 마지막 나팔이라고 표현한 것이다. 이는 마치 첫째 아담과 마지막 아담을 대비시키는 것과 같은 이치다.

그러므로 기록된 바, 첫 사람 아담은 살아 있는 혼이 되었더라, 함과 같이 마지막 아담은 살려 주는 영이 되셨느니라. (고전 15:45)

성도들에게 '마지막 나팔 소리'는 마지막 원수인 사망이 끝나는 마지막이며, 환난이 임하기 전에 성도들이 공중에 강림하시는 주님을 맞이하는 때를 이르는 것으로 보아야 한다. 바울이 말한 '마지막 나팔'은 계시록 4장 1절의 나팔 소리에 해당하는 것이다. 한마디로 성도에게는 이 땅에서의 마지막 나팔이며, 성도의 휴거 이후로는 경륜에 따라 시대가 바뀌므로 그때 다시 나팔소리가 있다면 그것은 환난기의 첫 나팔이 될 수 있다. 환난기에 죽임 당한 14만 4천을 '첫 열매'라고 표현한 것도 같은 이유다(계 14:4).

왜 성도는 환난을 통과하지 않는가?

데살로니가후서 2장의 말씀에 대한 해석의 차이로 환난 전 휴거를 받아들이지 못하는 이들이 있다. 먼저 세 가지 휴거설의 시간표는 다음과 같다.

7 년 환 난 기				
환난 전 휴거	전반부 3년 반	환난 중간 휴거	후반부 3년 반	환난 후 휴거
	적그리스도 등장, 짐승의 표 권유		성전에 앉아 자기를 하나님이라 함(살후 2:4). 짐승의 표 강제 시행	

그런데 그들이 환난 전 휴거가 의아하다는 이유는 3절과 4절 때문이다.

(데살로니가후서 2장)

1 형제들아, 우리 주 예수 그리스도의 오심과 우리가 그분께로 함께 모이는 것으로 말미암아 이제 우리가 너희에게 간청하노니

2 너희는 영으로나 말로나 혹은 우리에게서 왔다는 편지로나 그리스도의 날이 가까이 이르렀다 해서 쉽게 마음이 흔들리거나 불안해하지 말라.

3 아무도 어떤 방법으로든 너희를 속이지 못하게 하라. 먼저 떨어져 나가는 일이 일어나고 저 죄의 사람 곧 멸망의 아들이 드러나지 아니하면 <u>그 날</u>이 이르지 아니하리라.

적그리스도가 드러나야 3절의 '그 날'이 임하는 것이니 환난 중이나 환난 후 휴거가 맞지 않느냐는 것이다. 그런데 3절의 '그 날'은 2절의 '그리스도의 날'이다. 이는 '주의 날'처럼 재림 사건 전체를 이르는 것이다.

1절의 '그분께로 함께 모이는 것'과 3절의 '떨어져 나가는 일'은 휴거다 (132~133쪽 참고). 포인트는 '먼저' 떨어져 나가는 일이 있어야 한다는 것이

다. 그러므로 4절 말씀에 나오는 일들은 환난기의 상황이 맞지만, 그 시기를 성도가 통과한다는 의미가 아니다.

4 그는 대적하는 자요, 또 하나님이라 불리거나 혹은 경배 받는 모든 것 위로 자기를 높이는 자로서 하나님처럼 하나님의 성전에 앉아 자기가 하나님인 것을 스스로 보이느니라.

5 내가 여전히 너희와 함께 있었을 때에 이 일들을 너희에게 말한 것을 너희가 기억하지 못하느냐?

6 너희는 그가 그의 때에 드러나게 하려고 무엇이 저지하고 있는지 지금 아나니

7 불법의 신비가 이미 일하고 있으나 다만 지금 <u>막고 있는 이</u>가 길에서 옮겨질 때까지 막으리라.

서론 부분에서도 살펴본 여기 7절의 '막고 있는 이'는 몇 가지 해석이 있지만 성령님이라고 볼 수 있다. 교회시대의 성령님은 성도들 안에 거하시는데, 이들이 모두 올라가면 성령님도 이 땅에서 떠나시고, 막고 있는 이는 길에서 옮겨지는 상황이 된다. 비로소 적그리스도가 등장할 최적의 조건이 되어 그 사악한 자가 본격적으로 드러난다.

8 <u>그 뒤</u>에 저 사악한 자가 드러날 터인데 주께서 자신의 입의 영으로 그를 소멸시키시고 친히 오실 때의 광채로 그를 멸하시리라.

분명 '그 뒤에' 드러난다고 했다. 그를 멸하시는 일은 물론 아마겟돈 심판일 것이다. 그러므로 이때까지 휴거가 없다면 환난 중간도 아니고 환난 후 휴거가 되는데, 이 시기에 휴거가 된다면 올라갔다가 바로 천년왕국으로 다시 가야 한다. 그렇다면 무엇을 위한 휴거이겠는가? 휴거는 큰 환난에서 건지는 피신이며 구원이고, 신랑 예수님과의 잔치를 위한 것인데 말이다. 4절부터는 성도의 휴거 이후의 상황이다.

여기서 중요한 포인트는 적그리스도가 '누구에게' 오는가 하는 것이다.

9 그가 오는 것은 사탄의 활동을 따라 모든 권능과 표적들과 거짓 이적들과

10 불의의 모든 속임수와 함께 <u>멸망하는 자들</u>에게로 오는 것이니 이는 그들이 진리의 사랑을 받아들이지 아니하여 <u>구원을 받지 못하였기</u> 때문이라.

그는 성도가 아닌, 땅에 남아 '멸망하는 자들'에게 온다. 성도들은 진리의 사랑을 받아들여 이미 환난에서 건짐 받은 이후이다. 바울은 '그러나'라고 13절을 시작한다. 그들은 멸망하는 자들이지만 너희 성도들은 아니라는 거다. 13절에서 구원에 이르게 했다는 것은 문맥상 예수님 믿고 얻은 혼의 구원이 아니라 환난에서 건짐받는 구원을 뜻하는 것으로 볼 수 있다.

10절의 멸망하는 자들은 구원을 받지 못해 환난기에 들어간 것이고, 13절의 구원에 이르게 하신 자들은 주께 사랑받는 형제들, 곧 성도들이다.

13 그러나 주께 사랑받는 형제들아, 우리가 너희로 인하여 항상 하나님께 감사드려야 하나니 이는 하나님께서 처음부터 너희를 택하사 성령의 거룩히 구별하심과 진리를 믿는 것을 통해 <u>구원에 이르게</u> 하셨기 때문이라.

이처럼 10절의 구원을 받지 못한 자들과 13절의 구원에 이르게 하신 자들은 분명하게 대비된다. 그러므로 데살로니가후서 2장 3절은 교회의 배교와 성도의 휴거를, 이후로는 대환난 시기의 일들을 알려주지만 그곳에 성도는 들어가지 않음을 보여주는 구조로 되어 있다.

하나님의 경륜상 환난시대는 성도와 무관하다

성경은 하나님의 프로그램에 따라 세대를 구분해야만 풀리는 책이다. 세대주의적 해석에 대한 오해가 있지만, 극단주의적 세대주의는 당연히 배제되어야 하는 반면에 하나님의 '경륜'이라는 의미에서는 세대와 시대의 구분이 매우 중요하다. 이것을 무시하면 성경 해석은 오리무중에 빠져버린다.

구원의 방법에 있어서도 시대와 대상에 대한 구분이 조금씩 다르다. 물론

모든 시대의 모든 사람은 '오직 믿음'으로 구원을 받는다. 다만 그 믿음을 인정받는 방식은 조금씩 다르다는 것이다.

구약 때는 하나님을 신뢰하고 메시아 약속을 믿는 사람들이 구원을 받았다. 물론 말씀이 맡겨진 유대인이 중심이었지만 욥이나 갈렙, 룻 같은 이방인도 믿으면 구원을 받았고, 유대인이라도 믿음 없이는 구원을 받을 수 없었다.

예수님 시대에는 성육신하신 예수님을 믿는 자들이 구원을 받았다. 이때 역시 이방인도 구원받을 수 있었지만, 예수님은 이스라엘에만 보내진 분이었듯이(마 15:24) 본격적인 복음의 전달은 주님 승천 이후부터 시작된다. 이후로 이어진 교회시대, 지금까지 이어지고 있는 이 시대가 '은혜시대'로 이미 오신 주님을 구주와 주님으로 영접하고 믿기만 하면 누구나 구원을 받는 시대이다.

(그분께서 이르시되, 받아 주는 때에 내가 네 말을 들었고 구원의 날에 내가 너를 구조하였노라, 하시나니, 보라, 지금이 받아 주시는 때요. 보라, 지금이 구원의 날이로다.) (고후 6:2)

말하자면 지금이 구원에 관한 한 가장 복된 시대이며 비교적 쉽고 무난한 시대이다. 그런데 7년 환난기는 다르다. 이때는 교회시대 초기 로마의 핍박이나 공산주의가 태동한 이래 행해진 핍박 또는 천주교에 의한 극심한 고난보다도 더한, 비교 불가의 시대다. 하지만 이 부분은 모두 유대인들에 대한 말씀이지, 환난에 들어간 성도들에게는 해당이 없다.

환난 후 휴거는 짐승의 표로 믿음을 시험받는다는 논리다. 하지만 은혜시대 성도들이 단지 마지막 시기에 태어났다는 이유로 전무후무한 환난에 놓여야 한다는 말인가? 그때는 죽음으로써 자기 믿음을 보여야 하는 시대인데 말이다.

7년 환난의 시작은 은혜시대가 끝이 났다는 의미다. 그러면 성도들은 값없이 받는 구원에서 값을 치르고 받는 구원으로 두 개의 룰을 적용받게 된다. 물론 이것이 행위 구원으로 바뀐다는 의미는 아니다. 믿으면 받을 수 없는 것이 짐승의 표라는 뜻이며, 필연적으로 목숨을 내놔야 한다는 뜻이다.

환난의 시작은 하나님의 프로그램이 바뀌는 시점이다. 주님의 성전인 성도들이 모두 이 땅을 떠나야 시대가 바뀌고 새로운 룰이 적용된다. 그제야 이 땅에 하나님의 성전이 건물로 다시 들어서는 것이다. 만일 휴거가 먼저 이루어지지 않으면 땅 위에 건물로서의 성전과 성도라는 성전이 동시에 존재한다는 뜻이 된다. 그런 의미에서 전 3년 반과 후 3년 반은 철저하게 연속선상에 놓인 하나의 기간이며 그 중간에 바꿀 수 있는 것은 없을 것이므로 환난기 7년의 끝이나 중간에 성도의 휴거를 두어야 할 이유가 없다.

성도, 유대인, 환난성도 구분

구원의 방법에 따라 성도는 시대별로 나뉘는데, 계시록 20장 4절에는 두 종류의 성도가 등장한다.

또 내가 보니 왕좌들과 그것들 위에 앉은 자들이 있는데 <u>그들</u>에게 심판이 맡겨졌더라.

사도 요한은 여기까지 소개하고는 또 다른 무리가 있다고 한다.

또 내가 보니 예수님의 증언과 하나님의 말씀으로 인하여 <u>목 베인 자들의 혼들</u>이 있는데 <u>그들</u>은 짐승과 그의 형상에게 경배하지도 아니하고 자기들의 이마 위에나 손 안에 짐승의 표를 받지도 아니한 자들이더라. 그들이 살아서 그리스도와 함께 천 년 동안 통치하되 (계 20:4)

먼저 소개한 왕좌에 앉은 이들은 물론 성도들이다. 그리고 '또 내가 보니'라고 했다. 이후로 소개하는 이들은 목 베임을 당하고 구원받은 자들이며 모든 시대의 성도가 아니다. 말할 것도 없이 이들은 '환난성도'이다.

휴거와 7년 환난기에 있을 일들을 맞이할 대상은 세 가지 유형으로 구분된

구분	성도(교회)	이스라엘	불신자 / 환난성도
자격	예수님의 지체로, 그분과 정혼한 한 처녀	메시아를 거부해 구원 받지 못한 하나님의 아내	믿지 않는 모든 이방인
구성원	믿기만 하면 유대인 · 이방인 구분 없음	불신 유대인	불신 이방인
휴거	환난 전에 휴거됨	환난 통과	
구원	이미 구원받음	환난 중에 예수 그리스도를 구원자로 믿고 영접해야 하며, 그 믿음은 짐승에게 굴복하지 않고 그의 표를 받지 않음으로써 인정받음	

다. 교회, 즉 신약성도는 7년 환난과 상관없이 환난 전에 휴거된다. 한편 불신 유대인과 불신 이방인은 환난에 들어가는데 이들이 구원을 받으려면 다른 모든 시대에서와 같이 아무도 예외 없이 오직 예수 그리스도만을 구원자로 믿고 영접해야 한다. 이 시대에는 짐승의 표를 받지 않는 것을 통해 믿음이 드러날 것이다.

7년 환난을 모두 통과한 뒤에 휴거가 있을 것이라고 주장하는 사람들이 간과하는 것이 있다. 7년 환난기가 끝난 뒤에 휴거가 있게 되면 유대인과 이방인 가운데 믿는 모든 성도가 다 지상에서 사라진다. 불신자들은 물론 심판으로 지구상에서 사라질 것이다. 그러면 천년왕국에 살아서 들어갈 사람이 없다. 일단 변화되고 휴거되면 더 이상 아기를 낳지 않는 영화로운 몸이 되기 때문에 천년왕국에서 아기를 낳을 자가 없어서 그곳에서 태어나는 사람들에 대한 내용을 충족할 수 없다.

천년왕국에는 육체를 지닌 채 구원받은 사람들도 들어간다. 그리고 이들은 아기를 낳는다. 그러므로 휴거가 미리 있지 않고 7년 후에 모든 성도가 다 같이 하늘로 올라간다면 앞뒤가 맞지 않는다.

공중강림(휴거)과 지상강림(현현)을 혼동하면…

휴거의 여부와 횟수, 시기 등으로 혼란을 겪는 것은 유대인과 신약성도를 제대로 구분하지 못하기 때문이기도 하지만 한편으로는 공중강림의 휴거와 지상강림의 현현을 말해주는 말씀들의 문맥을 뒤섞어 생각하기 때문이다. 그러나 공중강림과 지상강림은 명백히 다르다. 한 예로 휴거 사건(공중강림)은 성도들이 지구상에서 구출되어 사라지는 것이다. 그러나 지상강림은 불신자들이 심판으로 지구상에서 사라지는 사건이다. 이때는 땅에 남아 있는 사람들이 구출받는 것이므로 공중강림과는 정반대다. 예수님께서는 분명히 말씀하셨다.

노아의 날들에 이루어진 것 같이 사람의 아들의 날들에도 그러하리라. (눅 17:26)

노아의 날들에 하나님께서 노아를 데려가셨는가? 아니다. 다른 모든 자를 지구상에서 제거하시고 노아와 그의 가족들을 땅에 남기셨다. 노아의 날들과 같이 마지막 지상강림 때에도 불신자들은 땅에서 제거된다. 그리고 믿음을 가지고 끝까지 견딘 자들은 남아서 천년왕국에 들어가며 낙원이 회복된 땅에서 삶을 유지한다. 그래서 주님은 그때가 '노아의 날들'과 같다고 하신 것이다.

그러나 휴거는 그렇지 않다. 분명히 공중강림 때에 우리 성도들은 구름들 속으로 채여 올라가 주님을 만난다(살전 4:16~17). 지구상에서 사라지는 것이다. 휴거는 구출이고 구원이다. 그리고 성도들이 오랫동안 기다려온 소망이 이루어지는 것이다. 그것은 '그리스도의 날'에 이루어진다(빌 1:6).

너희 안에서 선한 일을 시작하신 분께서 예수 그리스도의 날까지 그 일을 이루실 것 바로 이것을 나는 확신하노라. (빌 1:6)

반면에 지상강림은 크고 두려운 '주의 날'이며 야곱(이스라엘)의 고난의 때다.

| 공중강림(휴거)과 지상강림(현현)의 차이 비교

공중강림(휴거)	지상강림(현현)
'그리스도의 날'이라 부름 (빌 1:6)	'주의 날'이라 부름 (욜 2:31 등)
성도가 사라짐	불신자가 사라짐
소망 중에 기다림 (딛 2:13)	모두가 애곡함 (마 24:30)
공중으로 오심 (요 14:3, 살전 4:17)	땅으로 오심 (슥 14:4, 욥 19:25)
비밀리에 이루어짐 (고전 15:51)	공개적으로 이루어짐 (계 1:7, 마 24:27)
주님이 직접 오심 (살전 4:16)	천사들을 먼저 보내 이스라엘을 모으심 (마 24:31)
아무 징조도 없음.	많은 징조와 표적이 있음 (눅 21:11, 21:25~27 등)
신약교회 성도들의 부활.	환난성도들과 구약성도들의 부활.
영광스러운 몸으로 변화됨 (빌 3:20~21 등)	몸이 변화된다는 말씀이 없음.
복된 소망임 (딛 2:13, 살전 4:17~18)	성도에게는 두려움, 불신자에게는 경고.
하나님의 진노에서 건지심 (살전 1:10)	하나님의 진노를 쏟아부으심 (계 19:15)
구원받은 자들을 모으심 (살전 4:16~17)	구원받지 못한 자들을 모으심 (마 13:41~42)
7년 환난의 신호탄	7년 환난의 마무리

크고 두려운 **주**의 날이 이르기 전에 해가 변하여 어둠이 되고 달이 변하여 피가 되려니와 (욜 2:31)

성도의 휴거와 주님의 현현을 구분하는 일은 매우 중요하다. 공중강림과 지상강림이 한 번에 일어난다면 이 둘이 모두 같은 특성을 지녀야 하는데, 전혀 그렇지 않다. 두 가지를 비교하면 차이가 분명해진다.

이 둘은 완전히 다른 사건이다. 휴거, 즉 공중강림 없이 단 한 번의 지상강림만 있다고 주장하는 사람들은 성경에 분명히 드러난 공중강림에 대한 가르침이 많지 않다는 이유로 이를 무시하려 한다. 그러나 공중강림의 내용이 비교적 적은 것처럼 느껴지는 것은, 대부분의 구절을 그저 마지막 재림으로 대부분 해석하는 분위기 때문이다. 실제로는 공중강림에 관한 구절이 결코 적지 않다. 고린도전서 15장과 데살로니가전서 4장은 그 어느 것보다 명확하게 공중강림과 우리 몸의 영화로운 변화를 말하므로 아무도 이를 부인할 수 없다. 또한 공중강림은 성도들과 우리 주님과의 비밀스러운 사건이라 직접적 표현이 적어 잘 주목받지 못할 뿐이다.

어린아이들의 휴거

휴거 때 그리스도인이 아닌 여자가 배 속에 아기를 잉태하고 있으면 그 아기들은 어떻게 될까? 우리는 어린아이가 죽으면 천국에 가는 것을 알고 믿는데, 태중에서 머물던 아기들은 어찌 될까…. 임신한 성도가 휴거될 때는 당연히 아기와 함께 가겠지만 불신자라면 어떨까?

일단 드는 생각은 아기들만 사라질 수는 없으니 휴거 전 10개월 정도는 임신이 없지 않을까 하는 것이다. 그러나 이것은 가능성이 희박하다. 상식적으로도 집단적 불임 사태는 하나님의 다산하고 번성하라는 명령상 생각하기 어렵다.

> 노아가 방주로 들어간 날까지 그들이 먹고 마시고 장가가고 시집가더니 홍수가 나서 그들을 다 멸하였느니라. (눅 17:27)

장가가고 시집가면 아기가 태어나는 것이 당연하니 이렇게 노아의 때와 비슷한 양상이 벌어질 마지막 때에는 임신이 안 되는 일의 가능성이 낮다. 무슬림도 계속 여러 부인을 통해 왕성하게 인구를 증가시킬 것으로 예상할 수 있다.

다음은, 임신부는 남고 아기들만 사라지는 것이다. 아기는 다 천국에 보내 주시는 것이니까 일단 생각해 볼 수 있다. 물론 아기가 배를 뚫고 나와 올라가는 것은 아니고 배 속에서 사라지는 것을 말하는데, 이 역시 너무 황당한 스토리다.

오직 그 날들에는 아이 밴 자들과 젖 먹이는 자들에게 화가 있으리로다! 그 땅에 큰 고난이 있고 이 백성에게 진노가 있으리라. (눅 21:23)

이 말씀은 대환난 시기의 유대인들에 관한 것이다. 이때도 아이 밴 자가 존재하듯이 환난 전에도 아기가 집단적으로 유산되거나 하는 일은 하나님께서 하지 않으실 것으로 볼 수 있다.

남은 가능성은 아기를 그대로 잉태하고 있거나 시간이 지나 출산하는 것인데, 가장 가능성이 크다. 물론 형평의 문제는 있다. 부모가 성도라는 이유로 그냥 올라가는 아기들이 있고, 부모 때문에 남아야 하는 아이들이 있으니 말이다. 그렇다 해도 하나님은 공평하시다.

대환난기에 남는다면 아기들도 고통이 크겠지만, 포인트는 기간이다. 그들에게는 길어도 7년밖에는 주어지지 않는다. 7년 후에는 예수님의 아마겟돈 심판과 함께 천년왕국이 이어진다. 아무리 휴거 직후 태어나도 최대 7살인데, 7살 이하면 베이비, 토들러, 그리스어 파이디온으로 아직 어린아이이며, 무조건 천년왕국에 들어갈 수 있는 나이다.

휴거 후 태어나는 아기들이 극심한 환난에 놓이는 것은 후 3년 반이다. 이 기간 동안 죽는 아기들은 셋째 하늘로 갔다가 영화로운 몸으로 천년왕국에 갈 것이다. 이 기간을 죽지 않고 통과하면 육신을 가지고 간다. 둘 다 믿음을 가져야 갈 수 있는 어른에 비해 아기들에게는 큰 공짜 축복인 셈이다.

이에 헤롯이 자기가 지혜자들에게 우롱 당한 줄 알고 심히 노하여 사람을 보내 자기가 지혜자들에게 부지런히 물은 때를 기준으로 베들레헴과 그것의 모든 지경 내에 있던 두 살 아래의 모든 아이들을 죽이니라. (마 2:16)

이처럼 두 살 아래의 모든 아기가 메시아 탄생 때문에 졸지에(?) 죽고 말았다. 그러나 그들은 낙원으로 간 것이다. 그대로 자라 성인이 됐다면 예수님을 모함하는 바리새인이 될 수 있고, 예수님을 십자가에 못 박는 폭도가 됐을지 모르는 예수님 또래의 남자 아이들이다. 미리 낙원에 간 것은 가족들에게는 슬픔이었겠지만 아이들 자신에게는 축복이었을 것이다. 이처럼 아기들은 환난기에 고통을 당하겠지만 죽으나 살아 남으나 구원이 그들을 기다리고 있다.

아기는 죽어도 모두 천국으로 가니까 주님이 공중강림하시면 그냥 휴거될까? 복음주의자들은 대개 아이들이 다 휴거된다고 믿는데, 반대 의견도 있다. 반대하는 사람들은 수억의 아이들이 바로 휴거되어 사라진다면 너무 큰 사건이라는 것이다.

하지만 이해할 수 없다는 이유로 아이들이 남는다고 하면 또 다른 모순을 낳는다. 성도들이 자녀들을 두고 휴거된다면 그것이 기쁜 소식일까? 아무리 좋은 곳에 가도 자식을 두고 간다면 슬픔뿐일 것이다. 그렇다면 아직 어린 아이를 둔 사람들은 휴거가 오지 않기를 바라고 또 바라게 된다. 그러므로 살아 있는 아이들은 그대로 휴거 때 함께 올라간다고 보는 것이 좀 더 합리적이다. 물론 이 모든 논의가 목숨 걸고 지켜야 할 교리는 아니니 한 번쯤 생각해 보는 것으로 이해하면 좋겠다.

성도가 환난을 통과할 때 생기는 모순

환난 통과설의 문제는 더 있다. 몇 가지 생각해본다.

1. 일단 구원 교리에 문제가 생긴다. 성도가 환난에 들어간다면, 그리고 거기서 짐승의 표를 받는다면 그는 처음에 구원받은 성도가 아니었거나 구원이 취소되어야 한다. 오직 믿음으로 받는 구원이 두 번의 확인 절차를 거치는 일이 되므로 '죽어 봐야 안다'는 구원론이 된다. 즉 우리가 믿는 순간 즉시 성령님이 우리를 전으로 삼고 영원토록 거하신다는 성경의 가르침이 무색해진다. 구원의 판단 시기가 믿고 침례받는 때가 아니라 죽은 뒤가 되기 때문이다. 이미 구원받은 사람은 영원히 하나님의 소유가 되는데, 짐승의 표를 받으면 다시 마귀가 그를 소유하게 된다는 뜻이므로 이 또한 말이 되지 않는다.

환난 통과를 믿는 이들은 마지막 때라서 하나님의 판단도 특별하다는 논리를 내세우면서, 진짜 성도라면 죽음을 무릅쓸 거라고 말할 것이다. 하지만 이는 결국 환난기에 들어간 성도들에게만 예외적으로 '행위 구원'의 잘못된 교리를 적용하는 모순이 생기는 일이다.

2. 환난 통과를 앞두고는 주님을 기쁘게 기다릴 수 없다. 우리는 주님을 간절히 기다리고 있는데, 주님이 오시기 전에 환난기가 있어야 한다면, 그리고 짐승의 표를 거부하는 것으로 자기 믿음을 보여야 한다면 그 공포를 품고 어떻게 소망 중에 기다릴 수 있는가? 차라리 그전에 죽기를 갈망하게 될 것이다.

땅에서도 건강하게 장수하는 것은 신약시대 성도에게도 같은 원리로 복된 일이다. 그런데 기다리고 기다린 주님을 만나려면 생지옥과 다름없는 환난을 통과해야 하다니, 자신과 가족들이 목 베임을 당하는 일이 주님의 재림에 대한 보너스(?)라면 어폐가 있지 않나. 주님의 초림이나 재림은 일단 희망과 구원의 소식이어야 한다.

3. 성도가 환난에 들어가면 환난기에 구원받을 자들이 진리를 알기 어렵다. 모두가 환난에 들어가게 되면 성도나 불신자나 차이가 없고, 구원받은 유익이 전혀 없으니 오히려 평생 교회에 다니느라 헛고생만 했다. 만일 휴거 없이 환난이 시작된다면 믿지 않던 사람들은 환난이 시작된 줄도 모를 것이다. 왜 칩을 안 받아야만 지옥을 피하는지 이유를 이해하지 못하는 것은 당연하다. 예전부터 믿은 성도들도 똑같이 목 베임을 당해야 하는 상황에서, 도대체 구원의 유익이 무엇인지 의아할 것이다. 자신들이 경멸하던 기독교인들이 휴거되는 것을 보면 무언가 깨달음이 있겠지만, 아무 일도 안 일어나는데 무슨 수로 더 어려워진 상황에서 깨닫고 돌이키는 계기를 마련한다는 것인가?

겁 많던 제자들이 예수님과 많은 이들의 부활을 본 뒤에 목숨을 두려워하지 않는 자들로 180도 달라졌듯이, 환난에 들어가는 사람들도 성도들의 휴거를 보면 정신 차릴 사람들은 비로소 깨닫게 될 것이다.

4. 마귀도 알 건 다 안다. 인간보다 훨씬 더 잘 안다. 그런 마귀가 악한 자들

을 동원해 미확인 비행물체 UFO를 하루가 멀다 하고 거론하는 것은 환난 전 휴거 대비용이다. 환난 통과 뒤 7년 환난이 끝날 때는, 예수님이 온 세상과 하늘과 지옥에 있는 자들이 다 알 정도로 확실하게 지상재림 하신다. 심지어 그분을 찌른 자들도 본다고 했다. 그런데 UFO로 누굴 어떻게 속이겠는가. UFO 사상은 환난 전 휴거에 대비한 것이다.

UFO 주장은 모두 환난 전에 휴거가 되어도 남은 자들을 다시금 속이기 위한 보험 같은 것이다. 다들 우주로 잡혀갔다, 말 안 통하는 근본주의적 개독들은 고등한 외계의 존재가 납치해서 교화 중이다… 이런 말로 전 세계를 속일 것이다. 뉴에이지 운동 등을 통해 장기적으로 주입해 온 내용이다. 마귀들도 환난 전에 휴거가 있을 것을 이미 알고 있다고 보아야 한다.

휴거 이후 땅에서 벌어질 일들

성도들이 땅에서 사라지면 세상은 일대 혼란이 빚어질 것이다. 소설 『휴거』나 영화화된 소설 『레프트 비하인드』 등에서는 자동차 운전자와 비행기 조종사가 휴거되면서 각종 사고가 나고, 옷을 둔 채 사람만 사라지는 등의 묘사가 등장하지만 사실 어떤 형태로 사라지는지는 정확하게 알 수가 없다. 이런 방식이라면 시차상 밤인 나라는 피해가 덜하겠지만 낮인 곳은 극심한 피해를 입을 것이다.

세계인은 놀라서 이 현상을 분석하려고 할 것이다. 이게 말로만 듣던 휴거인가 할 수도 있지만, 사라진 이들의 면면이 이상하다. 흔히 생각하는 독실한 신자들만 사라진 것도 아니고 열심히 교회에 출석하던 이들조차 남아 있으니 어리둥

영화 〈레프트 비하인드〉 1편(2000)

절하다. 더욱 놀라운 것은 기독교 지도자들이 많이 남아 있는 것이다. 그들은 이미 배교했거나 처음부터 구원받지 못한 자들이었는데, 사람들은 배교를 알 리가 없으니 의아하게 생각한다. 이런 기독교 내 종교 지도자들은 스스로도 이 사실을 믿을 수 없다.

결국 사람들의 불안을 잠재우고 사회를 안정시키기 위해 갖가지 주장과 해석으로 그 사태를 설명하려 들 것이다. 뉴에이저들은 그동안 퍼뜨려 온 UFO 사상을 통해 꽉 막힌 근본주의자들이 교화를 위해 납치됐을 거라고 설명할 것이 분명하다. 여전히 하나님이 싫은 사람들은 차라리 그들이 어떤 이유로든 사라졌으니 다행이라고 여기며 환영할 것이다.

인류는 과연 이 사건이 기독교인의 휴거인지 고심하겠지만, 어떤 이들은 참된 신앙의 길을 발견할 것이고, 상당수의 사람은 종교 지도자들과 재난 전문가들의 조언과 공식 발표들을 따라 그들이 외계로 납치됐다는 식의 음모론적 주장을 받아들이게 될 것이다. 배교한 사람들은 자신들의 배교로 끝나는 것이 아니라, 다른 사람들의 뒤늦은 이삭줍기의 구원조차 방해하는 그들만의 사명(?)을 감당하는 셈이다.

그렇게 세상은 다시 분주하게 돌아가고, 안정을 되찾을 것이다. 하지만 그 시대는 이미 세계적 대형 재난과 천재지변이 많을 때라 지구촌 사람들은 각자도생하기 바쁜 시기일 것이 분명하다. 사람들이 휴거 사건을 잊을 3년 반 때까지 적그리스도 짐승은 본색을 드러내지 않고 있다가 3년 반 뒤에 성전에 들어가 경배를 요구하면서 666 짐승의 표를 발행하게 된다.

이때부터는 표를 거부하는 자들을 다 죽이면서 위의 소설에 묘사한 일들이 벌어진다. 『휴거』에는 두 친구가 설교 중 회심할 기회를 얻는데, 한 친구는 앞에 나가 회심하고 기도하지만 한 친구는 다음주로 미룬다. 그리고 그 사이에 휴거가 일어나는데, 남게 된 친구와 그의 가족들이 신앙을 포기하지 않으면서 겪는 끔찍한 고통과 대환난이 이 소설의 줄거리다.

그러므로 이런 날이 오기 전에 성도들이 할 일은 각종 음모론을 파헤치고 종말의 징조를 추적하며 날짜를 점치는 것이 아니다. 종말에 대한 지식은 어느 선까지만 알면 충분하다. 정작 성도가 할 일은 그것을 불신자들에게 알리고 그들을 구원하도록 애쓰는 일이어야 할 것이다.

5. 하늘에서 벌어지는 일

24장로는 누구인가? (4장)

휴거 사건 이후 계시록 4장 4절에는 24명의 장로가 나오는데, 이 부분을 통해서도 휴거의 시점과 휴거의 발생을 알 수 있다. 그들은 흰옷을 입고 머리에 금관을 썼다. 성경은 천사나 하늘에 있는 그룹이나 스랍을 가리켜 장로라고 한 적이 없다. 성경에 나오는 장로는 다 '사람'이다. 그러므로 일단 24장로는 분명히 사람임에 틀림이 없다. 이들은 누군가를, 혹은 어떤 그룹을 대표하는 사람들이다. 또한 이들은 분명히 구원받은 사람들이다. 계시록 5장에서는 이 24장로들이 새 노래를 부르면서 주님께 영광을 돌리고 있다.

주께서 그 책을 취하시고 그 책의 봉인들을 열기에 합당하시나이다. 주께서 죽임을 당하시고 주의 피로 모든 족속과 언어와 백성과 민족 가운데서 우리를 구속하사 하나님께 드리셨으며 또 우리 하나님을 위해 우리를 왕과 제사장으로 삼으셨으니 우리가 땅에서 통치하리이다. (계 5:9~10)

예수님은 이 사람들을 왕과 제사장으로 삼으셔서 나중에 예수님과 함께 땅에서 통치할 것이다. 그러면 이들의 정체가 무엇인지 어느 정도 인식할 수 있다. 이 장로들은 곧 예수님의 피로 구속받은 무리들을 대표하는 자들이다.

이제 이 사람들이 무엇을 하는지 살펴본다. 4절에 보니 그들은 흰 옷을 입고 관을 쓰고 있다. 계시록 2~3장을 보면 예수님이 이기는 자에게 흰 옷을 입히시고 관을 주신다(계 2:10; 3:4; 3:18). 그러므로 이 사람들은 교회에 속한 사람들이다.

그러면 교회의 성도들은 언제 관을 받을까? 디모데후서 4장 8절을 보면 성도들은 예수님이 오실 때 관을 받는다. 베드로전서 5장 4절도 장로들, 곧 목회자들도 목자장이신 예수님이 나타나실 때에 관을 받는다고 했다.

앞에서 요한은 "이리로 올라오라"는 말을 듣고 하늘로 올라갔는데 지금 거기에는 24장로가 관을 쓰고 자리에 앉아 있었다. 그러면 예수님은 이미 그들에게 나타나신 것이다. 따라서 우리는 이 24장로가 휴거받은 성도들이라는 것을 알 수 있다.

그러면 이 24장로가 구약시대 성도들도 포함하는지, 아니면 신약시대 성도들만 포함하는지 잠시 살펴보자. 신약성도들은 휴거가 일어날 때 다 부활한다. 그러나 구약성도들은 7년 환난기가 끝날 때 부활한다(단 12:1~2, 13). 주의 날에 대한 내용이 기록된 이사야서 26장에도 구약시대 사람들의 부활이 나온다. 주의 날 이야기가 다 끝난 19절에는 구약성도들의 부활이 나와 있다.

주의 죽은 자들은 살겠고 그들이 나의 죽은 몸과 함께 일어나리이다. 흙 속에 거하는 자들아, 너희는 깨어 노래할지어다. 주의 이슬은 채소의 이슬 같으니 땅이 죽은 자들을 내놓으리로다. (사 26:19)

이 모든 것을 종합해 볼 때 계시록 4장의 24장로는 신약시대에 예수님의 피로 구속받은 사람들을 대표하는 사람들이라고 결론 내릴 수 있다. 아브라함이나 다윗과 같은 구약시대 성도들은 모두 7년 환난이 끝난 뒤에 부활하게 된다.

그러면 왜 이들이 24명일까?

구약성경 역대기상 24장 1절에서 19절 말씀을 보면 다윗이 구약시대의 제사장들을 24개 계열로 나눈 것을 알 수 있다. 즉 24개 계열은 모두 제사장을 가리킨다. 그런데 신약에서는 성도들을 모두 왕과 제사장으로 삼으셨다(벧전 2:9; 계 1:6). 따라서 24장로는 전체 신약시대의 성도들, 즉 영적인 제사장 전체를 가리킨다고 볼 수 있다.

하늘의 왕좌와 유리 바다 (4장)

여기서 요한은 하늘의 왕좌를 묘사한다. 왕좌 앞에는 일곱 등불이 타고 있었는데, 그것은 하나님의 일곱 영이라고 했다. 이것은 계시록 1장 4절, 그리고 5장 6절에 나타난 것과 같은 묘사다.

왕좌 앞에는 또 수정 같은 유리 바다가 있었는데, 이것은 에스겔서 1장 22절에 나타난 그룹의 형상들 위에 펼쳐진 궁창의 모습, 즉 무서운 수정 색깔 같다는 표현과 일치한다. 하늘의 모습을 예표하는(히 9:9) 구약의 성막에는 물두멍이 제단 다음에 위치한다. 물두멍은 바다를 상징하는데, 수정 같은 유리 바다는 그것에 대한 묘사이며 견고함을 이른다는 해석도 있다.

왕좌 둘레에는 앞뒤에 눈이 가득한 네 짐승이 있었다. 사자, 송아지, 사람, 독수리의 얼굴을 가진 것으로 보아 이것들은 에스겔서 1장에 나오는 그룹과 같은 것으로 보인다. 4장 8절에는 이 짐승들이 여섯 날개를 지녔다고 했는데, 이사야서 6장에 나오는 스랍의 모습과 같다. 그래서 어떤 이들은 이것들이 스랍이라고도 한다. 한편 그룹도 스랍도 아닌 고유의 존재로 보는 견해도 있다.

어린양이 책을 취하심 (5장)

이제부터는 계시록 5장이다. 왕좌에 앉으신 분의 오른손에는 일곱 개의 봉인으로 닫혀 있는 책이 있다. 봉인이란 중요한 책이나 편지 봉투를 닫은 뒤에 밀랍 같은 것을 부은 다음 도장을 찍어 굳히는 것이다. 봉인이

책을 봉인한 상태

훼손되어 있으면 이미 누군가가 그것을 뜯어보았다는 것을 금세 알 수 있게 하는 일종의 잠금장치다.

또 내가 보매 왕좌에 앉으신 분의 오른손에 책이 있는데 그것은 안과 뒷면에 글이 적혀 있고 일곱 봉인으로 봉인되어 있더라. (계 5:1)

그런데 천사나 하늘과 땅의 어떤 사람도 그 '봉인'들을 뗄 수 없었다. 그래서 요한은 안타까운 심정으로 많이 울었다.

그 책을 펴서 읽거나 들여다보기에 합당한 사람이 보이지 아니하므로 내가 많이 울었더니 (계 5:4)

그렇다면 이 책이 무엇이기에 그토록 요한이 안타까워했을까? 이 책은 땅의 소유권에 대한 일종의 명령서다. 이것은 하나님이 아담에게 전달하신 것인데 아담이 죄를 지음으로 인해 사탄 마귀에게 넘어간 책이다. 그것으로 사탄은 땅의 주인이 되었다. 마귀는 타락 전부터 모든 것을 봉인하는 자였다.

사람의 아들아, 두로의 왕에게 애가를 지어 그에게 이르기를, 주 **하나님**이 이같이 말하노라. 너는 지혜가 충만하며 아름다움이 완전하여 모든 것을 <u>봉인하는 자로다</u>. (겔 28:12)

이 의미가 무엇인지 정확히는 알 수 없지만, 마귀의 특기가 봉인하는 것이라는 사실과 오직 승리하신 예수님만이 봉인을 떼시고 모든 것을 돌려주실 수 있음을 다음 말씀에서 알 수 있다.

장로들 중의 한 사람이 내게 이르되, 울지 말라. 보라, 유다 지파의 사자 곧 다윗의 뿌리가 이기셨으므로 그 책을 펴며 그것의 일곱 봉인을 떼시리라, 하더라. (계 5:5)

이 존귀한 어린양이 그 책을 취하시고 봉인들을 떼기에 합당하심을 네 짐승과 24장로와 천상의 존재들과 하늘과 땅의 모든 창조물이 찬양한다.

사탄에게 빼앗긴 땅의 소유권을 돌이킬 자격은 인간과의 '친족 관계'이다. 즉 그 존재는 짐승이나 천사가 아니라 죄 없는 피를 지닌 '사람'이어야 한다는 것이다. 돌이키는 것은 무르는(리딤, redeem) 것이다. 예수님은 우리의 '리디머'가 되신다. 이 무르는 법칙이 구약성경에 등장한다.

만일 네 형제가 가난하게 되어 자기 소유 중 얼마를 팔았는데 그의 친족 중 하나가 와서 그것을 무르려거든 그는 자기 형제가 판 것을 무를 것이요, (레 25:25)

인류를 구속하고 땅을 되찾을 그 친족은 바로 완전한 하나님이면서 완전한 인간이신 예수 그리스도뿐이다. 그분은 첫째 아담이 빼앗긴 책의 봉인들을 떼어 모든 것을 되돌리실 둘째 아담이시다.

너희가 알거니와 너희 조상들로부터 전통으로 물려받은 너희의 헛된 행실에서 너희가 구속받은 것은 은이나 금같이 썩을 것들로 된 것이 아니요, 오직 흠도 없고 점도 없는 어린양의 피 같은 그리스도의 보배로운 피로 된 것이니라. 참으로 그분께서는 세상의 창건 이전에 미리 정하여졌으되 이 마지막 때에 너희를 위해 드러나셨으며 (벧전 1:18~20)

이분은 찬양 받으시기에 합당한 구원자로서 유다 지파의 사자, 다윗의 뿌리이고 죽임을 당하신 어린양이다. 이제 그분이 그 책의 봉인들을 떼시면서 심판이 시작된다. 주님이 왕좌에 앉으신 분의 오른손에서 그 책을 취하자 네 짐승과 24장로가 하프와 향이 가득한 금병(성도들의 기도)을 가지고 어린양 앞에 엎드렸다.

6. 땅에 임하는 환난기와 일곱 심판

환난의 종류와 환난기를 주시는 목적

다니엘의 70이레에서 언급했듯이 7년 환난기의 전반부 3년 반은 적그리스도가 위장된 평화로 유대인들과 화평의 언약을 맺고 또 세상을 다스리지만 자연환경이나 경제 정세 등으로 큰 고통이 있는 시기이며 후반부 3년 반은 적그리스도의 정체가 드러나면서 그야말로 지옥에 가까울 정도로 극심한 큰 환난이 있는 때다. 그러므로 7년 기간 전체는 '환난기'이며, 후반부 3년 반은 '대환난'이라고 지칭한다.

주께서 네 백성과 네 거룩한 도시에게 칠십 이레를 정하셨나니 이것은 범법을 그치고 죄들을 끝내며 불법에 대하여 화해를 이루고 영존하는 의를 가져오며 환상과 대언을 봉인하고 또 지극히 거룩하신 이에게 기름을 붓고자 함이라. (단 9:24)

우리는 마지막 한 이레에 해당하는 환난기에 하나님이 극심한 환난을 이 땅에 주시는 계획과 목적을 이해해야 하는데, 다니엘서 9장 24절은 유대인들을 향해 하나님이 하시고자 하는 일의 6가지 목적을 알려준다.

① **범법을 그치게 하기 위해** : 메시아를 거부한 이스라엘의 범법을 끝냄.
② **죄들을 끝내기 위해** : 이스라엘의 죄들을 완전히 제거함.
③ **불법에 대한 화해를 이루기 위해** : 이스라엘의 불법으로 인한 하나님과의 원수 관계를 회복하고 화해를 이룸.
④ **영존하는 의를 가져오기 위해** : 그리스도의 천년왕국 도래.
⑤ **환상과 대언의 봉인을 위해** : 이스라엘이 메시아를 만나면 환상과 대언이 필요 없게 됨.

⑥ 지극히 거룩하신 이에게 기름 붓기 위해 : 그리스도의 이스라엘 구원
사역을 완성함과 더불어 메시아로서 인정받음.

물론 이 기간은 일차적으로 유대인들이 환난을 통해 정결하게 되며 메시
아를 구원자로 영접하는 때다. 그러나 동시에 이 기간에는 휴거 받지 못한 채
환난기에 들어간 이방인들 가운데 수를 셀 수 없을 정도로 많은 사람이 순교
하면서까지 믿음을 지키며 구원받는 때다(계7:9~14).

환난(트리뷸레이션, tribulation)은 성경에 총 26회 나온다(단수 22회, 복수 4회).
이 말은 원래 라틴어 'trivulum'에서 나온 말이며 고난, 고통, 괴로움 등을 뜻
한다. 그래서 이 말은 '고난'과 바꾸어도 말이 된다(고후 1:4). 환난은 '체질을
하여 알곡과 겨를 분리시키는 것'을 뜻한다. 즉 가치 있는 것과 가치 없는 것
을 분리하기 위해 사용하는 도구가 바로 환난이다. 알곡들도 체질을 당하
는 동안에는 대단히 고통스럽다. 이 과정은 개인이나 민족에게 적용될 수 있
다. 한 가지 주의해야 할 것은 성도들이 일반적으로 당하는 환난(요 16:33, 행
14:22)과 계시록 4~19장의 환난은 전혀 다르다는 것이다.

하나님은 환난이라는 도구를 사용하셔서 유대인과 이방인 중에서 천년왕
국에 들어갈 자들을 구분해 내신다.

일곱 심판 시리즈의 오해

6장부터는 그 유명한 일곱 심판이 등장한다. 계시록을 바르게 해석하기 위
해서는 먼저 이 일곱 심판 시리즈, 즉 일곱 봉인, 일곱 나팔, 일곱 병(대접) 심
판에 대한 가장 큰 오해를 풀어야 한다.

그것은 이 세 가지 심판이 시간 순서대로 배열되었다는 오해다. 계시록은 6
장 이전까지는 대체적으로 순서에 맞게 기록되어 있지만 6장부터는 그렇지
않다. 그래서 많은 이들이 일곱 봉인 심판이 끝난 뒤 일곱 나팔 심판이 있고,
그 이후에 또 일곱 병 심판이 이어지는 것으로 이해하고 있다. 그러나 유대
묵시 문학의 특성은 한 번 이야기한 부분을 다시 이야기하고 또 강조하는 구

조로 되어 있다. 계시록은 총 404개의 구절 중에 278절이 유대 묵시 문학적 요소를 지니고 있어서 이런 구조가 두드러지는 책이다.

이 세 가지 심판은 같은 사건을 기록한 것은 아니지만 비슷한 때의 일들을 재차 나열하고 있어서 혼동하기 쉽다. 도표를 보면 7년 환난기에서 세 가지 일곱 심판의 종류와 이루어지는 지점을 대략 이해할 수 있다. 이 심판 시리즈의 열쇠는 6장, 8장, 9장, 16장이다.

요한은 봉인 심판, 나팔 심판, 병 심판의 순서로 기록했지만 이것들은 연대기적으로 발생하지 않는다. 그 시기는 후반부 3년 반과 그 3년 반의 끝부분에서 겹치기도 한다. 그래서 계시록 10장 11절은 매우 중요한 포인트다.

그가 내게 말하기를, 네가 반드시 많은 백성과 민족과 언어와 왕들 앞에서 <u>다시 대언</u>하여야 하리라, 하더라. (계 10:11)

'다시 대언' 한다는 말씀은 심판에 대한 중복적 경고를 뜻한다. 계시록은 같은 시기를 다루지만 봉인과 나팔과 병 심판을 통해 세 번의 경고가 주어진

| 일곱 심판의 대략적인 발생 시기

때	전반부 3년 반			후반부 3년 반		
봉인 심판	1	2	3	4	5	6
나팔 심판 (7째 봉인)				1~4	5	6	7
병 심판						1~7

| 일곱 심판의 종류와 특징

봉인 심판(6 + 1개)	7년 환난기 전반에 걸친 시간 순의 심판. 7번째 봉인이 나팔 심판.
나팔 심판(7개)	나팔 심판 전체는 일곱째 봉인에 해당하며 후반부 3년 반에 일어난다. 나팔 심판은 주로 3분의 1이 저주를 받는 특징을 지닌다.
병 심판(7개)	7년 환난기 맨 마지막에 집중적으로 이루어지는 극심한 심판

| 일곱 심판의 개별적 내용

봉인 심판 (6, 8장)	1	흰 말 탄 자
	2	붉은 말 탄 자
	3	검은 말 탄 자
	4	창백한 말 탄 자
	5	주님 안에서 죽임을 당한 혼들의 외침
	6	지진, 해는 검게 되고 달이 피로 물들며… 사람들은 어린양의 진노에 숨음
	7	일곱 나팔 전체의 시작
나팔 심판 (8~10장)	1	피 섞인 우박과 불
	2	바다의 삼분의 일이 피가 됨
	3	큰 별이 떨어져 물이 쑥이 됨
	4	해와 달의 삼분의 일이 어두워짐
	5	바닥 없는 구덩이에서 올라온 존재들이 다섯 달 동안 사람들을 괴롭힘
	6	2억의 기병이 유프라테스 전쟁을 일으킴
	7	작은 책, 다시 대언
병 심판 (16장)	1	짐승의 표를 받은 자들에게 악취와 헌데가 남
	2	바다가 죽은 피 같이 됨
	3	강이 피가 됨
	4	해가 사람들을 불로 태움
	5	짐승의 왕국이 어둠으로 가득함
	6	유프라테스 강의 물이 마르고, 아마겟돈으로 부정한 영들이 모임
	7	음성, 번개, 큰 지진, 큰 바빌론의 심판

다. 이것을 이미 복음이 선포된 자들에게도 다시 알려야 한다는 식으로 해석하는 경우가 있지만, 이는 너무 단편적인 해석이다.

7. 일곱 봉인의 심판

네 명의 말 탄 자와 일곱 봉인

이제 일곱 심판의 첫째인 봉인 심판이 시작된다. 일곱 봉인을 떼는 심판은 세계 정세를 알리는 일부터 시작된다. 유명한 '네 명의 말 탄 자'에 관한 내용이다.

첫째 봉인 : 흰 말 탄 자 ▶ 적그리스도

내가 보매 어린양께서 그 봉인들 가운데 하나를 여시더라. 그때에 내가 들으니 네 짐승 중의 하나가 천둥소리 같은 소리로 이르되, 와서 보라, 하더라. 이에 내가 보니, 보라, 흰 말이라. 그 위에 탄 자가 활을 가졌고 관을 받으매 그가 나아가서 정복하고 또 정복하려 하더라. (계 6:1~2)

이것은 적그리스도를 의미한다. 천주교 신학에 영향을 받은 개신교의 많은 종말론 해설자들은 '흰 말 탄 자'를 예수 그리스도로 해석하기도 하는데, 이 존재를 계시록 19장 11절의 주님으로 혼동하기 때문에 생기는 것이다. 적그리스도는 그리스도를 모방하는 자이다.

적그리스도는 정복하고 정복하여 지구촌 사람들의 신임을 얻게 된다(단 11:21; 살후 2:9~11). 장차 임할 통치자로 계시된 그가 나온 이후로 전쟁, 기근, 사망, 믿는 자들의 순교, 하나님의 진노의 큰 날이 이어질 것이다.

이 부분은 명확하게 결론내기 어려운 면이 있으므로 단정지을 필요가 없다는 견해도 있다. 짐승의 표가 무엇인지 단정지었다가 그것이 아닐 때 맞닥

뜨리는 부작용처럼, 잘 알 수 없는 부분들은 무리하게 해석하기보다 그대로 두는 것이 좋을 때가 있다. 이 흰 말 탄 자도 적그리스도로 해석할 수 있지만, 누구인가에 너무 주목하기보다는 그가 지닌 특징을 기억하는 것이 좋겠다.

둘째 봉인 : 붉은 말 탄 자 ▶ 붉은 피, 전쟁(칼)

그분께서 둘째 봉인을 여신 뒤에 내가 들었는데 둘째 짐승이 이르되, 와서 보라, 하매 다른 붉은 말이 나오더라. 그 위에 탄 자가 땅에서 화평을 제거하는 권능을 받았으니 이것은 그들이 서로 죽이게 하려 함이라. 또 그가 큰 칼을 받았더라. (계 6:3~4)

7년 환난기에 적그리스도의 세력이 온 세상을 손에 넣고자 할 때 다른 많은 나라와 전쟁하는 것은 불가피할 것이다. 이로 인해 붉은 피가 뿌려지는 수많은 전쟁이 일어나 예수님이 하신 다음의 말씀들도 성취된다.

또 너희가 전쟁들과 전쟁들의 소문을 들을 때에 불안해하지 말라. 그런 일들이 반드시 있어야 하되 아직 끝은 아니니라. (막 13:7)

셋째 봉인 : 검은 말 탄 자 ▶ 기근

그분께서 셋째 봉인을 여신 뒤에 내가 들으니 셋째 짐승이 이르되, 와서 보라, 하더라. 이에 내가 보니, 보라, 검은 말이라. 그 위에 탄 자가 손에 저울을 가졌더라. 또 내가 들으니 네 짐승의 한가운데서 한 음성이 이르되, 일 데나리온에 밀 한 되요, 일 데나리온에 보리 석 되로다. 너는 주의하여 기름과 포도즙은 해치지 말라, 하더라. (계 6:5~6)

전쟁 이후에는 기근이 닥치기 쉽다. 땅은 점점 황폐화되어 식량의 생산은 어려워지고 물도 부족하게 될 것이 분명하다. 이런 것은 지금의 상황으로도 충분히 예측이 가능한 문제다. 물가는 더욱 상승하고 빈부의 격차도 점점 더 벌어질 것이다. 이 검은 말 탄 자는 저울을 가졌는데, 이것은 절대적으로 식량이 부족하다는 것을 의미한다. '1 데나리온'은 노동자의 하루 품삯을 뜻하는데, 하루 종일 일한 일당으로도 밀 한 되와 보리 석 되밖에는 구할 수 없을 정도로 어려운 삶이 땅에 남은 이들에게 닥쳐올 것을 예상할 수 있다.

한편 기름과 포도즙은 해치지 말라는 음성이 들린다. 이는 부유층의 전유물로 이해되어 부자들이 큰 타격을 받지 않을 것을 의미하는 것으로 해석되기도 한다. 성경에서 기름과 포도즙은 치료 약으로도 등장하기 때문에 그런 용도를 위해 보존하라는 의미로 받아들일 수도 있다.

넷째 봉인 : 창백한 말[1] 탄 자 ▶ 사망과 지옥(의인화 됨)

그분께서 넷째 봉인을 여신 뒤에 내가 들으니 넷째 짐승의 음성이 이르되, 와서 보라, 하더라. 이에 내가 바라보니, 보라, 창백한 말이라. 그 위에 탄 자의 이름은 사망인데 지옥이 그와 함께 따라다니더라. 그들이 땅의 사분의 일을 다스릴 권능을 받아 칼과 굶주림과 사망과 땅의 짐승들로 죽이더라. (계 6:7∼8)

이 부분은 계시록 9장의 다섯째 나팔과 비슷한 재앙이다. 아직 본격적인 대환난은 아니지만 많은 사람이 전쟁과 기근으로 죽으며, 땅의 짐승들까지도 인간을 해칠 것이 예상된다. 이때까지는 인간이 만물의 영장으로서 모든 동물을 다스리고, 그것들은 인간을 무서워했지만 이 시기에는 상황이 역전될 것이다.

다섯째 봉인 ▶ 죽임당한 혼들의 외침

그분께서 다섯째 봉인을 여신 뒤에 내가 제단 아래에서 하나님의 말씀과 자기들이 간직한 증언으로 인해 죽임을 당한 자들의 혼들을 보았는데 그들이 큰 음성

---

1. '창백한(pale) 말'을 개역성경은 '청황색 말'로 번역했다. 넷째 말만 색깔이 아닌 형용사가 나오니 앞에 등장하는 세 종류의 말과 통일하고자 했는지 모르겠다. 영어 현대역본들은 pale로 그대로 번역한 것도 있지만, pale green(창백하고 푸른). ashen(잿빛의), sickly(허약해 보이는) 등으로 번역하기도 했다.

으로 외쳐 이르되, 오 거룩하고 진실하신 주여, 주께서 땅에 거하는 자들을 심판하사 우리 피에 대한 원수를 갚아 주지 아니하시는 일이 얼마나 더 지속되리이까? 하더라. 그분께서 그들에게 각각 흰 예복을 주시며 또 그들의 동료 종들과 형제들도 그들처럼 죽임을 당해 그 수가 찰 때까지 그들이 아직 조금 더 안식해야 한다고 그들에게 말씀하시더라. (계 6:9~11)

후반부 3년 반의 중간인 이 대목에서는 죽임당한 자들의 혼이 하나님께 자신들의 피의 원수를 갚아줄 것을 요청하는 모습이 나온다. 그러나 이 요청은 아직 때가 남았기 때문에 조금 더 유보된다. 이들은 계시록 7장에 나오는 환난성도들로서 목 베인 순교자들이다(계 12:11; 20:4).

이 장면에서 우리는 혼들이 말도 하고 옷도 입는다는 사실을 알 수 있다. 혼은 사람의 생명 그 자체이며 사람의 정체성을 그대로 지니고 있다. 혼은 막연히 수증기처럼 떠다니는 것이 아니라, 누가복음 16장의 부자와 나사로처럼 땅에서 살던 사람의 특성과 기억과 판단력을 그대로 지니고 있으며, 뜨거움을 느끼고 갈증도 느끼며 말도 하고 생각도 하며 음식을 먹기도 한다. 다만 불신자는 죽으면 이름이 지워진다.[2]

여섯째 봉인 ▶ 주의 날

그분께서 여섯째 봉인을 여신 뒤에 내가 보니, 보라, 큰 지진이 나며 해는 머리털로 짠 상복같이 검게 되고 달은 피같이 되며 하늘의 별들은 무화과나무가 강풍에 흔들릴 때에 설익은 무화과가 떨어지는 것 같이 땅에 떨어지고 하늘은 두루마리가 함께 말리는 것 같이 말려 떠나가며 모든 산과 섬도 그들의 자리에서 옮겨지매 땅의 왕들과 위대한 자들과 부자들과 총대장들과 용사들과 모든 남자 노예와 모든 자유로운 남자가 동굴과 산들의 바위들 속에 숨고 산들과 바위들에게 이르되, 우리 위에 떨어져 왕좌에 앉으신 분의 얼굴에서와 어린양의 진노에서

---

2. 이 부분에 관한 자세한 설명은 〈부록 ①〉 참고.

우리를 숨기라. 그분의 진노의 큰 날이 이르렀으니 누가 능히 서리요? 하더라.
(계 6:12~17)

이 부분은 구약에 여러 번 예언된 주의 날, 즉 '야곱(이스라엘)의 고난의 때'를 보여준다(렘 30:7). 특히 7년 환난기가 모두 끝나는 시점이 나와 있다. 이후에 다시 일곱 나팔의 심판이 이어지는데, 그것은 새로운 사건이 시작되는 것이 아니라 환난의 과정들이 후반부 3년 반에 집중적으로 일어남을 보여준다(계 10:11).

주의 날에는 하늘에 변화가 있다(마 24:29; 행 2:17~21; 욜 2:30~31; 사 13:9~10; 사 34:4), 이 심판 과정은 스가랴 14장 1~14절에 예언된 부분으로 극심한 환난의 절정을 묘사하고 있다.

일곱째 봉인 ▶ 일곱 나팔 심판의 시작
그분께서 일곱째 봉인을 여실 때에 하늘이 반 시간쯤 고요하더라. 내가 하나님 앞에 서 있던 일곱 천사를 보았는데 그들이 일곱 나팔을 받았더라. (계 8:1~2)

일곱째 봉인은 6장의 여섯째 봉인 다음에 삽입된 괄호장인 계시록 7장 이후 8장 1절에 다시 등장한다. 이 일곱째 봉인은 아무 일도 일어나지 않는 것 같아 어리둥절할 때가 있는데, 이것은 일곱 나팔 심판의 시작을 알리는 것으로, 일곱 나팔은 후반부 3년 반 전체에 있을 7개의 심판이다.

무화과나무의 비유에 대한 오해
7년의 끝에 오는 극심한 환난 후에는 천체에 변화가 있을 것이다. 이것이 마태복음에 소개된다.

그 날들의 환난 뒤에 즉시 해가 어두워지며 달이 자기 빛을 내지 아니하고 별들이 하늘에서 떨어지며 하늘들의 권능들이 흔들리리라. 그때에 사람의 아들의 표적이 하늘에 나타나고 그때에 땅의 모든 지파가 애곡하며 사람의 아들이 권능과

큰 영광을 가지고 하늘의 구름들 가운데서 오는 것을 보리라. (마 24:29~30)

그런데 이어서 마태복음 24장 32절에 예수님께서 말씀하신 '무화과나무의 비유'가 나온다. 이 부분은 과거에 종말론에 관심을 가졌던 이들에게는 매우 익숙한 구절로, 개신교의 학자들 대부분이 '이 무화과나무는 이스라엘을 상징한다'고 해석해 왔기 때문에 오해를 풀 필요가 있다.

이제 무화과나무의 비유를 배우라. 그것의 가지가 아직 연하고 잎사귀를 내면 여름이 가까운 줄을 너희가 아나니 그런즉 이와 같이 너희가 이 모든 일들을 볼 때에 그때가 가까이 곧 문들 앞에 이른 줄을 너희가 아느니라. 진실로 내가 너희에게 이르노니, <u>이 세대</u>가 지나가기 전에 이 모든 일들이 성취되리라. (마 24:32~34)

어떤 이들은 무화과나무가 성경에서 종종 이스라엘을 상징하고 있음을 들어 '잎사귀를 낸다는 것'을 이스라엘의 회복, 즉 독립으로 본다. 또한 이스라엘이 독립한 1948년을 전후로 수십 개 국가가 독립한 것을 의미한 것이라고도 한다. 그들은 다음 말씀의 '모든 나무'가 바로 주변 나라들을 의미한다고 이야기한다.

또 그분께서 그들에게 한 비유를 말씀하시되, 무화과나무와 <u>모든 나무</u>를 보라. (눅 21:29)

그래서 이런 일들이 있고 나면 그 세대가 지나가기 전에 모든 일이 성취된다고 해석한다. 여기서 '이 세대(this generation)'에 관해서는, 이것을 일정한 '기간'으로 보고, 독립을 목격한 세대들이 죽기 전까지라고 하는 견해도 있고, 시편의 인간 수명을 들어 70~80년이라고도 하는 경우도 있으며(시 90:10), 종들이 돌아오고 땅이 회복되는 희년(50년)으로 보아 1948년부터 50년이 되는 1990년대의 EU의 결성과 연계해 설명하려는 사람들도 있었다.

그러나 '세대'는 마태복음 1장 1절에 나오는 것처럼 어떤 특성을 공유하는 '한 무리'를 의미한다.

아브라함의 자손이시요, 다윗의 자손이신 예수 그리스도의 세대에 대한 책이라. (마 1:1)

환난기가 오기 전까지의 교회, 즉 성도들은 시대별로 여러 세대가 아니라 모두 '한 세대'인 것이다. 이처럼 무화과나무 비유의 '이 세대'도 어떤 기간이 아니라, 예수님이 주신 다음과 같은 경고가 실현되는 것을 볼 모든 유대인을 일컫는 것으로 봐야 한다(마 24:4~28 내용).

- 많은 사람이 주님의 이름으로 와서, 내가 그리스도라, 하며 많은 사람을 속임.
- 전쟁과 전쟁들의 소문을 들을 것.
- 민족이 민족을 왕국이 왕국을 대적하여 일어나고 곳곳에 기근과 역병과 지진이 있을 것.
- 많은 사람이 실족하고 서로 배반하여 넘겨주며 서로 미워함.
- 많은 거짓 대언자가 일어나 많은 사람을 속임.
- 불법이 성행하므로 많은 사람의 사랑이 식어짐.
- 황폐하게 하는 가증한 것이 거룩한 곳에 선 것을 보게 됨.
- 아이 밴 자들과 젖 먹이는 자들에게 화가 있을 것.
- 세상이 시작된 이래로 이때까지 그런 환난이 없었고 이후에도 없을 것.
- 거짓 그리스도들과 거짓 대언자들이 일어나 그 선택받은 자들을 속일 것.
- 번개가 동쪽에서 나서 서쪽까지 번쩍이는 것 같이 사람의 아들이 오심.
- 사체가 있는 곳으로 독수리들이 함께 모여들 것.

무화과나무를 이스라엘로 보는 것까지는 큰 문제가 없으나 잎사귀를 내는 것이 1948년의 독립이라고 단정하는 것은 맞지 않다. 이 문맥은 잎사귀를 내면 당연히 여름이 가까웠다는 것이며 어떤 일을 보면 그 결과를 내다

볼 수 있지 않느냐는 단순한 의미다. 이 비유는 그냥 시대를 분별하라는 뜻이다. 본문 그대로, 무화과나무가 잎을 내면 여름이 가까이 온 것을 말하니 시대의 표적들을 보면 종말이 가까이 왔음을 누구나 쉽게 알 수 있다는 말이다(눅 12:56).

이 부분은 흐름상 크게 중요하지 않지만 기존 교회에서 종말론을 배운 사람들이 많이 오해하는 부분이라 잠시 살펴보았다.

8. 괄호장의 14만 4천과 12지파

신천지의 택함을 받은 자들이 14만 4천?

14만 4천은 일반인들은 잘 모르지만 교회 다니는 사람들은 다 아는 이야기라서 저마다 자기 지식에 따라 이것을 이해하고 있거나 잘 모르고 있다. 이단 신천지(신천지예수교증거장막성전)가 14만 4천을 하도 많이 언급해서 14만 4천이 마치 그들의 전유물로 여겨지기도 한다.

성경의 해석은 각기 다르니 엄밀하게 말하면 누가 맞는다고 할 수는 없다. 다만 가장 성경적인 것을 각자가 택해서 믿고 따르는 수밖에 없다. 나도 14만 4천에 대한 여러 가지 해석을 배우고 들어왔는데, 본서를 집필하면서 참고한 수십 권의 종말론 관련 자료와 계시록 해설서를 통해 내린 결론을 소개한다.

알다시피 신천지의 해석은 그들의 모든 교리가 그렇듯이 완전히 오류이면서 일고의 가치도 없는 엉터리 풀이이다. 여기에 속은 사람들은, 딱하지만 결국 사이비 집단이 약속한 어떤 답도 얻지 못할 것이며, 그대로 인생이 끝난다면 자신들의 선택을 이를 갈며 후회할 것이다. 하루빨리 속이는 영으로부터 벗어나는 것만이 살길이다. 신천지에 가족을 빼앗긴 사람들은 그곳에서 가족의 육신을 건지는 것도 중요하지만 혼의 멸망을 더 염려해야 할 것이다.

신천지는 순교자 등 세상의 영웅 144,000명이 이미 신랑으로 하늘에 대기하고 있다고 한다. 신천지에서
선택받은 144,000명의 신부가 차
면 그들과 합일이 되고, 육체가 없
는 그들과 합쳐지면 영생한다고
가르친다. 그중 이미 예약된 자들
이 있는데, 교주 이만희는 예수 그
리스도의 영과 합일되기로 한 '보
혜사'이며 예수와 다름없는 권위
를 지닌다고 한다.

　그런데 처음 예상보다 신천지 인원이 144,000명을 넘기자 가짜가 섞여 있다
는 핑계로 시험을 보거나 전도 점수 포인트 적립으로 경쟁을 시키고 있다. 하지
만 시험 결과도 알려주지 않고, 거액의 벌금을 매기는 등 횡포를 자행 중이다.

　신천지는 예수님의 열두 제자 이름으로 지역별 지파를 만들었지만, 성경
에 나오는 '지파'는 예수님 제자들과 관련이 없다. 모두 야곱의 아들과 손자
들로 이루어진 유대인의 그룹이다. 야곱은 곧 이스라엘 자체다.

괄호장과 삽입장에 기록된 4가지 사실에 대한 이해

괄호(…)를 열고 그 안에 중간에 참고사항을 전달하는 것으로 시간의 흐름 안에 굳이 끼워 넣을
필요가 없는 장으로 참고서나 잡지에 나오는 박스기사처럼 생각하면 되는 내용. 어떤 일을 설
명하다 보면 진행을 잠시 멈춰놓고 전달할 사항이 생긴다. 계시록에 나오는 괄호장과 삽입장
은 물론 시간의 흐름 중에 등장하는 것이긴 하지만 반드시 지금 진행 중인 일이 아니라 과거 어
느 시점에 있었던 일들의 배경을 설명하는 것이다.

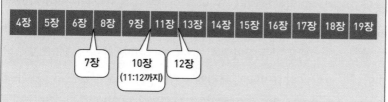

❶ 7장: 14만 4천 　❷ 10장: 힘센 천사와 작은 책 　❸ 11장 초반: 두 증인 　❹ 12장: 해로 옷 입은 여인

그가 이르되, 네 이름을 다시는 야곱이라 하지 아니하고 <u>이스라엘</u>이라 하리니 이는 네가 통치자로서 하나님과 견주며 사람들과 견줄 능력이 있어 이겼기 때문이니라, 하니라. (창 32:28)

신약시대에는 지파가 등장하지 않는다. 신천지가 사용하는 예수님의 열두 제자는 어떠한 신비한 상징과도 관련이 없다. 그런데도 사도를 이용하면 괜히 뭔가 있을 것처럼 생각되는 모양이다. 귀한 사역에 부름받고 쓰임 받은 사람들이지만 사도들이나 이사야 같은 대언자도 모두 우리와 동일한 성정을 지닌 인간에 불과하다. 천주교에서는 그들의 뼈나 머리털이 보관돼 있는 성당들이 있는데, 이를 숭배하는 것은 가증한 일이며, 무당들이 최영 장군의 신을 모시는 식의 이교적이고 유치한 발상이다.

신약에는 예수님의 제자 이름으로 된 12지파가 나오지 않으며 구약의 12지파가 요한계시록의 환난기에 다시 등장한다. 새 예루살렘에는 12사도가 등장하지만 이것이 예수님 제자들을 숭배하거나 할 이유는 되지 않으며 마치 상급의 관을 받는 것처럼,

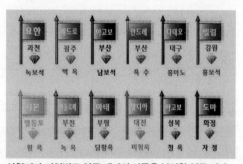

신천지가 지역별로 열두 제자의 이름을 부여한 열두 지파

명예를 상징하는 것으로 보아야 할 것이다.

평이한 서술과 비유, 은유, 상징의 구별

성경을 이해하는 방법 중 하나는 '그대로 두는 것'이다. 나중에 알게 될 것, 지금 몰라도 되는 것, 지금 알 수 없는 것들을 자꾸 풀다 보면 괴상한 해석이 나온다. 그런 것들은 그대로 두면 된다. 21세기까지 오면서 성경의 역사는 무척 많이 성취되었다. 하지만 그런 것들이 드러나기 전에 많은 말씀

이 잘못 해석되었었다는 사실을 우리는 기억해야 한다.

성경은 그냥 읽으면 된다. 비유나 은유나 상징은 그냥 읽으면 어색한 것들에 적용하는 것이다. 예수님이 '모퉁이 돌'이라고 해서 예수님이 진짜 돌덩어리는 아니지 않은가.

보라, 주의 손이 짧아져서 구원하지 못하는 것도 아니요, 그분의 귀가 둔하여서 듣지 못하는 것도 아니라. (사 59:1)

이런 말씀을 보고 성부 하나님도 인간처럼 육신의 손이나 귀가 있다고 여기는 사람은 없을 것이다. 그렇다고 굳이 상징으로 해석할 이유도 없으며 사람이 이해하기 쉽게 은유적으로 기록한 구절로 받아들이면 된다. 상징으로 보아야 할 구절은 분명한 상징성을 지닌다.

또 내가 봉인된 자들의 수에 대하여 들었는데 <u>이스라엘 자손의 모든 지파</u>에서 봉인된 자가 십사만 사천이더라. (계 7:4)

여기 '이스라엘 자손의 지파'라고 했다. 현실에 이런 것이 없거나 처음 보는 것이면 모를까, 그대로 읽지 않을 이유가 없다. 더욱이 이스라엘이 국가를 다시 이룬 오늘날에까지 '이스라엘의 지파'가 다른 무언가라고 상상할 이유는 없다. 하나님 말씀이 그렇다 하면 그런 줄 알아야 하는데, 이해가 안 된다고 해서 다 상징으로 돌리면 길을 잃게 된다. 이 구절에서 상징성을 지닌 것은 오히려 '봉인'이다.

'14만 4천'은 이스라엘의 12지파에서 각각 12,000명씩 나온 사람들이다. 여기에 어떤 상징이 있다는 것인가. 기드온의 300용사, 바알에게 무릎 꿇지 않은 7천 명처럼 그냥 읽어도 아무 무리가 없다. 최소한 어떤 상상력을 동원해 근거가 희박한 상징 해석과 비유 풀이의 단계로 나아가는 것보다는 훨씬 안전하다.

베드로는 바울의 편지 중에 깨닫기 어려운 부분이 있는데 억지로 풀어 왜

곡하다가 파멸하는 자들이 있다고 했다(벧후 3:16).

그런데 신천지를 비판하는 교계 인사들이 그들의 잘못된 교리를 설명한다면서 엉뚱한 이야기를 한다. 계시록의 14만 4천은 그냥 '많은 수'를 뜻하는 것이며, 구약을 대표하는 열두 지파의 12에 신약을 대표하는 열두 제자의 12를 곱한 다음 많은 수를 뜻하는 1,000을 곱해서 144,000을 산출한다고 한다. 국내외 일부 신학자들의 주장이다.

그러나 12에 12를 곱하는 것이나 다시 1,000을 곱하는 것은 아무런 이유나 성경적 근거가 없어서 신천지로부터도 조롱을 당하는 계산법이다. 신천지가 14만 4천을 실제 숫자라고 주장하는 것을 반박하기 위해서 그저 상징적 숫자일 뿐이라고 하는 것인데, 근거가 부실한 반박은 하지 않는 것만 못하다.

구약과 구성이 다른 계시록의 14만 4천

계시록 7장에 등장하는 144,000명의 사람들에 관한 내용은 여섯째 봉인이 끝나고 이어지는 장에 나온다. 그러나 이 부분을 시간의 추이에 따라 등장하는 사건으로 이해하면 환난기의 맨 끝에 벌어지는 일로 혼동할 수 있다. 7장을 여섯째 봉인 이후로 이해한다면 후반부 3년 반의 끄트머리에 위치하기 때문이다. 아직 7장밖에 안 됐는데 벌써 역사가 끝나게 되는 것이다. 요한은 14만 4천을 여섯째 봉인(6장 후반)과 일곱째 봉인(8장 전반) 사이인 7장으로 기록하고 있다. 하지만 7장은 괄호장이므로 시간의 흐름에서 제외해서 보아야 한다.

이 일들 뒤에 내가 보니 네 천사가 땅의 네 모퉁이에 서서 땅의 네 바람을 붙잡아 바람이 땅에나 바다에나 어떤 나무에도 불지 못하게 하더라. 또 내가 보니 살아 계신 하나님의 인을 가진 다른 천사가 동쪽으로부터 올라와 땅과 바다를 해할 권능을 받은 네 천사에게 큰 음성으로 외치며 이르되, 우리가 우리 하나님의 종들의 이마 안에 인을 찍어 그들을 봉인할 때까지 땅이나 바다나 나무들을 해하지 말라, 하더라. 또 내가 봉인된 자들의 수에 대하여 들었는데 이스라엘 자손의 모든 지파에서 봉인된 자가 <u>십사만 사천</u>이더라. (계 7:1~4)

14만 4천은 신천지뿐 아니라 모르몬교, 안식교, 여호와의 증인, 등 거의 모든 이단에서 활용하는 숫자다. 이 숫자가 자기네 종교에 모이면 끝이 온다든지, 신성한 숫자라든지 하는 주장을 많이 들을 수 있다. 또한 위에 언급했듯이 개신교의 대

체신학 주장 학자들은 이들을 가리켜 교회, 즉 성도라고도 하고, 숫자 자체는 상징적인 것으로 해석하기도 한다. 또 어떤 이들은 마지막 날에 복음을 전파할 세계 각 나라 선교사라고도 한다.

그러나 우리는 신학이라는 안경을 벗고 말씀 자체를 그대로 보아야 한다. 성경 말씀은 그냥 이들이 이스라엘 자손의 모든 지파에서 봉인된 자들이라고 너무나 명백하고 친절하게 가르쳐 준다. 불필요한 종교적 상상력을 동원할 여지가 없다.

이들은 유대인이다. 휴거 사건 이후이므로 교회(성도)는 더 이상 땅에 없다. 유대인은 성경을 기록한 사람들이고 여전히 성경의 중요한 부분이다. 왜 굳이 하나님의 백성인 유대인을 마지막의 역사에서 자꾸 제외하려 하는 것일까? 이들이 이스라엘의 12지파에서 각각 12,000명씩 봉인된 자들이라고 기록된 이유는 무시되어도 좋을까?

현대적 경제 활동을 하지 않고도 살아서 몇 년을 버틸 사람들은 생존력이 강한 자들, 집단생활을 하면서 여전히 율법을 지키는 정통 유대인들뿐이다.

유다 지파에서 봉인된 자가 만 이천이요,

르우벤 지파에서 봉인된 자가 만 이천이요,

갓 지파에서 봉인된 자가 만 이천이요,

아셀 지파에서 봉인된 자가 만 이천이요,

납달리 지파에서 봉인된 자가 만 이천이요,

므낫세 지파에서 봉인된 자가 만 이천이요,

시므온 지파에서 봉인된 자가 만 이천이요,

레위 지파에서 봉인된 자가 만 이천이요,

잇사갈 지파에서 봉인된 자가 만 이천이요,

스불론 지파에서 봉인된 자가 만 이천이요,

요셉 지파에서 봉인된 자가 만 이천이요,

베냐민 지파에서 봉인된 자가 만 이천이라. (계 7:5∼8)

이들은 구약의 12지파와 구성이 다르다. 레위와 요셉이 다시 들어가고 에브라임과 단 지파가 빠졌다. 단과 에브라임은 하나님 앞에 불충한 자들이었기 때문이라는 것이 지배적 해석이다.

단은 이스라엘의 지파들 중의 하나로서 자기 백성을 심판하리로다. 단은 길가의 뱀이요, 행로의 독사로서 말발굽을 물어 말 탄 자가 뒤로 떨어지게 하리로다. (창 49:16∼17)

단 자손이 그 새긴 형상을 세웠으며 므낫세의 손자요, 게르솜의 아들인 요나단과 그의 아들들은 그 땅이 포로로 사로잡혀 가는 날까지 단 지파의 제사장이 되니라. 하나님의 집이 실로에 있던 모든 기간에 그들이 자기들을 위하여 미가가 만든 그 새긴 형상을 세웠더라. (삿 18:30∼31)

이처럼 뱀과 독사로 불린 단 지파는 우상을 섬기며 불순종했다. 에브라임은 호세아 전체를 통해 셀 수 없이 많은 경고와 책망을 받았고, 결국 버려질

| 이스라엘의 12지파

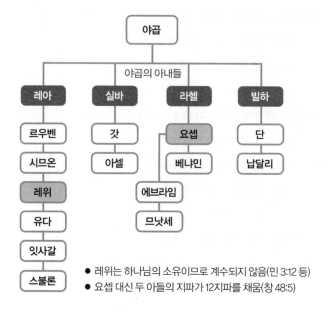

- 레위는 하나님의 소유이므로 계수되지 않음(민 3:12 등)
- 요셉 대신 두 아들의 지파가 12지파를 채움(창 48:5)

| 요한계시록의 12지파

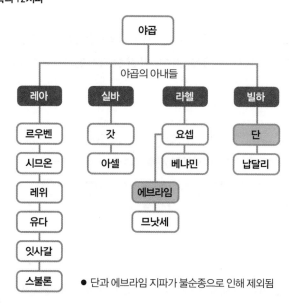

- 단과 에브라임 지파가 불순종으로 인해 제외됨

것까지 예견되었다.

> 내가 이스라엘의 집에서 끔찍한 일을 보았는데 거기에 <u>에브라임</u>의 행음이 있으며 이스라엘이 더럽혀졌느니라. (호 6:10)

> <u>그들[에브라임]</u>이 내 하나님께 귀를 기울이지 아니하였으므로 그분께서 그들을 내버리시리니 그들이 민족들 가운데서 떠도는 자가 되리라. (호 9:17)

이 두 지파가 빠진 자리에, 야곱의 아들인 레위와 요셉이 다시 들어가는 것은 너무나 당연한 일이라 하겠다. 요셉은 에브라임의 아버지로서 제자리로 돌아간 것이다. 12지파에 계수되지 않고 제사장으로 섬기던 레위 지파는 영원한 대제사장인 예수님이 오셨고, 성도들 모두가 왕가의 제사장이 된 이후이므로 원래 자리로 되돌려진 것이라 보면 되겠다.

14만 4천과 셀 수 없는 큰 무리의 정체

14만 4천을 이스라엘로, 그리고 숫자 그대로 보아야 하는 이유는 더 있다. 이 열두 지파를 소개한 뒤에 이어지는 구절에 '큰 무리'가 나오는데, 이들은 십만 단위 정도로 셀 수 있는 수가 아니라 아무도 능히 셀 수 없는 큰 무리라고 했다.

> 이 일 뒤에 내가 보니, 보라, 아무도 <u>능히 셀 수 없는 큰 무리</u> 곧 모든 민족과 족속과 백성과 언어에서 나온 큰 무리가 흰 예복을 입고 손에 종려나무 가지를 들고 왕좌 앞과 어린양 앞에 서서 큰 음성으로 외쳐 이르되, 구원이 왕좌에 앉으신 우리 하나님과 어린양께 있도다, 하더라. (계 7:9~10)

그러므로 144,000명은 '셀 수 있는' 숫자인 것이다. 그 '셀 수 없는' 큰 무리는 이스라엘만이 아닌 '모든' 민족과 백성과 언어에서 나왔다고 했다. 그러므로 이 두 무리는 다른 사람들이다. 또한 12지파가 그저 믿는 무리이거나 신실한 성도들을 상징한 많은 수라면 그냥 그것도 많다고 하면 되지, 굳이 숫자를, 그것도 지파별 인원까지 소개할 이유가 없다.

대부분의 유대인은 환난기의 마지막까지 자신들의 잘못을 인정하지 않을 것이다. 그런데 여기 14만 4천은 유대인이지만 일찍 회개하고 깨달아 주님의 사역자로 일어선 사람들이다. 이들에게는 하나님의 인이 찍혔기 때문에 죽기까지 굽히지 않고 환난의 시기에 활동할 것이다.

이들은 천사로부터 이마에 하나님의 인을 받게 된다. 한편 모방의 천재 마귀는 적그리스도를 추종하는 자들에게 666 짐승의 표로 이마와 오른손에 인을 칠 것이다(계 13:14~18). 14만 4천이 죽음을 두려워하지 않고 불굴의 의지를 보이듯이 짐승의 표를 받은 자들도 죽음을 마다하지 않고 짐승을 위해 싸울 것이다. 환난기에 이 두 세력은 서로 사람들을 얻기 위해 크게 힘을 쓸 것이다.

이 14만 4천의 유대인이 환난 시기에 왕국의 복음을 전하게 될 것이라는 견해는 성경적이다.

그러나 끝까지 견디는 자 곧 그는 구원을 받으리라. 왕국의 이 복음이 모든 민족들에게 증언되기 위해 온 세상에 선포되리니 그제야 끝이 오리라. (마 24:13~14)

14만 4천이 대환난 전의 3년 반에 등장할 것은 다음 말씀이 보여준다.

또 내가 보니 살아 계신 하나님의 인을 가진 다른 천사가 동쪽으로부터 올라와 땅과 바다를 해할 권능을 받은 네 천사에게 큰 음성으로 외치며 이르되, 우리가 우리 하나님의 종들의 이마 안에 인을 찍어 그들을 봉인할 때까지 땅이나 바다나 나무들을 해하지 말라, 하더라. (계 7:2~3).

세상이 흔들리고 많은 이들이 짐승의 표를 받고 죽게 될 후반부 3년 반 대환난의 시기가 오기 전에 하나님의 종들의 이마에 인을 찍어야 한다는 것이다.

9절은 '이 일 뒤에 내가 보니…'라고 시작한다. 14만4천이 일어나 무슨 일을 했고, 그 결과가 어떤지 보여주는 것인데, 그것은 환난에서 나온 큰 무리의 등장이다. 이들은 14만4천을 통해 복음을 듣고 짐승에게 굴복하지 않은 유대인과 이방인을 포함한 큰 무리이다.

이 일 뒤에 내가 보니, 보라, 아무도 능히 셀 수 없는 큰 무리 곧 모든 민족과 족속과 백성과 언어에서 나온 큰 무리가 흰 예복을 입고 손에 종려나무 가지를 들고 왕좌 앞과 어린양 앞에 서서 큰 음성으로 외쳐 이르되, 구원이 왕좌에 앉으신 우리 하나님과 어린양께 있도다, 하더라. (계 7:9~10)

이들이 어린양의 찬송을 부르자 휴거된 교회를 예표하는 24장로 중 하나가 (하늘에서) 이들의 정체를 묻는다.

장로들 중의 한 사람이 응답하여 내게 이르되, 흰 예복을 차려입은 이 사람들은 누구냐? 또 그들이 어디서 왔느냐? 하매 내가 그에게 이르되, 장로여, 당신이 아시나이다, 하니 그가 내게 이르되, 이들은 큰 환난에서 나와 자기 예복을 씻고 어린양의 피로 그것을 희게 한 자들이니라. (계 7:13~14)

"이 사람들은 누구냐?" 하고 물었으니 이스라엘의 12지파, 14만4천과 동일한 자들은 아니다. 14만4천은 이미 유대인으로 소개가 되었기 때문이다. 이 사람들은 '큰 환난'에서 나왔다고 했으니 후반부 3년 반의 대환난에서 나와 어린양의 피로 구원받은 자들이 분명하다.

또 내가 보니 왕좌들과 그것들 위에 앉은 자들이 있는데 그들에게 심판이 맡겨졌더라. 또 내가 보니 예수님의 증언과 하나님의 말씀으로 인하여 목 베인 자들의 혼들이 있는데 그들은 짐승과 그의 형상에게 경배하지도 아니하고 자기들의 이마 위에나 손 안에 짐승의 표를 받지도 아니한 자들이더라. 그들이 살아서 그리스도와 함께 천 년 동안 통치하되 (계 20:4)

이 말씀을 근거로 이 환난성도들은 목이 잘리는 순교를 당할 것으로 예측할 수 있다. 이 부분의 예언이 프랑스 혁명 때와 히틀러 등 독재자들에 의해 사용된 단두대 기요틴(guillotine, 단두대)의 부활을 가져올 것으로 예견하기도 한다. 이들은 다섯째 봉인 심판에서 자신들의 피의 대가를 갚아 달라고 하나님께 호소하기도 한다.

그분께서 다섯째 봉인을 여신 뒤에 내가 제단 아래에서 하나님의 말씀과 자기들이 간직한 증언으로 인해 죽임을 당한 자들의 혼들을 보았는데 그들이 큰 음성으로 외쳐 이르되, 오 거룩하고 진실하신 주여, 주께서 땅에 거하는 자들을 심판하사 우리 피에 대한 원수를 갚아 주지 아니하시는 일이 얼마나 더 지속되리이까? 하더라. 그분께서 그들에게 각각 흰 예복을 주시며 또 그들의 동료 종들과 형제들도 그들처럼 죽임을 당해 그 수가 찰 때까지 그들이 아직 조금 더 안식해야 한다고 그들에게 말씀하시더라. (계 6:9~11)

그러므로 다섯째 봉인은 후반부 3년 반 중간이다. 이 죽임당한 자들은 14만4천의 선포에 따라 짐승의 표가 강제로 부여될 때 그것을 거부하고 후3년 반에 죽은 자들이다.

14만 4천의 최후

그러면 14만4천은 후3년 반에 어떻게 될까. 그들은 유대인이지만 이미 예수님을 받아들이고 짐승의 표를 거부할 자들이니 마지막에 구출될 유대인 그룹에 있다기보다는 후반부 3년 반에 죽는 것으로 보는 것이 타당하다. 또한 이들의 사역은 두 증인(계 11:3)의 사역과 비슷한 것이므로 그들처럼 죽는 것으로 보아야 할 것이다.

또 내가 바라보니, 보라, 어린양께서 시온 산 위에 서 계시고 그분과 함께 십사만 사천이 서 있는데 그들의 이마 안에는 그분의 아버지의 이름이 기록되어 있더

라. 내가 하늘로부터 나는 한 음성을 들었는데 그것은 많은 물들의 소리 같고 큰 천둥소리와도 같더라. 또 내가 자기 하프로 연주하는 하프 타는 자들의 소리를 들었는데 그들이 왕좌 앞과 네 짐승과 장로들 앞에서 새 노래 같은 것을 부르더라. 땅에서 구속받은 십사만 사천 외에는 아무도 능히 그 노래를 배우지 못하더라. (계 14:1∼3)

여기 14만 4천과 하늘의 장로들이 나오고, 그 뒤로는 음녀의 심판이 남은 것으로 보아 아직 환난기가 끝나지 않은 상태이며, 결과적으로 이들은 죽어서 하늘에 있다고 보아야 한다. 이들은 14장에 다시 등장한다(322쪽 참고).

요약하면, 계시록의 14만 4천은 상징 수라 하기에는 너무 구체적이고 명확하게 지정돼 있으므로 이스라엘(유대인)이다. 신천지 입교자들이나 이방인은 결코 될 수 없는 것이다.

14만 4천은 환난기 전반부 3년 반에 하나님의 인을 받아 왕국의 복음을 선포한다. 그들 덕분에 성도가 모두 휴거된 복음의 암흑기인 후반부 3년 반 동안 짐승에게 경배하지 않은 자들이 모든 민족에서 셀 수 없이 많이 나오며, 그들은 죽음으로써 믿음을 증명한다.

요한계시록을 가르치는 이들도 많고 책들도 많지만 성경을 전체적으로 이해하고 하나님의 경륜을 파악하지 않으면 계속 헛돌게 된다. 그래서 갈증을 느끼다가 신천지 같은 곳의 아귀가 딱딱 들어맞아 보이는 해석에 혹하게 되는 것이다.

그러므로 과도한 호기심으로 너무 완전한 이해를 열망할 필요가 없다. 시간이 흘러야 알 수 있는 것들, 때가 이르기 전까지 숨기신 것들은 아무리 알고자 해도 소용없다. 이단이나 계시록을 모두 안다는 식으로 행동하는 사람들은 사적인 해석이 조금씩 먹히면 과감하게 모든 답변을 제공하려 하기 때문에 오류의 가능성이 더욱 높아진다. 이런 단체나 교사들을 조심할 필요가 있다.

그래도 하나님은 어느 정도 알 수 있도록 단서를 주신 것은 분명하다. 조금은 공부를 해서 신천지에 속지 말고, 과도한 호기심을 갖는 사람들을 설득할 수 있었으면 한다.

신천지 같은 자들을 막지 못하면 성경 구절에 명백하게 나오는 14만 4천이 조롱거리가 되고 미래의 소망을 주는 계시록은 점점 알 수 없는 책이 된다. 그 피해를 우리와 우리의 자녀들이 입지 않도록 성도들이 건전한 교리의 파수꾼이 되어야 할 것이다.

9. 일곱 나팔의 심판

이집트 재앙을 떠올리게 하는 심판들

14만 4천의 괄호 부분이 끝나면 다시 환난기의 심판으로 돌아간다. 일곱 나팔의 천사들이 등장하기 전에 몇 가지 묘사가 등장하는데, 이때는 폭풍 전야와 같이 하늘이 반 시간쯤 고요한 때다(계 8:1). 성도들의 기도가 응답되고 드디어 일곱 천사가 나팔을 불 준비를 한다.

나팔은 무언가를 선포할 때 쓰이는 것으로, 구약성경에서는 전쟁과 예배를 위해 백성을 모으는 일에 사용되었다. 또한 종들을 풀어주고 땅을 쉬게 하는 희년이나 장막절 등 명절을 알릴 때도 나팔을 불었다. 나팔 심판은 3분의 1이라는 숫자와 여러 번 연관이 된다.

첫째 나팔 ▶ 나무와 풀이 불에 탐

첫째 천사가 나팔을 불매 피 섞인 우박과 불이 나와서 땅 위에 쏟아지니 나무의 삼분의 일이 타고 모든 푸른 풀이 타더라. (계 8:7)

희년에 부는 뿔나팔

이것은 소돔과 고모라에 내린 유황

불(창세기 19장)을 연상케 한다. 3분의 1의 나무, 그리고 모든 푸른 풀이 타면 이 세상은 정말 황폐해지고 공기도 탁해질 것이다. 지구 곳곳이 사막화로 건조해져 모래바람이 사람들을 괴롭히고, 탄소는 더욱 증가하는 등 지구는 견디기 힘든 공간으로 변해갈 것이 분명하다.

둘째 나팔 ▶ 바다가 피가 되고 창조물이 죽음

둘째 천사가 나팔을 불매 불타는 큰 산과 같은 것이 바다에 던져지니 바다의 삼분의 일이 피가 되며 또 바다에 있으면서 생명을 가진 창조물의 삼분의 일이 죽고 배들의 삼분의 일이 부서지더라. (계 8:8~9)

둘째 나팔은 바다, 아마도 성경에 주로 등장하는 지중해에 큰 타격을 입히게 될 것이다. 산이 아니라 산과 같은 것(운석 등)이 던져진다고 했는데, 모세의 재앙 때처럼 바닷물의 3분의 1은 피가 되고, 바다 생물들도 3분의 1이 죽어 지구인들의 식량난이 가중될 것이 예상된다. 미국 함대의 기지이자 수많은 선박이 모이는 지중해는 점점 죽음의 공간이 될 것이다.

셋째 나팔 ▶ 물의 3분의 1이 쓰게 됨

셋째 천사가 나팔을 불매 등불처럼 타는 큰 별이 하늘로부터 떨어져 강들의 삼분의 일과 물들의 근원들 위에 떨어졌는데 그 별의 이름은 쑥이라 하느니라. 그 물들의 삼분의 일이 쑥이 되매 물들이 쓰게 되므로 많은 사람들이 그 물들로 인하여 죽더라. (계 8:10~11)

등불처럼 타는 큰 별은 운석 같은 것으로 볼 수 있다. 강들의 3분의 1이 역시 '쑥'이라는 이름의 별로 인해 쓴 물을 내며, 오염된 물 때문에 많은 이들이 죽음을 맞을 것이다.

넷째 나팔 ▶ 천체가 어두워짐

넷째 천사가 나팔을 불매 해의 삼분의 일과 달의 삼분의 일과 별들의 삼분의 일이 타격을 입어 그것들의 삼분의 일이 어두워지고 낮이 자기의 삼분의 일 동안 빛을 내지 아니하며 밤도 그러하더라. (계 8:12)

이때에는 해와 달과 별의 3분의 1이 타격을 입어 밤낮의 길이가 달라지고 그만큼 태양으로부터 오는 에너지도 줄어들어 일대 혼란이 일어날 것이다. 식물들도 자라나지 못하고 사람들의 질병도 늘어날 수 있다. 이것은 누가복음 21장에 나오는 예수님의 경고와도 일치한다.

또 해와 달과 별들에는 표적들이 있고 땅에는 민족들의 고난과 혼란이 있으며 바다와 파도가 울부짖으리로다. 땅에 임하는 그 일들을 내다보는 것으로 인해, 두려움으로 인해 사람들의 마음이 그들을 기진하게 하리니 이는 하늘의 권능들이 흔들릴 것이기 때문이라. (눅 21:25~26)

넷째 나팔 이후에는 경고하는 천사가 나온다. 개역성경에서 독수리로 번역됐지만 이 단어는 그냥 천사다. 이것은 앞의 네 나팔보다 남은 세 개의 화, 즉 남은 세 개의 나팔 심판이 훨씬 더 무서울 것임을 알려준다.

또 내가 보고 들으니 하늘 한가운데를 가로질러 날아가는 한 천사가 큰 음성으로 이르되, 이제 세 천사가 불게 될 또 다른 나팔 소리들로 인해 땅에 거하는 자들에게 <u>화, 화, 화</u>가 있으리로다! 하더라. (계 8:13)

다섯째 나팔 ▶ 땅에 떨어진 별
다섯째 천사가 나팔을 불기에 내가 보니 별 하나가 하늘로부터 땅으로 떨어졌는데 그가 바닥 없는 구덩이의 열쇠를 받았더라. (계 9:1)

여기 등장하는 별은 문맥상 인격체다. 그는 하늘에서 온 주의 천사일 것이다. 바닥 없는 구덩이(무저갱, 아부쏘스 또는 아비쓰)는 땅 밑 세계의 낙원과 지옥의 경계인 구렁텅이다(눅 16:26).

그가 바닥 없는 구덩이를 여니 그 구덩이에서 큰 용광로의 연기 같은 연기가 올라오매 해와 대기가 그 구덩이의 연기로 인해 어두워지며 또 메뚜기들이 연기 속에서 나와 땅 위로 올라오는데 그것들이 땅에 있는 전갈들의 권능과 같은 권능을 받았더라. (계 9:2~3)

연기 속에서 나온 메뚜기들은 일반적 메뚜기가 아니라 초자연적인 존재들이다. 이들의 모습이 묘사된 7~10절을 보면 그들은 여러 가지 형태가 혼합된, 현 세상에서는 존재하지 않는 괴물이라는 것을 알 수 있다. 말·사람·여자·사자·흉갑·날개·꼬리 등의 갖가지 특징을 갖춘 이 메뚜기들은 다섯 달 동안 전갈과 같이 침을 쏴서 사람들을 극도로 괴롭힌다.

그 메뚜기들의 모양은 전투를 위하여 예비한 말들 같고 그것들의 머리에는 금과 같은 관이 있으며 그것들의 얼굴은 사람들의 얼굴 같고 또 여자의 머리털 같은 머리털이 그것들에게 있으며 그것들의 이빨은 사자의 이빨 같더라. 또 철 흉갑 같은 흉갑이 그것들에게 있으며 그것들의 날개 소리는 전투하려고 달려가는 많은 말들의 병거 소리 같고 또 전갈과 같은 꼬리가 그것들에게 있으며 그것들의 꼬리에 쏘는 침이 있었는데 그것들의 권능은 사람들을 다섯 달 동안 해하는 것이더라. (계 9:7~10)

한편 이 괴물들에게는 왕이 있다. 그의 이름은 히브리어로는 아바돈, 그리스어로는 아폴리온이며 그것은 파괴자, 또는 멸망자라는 뜻이다. 이 왕은 바닥 없는 구덩이의 천사로 사망의 천사(계 6:8)이며 사탄은 아니다.

그것들을 다스리는 왕이 그것들에게 있었는데 그는 바닥 없는 구덩이의 천사니라. 그의 이름은 히브리말로는 아바돈이나 그리스말로는 아폴리온이니라. (계 9:11)

이들은 하나님의 인이 없는 자들만 골라서 죽이지는 말고 다섯 달 동안 극심한 고통을 주라는 명령을 받았다. 하나님의 인이 있는 자들은 계시록 7장 3~4절에 나오는 14만 4천의 유대인들이다.

> 또 그것들은 땅의 풀이나 푸른 것이나 나무는 하나도 해하지 말고 오직 이마 안에 하나님의 인이 없는 그 사람들만 해하여야 한다는 명령을 받았더라. 또 그것들은 그들을 죽이지 말고 그들에게 다섯 달 동안 고통을 주라는 명령을 받았는데 그것들이 주는 고통은 마치 전갈이 사람을 쏠 때에 주는 고통과 같더라. 그 날들에는 사람들이 죽음을 구하여도 그것을 찾지 못하겠고 죽기를 바라나 죽음이 그들을 피하리로다. (계 9:4~6)

여섯째 나팔 ▶ 2억 명의 기병들

> 여섯째 천사가 나팔을 불매 내가 들으니 하나님 앞에 있는 금 제단의 네 뿔에서 한 음성이 나서 나팔을 가진 여섯째 천사에게 말하기를, 큰 강 유프라테스에 묶어 둔 네 천사를 풀어 주라, 하더라. 이에 네 천사가 풀려났는데 그들은 어느 해 어느 달 어느 날 어느 시에 사람들의 삼분의 일을 죽이려고 예비된 자들이더라. 그 기병들의 군대의 수는 <u>이억</u>이며 내가 그들의 수를 들었노라. (계 9:13~16)

이것은 후반부 3년 반의 거의 끝부분에 일어나는 심판이다. 유프라테스는 과거에 사탄의 자리가 있던 바빌론 지역이다(창 10:8~11). 이 강은 에덴동산과 이스라엘의 경계가 되는데, 니므롯이 바벨탑을 쌓은 반역의 땅 주변이기도 하다. 그러므로 이 큰 강 유프라테스에 묶어 둔 천사들은 악한 천사다. 이들은 특정한 시간에 사람들의 3분의 1을 죽이도록 예비된 자들이다.

여기 등장하는 2억 명의 기병은 동쪽의 왕들이 이끌고 오는 존재들이다(계 16:12). 이들이 중국 군인이나 러시아 군인이라고 점치는 사람들이 많았지만 이 기병들은 사람의 군대가 아니라 초자연적인 존재들이다. 다음의 묘사에 나오는 기병들의 다양한 모습을 현대식 무기 등으로 해석하는 것은 무리이며, 이들의 정체보다는 이들로 인해 많은 사람이 죽는다는 사실을 아는 것이 더 중요하다.

내가 이같이 환상 중에 그 말들과 그 위에 탄 자들을 보았는데 그들에게 불과 청옥과 유황으로 된 흉갑이 있었고 또 그 말들의 머리는 사자의 머리 같았으며 그것들의 입에서는 불과 연기와 유황이 나오더라. 이 세 가지 곧 그것들의 입에서 나온 불과 연기와 유황에 의해 사람들의 삼분의 일이 죽임을 당하니라. 그것들의 권능은 그것들의 입과 꼬리들에 있었는데 그것들의 꼬리들은 뱀 같았고 또 머리들을 가지고 있어서 그것들이 그 꼬리들로 해하더라. (계 9:17~19)

이 심판으로 3분의 1이 죽었지만 살아남은 사람들은 여전히 회개하지 않는다. 이것은 인간의 악함을 알려주는 부분이다. 이들의 죄는 우상숭배와 살인과 마법과 음행, 도둑질 등이다.

이 재앙들에 의해 죽임을 당하지 아니하고 남은 사람들은 여전히 자기 손의 행위들을 회개하지 아니하며 마귀들과 또 금과 은과 놋과 돌과 나무로 만든 우상들 곧 보거나 듣거나 걷지 못하는 우상들에게 경배하는 것에서 돌이키지 아니하고 또한 자기들이 행한 살인과 마법과 음행과 도둑질도 회개하지 아니하더라. (계 9:17~21)

일곱째 나팔 ▶ 일곱 병 심판의 서곡
일곱째 나팔은 괄호장 이후에 등장할 것이다.

힘센 천사와 작은 책(10장, 괄호장)

7장과 마찬가지로 10장부터 11장 4절까지도 괄호로 삽입된 장이다. 일곱째 나팔 심판이 있기 전의 이 부분은 여섯째 나팔과 일곱째 나팔 사이에 삽입된 대목으로, 7년 중 언제 벌어진 일인지 명시되어 있지 않지만, 7절에 "일곱째 천사가 음성을 내는 날들에 즉 그가 나팔을 불기 시작할 때에 하나님의 신비가 그분께서 자신의 종 대언자들에게 밝히 드러내신 것 같이 이루어지리라 하더라." 한 것으로 보아 일곱째 나팔 심판이 임하기 전의 어느 때라는 것만은 알 수 있다.

> 또 내가 보니 힘센 다른 천사가 구름으로 옷 입고 하늘로부터 내려오는데 그의
> 머리에는 무지개가 있고 그의 얼굴은 해 같으며 그의 발은 불기둥 같더라. (계
> 10:1)

여기 나오는 힘센 천사는 예수님이다, 아니다, 의견이 분분하다. 그런데 그
에게는 보통의 천사와는 다른 모습과 위엄이 있다. '힘센 천사'라는 표현은 5
장 2절에도 나오는데, 거기는 '한 힘센 천사'이고, 여기 10장 1절은 '힘센 다
른 천사'이므로 이 두 천사는 서로 다른 존재다. 10장의 천사가 예수님을 표
현한 것이라고 볼 수 있는 이유는, 이야기가 이어지는 11장 초반과 11장 3절
에 일어나는 '두 증인'에 대해 '내가 나의 두 증인에게 권능을 주리니'라고 했
기 때문이다. 어떤 높은 계급의 천사도 이런 표현을 쓸 수는 없다.

그가 사자와 같이 큰 음성으로 외치자 일곱 천둥이 자기 음성을 내어 말했
다(계 10:3). 그런데 일곱 천둥의 말은 요한이 받아 적으려 했으나 하늘의 한
음성이 그것을 봉인하고 기록하지 말라고 했기 때문에 그 내용은 우리가 전
혀 알 수 없다.

> 영원무궁토록 살아 계시는 분 곧 하늘과 그 안에 있는 것들과 땅과 그 안에 있는
> 것들과 바다와 그 안에 있는 것들을 창조하신 분을 두고 맹세하기를 더 이상 시
> 간이 있지 아니하려니와 (계 10:6)

그가 '더 이상 시간이 있지 않을 것'이라고 했는데, 이것은 심판이 지체되
지 않음을 뜻한다. 그리고 일곱째 천사가 음성을 내는 날들에, 즉 그가 나팔
을 불기 시작할 때에 하나님의 신비가 그분께서 자신의 종 대언자들에게 밝
히 드러내신 그대로 이루어질 것이라고 한다.

그 뒤로는 '작은 책'이 등장한다.

내가 하늘로부터 들은 그 음성이 또 다시 내게 말하여 이르되, 가서 바다와 땅 위에 서 있는 천사의 손 안에 펴 놓은 작은 책을 취하라, 하기에 내가 그 천사에게 가서 그에게 이르되, 그 작은 책을 내게 주소서, 하니 그가 내게 이르되, 그것을 가져다가 먹으라. 그것이 네 배는 쓰게 할 터이나 네 입에서는 꿀같이 달리라, 하니라. 내가 그 천사의 손에서 그 작은 책을 가져다가 먹으니 그것이 내 입에서는 꿀같이 달았으나 내가 그것을 먹은 뒤에 즉시로 내 배가 쓰게 되었더라. (계 10:8~10)

작은 책은 다니엘서에서 하나님이 봉인하신 그 책으로 하나님의 백성들에게 임할 일들에 관한 예언과 계시를 담고 있다.

그러나, 오 다니엘아, 너는 끝이 임하는 때까지 그 말씀들을 닫아 두고 그 책을 봉인하라. 많은 사람이 이리저리 달음질하고 지식이 증가하리라. …그가 이르되, 다니엘아, 네 길로 가라. 주께서 끝이 임하는 때까지 그 말씀들을 닫아 두고 봉인하셨느니라. (단 12:4, 9)

요한은 그 작은 책을 먹었다. 예레미야서 15장 16절에는 "내가 주의 말씀들을 발견하고 그것들을 먹으매 주의 말씀이 내게 기쁨과 마음의 즐거움이 되었사오니"라는 부분이 있고, 에스겔서 3장 1~3절에는 "…사람의 아들아, 네가 발견하는 것을 먹으라. 이 두루마리를 먹고 가서 이스라엘의 집에게 말하라, 하시기에 내가 입을 벌리니 그분께서 나로 하여금 그 두루마리를 먹게 하시고 또 내게 이르시되, 사람의 아들아, 네 배로 하여금 먹게 하고 내가 네게 주는 이 두루마리로 네 창자를 채우라, 하시기에 내가 그것을 먹으니 그것이 내 입에서 꿀같이 달더라." 하는 말씀이 있다.

대언자들이 받아먹은 말씀들은 백성에게 대언할 하나님의 말씀들로 기쁨이 되며 꿀같이 달다고 했다. 그런데 계시록에서는 이 책이 배를 쓰게 한다고도 했다. 이 달고도 쓰다는 표현은 양날 달린 날카로운 검(계 2:12)처럼 예리한 주님의 말씀이 지닌 날카로움을 연상케 하는데, 주님의 재림과 원수 마귀에 대한 승리는 기쁨이 되지만, 땅에 임할 하나님의 진노와 멸망할 사람들에 대한 심판 때문에 쓴맛이 난다는 것으로 이해할 수 있다.

이어서 나오는 말씀은 앞서 알아본 '다시 대언' 한다는 부분이다. 하나님의 심판은 한 번 경고로 끝나지 않고, 연거푸 선포되어야 하므로 이 말은 재차 대언해야 한다는 의미다(계 10:11).

하나님이 보내신 두 증인 (11장, 괄호장)

계시록 11장 1절에는 천사가 나오는데, 이 천사도 10장의 힘센 천사, 즉 예수님으로 볼 수 있다.

또 내가 막대기 같은 갈대를 받으매 그 천사가 서서 이르기를, 일어나 하나님의 성전과 제단과 그 안에서 경배하는 자들을 측량하되 성전 밖에 있는 뜰은 내버려 두고 측량하지 말라. 그것을 이방인들에게 주셨은즉 그들이 그 거룩한 도시를 마흔두 달 동안 발로 짓밟으리라. (계 11:1~2)

이스라엘이 성전을 재건한다는 의미는 그들이 여전히 메시아를 받아들이지 않는다는 의미라고 했다. 이런 악함이 극에 달했을 때 환난이 그들에게 찾아온다. 유대인들이 애써 성전을 지었으나 이것은 42개월, 즉 3년 반 동안 이방인들에게 짓밟히게 된다. 바로 이 성전에 적그리스도가 들어가 하나님의 자리에 앉고는 자신을 하나님이라 일컫고 경배를 강요할 것이다.

그는 대적하는 자요, 또 하나님이라 불리거나 혹은 경배 받는 모든 것 위로 자기를 높이는 자로서 하나님처럼 하나님의 성전에 앉아 자기가 하나님인 것을 스스로 보이느니라. (살후 2:4)

그 다음으로는 하나님의 두 증인이 등장한다. 두 증인에 관한 이 부분 역시 나팔 심판의 연속선상이 아닌 괄호로 삽입된 부분이다.

내가 나의 <u>두 증인</u>에게 권능을 주리니 그들이 굵은 베옷을 입고 천이백육십 일 동안 대언하리라. 이들은 땅의 하나님 앞에 서 있는 <u>두 올리브나무</u>요 <u>두 등잔대</u>니라. (계 11:3~4)

이 두 증인은 그저 환난기에 일어날 선포자들을 상징하는 것이라는 견해도 있고, 이단 종파들에서는 해괴한 사적 해석에 의한 주장도 많이 한다. 그러나 두 증인을 성경적으로 풀면 이스라엘과 깊은 관계가 있다. 14만 4천이 전 세계에 흩어진 유대인 중에서 나와 이방인들에게 왕국의 복음을 선포할 것을 예상해 볼 수 있는 반면, 두 증인의 사역은 철저히 이스라엘 땅의 역사와 유대인들의 구원, 그리고 메시아와 관련돼 있는 것으로 보인다.

왜냐하면 이들이 장차 죽임을 당하는 곳이 영적인 소돔과 고모라이며 예수님께서 못 박히신 곳 즉 예루살렘이라고 했기 때문이다.

그들의 죽은 몸이 그 큰 도시의 거리에 놓이리라. 그 도시는 영적으로 소돔과 이집트라고 하며 그곳은 또한 우리 주께서 십자가에 못 박히신 곳이니라. (계 11:8).

또한 두 증인 중 하나는 엘리야의 영으로 오는데 이것은, 그분보다 앞서 가서 아버지들의 마음을 자녀들에게로 돌아오게 하고 불순종하는 자를 의인의 지혜로 돌아오게 하며 주를 위하여 예비된 한 백성을 준비하게 하기 위함이다(눅 1:17).

11장 4절의 올리브나무와 등잔대는 성경의 다른 곳에도 등장한다. 이스라엘 백성이 바빌론 포로 생활을 마치고 세 차례에 걸쳐 돌아왔는데 1차 귀환은 스룹바벨·여호수아와 함께 이루어졌다(두 번째는 에스라, 세 번째는 느헤미야와 함께였음).

그때에 내가 응답하여 그에게 이르되, 그 <u>등잔대</u>의 오른쪽과 왼쪽에 있는 이 두 <u>올리브나무</u>는 무엇이니이까? 하고 또 내가 다시 응답하여 그에게 이르되, 두 금관을 통해 자기들 밖으로 금 기름을 비우는 이 두 올리브나무 가지는 무엇이니

이까? 하니 그가 내게 대답하여 이르되, 이것들이 무엇인지 네가 알지 못하느냐? 하매 내가 이르되, 내 주여, 내가 알지 못하나이다, 하니 이에 그가 이르되, 이들은 기름 부음 받은 <u>두 사람들</u>로 온 땅의 주 곁에 서는 자들이니라, 하더라. (슥 4:11~14)

포로 생활 이후의 성전 재건 때 일어선 두 사람은 유다 총독 스룹바벨과 요세덱의 아들 대제사장 여호수아다. 이들은 그 일을 할 때 사탄 마귀의 방해를 받았다.

대제사장 여호수아는 **주**의 천사 앞에 서 있고 사탄은 그의 오른쪽에 서서 그를 대적하는 것을 그분께서 내게 보이시니라. (슥 3:1)

이를 통해 우선 계시록의 두 증인은 '사람'임을 알 수 있다. 또한 하나님의 일을 수행하는 이들에게 사탄의 방해가 있음도 알 수 있다.
이 두 증인은 스가랴 4장 14절에서처럼 '기름 부음 받은 두 사람들로 온 땅의 주 곁에 서는 자들'인데, 계시록 11장 4절은 이들을 가리켜 '땅의 하나님 앞에 서 있는 자들'이라고 했다. 계시록의 두 증인이 누구인지는 계시록 11장 5절 말씀에서 실마리를 잡을 수 있다. 이들을 훼방하는 자들에게 일어날 일이다.

만일 어떤 사람이 그들을 해하고자 하면 그들의 <u>입에서 불이 나와</u> 그들의 원수들을 삼킬 것이요, 또 어떤 사람이 그들을 해하고자 하면 그가 반드시 이런 식으로 죽임을 당하리라. 이들이 <u>하늘을 닫을 권능</u>을 가지고 있으므로 자기들이 대언하는 날들에 <u>비가 내리지 아니하게 하고</u> 또 물들에 대한 권능을 가지고 있으므로 그것들을 <u>피로 변하게 하며</u> 언제든지 자기들이 원하는 때에 모든 재앙으로 땅을 치리로다. (계 11:5)

자기들을 해하고자 하는 자들에게 불을 내리고, 하늘을 닫을 권능으로 비가 내리지 않게 하고, 물들에 대한 권능이 있어서 그것을 피로 변하게 하며, 모든 재앙으로 땅을 치고… 어떤 사람들인가? 구약에서 떠오르는 두 사람이 있다. 갈멜 산 등에서 바알의 대언자들에게 불을 내리고, 하나님께 구하여 3년 반(42개월, 1,260일) 동안 비가 오지 않도록 한 엘리야(약 5:17), 그리고 고라의 자손들에게 불을 내린 사람, 물을 피로 만들고 열 가지 재앙으로 이집트를 쳐서 이스라엘 백성을 광야로 인도한 모세다(민수기 16장).

두 증인이 모세와 엘리야라고 명시된 것은 아니지만 예수님의 초림 때 변화산에 나타난 이들도 모세와 엘리야였기 때문에 재림 때도 이들이 일어날 가능성이 크다. 두 증인은 죽지 않고 하늘로 옮겨진 자 중 하나일 것이므로 에녹을 염두에 두는 견해도 있다. 그러나 에녹은 이방인이었으므로 유대인들의 땅에서 행해지는 그들의 사역에 등장할 가능성이 희박하다.

한편 모세는 물론 죽었었지만 신명기 34장 5~7절에 보면 그가 죽을 때도 여전히 강건한 상태였으며, 주께서 벧브올 맞은편 모압 땅에 있는 골짜기에 모세를 묻으셨으나 아무도 이 날까지 그의 돌무덤에 대해 알지 못한다고 했다. 이것은 사람들이 그의 몸을 우상으로 떠받들지 못하게 하나님께서 조치하신 것이다. 또한 유다서 9절에는 천사장 미가엘이 모세의 몸을 두고 마귀와 다투며 논쟁하는 대목이 나온다. 모세는 엘리야와 함께 변화산에 나타나기도 했는데, 이런 정황들로 보아 모세가 부활했음을 추측하는 견해가 많다.

엘리야에 대해서는 큰 이견이 없지만 한 가지, 그가 침례자 요한으로 이미 왔던 것이 아니냐는 궁금증이 있다. 왜냐하면 예수님이 오시기 전에 요한이 엘리야의 영으로 온다고 했기 때문이다.

그가 또 엘리야의 영과 권능으로 그분보다 앞서 가서 아버지들의 마음을 자녀들에게로 돌아오게 하고 불순종하는 자를 의인의 지혜로 돌아오게 하며 주를 위하여 예비된 한 백성을 준비하리라, 하니라. (눅 1:17)

그러므로 침례자 요한은 엘리야의 영과 권능으로 온 것이 맞다. 그런데 요한복음 1장 19~21절에 보면 침례자 요한 자신은 자기가 엘리야가 아니라고 했다. [3]이 모순처럼 보이는 일은 예수님의 말씀에 해답이 있다. 예수님께서는 하늘의 왕국에 대해 말씀하시면서 엘리야와 침례자 요한에 대해 말씀하신다.

> 만일 너희가 그것[하늘의 왕국]을 받아들이려 할진대 와야 할 엘리야가 곧 이 사람이니라. (마 11:14)

이 말씀은 하늘의 왕국이 임하기 전에 선포자로서 엘리야가 와야 하는 것은 맞는데, 이스라엘이 그것을 거부하고 받아들이지 않았기 때문에 천년왕국으로 연기되었고, 그 때문에 엘리야의 영으로 온 침례자 요한은 엘리야가 아니며, 장차 천년왕국이 임하기 전에 다시 엘리야가 (두 증인 중 하나로) 온다는 것을 암시한다. 다시 말하자면, 예수님의 초림 때 선포된 하늘의 왕국을 그들이 받아들였다면 침례자 요한은 와야 할 사람 엘리야가 된다는 것이다.

이렇게 두 증인은 모세와 엘리야로 받아들여도 큰 무리가 없다. 두 사람은 공통적으로 하나님의 산 호렙에 갔었고, 각종 기적을 행했으며, 구약시대 대언자들의 대표격인 인물들이다.

이들은 환난기의 후반부 3년 반 동안 하나님의 일을 할 것인데, 그들에게 어떤 일이 있을지 계속 살펴본다.

> 그들이 자기들의 증언을 마칠 때에 바닥 없는 구덩이로부터 올라오는 짐승이 그들을 대적하며 전쟁을 일으켜 그들을 이기고 그들을 죽이리니 그들의 죽은 몸이 그 큰 도시의 거리에 놓이리라. 그 도시는 영적으로 소돔과 이집트라고 하며 그곳은 또한 <u>우리 주께서 십자가에 못 박히신 곳이니라.</u> 백성들과 족속들과 언어들과 민족들에서 나온 자들이 그들의 죽은 몸을 사흘 반 동안 구경하며 그들의 죽은 몸을 무덤에 두지 못하게 하리로다. 이 두 대언자가 땅에 거하는 자들에게 고통을 주었으므로 땅에 거하는 자들이 그들로 인하여 기뻐하고 <u>즐거워하며 서</u>

---

3. 신천지에서는 자신이 누구인지도 모르는 침례자 요한은 구원도 못받은 사람이라고 가르치면서, 요한도 못받은 구원을 어떻게 쉽게 받으려고 하느냐며 신자들을 압박한다.

<u>로 선물을 보내리라</u>, 하더라. (계 11:7~10)

적그리스도는 이들을 일시적으로 이기고 죽일 것이다. 그리고 그들의 시신은 이스라엘 땅에 버려져서 사흘 반 동안 구경거리가 된다. 온 세상 사람들이 이들의 죽음을 구경하게 되는데, 아마도 TV 뉴스와 실시간 중계 등을 통해 전 세계가 그들을 지켜보며 갖가지 이적으로 사람들을 멸한 두 증인의 죽음을 기뻐하며 선물을 보낼 것이다. 그러나 두 증인은 사흘 반 뒤에 부활한다. 하나님께서 이들을 일으키실 것이다.

사흘 반이 지난 뒤에 하나님으로부터 온 생명의 영께서 그들 속에 들어가시므로 그들이 자기 발로 일어서니 그들을 보던 자들에게 큰 두려움이 임하더라. 그들이 하늘로부터 자기들에게, 이리로 올라오라, 하고 말씀하시는 큰 음성을 듣고 구름 속에서 하늘로 올라가니 그들의 원수들이 그들을 바라보더라. (계 11:11~12)

이들은 자기 발로 일어설 뿐만 아니라 마치 예수님처럼 구름에 가려 하늘로 올라간다. 이런 광경은 세계인들에게 충격과 두려움을 주기에 충분할 것이다. 이들이 죽었다가 부활할 도시는 예루살렘이다. 그때에 큰 지진이 있을 것이라고 성경은 말씀한다.

바로 그 시각에 큰 지진이 나서 그 도시의 십분의 일이 무너지고 그 지진으로 사람들 중의 칠천 명이 죽었더라. 그 남은 자들이 놀라며 하늘의 하나님께 영광을 돌리더라. (계 11:13)

이 놀라운 사건과 지진으로 7천 명의 많은 사람이 죽게 될 때 남은 자들은 크게 두려워하며 하나님께 영광을 돌린다고 했다. 이런 결과는 두 증인이 선포한 복음의 결실이라고 할 수 있다. 이로써 이스라엘은 환난기의 후반부에 대대적인 부흥 운동을 일으키며 피난처로 도피했다가 주님의 재림을 맞이

한다. 작은 책의 계시와 후반부 3년 반 동안 일하게 될 두 증인의 괄호 부분이 이렇게 끝이 난다.

다시 등장하는 일곱째 나팔

일곱째 나팔이 다시 이곳에 뚝 떨어져 등장한다. 하지만 괄호장 때문에 기록의 위치가 늦춰진 것뿐, 사건의 진행이 지연된 것은 아니다.

둘째 화는 지나갔으며, 보라, 셋째 화가 속히 임하는도다. 일곱째 천사가 나팔을 불매 하늘에 큰 음성들이 있어 이르되, 이 세상의 왕국들이 우리 주와 그분의 그리스도의 왕국들이 되었고 그분께서 영원무궁토록 통치하시리로다, 하니 (계 11:14~15)

나팔 심판은 넷째까지는 3분의 1을 멸하는 재앙이었고, 다섯째와 여섯째, 일곱째 나팔은 세 가지 화로 나뉜다(계시록 8장 13절의 화, 화, 화). 그중 두 가지 화는 지나갔고, 셋째 화, 즉 일곱째 나팔 심판이 임한다(계 11:14).

일곱째 나팔은 일곱째 봉인을 뗌으로써 일곱 나팔 심판이 시작되었던 것과 마찬가지로, 어떤 특정한 일이 일어나는 것이 아니라 일곱 병의 심판을 불러오는 것이다. 그런데 일곱 병 심판 전에는 또 다시 긴 삽입부가 12장부터 15장까지 이어진다.

해로 옷 입은 여자의 도피 (12장, 삽입장)

12장은 특정한 지점의 사건이 아니라 후반부 3년 반의 일을 과거의 배경 설명과 함께 다루는 내용으로 괄호장과 비슷하다. 여기 사건들은 두 증인이 등장하는 11장과 같은 시간에 일어나는 것으로 볼 수 있으며 여기에는 이스라엘이 마지막 때 어떻게 될지 예언돼 있다.

하늘에 큰 이적이 나타나니라. 한 여자가 해(sun)로 옷 입고 있는데 그녀의 발 아래에는 달이 있고 그녀의 머리 위에는 열두 별의 관이 있더라. 그녀가 아이를 배어 해산의 고통을 겪는 가운데 울부짖으며 출산하려고 진통을 겪더라. (계 12:1~2)

여기서 해로 옷 입은 여자에 대해서, 천주교에서는 마리아라고 주장하고 개신교에서는 교회라고 주장한다. 그러나 이 모두가 사적인 해석이며 이치에 맞지 않는다는 것을 성경은 드러내주고 있다. 성경에서 여자 · 여인 등으로 표현되는 것을 찾으면 간단하게 알 수 있다. 이스라엘은 늘 구약에서 여자로 불렸다. 교회는 한 번도 여자로 불린 적이 없다.

| 성경에 나타난 이스라엘과 교회

이스라엘(유대인)	교회(구원받은 성도)
성부 하나님의 아내 또는 여자, 여인 (사 47:7~9; 50:1; 54:1, 렘3, 호2)	성자 예수님의 신부 또는 정혼자 (고후 11:2, 계 14:4)
열 처녀(신부의 들러리, 마 25:1)	한 처녀(신부, 고후 11:2)

이처럼 이스라엘은 여자, 어머니 등으로 표현돼 왔다. 신부나 처녀로 표현된 교회(성도)와는 반드시 구분되어야 한다.

하늘에 또 다른 이적이 나타나니라. 보라, 일곱 머리와 열 뿔을 가진 큰 붉은 용이 있는데 그의 머리들 위에 일곱 개의 관이 있으며 그의 꼬리가 하늘의 별들 중 삼분의 일을 끌어다가 땅에 내던지더라. 용이 막 해산하려고 하는 그 여자 앞에 서서 그녀의 아이가 태어나면 곧 그 아이를 삼키고자 하더라. (계 12:3~4)

3절의 용은 상상 속의 동물인 날아다니는 청룡 같은 것이 아니라 그냥 공룡(dragon)이다. 이것은 하나님의 창조물이며 인간과 함께 살았던 짐승으로, 리워야단, 베헤못 등으로 성경에 등장하는 존재이며 사탄의 이름으로 불리기도 했다. 이 용의 정체는 9절에 다시 등장한다.

그 큰 용 즉 저 옛 뱀 곧 마귀라고도 하고 사탄이라고도 하며 온 세상을 속이는 자가 내쫓기더라. 그가 땅으로 내쫓기니 그의 천사들도 그와 함께 내쫓기니라. 또 내가 들으니 하늘에 큰 음성이 있어 이르되, 이제 구원과 힘과 우리 하나님의 왕국과 그분의 그리스도의 권능이 임하였도다. 우리 형제들을 고소하는 자 곧 우리 하나님 앞에서 밤낮으로 그들을 고소하던 자가 쫓겨났도다. (계 12:9∼10)

큰 용, 옛 뱀, 마귀, 사탄, 온 세상을 속이는 자, 그리고 대적하는 자, 고소하는 자로 불리는 그는 하늘의 별, 즉 천사의 3분의 1과 함께 땅으로 내던져진다(계 12:4). 예수님은 사탄이 하늘에서 떨어지는 것을 보았다고 하셨다.

그분께서 그들에게 이르시되, 사탄이 하늘로부터 번개같이 떨어지는 것을 내가 보았노라. (눅 10:18)

에스겔서 28장에 등장하는 두로 왕은 루시퍼 마귀를 이르는 것이다. 여기에도 하나님이 그를 땅에 던지신다는 말씀이 있다.

네 아름다움으로 인하여 네 마음이 높아졌으며 네 광채로 인하여 네가 네 지혜를 부패시켰은즉 내가 너를 땅에 던지고 왕들 앞에 두어 그들이 너를 바라보게 하리라. (겔 28:17)

마귀(Devil)를 따른 마귀들(devils), 즉 타락한 천사들이 가장 먼저 땅에 내려온 것은 노아의 시대였으며 이때 하나님의 아들들인 이 천사들은 사람의 딸들을 취하고 거인 종족을 출산하여 하나님의 인간 구원 계획을 망치려 했다(창 6:1~4). 바로 그때와 같은 일이 마지막 날에도 일어날 것이다. 노아의 때와 같은 일이 일어나리라고 하신 예수님의 말씀도 위의 말씀과 일치한다(마

24:37). 하나님을 모방한 마귀는 하나님처럼 삼위일체로 활동한다.

| 하나님의 삼위일체와 사탄의 삼위일체

하나님의 삼위일체	사탄의 삼위일체
아버지 하나님	아비 용
아들 예수 그리스도	아들 적그리스도
거룩하신 성령님	거짓 대언자

마귀는 이스라엘이 메시아를 낳으면 해치기 위해 애를 쓴다(계 12:4). 그러나 메시아 예수 그리스도는 태어나 십자가에서 죽으시고 부활하여 모든 일을 마친 뒤 하나님께로 올라간다.

그녀가 사내아이를 낳았는데 이 아이는 철장[쇠막대기]으로 모든 민족들을 다스릴 자더라. 그녀의 아이가 채여 올라가 하나님께 이르고 그분의 왕좌에 이르더라. (계 12:5)

여기 사내아이는 아이로 오실 것이 예언된(사 9:6) 메시아다. 그를 낳은 여자는 이스라엘인데, 대환난 때 광야로 도피한다. 이때의 환난이 너무 극심해서 하나님은 그들을 보호하신다. 그 기간은 후반부 1,260일(한 때와 두 때와 반 때, 마흔두 달)로 70째 이레의 후반부 3년 반이다.

그 여자가 광야로 도피하니라. 거기에 하나님께서 예비하신 한 처소가 그녀에게 있으니 이것은 그들이 <u>천이백육십 일</u> 동안 거기서 그녀를 먹게 하려 하심이더라. (계 12:6)

그때 하늘에서는 천사장 미가엘과 그의 천사들이 마귀와 그의 천사들과 전쟁을 벌이는데, 마귀의 천사들은 이기지 못한다.

하늘에 전쟁이 있더라. 미가엘과 그의 천사들이 용과 싸우매 용과 그의 천사들도 싸우나 이기지 못하고 또 하늘에서 자기들의 처소를 더 이상 찾지 못하더라. (계 12:7~8)

그리고 목숨을 버리면서까지 믿음을 지킨 유대인 성도들은 마침내 승리하게 된다. 마귀는 인류를 향한 마지막 화풀이를 위해 그들에게 내려가는데, 이미 휴거된 자들과 순교한 자들, 그리고 천사 등 하늘에 거하는 자들은 환난이 거의 끝나가므로 즐거워하지만, 땅에 거하는 자들에게는 남은 화가 미칠 것이다.

그들이 어린양의 피와 자기들의 증언의 말로 그를 이기었으며 그들은 죽기까지 자기 생명을 사랑하지 아니하였도다. 그러므로 하늘들과 그것들 안에 거하는 자들아, 너희는 즐거워하라. 땅과 바다에 거하는 자들에게 화가 있으리로다! 마귀가 자기 때가 조금만 남은 줄 알므로 크게 진노하여 너희에게로 내려갔도다, 하더라. (계 12:11~12)

12장의 남은 부분은 그대로 읽기만 해도 충분히 이해할 수 있다.

용이 자기가 땅으로 내쫓긴 것을 보고 사내아이를 낳은 그 여자를 핍박하더라. 그 여자가 큰 독수리의 두 날개를 받았으니 이것은 그녀가 광야 곧 그녀의 처소로 날아가 거기서 그 뱀의 얼굴을 피하여 한 때와 두 때와 반 때 동안 양육 받게 하려 함이라. 뱀이 자기 입에서 여자의 뒤로 물을 홍수같이 내뿜어 그녀를 홍수에 떠내려가게 하려 하되 땅이 여자를 도와 자기 입을 벌려 용이 그의 입에서 내뿜은 홍수를 삼키니 용이 여자에게 진노하여 그녀의 씨 중에서 남은 자들 곧 하나님의 명령들을 지키고 예수 그리스도의 증언을 가진 자들과 전쟁을 하려고 가니라. (계 12:13~17)

마귀는 이스라엘을 핍박하지만 하나님이 독수리의 날개로 이스라엘을 보호하여 3년 반 동안 피신시키실 것을 알 수 있다. 이집트에서 이스라엘을 탈출시키실 때에도 하나님은 자주 독수리를 들어 그들을 보호하실 것을 말씀하신다(출 19:4; 신 32:11~12). 물론 이것이 실제 독수리일 수는 없으므로 하나님의 전능하신 팔이 그들을 보호하실 것을 상징하는 것으로 보면 된다.

앞에서 다룬 다니엘서 9장 26~27절은 이 부분의 짝이 되는 말씀이다. 26절의 "장차 임할 통치자의 백성이 그 도시와 그 성소를 파괴하려니와 그것의 끝에는 홍수가 있을 것이며 또 그 전쟁이 끝날 때까지 황폐하게 하는 것이 작정되었느니라." 하는 내용이 위의 계시록 말씀과 일치한다. 27절에 나타난 한 이레 동안의 일도 물론 계시록에 나오는 7년 환난기다.

그들이 도피하게 될 광야의 피난처(페트라)는 다니엘서 11장에 나타난 요르단 지역일 것이다. 현재의 요르단 지역인 에돔, 모압, 암몬을 제외한 모든 나라가 큰 전쟁 등으로 환난을 겪게 될 것을 말해주는 다니엘서의 말씀을 통해 이스라엘이 숨을 지역이 바로 그곳임을 예측할 수 있다. 뱀은 자기가 내뿜은 홍수에 의한 공격(단 9:26)이 실패하자 믿음을 지키는 자들과 전쟁을 벌이러 간다(계 12:17).

10. 적그리스도의 등장과 횡포

적그리스도의 특징과 역할 (13장)

13장에는 짐승, 즉 적그리스도가 등장한다. '적그리스도'라는 말은 계시록에 없지만 이 호칭은 신약에서 그리스도의 신성과 그분의 이름을 모독하고 부정하는 자들을 지칭할 때 사용되었다(요일 2:18, 22; 요일 4:3; 요이 1:7). 구약에서 예언된 적그리스도는 다니엘서의 작은 뿔(7:8, 8:9), 사나운 얼굴의 왕(8:23), 장차 임할 통치자(9:26), 자기 뜻대로 행하는 왕(11:36)으로 볼 수 있다. 데살로니가후서 2장에서는 죄의 사람, 멸망의 아들, 사악한 자로도 불린다.

내가 바다의 모래 위에 서서 보니 바다에서 일곱 머리와 열 뿔을 가진 한 짐승이 일어나더라. 그의 뿔들 위에는 열 개의 관이 있고 그의 머리들 위에는 신성모독 하는 이름이 있더라. 내가 본 그 짐승은 표범과 비슷하고 그의 발은 곰의 발 같으며 그의 입은 사자의 입 같은데 용이 자기의 권능과 자기의 자리와 큰 권세를 그에게 주었더라. (계 13:1~2)

계시록의 적그리스도는 그리스도를 대적해 일어날 사탄 마귀의 화신을 가리킨다. 이것은 어떤 세력이나 국가 같은 것이 아니라 사람이다. 13장을 중심으로 그의 일들이 시작된다.

| 적그리스도가 7년 환난 기간에 행할 일들

전반부 3년 반	중간	후반부 3년 반
-세계정부 수립 -이스라엘과 동맹 -세계 경제 장악 -죽게 되었다 살아남	이스라엘과 동맹 파기	-무신론 종교의 우상이 되어 경배 받음 -짐승의 표 발행, 거부하는 자를 처단 -이스라엘을 대상으로 전쟁을 일으킴 -멸망과 심판을 당함

적그리스도는 성경에서 여러 가지로 표현되었고 계시록 13장 1절에서는 '짐승'으로 표현되었다. 그러나 11절부터 등장하는 '또 다른 짐승'은 이 짐승과 다른 존재이므로 혼동하면 안 된다.

13장의 시작부터 등장하는 이 짐승은 일반적인 묘사와는 다르게 생겼다. 이것은 성경을 가능하면 문자 그대로 보지만 평범한 묘사가 아닐 때는 상징으로 본다는 해석의 황금률에 따라 분명히 어떤 것을 상징하고 있음을 알 수 있다.

내가 바다의 모래 위에 서서 보니 바다에서 일곱 머리와 열 뿔을 가진 한 짐승이 일어나더라. 그의 뿔들 위에는 열 개의 관이 있고 그의 머리들 위에는 신성모독

| 그리스도를 모방한 적그리스도와 예수님의 다른 점

예수 그리스도	적그리스도
하늘로부터 내려오심 (요 6:38)	바닥 없는 구덩이에서 올라옴 (계 11:7)
아버지의 이름으로 오심 (요 5:43)	자기 이름으로 옴 (요 5:43)
자신을 낮추심 (빌 2:8)	자기를 높임 (살후 2:4)
멸시를 받으심 (사 53:3, 눅 23:18)	존귀를 받게 됨 (계 13:3~4)
구원을 주러 오심 (눅 19:10)	멸망시키러 옴 (단 8:24)
거룩하신 이 (막 1:24)	사악한 자 (살후 2:8)
하나님의 성품의 신비 (딤전 3:16)	불법의 신비 (살후 2:7)
진리 (요 14:6)	거짓 (요 8:44)

하는 이름이 있더라. (계 13:1)

일곱 머리는 계시록 17장 10절에 나오는 일곱 왕으로 볼 수 있다. 이들을 역사 속에서 이루어진 정치 제도나 과거의 왕들로 해석하는 견해도 있지만, 단서가 부족하다고 해서 과도한 해석을 할 필요는 없다. 그는 일곱 왕을 다스리는 자일 것이다.

내가 본 그 짐승은 <u>표범</u>과 비슷하고 그의 발은 <u>곰</u>의 발 같으며 그의 입은 <u>사자</u>의 입 같은데 용이 자기의 권능과 자기의 자리와 큰 권세를 그에게 주었더라. (계 13:2)

열 뿔은 다니엘이 해석한 느부갓네살의 꿈 해석에 나오는 신상의 열 발가락 부분(부활한 로마)으로 볼 수 있다. 이 열 왕은 적그리스도에게 권세를 줄 것이다. 이 짐승의 다른 특징은 역시 다니엘서의 바빌론(사자), 메대-페르시아(곰), 그리스(표범)를 상징하고 있는데, 요한은 이것을 가까운 것부터 역순으로 기록하고 있다.

한편 장차 일어나 하나님을 대적할 적그리스도는 유대인일 것으로 보인다.

그 왕이 자기 뜻대로 행하며 자기를 높이고 모든 신보다 자기를 크게 하며 놀라운 것들을 말하여 신들의 하나님을 대적하고 형통하되 그분의 격노가 이루어질 때까지 하리니 이는 작정된 그것이 이루어질 것이기 때문이라. 그가 자기 조상들의 하나님과 여자들의 바라는 것을 중히 여기지 아니하며 어떤 신도 중히 여기지 아니하리니 그가 모든 것 위로 자기를 크게 하리라. 오직 그는 자기 영토에서 힘의 신을 공경할 것이요, 금과 은과 보석과 기뻐하는 것들로 자기 조상들이 알지 못하던 신을 공경하리라. (단 11:36~38)

'자기 조상의 하나님' 등의 표현이 등장하는 것은 그가 유대인의 혈통에서 나온다는 뜻이다. 그는 또 여호와 하나님을 포함한 다른 어떤 신도 무시하고 자신을 신으로 높일 것이며, 예수님 부활의 기적을 모방해 사람들을 놀라게 하며 크게 호감을 산다.

또 내가 보니 그의 머리들 중의 하나가 상처를 입어 죽게 된 것 같았는데 그의 치명적인 상처가 나으매 온 세상이 놀라며 그 짐승을 따르더라. 그들이 그 짐승에게 권능을 준 용에게 경배하고 또 그 짐승에게 경배하여 이르되, 누가 이 짐승과 같으냐? 누가 능히 그와 전쟁을 하겠느냐? 하더라. (계 13:3~4)

용으로부터 권세를 받은 적그리스도는 장차 어떤 공격을 받아 죽을 고비를 맞을 것이 분명하다. 그러나 그의 치명적 상처가 나으면 온 세상이 그를 따르고 그와 마귀에게 경배할 것이다. 이후의 구절들을 살펴보면, 그는 하나님을 비방하고 모독하는 일을 후반부 3년 반 동안 지속할 것이며 세상의 권세를 모두 받아 하나님의 허락 하에 모든 민족을 다스리며 전쟁을 해서 이길 것이다.

또 용이 그에게 큰 것들을 말하며 신성모독하는 입을 주고 또 마흔두 달 동안 지속할 권능을 주매 그가 입을 벌려 하나님을 대적하며 모독하되 그분의 이름과 그분의 성막과 하늘에 거하는 자들을 모독하더라. 또 그가 성도들과 전쟁하여

그들을 이기는 것을 허락받고 모든 족속과 언어와 민족들을 다스리는 권능을 받았으므로 (계 13:5~7)

세상 모두가 그를 따를 것이지만 환난성도들은 그에게 경배하지 않을 것인데, 다음 말씀이 그것을 알려준다.

땅에 거하는 모든 자들 곧 세상의 창건 이후로 죽임을 당한 어린양의 생명책에 이름이 기록되지 않은 자들이 그에게 경배하리라. (계 13:8)

어린양 예수님은 세상의 창조 때부터 죽임을 당한 분이다. 이것은 하나님의 계획 안에서 그렇다는 뜻이다. 그런데 개역성경은 이 부분을 오역했다.

죽임을 당한 어린 양의 생명책에 창세 이후로 이름이 기록되지 못하고 이 땅에 사는 자들은 다 그 짐승에게 경배하리라 (계 13:8, 개역개정)

이렇게 번역하면 '창세 이후로'라는 말이 사람들의 이름이 기록된 시작점으로 이해되기 때문에 예수님을 통한 하나님의 전체적인 구원 계획을 알 수 없다.

또 다른 짐승 : 거짓 대언자

13장 11절에는 또 다른 짐승이 등장한다. 그는 13장 초반에 나오는 짐승과 다른 존재이며 첫째 짐승, 즉 적그리스도를 돕는 거짓 대언자다.

내가 보니 또 다른 짐승이 땅에서 올라오는데 그는 어린양같이 두 뿔이 있고 용처럼 말을 하더라. 그가 첫째 짐승 앞에서 첫째 짐승의 모든 권능을 행사하고 또 땅과 그 안에 거하는 자들로 하여금 첫째 짐승 곧 치명적인 상처가 나은 자에게 경배하게 하니라. (계 13:11~12)

거짓 대언자는 적그리스도를 지원하는 역할을 하는 존재로 예수 그리스도를 돕는 성령님과 비슷한 역할을 한다. 말하자면 '적성령'이다. 이 거짓 대언자는 계시록의 다른 부분에도 등장한다.

또 내가 보매 개구리 같은 부정한 영 셋이 용의 입과 짐승의 입과 거짓 대언자의 입에서 나오더라. (계 16:13)

짐승이 잡히고 또 그 앞에서 기적들을 행하던 거짓 대언자도 그와 함께 잡혔는데 그는 짐승의 표를 받은 자들과 그의 형상에게 경배하던 자들을 기적들로 속이던 자더라. 이 둘이 산 채로 유황으로 불타는 불 호수에 던져지고 (계 19:20)

또 그들을 속인 마귀가 불과 유황 호수에 곧 그 짐승과 거짓 대언자가 있는 곳에 던져져서 영원무궁토록 밤낮으로 고통을 받으리라. (계 20:10)

이처럼 더러운 일로 적그리스도를 높이던 거짓 대언자는 패배와 심판을 당할 것이다. 성령님도 예수 그리스도만을 높이신다. 그러므로 우리가 하나님을 생각할 때, 성령님을 우선시하거나 성령님에게만 집중하는 것은 바르지 않다. 그것은 성령님의 뜻이 아니다. 은사주의 집회에서처럼 예수님은 뒷전이고 성령님만 섬기며 능력과 이적을 구하는 일은 바람직하지 않다. 온전하고 순수한 성도들의 모임이라면 당연히 예수 그리스도를 섬기고 높이며 따라야 한다.

계시록 13장 12절 이후에 나오는 거짓 대언자의 활동은 사람들이 적그리스도를 섬기게 하는 것, 불을 내려오게 하는 등 이적을 보이는 것(욥 1:16), 형상을 만들게 하고 그것이 말할 수 있도록 하는 것, 짐승의 표를 받게 하는 것 등인데, 이 모든 것은 하나님의 허락 하에서 이루어질 것이다. 그가 이런 일을 하는 이유는 사람들로 하여금 적그리스도에게 굴복하고 영혼을 팔아넘겨 구원에 이르지 못하도록 하기 위함이다.

666 짐승의 수, 짐승의 표와 그에 대한 공포

거짓 대언자의 활동 중 가장 주목되는 것은 단연 '짐승의 표'에 관한 것이다. 그래서 다음 말씀은 계시록에서 가장 유명하며, 과도하게 많이 추측되고 해석되는 말씀이기도 하다.

그가 모든 자 곧 작은 자나 큰 자나 부유한 자나 가난한 자나 자유로운 자나 매인 자에게 그들의 오른손 안에나 이마 안에 표를 받게 하고 그 표나 그 짐승의 이름이나 그의 이름의 수를 가진 자 외에는 아무도 사거나 팔지 못하게 하더라. 여기에 지혜가 있으니 지각이 있는 자는 그 짐승의 수를 세어 볼지니라. 그것은 어떤 사람의 수요, 그의 수는 육백육십육이니라. (계 13:16~18)

여기 나오는 짐승의 수 666을 개역성경에서는 그냥 '사람의 수'라고 번역했기 때문에 여섯째 날에 창조된 일반적인 사람의 수로 이해하고 가르치는 일이 많지만, 이것은 부정관사 a가 붙은 number of a man, 즉 '어떤 사람의 수'가 되어야 한다. 그 어떤 사람이 바로 짐승이다.

2012년에는 인류가 멸망한다는 괴담이 많았고 각종 예언과 과학적 종말설이 난무하기도 했다. 또한 교계에서는 베리칩(veri chip) 등의 문제로 계속 시끄럽다. 사람들은 성경과 더불어 어니스트 앵그리의 『휴거』, 팀 라헤이의 『레프트 비하인드』 같은 소설과 영화를 통해 이런 지식을 갖게 되었다. 그런데 어떤 이들은 베리칩에 관한 과도한 지식을 유포하고, 경각심을 불러일으킨다는 미명 하에 이것을 짐승의 표로 확대 해석함으로써 불안감을 조장하고 있는데, 사실 이것은 마귀가 바라는 일이며 그를 기쁘게 하는 행동이다.

짐승의 표에 대한 경각심을 나쁘다 할 수 없지만, 구원의 영속성을 몰라 끝까지 견뎌야 구원받는다는 식으로 가르치는 교회들이

과거에 크게 화제를 모았던 소설 『휴거』의 표지

많은 상태에서 성도들이 자신의 행위 때문에 휴거에서 제외될까 두려워하게 만든다면 괜한 불안을 주는 것이다. 짐승의 표에 관한 이야기는 휴거 이후 남을 사람들을 위해 선포되어야 한다는 것을 잊어서는 안 된다.

계시록을 모티프로 판타지 소설을 쓰는 경우도 있는데, 이것도 위험한 일이다. 안 그래도 사람들은 계시록을 하나의 신비한 예언이나 추상적인 책으로 이해하고 있는데, 판타지로 이해하게 만들면 진실은 점점 멀어져 종말론은 뜬구름 잡는 이야기가 될 수 있다.

환난 전의 베리칩은 왜 짐승의 표가 아닌가?

RFID[4] 방식의 베리칩이 세상을 통제할 짐승의 표라며 많은 사람이 두려워하고 있다. 이 베리칩의 사진과 부작용 사태 등을 크게 인쇄해 서울 명동과 도심을 누비는 전도자들도 있었다.

물론 베리칩은 이미 상용화된 상태이며, 바코드와 QR코드 등도 활용되고 있다. 이 모두가 실용화되면 얼마든지 인류를 통제할 수 있는 수단이 된다. 그런데 분명히 알아야 할 것은 휴거 사건 전에 이야기되는 베리칩은 짐승의 표가 아니라는 점이다. 왜냐하면 짐승의 표는 어떤 물건이나 방식을 가리키지 않고 특정한 기능을 하는 '시스템' 자체를 가리키는 말이기 때문이다.

"지금의 베리칩은 짐승의 표가 아니다"라고 하면 오해하고 비방하는 이들이 있다. 마치 사람들을 무지에 빠뜨려 짐승의 표를 받게 만들기라도 하는 것처럼 이 말을 이해하기 때문에 생기는 오해다. 또 짐승의 표를 특정 물건으로만 이해하려 하기 때문에 생기는 오해이기도 하다. 하지만 강조하고 싶은 것은 짐승의 표는 용도와 시기가 중요하지, 도구가 중요한 것은 아니라는 점이다.

환난기 전에 받는 것은 궁극적으로 짐승의 표가 될 수 없다. 환난기에는 그

---

4. Radio-Frequency Identification. 주파수를 이용해 ID를 식별하는 방식. 전파를 이용한 원거리 정보 인식 기술이며, 전자기 유도 방식으로 통신한다.

표를 강제로 받아야 하며 이것이 없이는 경제 활동을 할 수 없지만 지금은 베리칩이 없어도 사고파는 데 아무 지장이 없고, 강제로 이식받는 사람이나 법도 없다. 또한 짐승의 표가 주어지는 시점을 알려주는 말씀에 나오는 '그', 즉 적그리스도도 아직 등장하지 않았다.

그가 모든 자 곧 작은 자나 큰 자나 부유한 자나 가난한 자나 자유로운 자나 매인 자에게 그들의 오른손 안에나 이마 안에 표를 받게 하고 <u>그 표나 그 짐승의 이름이나 그의 이름의 수를 가진 자 외에는 아무도 사거나 팔지 못하게 하더라.</u> (계 13:16~17)

지금이 이런 상황이 아님을 누구나 알고 있다. 그러므로 아직 그 어떤 것도 짐승의 표 기능을 할 수 없다. 물론 이미 베리칩을 받은 사람이 나중에 더 쉽게 짐승의 표를 받을 가능성은 크므로 경각심을 가질 필요는 있다. 또 그것이 정말 짐승의 표 기능을 한다면 그때 가서 뒤늦게 취소하고자 하는 사람도 이미 경제 활동에 묶여 어려워질 수 있다.

이 때문에 휴거의 시점을 아는 것은 매우 중요하다. 만일 성도도 환난을 통과한다면 분명히 알고 대비해야 할 일이지만 휴거 이후의 일이라면 주변에 알리는 것이 더 중요하다. 말씀 선포자들은 선정적인 기사들에 일희일비하며 사람들을 불안하게 하지 말고 평안의 복음에 따라 하나님의 계획을 신뢰하게 해야 한다. 그렇게 불안해하고 위기감을 조장할 시간에 전도나 더 하는 것이 옳을 것이다.

휴거 전의 어떤 칩이나 도구는 명백히 짐승의 표가 아니다. 물론 지금의 칩이 7년 환난기 시작 후 그런 용도로 활용될 확률은 있다.

자, 어떤 길이 곧 주차금지 구역이 될 것 같다고 치자. 한 달 후 정도면 법이 시행될 확률이 높다. 그러면 지금 거기 차를 세우면 안 될까? 안 될 것 없다. 단지 께름칙한 사람은 지금부터 차를 안 세우면 되는 거다.

베리칩이 다른 방식이나 명칭으로 바뀌는 것도 충분히 가능한 일이다. 어떤 명확한 것이 오면 하나님이 우리에게 충분한 증거를 주실 것이니 조바심

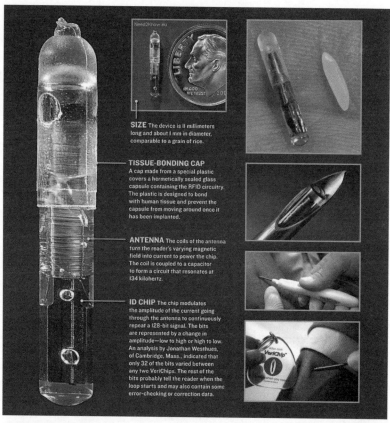

SIZE The device is II millimeters long and about I mm in diameter, comparable to a grain of rice.

TISSUE-BONDING CAP A cap made from a special plastic covers a hermetically sealed glass capsule containing the RFID circuitry. The plastic is designed to bond with human tissue and prevent the capsule from moving around once it has been implanted.

ANTENNA The coils of the antenna turn the reader's varying magnetic field into current to power the chip. The coil is coupled to a capacitor to form a circuit that resonates at 134 kilohertz.

ID CHIP The chip modulates the amplitude of the current going through the antenna to continuously repeat a 128-bit signal. The bits are represented by a change in amplitude—low to high or high to low. An analysis by Jonathan Westhues, of Cambridge, Mass., indicated that only 32 of the bits varied between any two VeriChips. The rest of the bits probably tell the reader when the loop starts and may also contain some error-checking or correction data.

연부 조직으로 된 덮개와 안테나, 칩으로 구성된 쌀알 크기의 베리칩 구조. 내부 기기 부분의 길이 11mm, 두께 1mm에 덮개 부분을 포함한 총 길이가 지름 17.9mm인 루스벨트 다임 동전보다 조금 짧다. 손과 팔뚝, 머리, 발목 복사뼈 근처에도 이식이 가능하고, 자가 이식도 할 수 있으며, 비트코인 저장소로 활용되기도 한다.

할 필요가 없다. 과거에 바코드가 짐승의 표라고 하면서 모든 동물 실험을 마쳤다는 둥 난리가 난 적이 있다. 물론 바코드도 짐승의 표로 활용될 수 있는 기능이 있고, 양쪽 두 개와 가운데의 긴 쌍선이 항상 6인 것도 사실이다.

바코드가 처음 나올 때 그게 찍힌 과자는 사지 않던 사람들도 있었다. 하지만 모든 상품에 붙자 사지 않을 수 없었고, 나중에는 666 짐승의 표를 다루는 책에도 바코드가 찍혀 나오는 코미디 같은 일이 벌어졌다. 이게 짐승의 표의 원리다. 막아서 될 일이 아니라 그냥 스며드는 공기와 같은 것이라서 모두에게 걸쳐 있다. 죽음 외에는 받지 않을 방법이 없어야 짐승의 표인 거다. 그렇기 때문에 코앞에 위기가 닥친 성도들을 주님이 건져올려 하늘로 채어 가시는 휴거가 필요한 것이다. 아무리 아우성 해도 짐승의 표는 정체성 자체가 그런 것이다. 우리는 그저 경고할 뿐이다.

바코드는 양끝과 중간의 가는 두 줄은 표기가 되지 않지만 항상 6이다. 화살표에서 보듯이 이런 선은 어느 자리에 위치해 있어도 항상 6임을 알 수 있다.

그러나 666은 어떤 사람의 수지 표 자체의 수가 아니다. 더욱이 지금은 바코드가 짐승의 표라고 말하는 사람이 아무도 없다.

그리스도의 이름으로 이런 베리칩을 들먹이며 순진한 성도들의 돈을 갈취하는 자들이 매우 많으므로 조심해야 한다. 이 시점에서는 종말의 때가 임박했음을 알리고 지금껏 성경의 예

바코드는 한때 짐승의 표로 통했다.

언이 실현된 것으로 보아 앞으로도 실현될 것이 분명하다는 것을 알리는 것이 가장 중요하다.

바른 지식과 구원이 있으면 자연히 휴거받게 되는데, 그 이후의 일까지 혼동하게 만들거나 불필요한 불안감을 조장하는 일은 지양해야 한다. 중요한 것, 먼저 알아야 할 것을 아는 것이 중요하다. 명확하지 않은 것, 성경에 나오지 않는 것까지 미리 따져서 "불이야" 외칠 필요는 없다는 것이다. 이러다가는 양치기 소년처럼, 나중에는 아무도 '늑대가 나타났다는' 우리의 말을 들어주지 않게 될 수 있다. 휴거의 복된 소망이 내팽개쳐졌듯이 이미 그런 마귀의 전략은 성공하고 있으며, 정작 중요한 때에 부정적인 효력을 발휘할 것이 분명하다.

마귀는 우리가 이런 논란에 익숙해지고 무뎌지기를 기대하고 있다. 마치

그리스도인의 가장 큰 소망인 휴거가 우스운 이단 논란이 된 것처럼 사람들이 짐승의 표를 그저 농담거리로 볼 시대를 기다리고 있다.

끝으로 우리가 짐승의 표에 대해 명확한 결론이나 해답을 얻을 수 없는 이유를 알아야 한다. 그것은 그 표가 7년 환난기의 중반이 되어야 명확히 드러날 것이기 때문이다. 이 시스템이 그 전에 구축된다 해도 성도의 휴거 이후에야 명백히 드러난다. 계시록 14장 9~11절의 짐승의 표에 대한 경고는 목사나 신약성도가 하는 것이 아니라, 환난기 중에 천사가 하는 것이다. 그리고 짐승은 그 표를 무작정 뿌리지 않고 자기에게 경배하는 자에게 준다.

11. 하늘의 14만 4천과 바빌론의 멸망

다시 등장한 14만 4천 (14장)

14장에서는 시작부터 14만 4천이 다시 등장한다.

또 내가 바라보니, 보라, 어린양께서 시온 산 위에 서 계시고 그분과 함께 <u>십사만 사천</u>이 서 있는데 그들의 이마 안에는 그분의 아버지의 이름이 기록되어 있더라. (계 14:1)

이 부분의 14만 4천을 7장에 나오는 유대인 선교사들과 다른 새로운 존재로 해석하는 이들도 있지만 그런 해석에는 무리가 있다. 이것은 다른 무리가 다시 일어나는 것이 아니라 7장의 14만 4천이 순교하여 하늘에 있는 모습이다. 그래서 그들의 이마에 하나님 아버지의 이름이 있다. 계시록 7장 3절에 천사들이 14만 4천의 사람들을 두고 "우리가 우리 하나님의 종들의 이마 안에 인을 찍어 그들을 봉인할 때까지 땅이나 바다나 나무들을 해하지 말라"고 한 것을 기억하면 문제는 간단하다.

14장 3절에 이들은 '새 노래' 같은 것을 부른다고 했다. 이것은 시대가 바뀌었음을 뜻하는 것이다. 시대라는 것은 하나님의 경륜이 드러나는 기간으로서 믿음으로 구원받는 것은 동일하지만 계시의 내용은 다른 때로 볼 수 있다. 은혜의 복음을 선포하는 교회시대는 휴거로 끝이 나고 왕국의 복음을 선포하는 환난 시대가 왔기 때문에 '새 노래'라는 표현이 등장하는 것이다.

이들은 여자들과 더불어 자신을 더럽히지 않은 자들이니 그들은 처녀들이니라. 이들은 어린양께서 가시는 대로 그분을 따라가는 자들이며 사람들 가운데서 구속을 받아 하나님과 어린양께 첫 열매가 된 자들이더라. (계 14:4)

또 계시록 14장 4절의 '첫 열매'라는 표현은 '새 노래'와 마찬가지로 역시 교회시대가 끝나고 새 시대인 환난 시대가 왔음을 보여준다. 그러므로 이들은 '환난 시대의 첫 열매'이다. 위 말씀에서 14만 4천은 '처녀들'이라고 표현되고 있다. 교회시대의 성도들은 그리스도와 정혼한 '한 처녀'로서 7년 환난기에 하늘에서 신랑과 결혼 예식을 하는데 반해, 환난성도인 14만 4천은 '처녀들'이다. 이들은 결혼 예식의 들러리로 볼 수 있다. 결혼 예식을 마치고 신랑이 돌아왔을 때 기름을 예비한 처녀들과 예비하지 못한 처녀들이 바로 이 유대인들이다.

누가복음 12장 36절은 이렇게 말한다.

너희 자신은 마치 자기 주인이 결혼식에서 돌아올 때에 그를 기다리는 사람들과 같이 되라. 그가 와서 문을 두드리면 그들이 즉시 그에게 열어 주리라.

누가복음 12장 35~40절은 마태복음 24장 45~51절과 같은 구절로서 예수님의 재림의 때(좀 더 구체적으로는 지상강림의 때)를 가리킨다. 분명히 이때에 주인이 결혼식에서 돌아온다고 말씀하신다. 그러므로 주인인 신랑과 그의 신부는 하늘에서 결혼식을 마치고 7년이 끝나는 시점에 이 땅에 내려와야 한다.

예수님의 올리브 산(감람산) 설교인 마태복음 24장 13절에는 '끝까지 견디

| 각 시대와 수신자별 4가지 복음

구분	왕국의 복음	은혜의 복음	영존하는 복음	다른 복음
수신자	유대인(환난기에는 유대인·이방인 모두)	믿는 모든 자	환난기의 모든 사람	참 진리가 아닌 사람의 교리와 인본주의적 전통으로 꾸며낸 이야기들. 마귀의 교리
시대	침례자 요한과 예수님 사역 당시, 환난기	신약교회시대	환난기	
선포자	침례자 요한, 예수님, 제자들	믿는 자들	천사(계 14:6)	저주받을 자들
내용	다윗의 자손 예수님이 메시아로서 구약에 기록된 대로 유대인의 지상 왕국을 건설하는 것	인간의 죄를 위해 십자가에서 대신 죽고 부활하신 주님을 믿기만 하면 구원을 받는 것	환난 시대에 예수님의 재림을 통한 왕국 건설과 하나님의 마지막 심판이 가까웠음을 알리는 것	믿음 + 행위 구원 종교 의식 기복신앙 은사주의 종교 일치 운동 등
성경	회개하라. 하늘의 왕국이 가까이 왔느니라(마 3:2, 4:17) 왕국의 이 복음이 모든 민족들에게 증언되기 위해 온 세상에 선포되리니 그제야 끝이 오리라. (마 24:14)	예수님께서 대답하시되, 진실로 진실로 내가 네게 이르노니, 사람이 물에서 나고 성령에게서 나지 아니하면 하나님의 왕국에 들어갈 수 없느니라. (요 3:5)	그가 큰 음성으로 이르되, 하나님을 두려워하고 그분께 영광을 돌리라. 그분의 심판의 시간이 이르렀으니 하늘과 땅과 바다와 물들의 근원들을 만드신 분께 경배하라, 하더라. (계 14:7)	그러나 우리나 혹은 하늘로부터 온 천사라도 우리가 너희에게 선포한 복음 외에 어떤 다른 복음을 너희에게 선포하면 그는 저주를 받을지어다. (갈 1:8)

는 자는 구원을 받으리라'는 말씀이 나온다. 이것은 교회 성도가 죽을 때까지 믿음을 저버리지 않는 것이나 믿음에 행위를 더하는 개념을 말하는 것이 아니다. 바로 그 밑의 14절 끝이 바로 환난기의 끝임을 보여 주기 때문이다.

왕국의 이 복음이 모든 민족들에게 증언되기 위해 온 세상에 선포되리니 그제야 끝이 오리라. (마 24:14)

예수님이 설명하신 징조가 실제로 나타나는 환난 시대에는 믿음을 가진 사람이라면 짐승의 표를 받지 않고 끝까지 환난을 견딤으로 그 믿음을 증명할 수 있다. 그런 의미에서 환난기에 들어간 유대인들이 그 시기의 끝까지 견디는 것이 믿음에서 나오는 선한 행위임을 주님은 말씀해 주셨다.

> 또 내가 보니 다른 천사가 하늘 한가운데로 날아가는데 그가 땅에 거하는 자들 곧 모든 민족과 족속과 언어와 백성에게 선포할 <u>영존하는 복음</u>을 가졌더라. (계 14:6)

여기에 나오는 '영존하는 복음' 역시 시대를 구분하는 용어다. 복음은 지금의 교회시대에 선포되는 은혜의 복음 한 가지만 있지 않다. 성경의 복음은 크게 네 가지로 구분할 수 있다. 영존하는 복음은 환난기에 심판이 가까웠음을 천사가 선포하는 복음이다(7절).

큰 도시 바빌론의 멸망 (14장)

14장 8절에서는 바빌론이 멸망한다.

> 또 다른 천사가 뒤따르며 이르되, 저 <u>큰 도시 바빌론</u>이 무너졌도다. 무너졌도다. 이는 그녀가 모든 민족들로 하여금 자기의 음행으로 인한 진노의 포도즙을 마시게 하였기 때문이라, 하더라. (계 14:8)

여기의 바빌론은 로마 가톨릭 교회 체제 혹은 그들이 종교 통합으로 이룬 거짓 종교의 연합체다.

> 여기에 지혜 있는 생각이 있으니 그 일곱 머리는 그 여자가 앉아 있는 <u>일곱 산</u>이라. (계 17:9)

일곱 산 위의 도시 로마 안에 위치한 바티칸은 종교 체제이면서 실상은 정치 권력이다. 바티칸 시국(市國)은 화폐도 있는 정식 도시 국가이며, 가톨릭

신자가 되는 것은 바티칸 시민이 되는 것이기도 하다. 바티칸은 종교인 행세를 하면서 정치적인 활동을 일삼아 모든 민족의 권력자들을 조종해온 세력이다.

일곱 산의 도시로 유명한 로마 관광책자와 지도

어거스틴은 로마 가톨릭교회를 '둘째 바빌론'이라 칭하였으며 가톨릭 백과사전 등에서도 인정하고 있다. 또한 알렉산더 히슬롭은 『두 개의 바빌론』이라는 책에서 그들이 또 하나의 바빌론임을 신랄하게 파헤쳤다.

이 음녀는 적그리스도가 아니라 적그리스도라는 짐승 위에 타고 있는 거짓 종교 체제인데, 적그리스도에게 이용만 당하고 멸망할 것이다.

셋째 천사가 그들을 뒤따르며 큰 음성으로 이르되, 만일 누구든지 그 짐승과 그의 형상에게 경배하고 자기 이마 안에나 손 안에 그의 표를 받으면 바로 그 사람은 하나님의 진노의 포도즙 곧 그분의 격노의 잔에 섞인 것이 없이 부은 포도즙을 마시리라. 그가 거룩한 천사들 앞과 어린양 앞에서 불과 유황으로 고통을 받으리니 그들의 고통의 연기가 영원무궁토록 올라가는도다. 짐승과 그의 형상에게 경배하는 자들과 그의 이름의 표를 받는 자는 누구든지 낮이나 밤이나 안식을 얻지 못하는도다. (계 14:9~11)

이 말씀은 짐승의 표를 받고 그에게 경배한 자들에 대한 단호한 심판의 내용이다. 아직 구원받지 못한 이들에게 우리는 이런 사실을 반드시 알려서 그들이 지금 예수님을 영접하게 해야 한다. 적어도 지금 믿으려 하지 않더라도 이런 일이 있을 것을 분명하게 선포해야 할 것이다.

이처럼 '영원한' 형벌은 성경이 분명히 말씀하는 심판이다. 영혼 멸절설이나 연옥에서 벌을 받고 새로운 기회를 얻을 수 있다는 등의 이야기는 성경이 전혀 지지하지 않는 이단 교리다. 왜 그들은 천국의 복은 영원하고 다시 번복되지 않는다면서 지옥(연옥)은 일시적인 것이라고 사람들의 입맛에 맞는 교리를 만들까? 성경대로만 하면 모든 것이 명확해진다.

다음으로는 환난성도들에 대한 복이 등장한다. 이것은 비록 예수님을 거부하고 휴거를 받지는 못했으나 뒤늦게 환난기에 들어가 주님을 믿고 짐승에게 경배하지 않으며 믿음을 지킨 자들의 인내를 하나님이 인정해 주시는 내용이다.

여기에 성도들의 인내가 있나니 곧 여기에 하나님의 명령들과 예수님의 믿음을 지키는 자들이 있느니라, 하더라. 또 내가 들으니 하늘로부터 한 음성이 나서 내게 이르시되, 기록하라. 이제부터 주 안에서 죽는 자들은 복이 있도다, 하시매 성령께서 이르시되, 그러하다. 이것은 그들이 그들의 수고를 그치고 안식하게 하

| 바빌론 음녀와 로마 가톨릭교회의 공통점

바빌론 음녀	로마 가톨릭교회
땅의 왕들과 거주민들이 그녀와 음행하고 그녀의 포도주에 취함.	정치세력으로서 온 세상 왕들과 나라들을 속임.
자주색 옷과 주홍색 옷을 차려입음.	추기경과 가톨릭 지도자들의 옷을 상징. 그러나 붉은색은 성경에서 죄의 색임(사 1:18).
그녀의 이마에 한 이름이 기록되어 있었는데, **신비라, 큰 바빌론이라, 땅의 창녀들과 가증한 것들의 어미라,** 함.	온 땅을 속여 가증한 일들을 행함. 모두가 집단 최면에 걸린 듯 그들에게 속으므로 신비라고 부름.
그 여자가 성도들의 피와 예수님의 순교자들의 피에 취함.	그리스도인들을 박해해 역사상 많은 순교자를 냄.
신성모독하는 이름들로 가득하고 일곱 머리와 열 뿔을 가진 주홍색 짐승 위에 앉음.	적그리스도 짐승의 등에 앉아 그를 돕는 세력임.
그 일곱 머리는 그 여자가 앉은 일곱 산임.	바티칸은 일곱 산 위에 세운 도시임.
음녀가 앉아 있는 물들은 백성들과 무리와 민족들과 언어들임.	종교를 빙자했으나 결국 정치 세력임.
여자는 땅의 왕들 위에 군림하는 큰 도시임.	바티칸은 도시로 존재하면서 온 세상 권력자들에게 영향력을 행사함.

려 함이니 그들의 행위가 그들을 뒤따르리로다, 하시더라. (계 14:12〜13)

이어지는 말씀은 예수님이 땅을 수확하고 심판하시는 내용이다.

구름 위에 앉으신 분께서 자기의 낫을 땅 위에 휘두르사 땅을 수확하시니라. 또 다른 천사가 하늘에 있는 성전에서 나오는데 그에게도 예리한 낫이 있더라. 또 불을 다스릴 권능을 가진 또 다른 천사가 제단으로부터 나와 예리한 낫을 가진 자에게 큰 외침으로 외쳐 이르되, 너의 예리한 낫을 휘둘러 땅의 포도송이들을 모으라. 땅의 포도들이 충분히 익었느니라, 하더라. 그 천사가 자기의 낫을 땅에 휘둘러 땅의 포도를 모아 하나님의 진노의 큰 포도즙 틀 속에 던지니 도시 밖에서 그 포도즙 틀이 밟혔고 포도즙 틀에서 피가 나와 말 굴레에까지 닿았으며 천 육백 스타디온이나 퍼졌더라. (계 14:16〜20)

땅의 포도를 수확하는 과정은 하나님이 자기 백성들을 친 원수들에게 복수하는 내용이다. 이 심판으로 인한 엄청난 양의 피는 말의 굴레에 닿을 1m 정도의 높이로 250km나 멀리까지 흐르게 될 것이다. 이 내용은 이사야서 63장에 이미 예언된 내용과 부합한다. 이때에 하나님이 친히 분노하여 원수들을 짓밟으실 것이다.

포도즙 틀이란 작은 기구가 아니라 야외에 땅을 파서 진흙 등으로 만들어 사람이 들어가 밟는 시설을 말한다. 포도즙 틀 심판은 계시록 19장에 다시 등장하는 내용이므로 뒤에서 다시 다루기로 한다.

12. 일곱 병의 심판

환난기의 맨끝에 집중된 병 심판

이어지는 일곱 병의 심판은 환난의 끝부분에 집중적으로 쏟아지는 재앙들

을 보여준다. 여기 나오는 일곱
금병(golden vials)은 한국의 그리
스도인들이 '일곱 대접'으로 잘
알고 있는 것이지만 이스라엘에
는 대접이라는 말이 없고, 원래
는 '병'이다. 이 병은 병목이 좁은

대접(볼, bowl, 왼쪽)과 병(바이알, vial)의 차이

형태의 물건으로서 특정 부분에 집중적으로 쏟아부을 수 있는 장점이 있다.
현대역본 영어 성경들은 볼(bowl)로 바꿔서 샐러드 볼처럼 우묵하고 넓은 그
릇으로 만들어 놓았지만 이것은 유리병, 바이알이라고 하는 백신 약병과 같
은 형태로 생각하면 된다.

이 심판은 7년 환난의 마지막, 예수님의 지상강림 직전에 일어나는 극심한
환난과 재앙을 뜻한다. 하나님이 이 마지막 재앙을 준비하실 때에 하늘에서
는 짐승에게 굴복하지 않은 자들이 하나님을 찬송한다.

또 내가 보니 불 섞인 유리 바다 같은 것이 있는데 짐승과 그의 형상과 그의 표와
그의 이름의 수를 이기고 승리한 자들이 하나님의 하프들을 가지고 유리 바다
위에 서서 하나님의 종 모세의 노래와 어린양의 노래를 부르며 이르되, 주 하나
님 전능자여, 주의 일들은 크고 놀랍나이다. 성도들의 왕이여, 주의 길들은 의롭
고 참되나이다. (계 15:2~3)

모세의 노래는 이스라엘이 이집트를 탈출했을 때 부른 노래이며(출애굽기
15장 등), 어린양의 노래는 예수 그리스도를 찬양하는 노래일 것이다. 이 노래
들을 모두 부를 수 있는 이들은 유대인뿐임을 금세 알 수 있다. 모세의 노래
는 유대인들에게 가르치게 되어 있었기 때문에 이 노래를 알고 부르는 것은
환난기를 지난 그들뿐이다(신 32:19).

4장에 이어 다시 등장하는 유리 바다는 셋째 하늘의 하나님 왕좌 앞에 있는
바다를 뜻한다. 솔로몬 성전에도 이것을 상징하는 바다가 있었고, 성막에도
물두멍이 바다를 상징했었다. 이 찬양이 끝난 후에 일곱 병의 심판이 시작된

다. 여기 재앙들도 일곱 나팔처럼 출애굽 당시의 재앙과 비슷한 부분이 많은데, 하나님의 심판이 이집트에서처럼 매우 극심한 것임을 보여준다.

첫째 병 심판 ▶ 헌데(피부병)

첫째 천사가 가서 자기 병을 땅에 쏟아 부으매 짐승의 표를 가진 사람들과 그의 형상에게 경배한 자들에게 악취가 나며 몹시 아픈 헌데가 생기더라. (계 16:2)

여기서 말씀하는 '헌데'란 부스럼과 피부병이다. 또한 나병(문둥병)으로 보는 경우도 있다. 이것은 이미 짐승의 표를 받은 사람들이 받는 재앙이므로 일곱 병 심판은 후반부 3년 반의 끝에 일어남을 다시 확인할 수 있다.

둘째 병 심판 ▶ 바다가 피로 변함

둘째 천사가 자기 병을 바다에 쏟아 부으매 바다가 죽은 사람의 피같이 되어 모든 살아 있는 혼이 바다에서 죽더라. (계 16:3)

바다가 피로 변하는 것은 모세가 이집트에 내린 재앙과 비슷하며, 계시록 11장에서 모세와 엘리야가 두 증인으로 왔을 때 그들의 권능에 대하여 설명한 부분과 일치한다. 바다가 피로 물들면 모든 생물이 죽을 것이고 인간의 식량에도 결정적인 영향을 미쳐 사람들의 삶은 극도로 피폐해질 것이다.

셋째 병 심판 ▶ 강과 물의 근원이 피로 변함

셋째 천사가 자기 병을 강들과 물들의 근원들 위에 쏟아 부으매 그것들이 피가 되더라. (계 16:4)

바다뿐 아니라 물과 강들과 그 근원까지 피가 되면 혼란은 더욱 극심해질 것이다. 5~7절에서는 대언자들의 피를 흘린 자들에게 그 피를 마시게 한다는 말씀이 등장한다. 그만큼 하나님의 복수는 처절하고 공평하게 이루어질 것이다.

넷째 병 심판 ▶ 태양이 사람을 태움

넷째 천사가 자기 병을 해 위에 쏟아 부으매 해가 사람들을 불로 태울 권능을 받아서 사람들을 큰 열기로 태우니 그들이 이 재앙들을 다스리는 권능을 소유하신 하나님의 이름을 모독하며 또 회개하지 아니하여 그분께 영광을 돌리지 아니하더라. (계 16:8~9)

해의 열기로 사람들은 고통을 받게 된다. 천년왕국의 태양은 일곱 배나 밝을 것이라고 이사야서 30장 26절은 말씀하고 있는데, 천년왕국이 가까워오는 시점에서 태양은 그 열기를 더하는 것 같다. 창조과학적으로도 천년왕국은 궁창 위의 물이 회복되어 물층이 쏟아져 내렸던 노아의 홍수 사건 이전으로 돌아가게 될 것이 예측되고 있다. 안 그러면 더 밝아진 태양의 열기를 감당할 수 없게 된다.

천년왕국은 에덴동산의 회복이며 사람과 짐승이 전혀 육식을 하지 않던 홍수 이전 시대로 돌아가는 것이기 때문에, 환난의 7년 동안은 강물과 물의 근원과 바다가 말라 지구 위에 수증기나 물층이 다시 형성되는 과정을 겪을 것이며 이로 인해 극심한 고통이 따를 것이 분명하다. 천년왕국으로 모든 것이 새롭게 되기 직전의 상황이기 때문이다.

다섯째 병 심판 ▶ 어둠

다섯째 천사가 자기 병을 짐승의 자리 위에 쏟아 부으매 그의 왕국이 어둠으로 가득하고 그들이 아픔으로 인하여 자기 혀를 깨물며 또 자기의 아픔과 헌데로 인하여 하늘의 하나님을 모독하고 자기 행실을 회개하지 아니하더라. (계 16:10~11)

다섯째 심판으로 짐승의 왕국에 어둠이 임하게 된다. 이것은 이집트 재앙의 아홉째 것과 비슷하다. 사람들은 갖가지 재앙과 심판으로 고통을 받으면서도 하나님을 모독하며 회개도 하지 않는다. 그때가 되면 이 초자연적 재앙들이 하나님의 심판임을 모두가 알 것이다. 그런데도 사람들은 완악함을 버리지 못하고 끝까지 하나님 앞에 굴복하지 않는다.

여섯째 병 심판 ▶ 유프라테스강이 마름

여섯째 천사가 자기 병을 큰 강 유프라테스 위에 쏟아 부으매 그것의 물이 말라서 동쪽의 왕들의 길이 예비되더라. 또 내가 보매 개구리 같은 부정한 영 셋이 용의 입과 짐승의 입과 거짓 대언자의 입에서 나오더라. 그들은 마귀들의 영들로서 기적들을 행하며 땅과 온 세상의 왕들에게 나아가 하나님 곧 전능자의 저 큰 날에 있을 전쟁을 위하여 그들을 모으더라. 보라, 내가 도둑같이 오나니 깨어 있어 자기 옷을 지키고 벌거벗고 다니지 아니하여 그들에게 자기 수치를 보이지 아니하는 자는 복이 있도다. 그가 히브리말로 아마겟돈이라 하는 곳으로 그들을 함께 모으더라. (계 16:12~16)

계시록 9장의 여섯째 나팔 심판 때는 유프라테스강에 묶어 둔 네 천사가 풀려나고, 2억 명의 악한 자들이 오며(계 9:16), 사람의 3분의 1이 죽는다고 했다. 여기 여섯째 병 심판에는 바빌론 유역의 강 유프라테스가 말라 동쪽에서 오는 왕들의 길이 예비된다고 했는데, 이는 같은 사건이다. 개구리 같이 부정한 영이 사탄의 삼위로부터 나오게 되고 그들이 기적을 행하며 아마겟돈 전쟁을 위해 온 세상의 왕들을 모으게 된다.

9장의 나팔 심판에서는 길게, 16장의 병 심판에서는 간단히 이 유프라테스 전쟁을 다루고 있는데, 이것은 전쟁이라기보다 살육에 가까운 엄청난 고통이다. 이 일로 바벨탑이 있었던 유프라테스강에 묶여 있던 천사들에 의해 지구 인구의 3분의 1이 죽게 되는데, 이것 역시 중국과 북방 민족들의 침략으로 보는 견해가 많다. 2억의 군대가 동원될 수 있는 곳은 중국뿐이며 실제 말을 훈련시키는 기병대가 부활될 것이라는 전망도 있다.

그러나 여기 문맥상 이 일을 주도하는 것은 '네 천사'다. 하나님의 천사는 묶여 있지 않으므로 이들은 주님의 천사가 아닐 가능성이 크다. 기병들에 관해서도 어느 민족이라는 암시는 없고, 오히려 네 천사의 기병이라고 보는 것이 자연스럽다. 이들의 외양은 더욱 더 인간의 군대와는 다른 모습이다.

불과 청옥과 유황의 흉갑과 입에서 나오는 불과 연기와 유황은 지옥 불을 연상시킨다(계9:17). 사자의 머리에 뱀 같으며 머리까지 갖춘 꼬리 등을 실제 말의 기병대를 은유적으로 표현한 것이라고 해석하는 것은 비약이다. 물론 실제 군대가 아니라고 못 박을 수는 없는 일이지만 이 유프라테스 전쟁은 문맥상 초자연적 존재의 살육이라고 보는 것이 타당하다. 현대전에서 이처럼 일방적인 전쟁을 한다는 것은 이해하기 어렵다.

이외에도 모든 예언을 현 상황에 끼워 맞추는 일은 바람직하지 않다. 국가의 형태나 국제 정세는 늘 달라지기 때문에 이런 예측이 빗나가게 되면 말씀의 권위만 약화될 수 있다. 그러므로 하나님이 이 일들을 이루신다는 사실에 주목하고 우리가 모든 것을 알 수는 없음을 인정하며 과도한 해석은 자제해야겠다.

일곱째 병 심판 ▶ 하나님의 진노

일곱째 천사가 자기 병을 공중에 쏟아 부으매 큰 음성이 하늘의 성전에서 왕좌로부터 나서 이르되, 다 이루어졌도다. 하더라. 음성들과 천둥들과 번개들이 있었고 또 큰 지진이 있었는데 지진이 얼마나 크고 강력한지 사람들이 땅 위에 있은 이래로 그와 같은 것이 없었더라. 그 큰 도시가 세 조각으로 갈라지고 민족들의 도시들도 무너지며 또 큰 바빌론이 하나님 앞에 기억되어 그분께서 그녀에게 자신의 맹렬한 진노의 포도즙 잔을 주시니라. 또 모든 섬이 사라지고 산들도 보이지 아니하더라. 또 무게가 각각 일 달란트나 되는 큰 우박이 하늘에서 나와 사람들 위에 떨어지매 사람들이 우박의 재앙으로 인하여 하나님을 모독하니 이는 그것의 재앙이 지극히 컸기 때문이더라. (계 16:17~21)

드디어 일곱째 천사의 병이 쏟아진다. 이때에 그 큰 도시, 아마도 동방의 왕들이 공격하러 온 이스라엘 땅의 예루살렘이 세 조각이 나고, 다른 도시들도 무너지며, 바빌론의 음녀에게 하나님의 맹렬한 진노가 쏟아진다. 모든 섬과 산이 사라져 천년왕국으로의 변화를 예감하게 하는데, 하늘에서 커다란 우박이 떨어지자 그 재앙으로 인해 또 다시 사람들은 하나님을 원망하고 모독하게 될 것이다.

제1 곡과 마곡 전쟁에 대한 견해들

성경에 보면 곡과 마곡 전쟁이 천년왕국 직전과 천년왕국 끝에 각각 일어난다. 그런데 천년왕국 전의 것이 환난기 직전이냐, 환난기의 끝이냐를 두고 의견이 나뉜다.

결론부터 말하면, 천년왕국 전에 일어나는 전쟁은 아마겟돈 전쟁과 같은 것으로 이해하는 것이 가장 성경적이라고 생각한다. 말하자면 환난기 직전이 아니라 환난기의 끝에 있을 전쟁인데, 주로 피터 럭크만의 견해를 중심으로 살펴본다.

이 시기를 판단하는 포인트는 에스겔서 38장과 39장을 각각 어떤 곡과 마곡 전쟁으로 보느냐는 것이다. 대개는 시간의 흐름을 따져서 38장이 먼저 일어나는 것으로 생각하지만, 39장의 예언이 먼저 발생하는 것으로 보인다. 설명을 위해 편의상 이 두 전쟁을 제1, 제2 곡과 마곡 전쟁으로 부른다(제2 곡과 마곡 전쟁은 천년왕국 부분에서 다시 다룸). 그런데 에스겔서 39장의 전쟁이 38장의 예언보다 먼저 생기는 것으로 보인다. 성경의 묵시 문학은 순서를 반드시 시간 순으로 나열하지 않는다.

곡과 마곡은 많은 연구가가 러시아를 지목하는 데 주저함이 없다. 그들이 북쪽에서 오는 점, '메섹'이라는 이름이 그들의 대표 도시 모스크바의 어원이라는 점, '곡'이 게오르그(교르그, Georgia, 그루지야) 등과 어원상 연관이 있을 가능성이 크다는 점 등을 들어 러시아가 소련 때부터 가졌던 야욕을 결국 드러내리라고 보는 이들이 매우 많다. 이는 러시아가 무기를 지원해 온 아랍 국가들과의 연합으로 이루어질 것으로 보인다. 소련이 이스라엘에 야욕을 가진 것은 20세기 전쟁사를 통해 쉽게 짐작할 수 있으며, 연방 해체 뒤 러시아로 분리되었어도 그 가능성은 충분하다.

많은 이들이 제1 곡과 마곡 전쟁이 7년 환난 직전에 러시아가 이스라엘을 침공하는 것으로 해석한다. 이들은 에스겔서 38~39장이 모두 이 전쟁을 가리키는 것으로 본다. 실제로 두 장의 내용은 이어져 있는 것처럼 보이기도 하다.

그들이 이것의 시점을 7년 환난기, 즉 휴거 전으로 보는 이유는, 우선 이 전

명칭	발생시점	성경 예언 위치
제1 곡과 마곡 전쟁	7년 환난기 후반 (반론 : 7년 환난기 직전)	에스겔 39장
제2 곡과 마곡 전쟁	천년왕국 후반	에스겔 38장

쟁의 무기를 불태우는 데 7년이 걸린다는 점 때문이다.

이스라엘의 도시들에 거하는 자들이 나아가서 무기들 곧 큰 방패와 작은 방패와 활과 화살과 몽둥이와 창에 불을 놓아 <u>칠 년 동안</u> 그것들을 불로 태우리라. (겔 39:9)

물론 이 전쟁은 이스라엘을 친 자들이 패배하는 전쟁이다. 이스라엘은 이 전쟁을 일으킨 자들을 일곱 달 동안 처리할 것이다.

이스라엘의 집이 <u>일곱 달 동안</u> 그들을 묻어 그 땅을 정결하게 하겠고 (겔 39:12)

이처럼 유대인들이 전쟁의 황폐함을 수습하는 기간이 나오는데, 이 전쟁이 만일 환난기 전에 일어나지 않고 환난기 후반부에 일어나면 땅이 노아의 홍수 이전으로 회복되고 안정되는 천년왕국에 이런 전쟁의 수습이 있어야 하므로 7년 환난기 전에 있어야 한다고 생각한다.

물론 일리가 있는 주장이다. 하지만 성경은 이 전쟁을 일으킨 곡과 마곡이 웬만한 타격을 입는 것이 아니라 거의 초토화되어 전멸하는 것으로 묘사한다. 만일 그들이 러시아와 아랍 국가들이라면, 이들이 어떻게 7년 안에 다시 전열을 정비해 재차 아마겟돈을 일으키겠는가? 만일 그런 음모를 다시 꾸민다면 모든 국제 사회가 눈치를 챌 것이지만, 군대를 거의 잃었으니 그럴 여력도 없을 것이다.

이 전쟁이 환난기 끝이면 평화의 땅인 천년왕국에서 시신을 7개월이나 수

습한다는 것이 말이 되느냐고도 한다. 그러나 천년왕국의 새로운 환경은 아마겟돈 전쟁 이후 한나절 만에 바뀌는 것이 아니며 당연히 정화 기간이 필요하다. 그리고 새로운 세상이 열려도 하루아침에 모든 것이 변하지는 않으므로 인간이 처리해야 할 일은 그 천년의 초반에 얼마든지 할 수 있다. 마치 노아의 홍수 이후에 하루 만에 물이 다 빠지고 새로운 터전이 생긴 것은 아니듯이 말이다. 홍수는 1년이 걸렸고, 비가 그치고도 몇 년 동안 빙하기가 닥쳤을 것으로 과학자들은 진단하고 있다.

한편 7년 환난기 전에 이 전쟁이 일어나야 한다고 생각하는 이들은 에스겔서 38장과 39장 모두 환난기 전의 곡과 마곡 전쟁으로 보는데, 러시아의 동향을 보았을 때 그들이 이슬람 국가들과 연합해 곧 침략할 것 같은 분위기가 감지되기 때문에 우리가 그것을 목격하게 될 것이라고 한다. 또한 7년 동안 무기를 처리한다는 것이 환난기의 7년과 맞아떨어져서, 환난기 7년간 그 일이 벌어지지 않겠느냐고 보는 것이다.

하지만 그 정도로 패망하여 이스라엘이 7년 동안 무기를 처리하고 7개월 동안 시신을 수습한다면 성경의 예언이 이루어진 것을 많은 이들이 알게 될 테고, 그 전쟁의 끝이 휴거와 일치하는데 공중강림이 비밀스러운 사건이 될 수 있을까?

제1 곡과 마곡 전쟁이 환난기 전이 아니라 후반에 일어난다고 볼 수 있는 이유는 다음 말씀이 아마겟돈 상황과 매우 흡사하기 때문이다.

주 **하나님**이 이같이 말하노라. 사람의 아들아, 너는 깃털 가진 모든 날짐승과 들의 모든 짐승에게 이르기를, 너희는 모여서 오라. 너희는 사방에서 모이되 내가 너희를 위하여 희생시키는 내 희생물 곧 이스라엘의 산들 위에 있는 큰 희생물에게로 모여 살을 먹으며 피를 마실지어다. 너희가 힘 센 자들의 살을 먹으며 땅의 통치자들의 피를 마시고 바산의 모든 살진 짐승 곧 숫양과 어린양과 염소와 수소의 살과 피도 먹고 마실지니라. 또 내가 너희를 위하여 희생시킨 내 희생물의 기름을 너희가 배부를 때까지 먹으며 그 피를 취할 때까지 마시고 이와 같이 내 상에서 말과 병거와 용사와 모든 전사로 배를 채울지니라. 주 **하나님**이 말하노라. 내가 내 영광을 이교도들 가운데 두어 모든 이교도들이 내가 집행한 심판과 내가 그들 위에 얹은 내 손을 보게 하리니 이로써 그 날 이후로는 이스라엘의 집이 내가 **주** 자기들의 하나님인 줄을 알리라. (겔 39:17~22)

다음은 아마겟돈 심판의 장면이다. 매우 비슷한 요소들이 많이 눈에 띈다.

또 내가 보니 한 천사가 해 안에 서서 하늘 한가운데로 날아가는 모든 날짐승을 향하여 큰 음성으로 외쳐 이르되, 너희는 와서 위대하신 하나님의 만찬에 함께 모여 왕들의 살과 대장들의 살과 용사들의 살과 말들의 살과 말 탄 자들의 살과 자유로운 자나 매인 자나 작은 자나 큰 자를 막론하고 모든 사람의 살을 먹으라, 하더라. 또 내가 보매 그 짐승과 땅의 왕들과 그들의 군대들이 함께 모여 말 타신 분과 그분의 군대를 대적하여 전쟁을 하더라. 짐승이 잡히고 또 그 앞에서 기적들을 행하던 거짓 대언자도 그와 함께 잡혔는데 그는 짐승의 표를 받은 자들과 그의 형상에게 경배하던 자들을 기적들로 속이던 자더라. 이 둘이 산 채로 유황으로 불타는 불 호수에 던져지고 그 남은 자들은 말 타신 분의 칼 곧 그분의 입에서 나온 칼로 죽임을 당하니 모든 날짐승이 그들의 살로 배를 채우더라. (계 19:17~21)

그러므로 제1 곡과 마곡 전쟁은 7년 환난기 끝에 일어나며 이 무리들은 계시록에서 아마겟돈 전쟁이 생기는 시점에 총 집결하여 이스라엘을 공격했다가 심판을 당하게 된다.

만일 7년 환난기 전에 곡과 마곡 전쟁이 일어난다면 다음 구절은 설명이 안된다.

이로써 그 날 이후로는 이스라엘의 집이 내가 **주** 자기들의 하나님인 줄을 알리라. (겔 39:22)

이 구절은 주를 아는 지식이 바다를 덮는 것과 같다고 한 천년왕국 상황일 수는 없으니 무조건 제1 곡과 마곡 전쟁의 결과인데, 7년 환난기 직전에 이스라엘이 하나님이 자기들의 주라는 것을 안다면 그들 중에서 14만 4천이 왜 나오고, 왜 끝까지 불순종하다가 환난기 끝에 피난처로 도피하겠는가. 앞뒤가 맞지 않는다. 환난 전의 이스라엘은 유대교인도 별로 없는 대다수가 무신론자인 집단에 지나지 않는다. 그러므로 환난 전에 그들이 하나님을 자기들의 주로 인정하는 일은 없다. 이 부분은 맨 마지막에 그들이 회개하며 메시아 예수님을 인정하고 알아본다는 의미로 이해해야 한다.

이 전쟁에 관한 정보는 성경이 많이 제공하지 않는다. 그런 것을 굳이 알려고 할 필요가 있을까? 그 모든 의미를 우리가 다 알 수는 없을 것이다.

명확한 결론을 낼 수 없는 상황에서 과도한 호기심을 가지면 실수하기 쉽다. 7년 환난기의 후반부 일이라면 신약성도들에게 해당이 없다. 또한 그 일이 닥치면 뜻을 알 수 있을 것이기 때문에 지금 꼭 알아야 할 이유도 없다. 건전한 성경 연구가들은 이런 부분을 아예 언급하지 않으며, 무리하게 침략 국가를 유추하고 무기의 종류까지 언급하는 식의 일을 경계한다. 종말론 연구를 통해 정작 알아야 할 것은 그런 세부 사항의 해석이 아니라 하나님의 뜻이며, 그분의 경륜에 겸허히 순종해 진리를 선포하는 것이다.

바빌론 음녀의 심판 (17~18장)

또 일곱 병을 가진 일곱 천사 중의 하나가 와서 나와 이야기하며 내게 이르되, 이리로 오라. 많은 물들 위에 앉은 큰 음녀가 받을 심판을 내가 네게 보여 주리라. (계 17:1)

드디어 많은 사람을 속인 음녀, 짐승 위에 탄 여자가 심판을 받는다. 이 일이 얼마나 중요한지 17장과 18장 전체를 통해 알리고 있다. 이 음녀의 정체를 알아볼 수 있는 사람이라면 지금 그녀에게서 나와야 한다. 주님이 이토록 자세하고도 명확한 근거를 들어 음녀의 정체를 알려주시는 것은 한 사람이라도 그녀에게 속지 않고 분별력을 지니기를 원하시기 때문이다.

여러 번 살펴보았듯이 음녀는 로마이며 가톨릭 연합 세력이다. 17장에 나오는 표현들을 통해 두 존재의 공통점을 알 수 있다. 17장은 또한 적그리스도와 마지막의 열 발가락 왕국에 대해서도 알려주고 있다.

> 또 일곱 왕이 있는데 다섯은 망하였고 하나는 있으며 다른 하나는 아직 오지 아니하였으되 그가 오면 반드시 잠시 동안 머물리라. 전에 있었다가 지금은 없는 그 짐승은 곧 **여덟째**며 그 일곱에 속한 자라. 그가 멸망으로 들어가느니라. (계 17:10~11)

여기 일곱 왕의 정체는 성경이 알려주지 않는다. 어떤 이들은 이미 망한 다섯은 요한 시대에 군림했던 로마의 다섯 왕이고, 지금 있는 하나는 요한 당시에 존재했던 여섯째 황제 도미티아누스를 뜻하며, 짐승 적그리스도가 일곱째라고 주장한다. 그러나 이것이 꼭 맞는다고는 할 수 없다. 한편 여덟째 짐승에 대해서는 다음 구절이 힌트를 준다. 적그리스도는 열 발가락 왕국의 열 왕과 연합하게 되는데, 이것은 그 왕들이 일시적으로 권능을 받게 될 것을 의미한다.

> 네가 본 열 뿔은 열 왕인데 그들이 아직 아무 왕국도 받지 못하였으나 그 짐승과 더불어 한 시간 동안 왕으로서 권능을 받느니라. (계 17:12)

이들은 어린양 예수님과 전쟁을 하지만 패하게 된다(14절). 이후 열 뿔, 즉 열 왕들은 음녀를 이용만 하고 그녀를 철저히 짓밟을 것이다.

> 네가 본 열 뿔 곧 짐승 위에 있는 이것들이 그 음녀를 미워하여 황폐하게 하고 벌거벗게 하며 그녀의 살을 먹고 그녀를 불로 태우리라. (계 17:16)

17장과 18장이 같은 음녀 체제에 대한 다른 표현인지, 서로 다른 것을 말하는 것인지에 대해서는 견해가 엇갈린다. 서로 다른 것을 기록한 것이라고 말하는 이들은 바빌론 도시가 실제로 재건될 것이고 18장은 바빌론 도시에 대한 심판이라고 주장한다. 그러나 이 두 장을 비교해 본다면, 땅의 왕들과의 음행, 순교자와 대언자들의 피 언급, 또 18장에서도 계속해서 그 여인을 '그녀'라고 부르는 것 등으로 보아 두 장이 같은 음녀 체제를 심판하는 내용을 담은 것으로 보는 것이 타당할 것 같다.

이 일들 뒤에 내가 보니 큰 권능을 가진 또 다른 천사가 하늘로부터 내려오는데 그의 영광으로 인해 땅이 환해지더라. 그가 우렁찬 음성으로 힘차게 외쳐 이르되, 저 큰 바빌론이 무너졌도다, 무너졌도다. 그녀가 마귀들의 처소가 되고 모든 더러운 영의 요새가 되며 모든 부정하고 가증한 새들의 집이 되었도다. (계 18:1~2)

앞서 여러 번 살펴본 대로 땅의 왕들은 바빌론 음녀를 이용하고 또한 이용당하면서 음행을 했고, 결국 심판을 받게 되었다.

요한계시록은 서두인 1장 3절에서 "이 대언의 말씀들을 읽는 자와 듣고 그 안에 기록된 그것들을 지키는 자들은 복이 있다"고 말씀하는데, 계시록 전체에 기록된 것 중 듣고 지켜야 할 가장 중요한 것은 어쩌면 다음의 말씀일지도 모른다. 이 말씀을 지키는 사람에게 큰 복이 있을 것이다. 그것은 바로 "그 음녀에게서 나오라!"라는 말씀이다.

또 내가 들으니 하늘로부터 또 다른 음성이 나서 이르되, 내 백성아, 너희는 그녀에게서 나와 그녀의 죄들에 참여하는 자가 되지 말고 그녀가 받을 재앙들을 받지 말라. (계 18:4)

여기서 '내 백성'은 실제적으로 환난기의 마지막 때에 이 땅에 살 성도들이지만 오늘날 마지막 때를 사는 모든 사람 역시 이 경고를 귀담아 들어야 할 것이다. 아직 시간이 있기 때문이다.

지금 그 음녀에게서 나와야 할 사람들은 누구인가? 로마 가톨릭 세력을 등에 업고 종교 체제를 이용해 백성에게 군림하는 왕들, 천주교의 손짓에 넘어가 종교 일치와 교회 일치 운동에 공들이는 배교한 개신교회들, 바빌론 음녀가 퍼뜨린 더러운 문화에 찌든 대중문화의 생산자와 소비자들, 바빌론 세력이 만들거나 합작한 다른 우상숭배 종교와 사상과 물품과 철학에 속고 있는 수많은 지구촌 사람 모두가 이에 해당한다. 하나님은 지금 이 시간에도 강력한 경고의 외침을 주신다.

음녀는 세상 사람들에게 많은 것들을 팔고, 사람들은 그것을 매매했다고 성경은 말씀한다.

그녀가 받는 고통을 두려워하므로 멀리 서서 이르되, 가엾도다, 가엾도다, 저 큰 도시 바빌론이여, 저 막강한 도시여! 너에 대한 심판이 한 시간 내에 이르렀도다, 하리로다. 땅의 상인들도 그녀를 두고 슬피 울며 애곡하리니 이는 아무도 다시는 그들의 상품을 사지 아니하기 때문이라. 그 상품은 금과 은과 보석과 진주요, 고운 아마포와 자주색 옷감과 비단과 주홍색 옷감이요, 모든 향목과 온갖 종류의 상아 그릇이요, 매우 값진 나무와 놋과 쇠와 대리석으로 만든 온갖 그릇이요, 육계와 향료와 향유와 유향과 포도즙과 기름과 고운 가루와 밀이요, 짐승과 양과 말과 병거와 노예들과 사람들의 혼이라. (계 18:10~13)

특이하게도 그들은 사람들의 혼까지 사고팔았다고 한다. 그들과 음녀가 결국 마귀의 하수인이며 그 세력임을 알 수 있는 말씀이 있다. 덮는 그룹 루시퍼, 즉 마귀이자 두로 왕으로 표현된 자에게 경고하는 에스겔서 말씀이다.

네 상품이 많으므로 그들이 네 한가운데를 폭력으로 가득 채우매 네가 죄를 지었도다. 그러므로 내가 너를 더럽게 여겨 하나님의 산에서 쫓아내리라. 오 덮는 그룹아, 내가 너를 불타는 돌들 한가운데서 끊어 멸하리로다. (겔 28:16)

그 역시 음녀처럼 상품이 많다고 했다. 바로 상품으로 온 세상을 현혹한 자가마귀이며 그의 하수인이 멸망당할 바빌론 음녀다.

13. 할렐루야 찬양과 어린양의 혼인 잔치

하나님의 영광을 높이는 일의 중요성

계시록에는 곳곳의 사건마다 하나님과 어린양 예수님을 찬양하는 모습이 자주 등장한다. 계시록을 볼 때는 대개 어떤 사건을 어떻게 풀어 미래를 예측하는지에 몰두하는 경향이 짙다. 그러나 우리의 창조 목적과 인류 역사의 모든 일을 돌아볼 때 이 일들을 행하시며 우리를 구원하시고 원수들을 심판하시는 공의의 하나님께 영광을 돌리는 일을 소홀히 해서는 안 될 것이다.

19장에도 하나님을 찬양하는 장면이 먼저 등장한다.

이 일들 뒤에 내가 들으니 하늘에 많은 사람들의 큰 음성이 있어 이르되, 할렐루야, 구원과 영광과 존귀와 권능이 주 우리 하나님께 있도다. 그분의 심판들은 참되고 의로우니 그분께서 음행으로 땅을 부패시킨 그 큰 음녀를 심판하시고 또 자신의 종들의 피의 원수를 그녀의 손에 갚으셨도다, 하더라. 그들이 다시 이르되, 할렐루야, 하더라. 그녀의 연기가 영원무궁토록 올라가더라. 또 스물네 장로와 네 짐승이 엎드려서 왕좌에 앉으신 하나님께 경배하며 이르되, 아멘, 할렐루야, 하니 왕좌에서 한 음성이 나서 이르되, 하나님의 모든 종들아, 그분을 두려워하는 자들아, 작은 자든지 큰 자든지 너희는 다 우리 하나님을 찬양하라, 하더라. 또 내가 들으니 큰 무리의 소리 같기도 하고 많은 물들의 소리 같기도 하며 우렁찬 천둥들의 소리 같기도 한 음성이 이르되, 할렐루야, 주 하나님 곧 전능하신 분께서 통치하시는도다. (계 19:1~6)

헨델의 〈메시아〉 중 가장 장엄한 노래 〈할렐루야 합창〉의 가사가 된 이 부분은 하늘에서 구원받은 사람들이 하나님을 찬양하는 대목이다. 유명한 가사 "전능의 주가 다스리신다"에 해당하는 6절 말씀 "할렐루야, 주 하나님 곧 전능하신 분께서 통치하시는도다"라는 대목은 우리 모두와 순교한 성도들과 먼저 살았던 믿음의 선진들, 심지어 신음하던 창조물들도 고대하던 하나님의 전권적인 통치가 가까웠음을 알고 감격에 겨워 부르는 노래다. 이 노래는 아마도 우리 모두가 부를 가장 벅찬 찬양이 될 것이다.

어린양의 혼인 잔치[5]

우리가 즐거워하고 기뻐하며 그분께 존귀를 돌릴지니 <u>어린양의 혼인</u> 잔치가 이르렀고 그분의 아내가 자신을 예비하였도다. 또 그녀가 깨끗하고 희고 고운 아마포 옷을 차려입도록 허락하셨는데 그 고운 아마포는 성도들의 의니라, 하더라. 그가 내게 말하기를, 기록하라. 어린양의 혼인 만찬에 부름 받은 자들은 복이 있도다, 하고 또 내게 이르되, 이것들은 하나님의 참된 말씀들이라, 하기에 (계 19:7~9)

어린양과 혼인 잔치를 갖는 이들은 그리스도와 정혼했던 한 처녀, 즉 신약 교회의 성도들이다. 여기서 혼인 잔치가 벌어진다는 것은 순서상 그리스도의 심판석, 즉 구원받은 자들의 행위를 회계 보고하는 자리가 어느 때인가 이미 끝났음을 가리킨다. 어린양과 신부의 신혼여행 장소는 신방처럼 새롭게 단장된 곳, 어린양 예수님께서 전에 인류를 위해 죽으러 내려오셨던 이 땅의 천년왕국이다. 이렇게 주님과 우리 성도들의 밀월여행은 천년 동안 이어질 것이다.

---

5. 이 부분에 관한 자세한 설명은 부록 ② 참고.

그리스도의 심판석

휴거된 교회 성도들은 7년간 어린양의 혼인 잔치에 참여하면서 그분의 신부로 합당한 존재가 된다. 이 과정에는 우리 모두가 예수 그리스도 앞에서 각자 행위를 회계 보고하는 그리스도의 심판석이 존재한다.

땅에서 7년 환난이 이루어지는 때의 어느 시점에 휴거 받은 성도들에 대한 보상의 심판이 이루어지는데 이것이 바로 그리스도의 심판석에서의 심판이다.

그리스도의 심판석은 이미 의롭다 칭함을 얻고 흠 없이 구별된 신부만 참여하는 자리다. 이 심판석은 구원 이후의 행위에 대한 보상을 결정하는 자리다.

그런데 네가 어찌하여 네 형제를 판단하느냐? 어찌하여 네 형제를 무시하느냐? 우리가 다 그리스도의 심판석 앞에 서리라. 기록된 바, 내가 살아 있음을 두고 맹세하노니 모든 무릎이 내게 굴복하고 모든 혀가 하나님에게 자백하리라. 주가 말하노라, 하였느니라. 그러므로 이와 같이 우리 각 사람이 자신에 관하여 하나님께 회계 보고를 하리라. (롬 14:10~12)

여기서는 겨우 구원만 받는 사람과 보상을 받는 사람이 구분된다.

내게 주어진 하나님의 은혜에 따라 내가 지혜로운 주건축자로서 기초를 놓았고 다른 사람이 그 위에 세우되 저마다 어떻게 그 위에 세울지 주의할지니라. 아무도 이미 놓은 기초 외에 능히 다른 기초를 놓을 수 없나니 이 기초는 곧 예수 그리스도시니라. 그런데 만일 어떤 사람이 이 기초 위에 금이나 은이나 보석이나 나무나 건초나 짚을 세우면 각 사람의 일(work)이 드러나리라. 그 날이 그것을 밝히 드러내리니 이는 그것이 불에 의해 드러나고 그 불이 각 사람의 일이 어떤 종류인지 그것을 시험할 것이기 때문이라. 어떤 사람이 그 기초 위에 세운 일이 남아 있으면 그는 보상을 받고 어떤 사람의 일이 불타면 그는 보상의 손실을 당하리라. 그러나 그 자신은 구원을 받되 불에 의해 받는 것 같이 받으리라. (고전 3:10~15)

판단받은 것은 형벌이나 구원 여부가 아니라 각 사람의 '일'이라고 했다.

우리 성도들이 땅에서 누릴 것들을 포기하고 살아가는 이유는 훗날 지금의 즐거움과 비교할 수 없는 기쁨과 보상을 바라보기 때문이다. 이때는 중심을 보시는 하나님에 의해 우리의 모든 것이 드러날 것이다. 하나님은 공의로우시기 때문이다.

우리가 반드시 다 <u>그리스도의 심판석</u> 앞에 나타나리니 이로써 각 사람이 좋은 것이든 나쁜 것이든 자기가 행한 것에 따라 자기 몸 안에 이루어진 것들을 받으리라. (고후 5:10)

그러므로 아직 그 자리에 가지 않은 우리 성도들은 신부가 단장을 하듯 순결하고 바른 모습으로 그날을 준비해야겠다.

천국에 보상이 있듯이 지옥의 형벌도 당연히 차등이 있다. 복음의 빛을 많이 받고도 안 믿은 자는 적게 받은 자보다 더 큰 책임을 져야 한다. 빌라도의 죄는 '큰 죄'이고 가룟 유다의 죄는 '더 큰 죄'이다. 하나님의 아들을 부인한 자들의 죄는 극심할 것이다.

예수님께서 대답하시되, 위에서 네게 주지 아니하셨더라면 나를 해할 권한이 결코 네게 있지 아니하였으리니 그러므로 나를 네게 넘겨준 자에게는 <u>더 큰 죄</u>가 있느니라, 하시니라. (요 19:11)

하물며 하나님의 아들을 발로 밟고 자기를 거룩히 구별한 언약의 피를 거룩하지 아니한 것으로 여기며 은혜의 영께 무례히 행한 자가 당연히 받을 형벌은 얼마나 더 극심하겠느냐? 너희는 생각해 보라. (히 10:29)

14. 아마겟돈과 영광의 지상강림

초림과는 다른 재림의 영광

예수님의 초림은 정말 비밀스럽고 조용했으며 초라했다. 지극히 적은 사람들만이 그분의 오심을 보았고, 적은 수의 사람들만이 그분을 보고 믿었다. 그러나 주님의 재림은 매우 웅장하고 장엄할 것이며, 영광으로 가득 찰 것이다. 모든 자가 그분을 보며 그분의 권능에 굴복하고 원수들은 짓밟혀 공의의 심판을 받는다.

또 내가 하늘이 열린 것을 보니, 보라, 흰 말이라. 그 위에 타신 분은 신실하신 이, 참되신 이라 불리더라. 그분은 의로 심판하며 전쟁을 하시느니라. 그분의 눈은 불꽃 같고 그분의 머리 위에는 많은 관이 있었으며 또 그분께 기록된 한 이름이 있었으나 그분 밖에는 아무도 그것을 알지 못하더라. 또 그분께서 피에 담근 옷을 입으셨는데 그분의 이름은 하나님의 말씀이라 불리느니라. (계 19:11~13)

계시록 4장 이후 두 번째로 하늘이 열리고 예수님께서 등장하신다. 그분께 기록된 이름, 아무도 알지 못하는 그 이름은 I AM THAT I AM, '스스로 있는 자'로 아무도 알 수 없는 이름이다(출 3:14). 이것은 그분이 존재 그 자체이며 설명이 필요 없고 설명 자체가 불가능한 분이라는 뜻이다. 피에 담근 옷을 입으신 그분의 이름은 또한 하나님의 말씀인데, 이는 천지창조 때부터 계셨고 만물을 만드신 분이라는 의미다.

처음에 말씀이 계셨고 말씀이 하나님과 함께 계셨으며 말씀이 하나님이셨더라. 바로 그분께서 처음에 하나님과 함께 계셨고 모든 것이 그분에 의해 만들어졌으니 만들어진 것 중에 그분 없이 만들어진 것은 하나도 없었더라. (요 1:1~3)

예수님의 지상강림 장소는 사도행전의 승천 기사에서 언급되었듯이 예루살렘 옆의 올리브 산이 될 것이다.

> 그 날에 그분의 발이 예루살렘 앞 동쪽에 있는 올리브 산 위에 설 것이요, 올리브 산이 거기의 한가운데서 동쪽과 서쪽으로 갈라지므로 심히 큰 골짜기가 생길 것이며 그 산의 반은 북쪽으로, 그 산의 반은 남쪽으로 이동하리라. (슥 14:4)

아마겟돈 전쟁에서의 심판 (19장)

아마겟돈 전쟁은 너무나 잘 알려진 마지막 전쟁이다. 므깃도(군중이 모이는 산)의 골짜기라 불리는 이 지역은 나폴레옹이 방문했을 때, 온 세상의 군대들이 모여서 전쟁을 치르기에 적합한 장소라고 감탄했을 정도로 많은 군대가 집결하기 좋은 지형이다. 그러나 아마겟돈 전쟁에서 서로 포를 쏘거나 하는 식의 교전이 벌어지지는 않는다. 여기에는 군대들이 이스라엘을 치기 위해 집결할 뿐이며, 이때에 즉시 하나님의 심판이 그들에게 임하기 때문에 전쟁이 벌어질 틈도 없는 것이다.

적그리스도의 군대는 예수님께 대적하지만 주님은 적그리스도인 짐승과 거짓 대언자를 삽시간에 이기시고 유황 불 호수에 집어넣어 심판하신다. 그들 외에도 다른 모든 적이 일어서지만 무기력하게 패배하므로 이것은 하나님의 원수 갚으시는 심판이며 전쟁이 아니다.

> 또 내가 보니 한 천사가 해 안에 서서 하늘 한가운데로 날아가는 모든 날짐승을 향하여 큰 음성으로 외쳐 이르되, 너희는 와서 위대하신 하나님의 만찬에 함께 모여 왕들의 살과 대장들의 살과 용사들의 살과 말들의 살과 말 탄 자들의 살과 자유로운 자나 매인 자나 작은 자나 큰 자를 막론하고 모든 사람의 살을 먹으라, 하더라. 또 내가 보매 그 짐승과 땅의 왕들과 그들의 군대들이 함께 모여 말 타신 분과 그분의 군대를 대적하여 전쟁을 하더라. 짐승이 잡히고 또 그 앞에서 기적들을 행하던 거짓 대언자도 그와 함께 잡혔는데 그는 짐승의 표를 받은 자들과 그의 형상에게 경배하던 자들을 기적들로 속이던 자더라. 이 둘이 산 채로 유황으로 불타는 불 호수에 던져지고 그 남은 자들은 말

타신 분의 칼 곧 그분의 입에서 나온 칼로 죽임을 당하니 모든 날짐승이 그들의 살로 배를 채우더라. (계 19:17~21)

이렇게 심판을 받은 적군들은 새의 밥이 되며, 이들은 천년왕국 동안 다시 살지 못하다가 천 년이 끝날 때 둘째 부활로 다시 살아나 영원한 불 호수로 들어가는 둘째 사망의 해를 입게 된다.

데려감을 얻는가, 붙잡혀 가는가?

누가복음 17장과 마태복음 24장에서 예수님이 환난기의 맨 마지막에 데려감을 얻는 자들이 있고, 남겨지는 자들이 있다고 한 것을 두고 데려가는 것이 휴거이고, 남겨지는 것이 환난이자 지옥이라고 해석하는 것이 지배적이다.

내가 너희에게 이르노니 그 밤에 둘이 한 자리에 누워 있으매 하나는 데려감을 얻고 하나는 버려둠을 당할 것이요 두 여자가 함께 맷돌을 갈고 있으매 하나는 데려감을 얻고 하나는 버려둠을 당할 것이니라 (눅 17:34, 개역개정)

하지만 흠정역을 알고 난 뒤에 이쪽에서 배운 것은 그 반대였다. 이 해석을 따라 성경을 들여다보면 명명백백하게 남겨지는 자들이 안전한 것이고, 붙잡혀 가는 자들이 죽으러 가는 것임을 알 수 있다. 그동안 데려감을 당해야 휴거 되는 것이라는 해석에 익숙해서 생각을 바꾸기가 어려운 분들도 있을 것이다. 하나님이 골라서 데려가 살려준다고 생각하기 쉽기 때문이다. 그러면 왜 '데려감'이 휴거가 아닌지 살펴본다.

두 여자가 함께 맷돌을 갈고 있으매 하나는 데려감을 얻고 하나는 버려둠을 당할 것이니라 (눅 17:35, 개역개정)

이것이 개역경의 구절이다. 그러나 흠정역은 다르다.

두 여자가 함께 맷돌을 갈고 있을 터인데 하나는 <u>붙잡혀 가고</u> 다른 하나는 <u>남겨질 것</u>이며 (눅 17:35, 흠정역)

그러면 '버려둠'이라는 단어는 어디서 온 걸까? 데려감은 take인데 버려둠은 left이다. left는 '남는다'라는 뜻인데 굳이 '버려둠'을 당한다고 하면 이미 어떤 해석이 들어가 있는 번역이다. '데려감'이라는 말에도 우호적인 느낌이 있지만 둘 다 잘못된 번역이며, 그냥 담백하게 '잡혀간다', '남는다'로 번역해야 한다. 개역성경은 이미 결론을 내리고 있다. '데려감을 얻는다'라는 표현과 '버려둠을 당한다'로 번역해 가는 것이 잘되는 것이고 남으면 죽는 것이라는, 원문에 없는 암시를 주고 있다.

이 말씀은 휴거를 논하는 부분이 아니다. 단순히 어디론가 가고 남고 하는 얘기인데, 이 부분은 마지막 때에 아마겟돈 전쟁이 벌어져 모든 대적자와 마귀가 벌을 받고, 피가 땅에 흥건한 시간이다. 모든 날짐승이 그들의 사체를 먹기 위해 모여드는 처참한 시간이다.

이때는 환난기의 가장 극심한 마지막 부분으로 휴거는 일정에 없다. 휴거는 이 7년 환난기의 시작 전에 이루어졌다. 그래서 이 말씀은 예수님을 맞으러 올라가는 장면이 아니다. 휴거는 채여 올라가는 것만을 말씀하지 않고, 그 결과인 주님을 만나는 것까지 설명한다.

그 뒤에 살아서 남아 있는 우리가 그들과 함께 구름들 속으로 채여 올라가 공중에서 주를 만나리라. 그리하여 우리가 항상 주와 함께 있으리라. (살전 4:17)

데려가서, 혹은 붙잡혀 가서 어디로 가는가? 휴거처럼 주님을 만난다는 내용이 전혀 없다. 개역성경으로 보아도 마찬가지다. 어디로 '데려감'을 당하는가? 이것은 너무나 명백해서 이론의 여지가 없다. 제자들이 바로 질문을 하고 주님이 대답을 해주시기 때문이다.

그들이 그분께 응답하여 이르되, 주여, 어디로이니이까? 하니 그분께서 그들에게 이르시되, 어디든지 시체가 있는 곳이면 독수리들이 거기로 함께 모여들리라, 하시니라. (눅 17:37)

그들이 붙잡혀 가는 곳은 시체가 있는 곳이라고 하신다.

그 남은 자들은 말 타신 분의 칼 곧 그분의 입에서 나온 칼로 죽임을 당하니 모든 날짐승이 그들의 살로 배를 채우더라. (계 19:21)

바로 아마겟돈의 심판장이다. 개역성경도 이 부분은 비슷하다.

그들이 대답하여 이르되 주여 어디오니이까 이르시되 주검 있는 곳에는 독수리가 모이느니라 하시니라 (눅 17:37. 개역성경)

이때는 아마겟돈의 심판을 위해 주님이 내려오시는 지상강림의 시기이지, 올라가는 때가 아니다. 다음 두 말씀이 붙어 있는 이유가 있다.

번개가 동쪽에서 나서 서쪽까지 번쩍이는 것 같이 사람의 아들이 오는 것도 그러하리라. 또 어디든지 사체가 있으면 거기로 독수리들이 함께 모여들리라. (마 24:27)

그래서 붙잡혀 가면 안 되고 남겨져야 한다. 가는 곳은 아마겟돈인데, 남겨지는 곳은 어디인가?

그 여자가 큰 독수리의 두 날개를 받았으니 이것은 그녀가 광야 곧 그녀의 처소로 날아가 거기서 그 뱀의 얼굴을 피하여 한 때와 두 때와 반 때 동안 양육 받게 하려 함이라. (계 12:14)

이것이 시간적으로 같은 상황이다. 후반부 3년 반 환난기에 짐승의 표를 받지 않은 자들은 다 죽었다. 유대인 14만 4천과 이방인 성도들이다. 그리고 땅에는 모든 자가 표를 받았지만 유대인들은 이렇게 3년 반 동안 피신을 시키신다. 그러면 뱀의 얼굴을 피하는 피난처에 남겨지는 것이 사는 길이다. 데려감을 당하면 안 된다. 이 말씀을 예수님이 하시면서 그 전에 노아의 홍수 이야기를 하신다. 그러므로 데려감을 당해야 뽑혀서 방주에 타는 것으로 생각할 수도 있는데, 이 역시 그렇지 않다. 방주는 하나님이 함께 계신 피난처다.

주께서 노아에게 이르시되, 너와 네 온 집은 방주로 <u>들어오라</u>. (창 7:1, 흠정역)

여호와께서 노아에게 이르시되 너와 네 온 집은 방주로 <u>들어가라</u> (창 7:1, 개역개정)

흠정역은 '들어오라'로 돼 있지만 개역성경은 '들어가라'로 돼 있다. 킹제임스 성경은 come이고, 현대역본은 go이다. 들어와서 하나님과 함께 남아 있어야지, 물난리 난 곳으로 잡혀가면 죽는 것이다.

양 민족과 염소 민족의 심판 (마태복음 25장)

아마겟돈 전쟁 이후에 예수님은 환난기를 거치고 살아남은 자 중에서 천년왕국에 들어갈 자들과 멸망에 넣어야 할 자들을 구분하는 심판을 수행하신다. 이것은 예수님이 마태복음 24장에서 환난기를 설명하신 이후에 마태복음 25장에서 친히 말씀해 주셨다.

사람의 아들이 자기의 영광 중에 모든 거룩한 천사와 함께 올 때에 자기의 영광의 왕좌에 앉아서 모든 민족들을 자기 앞에 모으고 목자가 염소들로부터 자기 양들을 갈라내듯 그들을 일일이 분리하여 양들은 자기 오른편에 두되 염소들은 왼편에 두리라. (마 25:31~33)

왕 앞에는 7년 환난기를 거치고 끝까지 살아남은 세 부류의 사람들이 선다. ① 믿음을 지킨 유대인들, ② 이방인 중 믿음으로 예수님의 형제인 유대인들에게 호의를 베푼 양 민족들, ③ 이 기간에 믿지 않으면서 유대인들을 괴롭힌 염소 민족들.

양 민족

이들 내 형제들 (유대인)

염소 민족

많은 성도가 양과 염소 민족을 제대로 구분하지 못하고 마태복음 25장 40절의 '이들 내 형제들'을 그저 가난하고 소외된 자들로 해석한다. 그러나 이 심판은 이방 민족들에 대한 심판이며, 7년 환난기에 예수님의 형제들인 유대인들을 어떻게 대우했느냐에 대한 말씀으로 보아야 한다.

주님의 오른쪽에 있는 양 민족들은 천년왕국을 상속받을 자들이고, 왼쪽에 있는 염소 민족들은 영존하는 불속에 들어갈 자들이다.

그때에 왕이 자기 오른편에 있는 자들에게 이르되, 오라, 내 아버지께 복 받은 자들아, 너희는 세상의 창건 이후로 너희를 위하여 예비된 왕국을 상속받으라. (마 25:34)

왕이 그들에게 대답하여 이르되, 진실로 내가 너희에게 이르노니, 너희가 <u>이들 내 형제들</u> 중에서 가장 작은 자 하나에게 그것을 하였은즉 내게 하였느니라, 하고 그때에 그가 왼편에 있는 자들에게도 이르되, 저주를 받은 자들아, 너희는 내게서 떠나 마귀와 그의 천사들을 위하여 예비된 영존하는 불에 들어가라. (마 25:40~41)

이렇게 오른편의 양 민족들과 믿음을 지킨 유대인들은 육신을 지닌 채 천년왕국에 들어가고, 왼편의 염소 민족들은 심판을 받아 천년왕국이 끝나는 때 모든 악인의 부활 때에 부활해 영원한 심판을 받게 된다.

포도즙 틀의 심판 (19장)

이제 환난기의 끝까지 살아남아서 이스라엘을 침공한 자들과 불신 유대인들, 그리고 염소 민족들이 구체적으로 어떻게 죽임을 당하는지 살펴본다. 아마겟돈 전쟁은 말이 전쟁이지, 사실은 하나님의 무서운 심판이라고 했다. 이 때 불신자들이 엄청난 피를 흘리며 죽게 된다.

하늘에 있던 군대들이 희고 깨끗한 고운 아마포 옷을 입고 흰 말을 타고 그분을 따르더라. 그분의 입에서 예리한 검이 나오는데 그분께서 그 검으로 민족들을 치시고 또 철장으로 그들을 다스리시리라. 또 그분께서는 전능자 하나님의 맹렬한 진노의 포도즙 틀을 밟으시며 그분께는 그분의 옷과 넓적다리에 **왕들의 왕, 주들의 주**라고 기록된 한 이름이 있느니라. (계 19:14~16)

진노의 포도즙 틀은 계시록 14장 14~20절에 등장하는 무서운 심판 장소다. 이스라엘의 포도즙 틀은 땅을 파서 흙이나 돌로 그릇처럼 틀을 만든다. 포도 수확이 끝나면 여기에 포도를 집어넣고 발로 짓밟아 포도즙을 만든다. 틀의 한쪽 끝에는 즙이 모이는 곳이 있고 거기서 즙이 밖으로 흘러나가 또다른 작은 틀에 모이면 떠서 부대에 담는 것이다(그림 참조).

하나님은 이런 식으로 이스라엘의 한 골짜기에 불신자들을 몰아넣고 거기

서 포도를 짜듯이 그들의 피를 짜내신다. 이 심판은 이미 이사야서 63장에 예언돼 있다.

에돔에서 나오며 물들인 옷을 입고 보스라에서 나오는 이자는 누구냐? 의복이 영화롭고 자신의 큰 능력으로 다니는 이자는 누구냐? 의 안에서 말하는 나니 곧 구원하는 능력이 있는 자니라. 어찌하여 주의 의복이 붉으며 주의 옷이 포도즙 틀을 밟는 자와 같으니이까? 백성들 중에서 나와 함께한 자가 없이 내가 홀로 포도즙 틀을 밟았노라. 내가 친히 분노하여 그들을 밟고 친히 격노하여 그들을 짓밟으리니 그들의 피가 내 옷에 튀어 내 모든 의복을 더럽히리라. 원수 갚는 날이 내 마음속에 있고 내가 구속할 자들의 해가 이르렀으나 내가 보니 도와주는 자가 없었으며 또 떠받쳐 주는 자가 없었으므로 내가 이상히 여겼노라. 그러므로 내 팔이 내게 구원을 가져왔으며 내 격노가 나를 떠받쳤느니라. 내가 친히 분노하여 백성들을 밟으며 내가 친히 격노하여 그들을 취하게 하고 그들의 기력을 땅에까지 끌어내리리라. (사 63:1~6)

붉은 색이라는 의미의 에돔은 에서의 다른 이름이며 지금은 요르단 지역이다. 에돔의 수도였던 보스라가 언급되고 있음을 기억해야 한다. 요르단은 이스라엘 백성이 마지막에 피신할 땅인 페트라가 있는 곳이다.

그 천사가 자기의 낫을 땅에 휘둘러 땅의 포도를 모아 하나님의 진노의 큰 포도즙 틀 속에 던지니 도시 밖에서 그 포도즙 틀이 밟혔고 포도즙 틀에서 피가 나와 말 굴레에까지 닿았으며 천육백 스타디온[6]이나 퍼졌더라. (계 14:19~20)

이때에는 14장의 이 대목에서 살펴보았듯이 말 굴레인 약 1m 높이에 약 292km(1,600 스타디온)까지 퍼져나갈 정도로 많은 피가 흐를 것이다.

---

6. 1스타디온은 600피트로 182.88m이다. 1,600스타디온을 환산하면 292.6km가 된다.

정말 이런 일이 가능할까? 성경은 심판받을 모든 자가 예루살렘 근교에서 포도즙을 짜듯이 짓이겨질 것임을 명백히 말씀한다. 성경은 환난기를 통과하면서 살아남은 모든 불신 민족들, 즉 이교도들을 하나님께서 그곳에 모으실 것을 보여준다. 그들은 회오리바람에 의해 던져져 짓밟히게 된다.

그러므로 너는 그들을 향하여 이 모든 말을 대언하고 그들에게 이르기를, **주가** 높은 곳에서 외치고 자신의 거룩한 처소에서 친히 목소리를 내며 자신의 처소 위에서 힘차게 외치고 포도를 밟는 자들같이 땅의 모든 거주민을 향하여 고함을 지르리라. 요란한 소리가 심지어 땅 끝까지 이르리니 이는 **주가** 민족들과 다투며 모든 육체와 변론하고 사악한 자들을 칼에 내어 줄 것이기 때문이라. **주가** 말하노라, 하라. 만군의 **주가** 이같이 말하노라. 보라, 재앙이 나아가 민족에서 민족에게 이르고 큰 <u>회오리바람이 땅의 경계에서 일어나리라.</u> (렘 25:30~32)

그들이 던져질 곳은 어디인가? 우리 주님이 지상강림하실 올리브 산이 동서로 갈라져 큰 골짜기가 생기는데, 바로 이곳이 포도즙 틀이 될 것이다.

<u>그 날에 그분의 발이 예루살렘 앞 동쪽에 있는 올리브 산 위에 설 것이요,</u> 올리브 산이 거기의 한가운데서 동쪽과 서쪽으로 갈라지므로 <u>심히 큰 골짜기</u>가 생길 것이며 그 산의 반은 북쪽으로, 그 산의 반은 남쪽으로 이동하리라. 또 너희가 그 산들의 골짜기로 도망하리니 이는 그 산들의 골짜기가 아살에까지 이를 것이기 때문이라. 참으로 너희가 도망하되 유다 왕 웃시야 시대에 지진 앞에서 피하여 도망한 것 같이 하리라. 또 **주** 내 하나님께서 임하실 것이요, 모든 성도가 너와 함께 임하리라. (슥 14:4~5)

이것을 상징으로 보기는 어려울 정도로 구약성경은 여러 차례의 예언을 남기고 있다. 위에 등장하는 골짜기 외에도 다른 골짜기가 등장한다. 포도즙 틀은 원래 밟는 곳과 즙을 모으는 곳이 따로 있다. 한 곳에서 밟으면 피를 모으는 지점이 있을 것이다.

내가 또한 모든 민족들을 모아 여호사밧 골짜기로 데리고 내려가서 내 백성 곧

내 상속 백성 이스라
엘을 위하여 거기서
그들과 변론하리라…
(욜 3:2 상반)

여호사밧이란 '여
호와께서 심판하심'
을 뜻한다. 이곳의 정
확한 위치는 알려지지
않았지만 이곳은 또한
판결 골짜기로도 불린
다. 이곳에서 모든 불
신자, 즉 환난기를 거
치면서도 끝까지 하나
님을 끝까지 거부한
자들이 마지막 심판을
받아 피를 흘리며 죽
게 될 것이다.

이교도들은 깨어서 여
호사밧 골짜기로 올라
올지어다. 내가 거기
에 앉아서 사방의 모
든 이교도들을 심판하

예루살렘 동쪽 올리브 산에서 생길 골짜기(슥 14:4), 즉 포도즙
틀에서부터 홍해로 통하는 아카바만 바다까지 1,600스타디온
(292.6km)을 구글 지도에서 측정해 보았다. 원수들의 피가 퍼
질 반경이다(계 14:19~20). 모압과 에돔, 에돔의 수도였던 보
스라(사 63:1)는 옛 지명임.

리라. 너희는 낫을 대라. 수확할 것이 익었도다. 너희는 와서 밟으라. 포도즙 틀
이 가득 차고 독이 흘러넘치나니 이는 그들의 사악함이 크기 때문이라. **주**의 날
이 판결 골짜기 안에서 가까우므로 많은 무리, 많은 무리가 판결 골짜기에 있도
다. (욜 3:12~14)

이렇게 모아진 피는 292km나 이어질 텐데, 이 거리는 지도에서 보듯이 올리브산에서 직선거리로 아카바만에 이르고, 곡선을 감안해도 아카바만이 시작되는 에일라트까지 다다른다. 이사야 63장 1~6절에서 보았듯이 우리 주님은 에돔과 그곳의 도시 보스라에서 승리하신다. 예레미야 49장에는 에돔의 멸망과 보스라의 고난, 그리고 홍해도 등장한다. 에돔은 붉은 색, 홍해는 말 그대로 붉은 바다이다. 이 바다는 홍해(紅海, red sea)라는 이름으로 불린 지 오래인데, 아직까지 그 바다가 정말 붉게 변한 적은 없지만 이때는 그런 일을 목격하게 될 것이다.

> 그들의 쓰러지는 소리에 땅이 움직이고 그것의 부르짖는 소리가 <u>홍해</u>에 들렸느니라. (렘 49:21)

포도즙 틀 심판을 종합하면 이렇다. 예수님은 올리브산에 재림하셔서 아마겟돈에 모인 침략자들을 심판하신다. 이때 주님은 이교도들과 모든 불신자까지 예루살렘 근처의 골짜기에 회오리바람으로 모아 포도를 밟아 즙을 내듯 그 골짜기 포도즙 틀에서 밟으시며, 그때 나오는 엄청난 피는 홍해까지 이르게 된다.

이 포도즙 틀, 즉 심판의 골짜기는 이후에 성전에서 나오는 물로 깨끗하게 정화될 것이다(슥 14:8; 겔 47:1~5). 또한 그 지역도 천년왕국 때 정돈이 될 것이다.

그 온 땅은 변하여 게바에서부터 예루살렘 남쪽 림몬에 이르기까지 평야같이 되리라. 또 그것이 들리고 그것의 처소에 사람이 거주하리니 곧 베냐민 문에서부터 첫째 문이 있는 곳과 모퉁이 문까지 또 하나넬 망대에서부터 왕의 포도즙 틀이 있는 곳까지라. 사람들이 그 안에 거할 것이요, 다시는 완전한 멸망이 있지 아니하겠고 예루살렘에 사람이 안전히 거주하리로다. (슥 14:10~11)

불신자들에 대한 주님의 심판은 원수 갚는 일이며 성도들의 피의 대가를 갚아 주시는 일이다. 아마도 포도즙 틀의 심판은 이 땅에서 가장 혹독한 심판이 될 것이다. 이를 통해 우리는 주님의 심판이 대단히 무서운 것임을 기억해야 한다. 예수님 안에 거하는 것이 가장 큰 행복이자 평안이다.

그러므로 우리가 움직일 수 없는 왕국을 받을진대 은혜를 소유하자. 이 은혜를 힘입어 우리가 공경하는 마음과 하나님께 속한 두려움을 가지고 받으실 만하게 하나님을 섬길지니 우리 하나님은 소멸시키는 불이시니라. (히 12:28~29)

15. 천년왕국과 흰 왕좌의 심판

환난기 후에 다가올 새로운 땅

이 부분은 천년왕국의 대략적인 모습을 알려준다. 마귀의 하수인과 짐승에게 경배한 자들, 그리고 마귀는 19장 끝부분에서 심판을 받고, 20장의 초반에 일단 처리된다.

짐승이 잡히고 또 그 앞에서 기적들을 행하던 거짓 대언자도 그와 함께 잡혔는데 그는 짐승의 표를 받은 자들과 그의 형상에게 경배하던 자들을 기적들로 속이던 자더라. 이 둘이 산 채로 유황으로 불타는 불 호수에 던져지고 (계 19:20)

또 내가 보니 한 천사가 바닥 없는 구덩이의 열쇠와 큰 사슬을 손에 들고 하늘로부터 내려와 마귀요 사탄인 그 용 곧 저 옛 뱀을 붙잡으니라. 그가 그를 붙잡아 천 년 동안 결박하여 바닥 없는 구덩이에 던져 넣어 가두고 그 위에 봉인을 하여 천 년이 찰 때까지는 그가 더 이상 민족들을 속이지 못하게 하니라. 그 뒤에는 그

가 반드시 잠시 동안 풀려나리라. (계 20:1~3)

마귀의 운명은 패배이며, 그는 1,000년 동안 바닥없는 구덩이에 빠진다. 그는 1,000년 동안 거기에 결박돼 있다가 마지막에 잠시 놓일 것이다. 끝에 마귀가 놓이는 이유는 천년왕국에서 태어난 자들을 시험하기 위함이다. 그곳에서는 마귀가 없으므로 1세대 부모 밑에서 아담의 후손으로 태어난 '죄를 지을 수 있는 자들'도 죄를 숨기고 평화롭게 살 것이다.

그러나 그렇게 되면 누가 하나님을 따르고 예수님의 피를 믿어 구원받을 사람인지 분별할 수 없게 된다. 천년왕국에서 태어난 자들의 중심을 시험하기 위해 마귀가 잠깐 놓이면, 많은 사람은 기다렸다는 듯이 마귀의 꾐에 넘어가 반역하고 하나님을 부인하며 주님을 구원자로 인정하지 않을 것이다. 이후에 모든 불신자를 처리한 후 역사는 끝이 나고, 새 예루살렘이 믿는 자들을 위해 하늘에서 내려오게 된다.

이 왕국의 기간이 1,000년인 것에 대해서는 여러 의견이 있지만 인류의 창조와 전체 역사를 보면 어느 정도 이해할 수 있다. 제임스 어셔를 비롯한 수많은 성경학자와 유대 역사가들은 성경 기록대로 아담부터 예수님까지 약 4천 년이 흐른 것으로 본다. 그렇게 구약시대 4천 년이 흘렀고, 예수님부터 지금까지는 약 2,000년이 흘렀다. 예수님의 재림이 언제인지는 아무도 모르지만 성경의 이런 시대적인 구조에 따라 또 세상의 징조들에 따라 재림이 임박했음을 성경 신자들은 알고 있다. 재림이 임박했다면 하나님께서 6일 동안 천지를 만드시고 하루 쉬신 것처럼 6천 년의 역사 이후에 천 년 동안의 안식이 이어지는 것이 아닐까 생각하는 이들이 적지 않다.

그러나 사랑하는 자들아, 주께는 하루가 천 년 같고 천 년이 하루 같다는 이 한 가지 사실에 대하여 무지한 자가 되지 말라. (벧후 3:8)

경건하고 신중한 성경 신자들도 이런 이유로 재림의 임박성을 이야기했지만 이것은 잘못하면 날짜 예측이 될 수 있으므로 조심해야 할 부분이다. 다만 성경의 창조 및 구조와 인간 역사를 살펴볼 때, 또 둘째 아담 예수님의 십자가 처형이 AD 1년이 아니라 30년경에 이루어졌음을 생각해 볼 때, 그리고 세상 모든 부분에서 하나님을 대적하는 일이 심화되는 것을 볼 때 앞으로 가까운 시일에 주님의 재림이 있음을 추측할 수 있을 뿐이다.

1,000년 동안 지속될 이 왕국은 계시록 20장에만 6번이 등장할 정도로 명백히 이해할 수 있는 지상 왕국이다. 이 왕국은 구약에서 여러 차례 예언된 나라이며, 상징이 아닌 실제 왕국으로, 예수님이 다윗의 왕권을 가지고 직접 통치하시는 평화로운 나라다. 하나님은 공의로우신 분이기 때문에 잠시 자신의 뜻에 어긋나게 죽음이 들어와 부패된 땅을 처음의 에덴동산처럼 새롭게 하실 필요가 있다. 이로써 하나님이 원래 계획하신 그분의 온전하신 뜻이 이 땅에 이루어지는 천년왕국은 반드시 필요한 역사적 시기이다.

이때는 땅이 회복되고 마귀는 묶이며 세상에는 진정한 평화와 안식이 찾아오게 된다. 이 왕국은 구약의 대언자들이 줄기차게 외친 곳이다. 예수님은 이때를 두고 '다시 나게 하는 때'라고 말씀하셨다.

예수님께서 그들에게 이르시되, 진실로 내가 너희에게 이르노니, 다시 나게 하는 때 곧 사람의 아들이 자기의 영광의 왕좌에 앉을 때에 나를 따른 너희도 열두 왕좌에 앉아 이스라엘의 열두 지파를 재판하리라. (마 19:28)

또한 사도 베드로는 이때를 새롭게 하는 때라고 불렀다.

그런즉 너희는 회개하고 회심하라. 그리하면 새롭게 하는 때가 주의 앞으로부터 이를 때에 너희 죄들이 말소될 것이요, 또 그분께서 예수 그리스도 곧 너희에게 미리 선포된 분을 보내시리라. (행 3:19~20)

천년왕국의 특징

1. 거룩한 땅

천년왕국에는 거룩하지 않은 것이 없다. 〈황무지가 장미꽃같이〉라는 찬송가에 나오는 가사처럼 거룩한 것들뿐이다. 하다못해 말에 달리는 방울조차 거룩하다고 성경은 말씀한다.

> 그 날에는 말방울에도 **주께 거룩한 것**이라 기록될 것이요, **주**의 집에 있는 솥들은 제단 앞의 대접들과 같으리라. 참으로 예루살렘과 유다의 모든 솥이 만군의 **주**께 거룩한 것이 되리니 희생물을 드리는 모든 자들이 와서 그 솥들 중에서 취하여 그 안에서 고기를 삶으리라. 그 날에는 만군의 **주**의 집에 가나안 사람이 다시는 있지 아니하리라. (슥 14:20~21)

이밖에도 에스겔서 40~48장에는 천년왕국 성전에서 행할 예배에 대한 자세한 기록이 나와 있다. 그때는 장막절을 지켜야 하고(슥 14:16), 유대인들의 희생 제사도 다시 시작될 것이다. 그때의 희생 제사는 그들로 하여금 메시아를 못 박은 사건을 잊지 않고 기억하게 하기 위한 것으로, 주님의 구원을 기념하는 주의 만찬과 같은 것이 될 것이다.

천년왕국은 하나님을 아는 지식이 충만한 곳이다. 이 역시 구약에 여러 번 예언된 부분이다. 그리스도인들이 흔히 부르는 노래 중 〈물이 바다 덮음같이〉라는 것이 있는데, 이 노래의 가사 중 일부는 "물이 바다 덮음같이 여호와의 영광을 인정하는 것이 온 세상 가득하리라"이다. 이 노래는 대개 우리가 열심히 전도하고 선포하면 그런 세상이 될 것이라는 의미로 불리지만, 이것은 사실 천년왕국에 관한 내용이다. 천년왕국이 오기 전에는 그런 일이 일어나지 않는다.

> 그것들이 내 거룩한 산 모든 곳에서 상하게 하거나 멸하지 아니하리니 이는 물들이 바다를 덮는 것 같이 **주**를 아는 지식이 땅에 충만할 것이기 때문이니라. (사

11:9)

2. 다니엘서에 예언된 돌 왕국

이 왕국은 모든 제국의 행렬, 즉 금(바빌론), 은(메대/페르시아), 놋(그리스), 철
(로마) 왕국과 철/진흙(부활한 로마) 왕국이 지나간 뒤에 오는 마지막 나라로,
하나님이 친히 땅에 세우시는 실제 왕국이다.

이 왕들의 시대에 하늘의 하나님께서 한 왕국을 세우실 터인데 그것은 결코 멸망하지
아니하리이다. 그 왕국은 다른 백성에게 남겨지지 아니하며 이 모든 왕국들을 산산조
각 내어 소멸시키고 영원히 서리이다. 손을 대지 아니하고 산에서 깎아 낸 돌이 쇠와 놋
과 진흙과 은과 금을 산산조각 낸 것을 왕께서 보셨사온즉 위대하신 하나님께서 이후
에 있을 일을 왕에게 알리셨나이다. 그 꿈은 확실하며 그것의 해석은 분명하나이다, 하
니라. (단 2:44~45)

산 돌(벧전 2:4)이신 예수님의 왕국이 다른 모든 세상 왕국들을 산산조각 내
고 굳건히 선다는 예언이 성취되는 나라다.

3. 다양한 사람들이 함께 사는 곳

천년왕국에는 구원받아 육신을 입고 그 안에 들어간 유대인과 이방인이
있다. 또한 휴거받아 영화로운 몸을 입은 신약성도들도 주님과 함께 내려와
이들을 통치하며 살 것이다. 물론 구약시대의 의인들도 부활한 몸을 가지고
살 것이다. 천년왕국이 시작될 때 구약성도들이 부활하는 것에 대한 구체적
인 예는 다음과 같다.

욥 : 내가 알거니와 내 구속자께서 살아 계시고 또 마지막 날에 그분께서 땅 위에
서시리라. 내 살갗의 벌레들이 이 몸을 멸할지라도 내가 여전히 내 육체 안에서 하
나님을 보리라. 내 콩팥이 내 속에서 소멸될지라도 내가 직접 그분을 보리니 다른
것이 아니요, 내 눈이 바라보리로다. (욥 19:25~27)

다니엘 : 그러나 너는 끝이 이를 때까지 네 길로 가라. 네가 안식하다가 그 날들의 끝에 네 몫으로 정한 곳에 서리라. (단 12:13)

다윗 : 내가 한 목자를 그들 위에 세우고 그들을 먹이게 하리니 그는 곧 내 종 다윗이라. 그가 그들을 먹이고 그들의 목자가 되리라. 나 **주**는 그들의 하나님이 되고 내 종 다윗은 그들 가운데서 통치자가 되리라. 나 **주**가 그것을 말하였느니라. (겔 34:23~24)

그래서 천년왕국에는 다양한 사람들이 함께 살게 되는데, 도표를 보면 몸의 상태와 혈통에 따른 천년왕국의 거주자들을 알 수 있다.

| 천년왕국의 다양한 거주자들

부활한 영화로운 몸	부활하지 않은 몸
그리스도 이전의 구약시대 사람들 (대부분 유대인, 일부 이방인)	환난기를 통과하며 살아 남은 유대인들 (주로 피난처로 도피했던 사람들)
교회시대를 살다가 간 성도들 (유대인 이방인 구분 없음)	환난기를 통과하며 살아 남은 이방인들 (거의 존재하기 어려우나 피난처의 유대인들 사이에서 생존할 가능성)
환난기에 믿고 순교한 성도들 (짐승의 표 거부자)	
환난기에 순교한 유대인들 (14만 4천 등)	천년왕국에서 태어난 사람들

다만 한 부분, 환난기를 통과한 이방인이라는 대목은 부연이 필요하다. 왜냐하면 환난기 초반에 믿은 성도들은 짐승의 표를 거부해 다 죽임을 당하기 때문이며, 이미 받은 자들은 뒤늦게 돌이켜도 소용이 없기 때문이다. 이방인은 있어도 극소수일 것이며, 구약시대에 갈렙이나 욥 같은 이방인이 구원받았듯이 일부가 섞여 있을 가능성이 있을 뿐이다. 늘 잊지 말 것은, 시대나 사람의 구분이 기계나 숫자처럼 딱딱 끊어지는 것은 아니므로 일부 있을 것으로 추정만 하면 되는 문제다. 아무튼 천년왕국에는 부활의 몸을 입은 자들과

육신을 입은 자들이 같이 존재한다.

4. 수명이 천 년 가까이 회복되는 곳

노아의 홍수를 기점으로 인간의 수명은 현저히 줄었다. 아담이 930세, 최장 수명을 가진 므두셀라가 969년을 산 것으로 보아 에덴동산이나 천년왕국 같이 좋은 환경에서의 수명은 약 1,000년인 것으로 보인다. 천년왕국에서는 100세에 죽은 사람을 아이라고 하기 때문이다.

날수가 많지 않은 어린 아기나 자기의 날들을 채우지 못한 노인이 다시는 거기에 없으리니 아이가 백 세에 죽으리라. 그러나 죄인은 백 세가 되어도 저주받은 자가 되리라. (사 65:20)

이 말씀을 보면 천년왕국에서는 아주 어린 아기 때 죽는 일은 없는 것 같다. 또한 수명을 다 채우지 못하고 죽는 노인도 없다. 하지만 천년왕국에서도 사람이 죽는다. 이때에는 아마도 100세에 죽는 사람이 저주받은 죄인으로 여겨지는 것 같다.

5. 에덴동산이 재현되는 쾌적한 곳

천년왕국에서는 만물이 회복된다. 수명이 과거의 에덴동산처럼 늘어나고 날씨도 회복되며 살기 좋은 땅이 된다. 엉겅퀴를 내던 땅은 많은 수확물과 열매를 낼 것이다. 궁창 위의 물이 회복되어 지구는 다시 온실처럼 전체적으로 따스하고 쾌적한 날씨가 되며 지구를 둘러싼 물 층은 우주의 해로운 에너지들을 막아줄 것이다.

사람과 짐승은 더 이상 서로 잡아먹거나 무서워하지 않는다. 노아의 홍수 이후 하나님은 육식을 허락하셨다.

살아서 움직이는 모든 것은 너희에게 먹을 것이 될 것이요. 푸른 채소와 같이 내가 모든 것을 너희에게 주었노라. 그러나 너희는 고기를 그것의 생명과 함께 곧

그것의 피와 함께 먹지 말지니라. (창 9:3~4)

하지만 천년왕국에서는 홍수 이전처럼 채식만으로 살아갈 수 있게 된다. 맹수나 짐승들도 더 이상 인간에게 위협이 되지 않는다.

이리도 어린양과 함께 거하며 표범이 염소 새끼와 함께 누우며 송아지와 젊은 사자와 살진 짐승이 함께 있어 어린아이가 그것들을 인도하며 암소와 곰이 함께 먹으며 그것들의 새끼들이 함께 누우며 사자가 소처럼 풀을 먹으며 젖 먹는 아이가 독사의 구멍에서 놀며 젖 뗀 아이가 독사의 굴에 손을 넣을 것이로되 그것들이 내 거룩한 산 모든 곳에서 상하게 하거나 멸하지 아니하리니 이는 물들이 바다를 덮는 것 같이 **주**를 아는 지식이 땅에 충만할 것이기 때문이니라. (사 11:6~9)

이리와 어린양이 함께 먹고 사자가 수소처럼 짚을 먹으며 흙이 뱀의 양식이 되리니 나의 거룩한 산 모든 곳에서 그것들이 해치거나 멸하지 아니하리라. **주**가 말하노라. (사 65:25)

6. 기쁨이 넘치는 곳
헛된 수고와 무거운 고난의 짐을 벗는 곳이 천년왕국이다.

보라, 내가 새 하늘들과 새 땅을 창조하노라. 이전 것은 기억나지 아니하며 생각나지 아니하리라. 오직 너희는 내가 창조하는 것을 영원히 기뻐하며 즐거워할지니라. 보라, 내가 예루살렘을 즐거움이 되도록 창조하며 그녀의 백성을 기쁨이 되도록 창조하고 내가 예루살렘을 기뻐하며 내 백성을 기뻐하리니 슬피 우는 소리와 부르짖는 소리가 다시는 그 안에서 들리지 아니하리라. (사 65:17~19)

이 세상은 고난의 바다와 같다. 수고해도 그 열매를 다 얻을 수 없고, 억울한 일도 많다. 그러나 천년왕국은 수고의 열매를 놓치지 않는 곳이다.

그들이 집들을 지어 거기에 거주하고 포도원들을 세워 그것들의 열매를 먹으리라. 그들이 짓되 다른 사람이 거주하지 아니하며 그들이 심되 다른 사람이 먹지 아니하리니 내 백성의 날수는 나무의 날수와 같으며 나의 선택한 자는 자기 손으로 일한 것을 길이 누리리라. 그들이 헛되이 수고하지 아니하고 고난을 위해 열매를 맺지도 아니하리니 그들은 **주**에게 복 받은 자의 씨요, 그들과 함께하는 그들의 후손도 그와 같으리라. (사 65:21~23)

지금 우리는 하나님의 응답이나 음성을 듣기가 꽤 어려운 시대를 살고 있다. 그러나 그때는 하나님께서 백성들과 무척 가까이 계실 것이다.

그때에는 그들이 부르기 전에 내가 응답하며 그들이 아직 말하는 도중에 내가 들으리라. (사 65:24)

한편 이사야서 65장 17절의 "보라, 내가 새 하늘들과 새 땅을 창조하노라"라는 말씀에 등장하는 '새 하늘과 새 땅', 즉 새 예루살렘과 천년왕국을 혼동할 수 있다.

내가 새 하늘과 새 땅을 보았으니 이는 처음 하늘과 처음 땅이 사라졌고 바다도 다시는 있지 아니하였기 때문이더라. (계 21:1)

그러나 천년왕국은 '새 하늘들과 새 땅'이다. 그러므로 대언자 이사야를 통해 하신 말씀은 메시아 왕국이다. 또한 베드로가 불의 심판 뒤에 나타날 새로운 세상도 천년왕국임을 알 수 있다.

그럼에도 불구하고 우리는 그분의 약속에 따라 의가 거하는 새 하늘들과 새 땅을 기다리는도다. (벧후 3:13)

7. 중심은 예루살렘

스가랴서는 예루살렘이 천년왕국의 중심 도시가 되며 온 세계 물의 근원지가 될 것을 알려주고 있다.

그 날에 생수가 예루살렘에서 나가되 그것의 반은 앞 바다로 그것의 반은 뒤 바다로 나갈 것이요, 여름에도 겨울에도 그러하리라. (슥 14:8)

또한 그곳에서는 예루살렘으로 모든 민족이 경배하러 가야 한다. 그렇게 하지 않으면 하나님이 벌을 내리신다.

예루살렘을 치러 온 모든 민족들 중에서 남은 모든 자가 심지어 해마다 올라와 그 왕 곧 만군의 **주**께 경배하며 장막절을 지키리라. 땅의 모든 가족들 중에서 누구든지 그 왕 곧 만군의 **주**께 경배하러 예루살렘에 올라오려 하지 아니하면 바로 그들에게 그분께서 비를 내리지 아니하실 터인즉 만일 이집트 가족이 올라가서 거기에 이르지 아니하면 비를 받지 못하리니 **주**께서 장막절을 지키러 올라오지 아니하는 이교도들을 칠 때에 내리실 재앙을 거기에 내리시리라. 장막절을 지키러 올라오지 아니하는 모든 민족들이 받을 벌과 이집트가 받을 벌이 이러하리라. (슥 14:16~19)

8. 성도들이 다스리는 곳

아마겟돈 심판을 위해 오시는 예수님의 이름을 보면 성도의 위치를 알 수 있다. 성도들은 왕과 제사장이 되고, 주님은 그들 모두의 주요, 왕이 되신다.

그분께는 그분의 옷과 넓적다리에 **왕들의 왕, 주들의 주**라고 기록된 한 이름이 있느니라. (계 19:16)

성도들은 영광스러운 몸이 되어 영광의 주님과 함께 다스리는 놀라운 신분이 된다. 그 날을 위해 많은 주님의 지체들이 고난을 견디며 인내해왔다.

우리가 고난을 당하면 또한 그분과 함께 통치하리라. 우리가 그분을 부인하면 그분도 우리를 부인하시리라. (딤후 2:12)

하늘로 올라간 성도들도 주님의 구속을 찬양하며 귀한 일을 감당하게 하심을 찬양한다.

그들[24장로]이 새 노래를 불러 이르되, 주께서 그 책을 취하시고 그 책의 봉인들을 열기에 합당하시나이다. 주께서 죽임을 당하시고 주의 피로 모든 족속과 언어와 백성과 민족 가운데서 우리를 구속하사 하나님께 드리셨으며 또 우리 하나님을 위해 우리를 왕과 제사장으로 삼으셨으니 우리가 땅에서 통치하리이다. 하더라. (계 5:9~10)

환난성도들도 이 왕국에서 다스린다.

또 내가 보니 왕좌들과 그것들 위에 앉은 자들이 있는데 그들에게 심판이 맡겨졌더라. 또 내가 보니 예수님의 증언과 하나님의 말씀으로 인하여 목 베인 자들의 혼들이 있는데 그들은 짐승과 그의 형상에게 경배하지도 아니하고 자기들의 이마 위에나 손 안에 짐승의 표를 받지도 아니한 자들이더라. 그들이 살아서 그리스도와 함께 천 년 동안 통치하되 (계 20:4)

첫째 부활과 둘째 부활

예수님 밖에서 죽은 전 세대의 모든 자는 1,000년이 지나야 부활한다.

그 나머지 죽은 자들은 그 천 년이 끝날 때까지 다시 살지 못하였더라. 이것은 첫째 부활이니라. 첫째 부활에 참여하는 자는 복이 있고 거룩하도다. 둘째 사망이 그들을 다스릴 권능을 갖지 못하고 도리어 그들이 하나님과 그리스도의 제사장이 되어 천 년 동안 그분과 함께 통치하리로다. (계 20:5~6)

부활에는 첫째 부활과 둘째 부활이 있으며 이 둘의 사이에는 천 년의 간격이 있다. 이 둘은 한마디로 영광스러운 부활과 수치스러운 부활이다. 첫째 부활은 성도들의 '생명의 부활'이고, 둘째 부활은 불신자들의 최후 심판을 위한 '정죄의 부활'이다.

땅의 티끌 속에서 잠자는 자들 중의 많은 사람이 깨어나 얼마는 영존하는 생명에 이르고 얼마는 수치와 영존하는 치욕에 이르며 (단 12:2)

첫째 부활의 첫 열매는 예수 그리스도와 구약시대의 몇몇 성도들이다. 예수님의 십자가 사건 때 일어난 사람들과 예수님이 부활의 첫 열매다.

그러나 이제 그리스도께서 죽은 자들로부터 일어나사 잠든 자들의 첫 열매가 되셨도다. (고전 15:20)

무덤들이 열리니 잠든 성도들의 많은 몸이 일어나 그분의 부활 뒤에 무덤 밖으로 나와서 거룩한 도시로 들어가 많은 사람에게 보이니라. (마 27:52~53)

이스라엘의 절기 중에는 첫 열매 명절인 '초실절'이 있다. 이때 처음 익은 열매를 거두어 성전에 가져가야 했다. 이후에는 대부분의 결실을 거두는 수확이 있다.[7] 수확 이후에는 이삭줍기가 행해진다.

이와 같은 순서로 예수 그리스도와 몇몇 구약성도들이 첫 열매가 되었고, 교회시대를 살았던 성도들의 부활/휴거는 수확에 해당한다. 이후에 이루어지는 이삭줍기는 구약성도와 환난성도의 부활을 의미한다. 이렇게 예수님부터 환난성도까지, 즉 천년왕국의 시작점까지의 거둠을 '첫째 부활'이라고

---

7. 우리나라는 가을에 거두기 때문에 추수(秋收)라고 하지만, 이스라엘은 5월에 거두므로 '추수'라는 말은 맞지 않는다. 추수감사절은 성경의 절기가 아니라 청교도의 풍습이다.

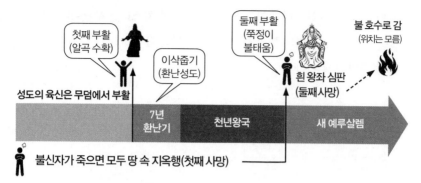

| 성도와 부활과 불신자의 둘째 사망

첫째 부활
(알곡 수확)

이삭줍기
(환난성도)

둘째 부활
(쭉정이
불태움)

불 호수로 감
(위치는 모름)

흰 왕좌 심판
(둘째사망)

성도의 육신은 무덤에서 부활

7년
환난기

천년왕국

새 예루살렘

불신자가 죽으면 모두 땅 속 지옥행(첫째 사망)

● 구약성도는 땅 속 낙원에 머물렀지만 예수님이 승천하실 때 셋째 하늘로 낙원을 옮기심(엡 4:8).
● 지금은 땅 속 낙원이 비어 있고, 신약성도도 죽으면 셋째 하늘로 감.
● 살아서 공중강림을 맞으면 육신과 함께 감. 죽었던 성도는 육신은 땅에서 부활, 혼은 낙원에서 감.

부른다.

둘째 부활은 첫째 부활에 들지 못한 나머지 모든 사람이 1,000년 후에 깨어나는 것이다. 이때는 모든 알곡이 거두어진 후 쭉정이를 불에 태우는 때다. 여기 참여하는 자들도 첫째 부활 성도들과 마찬가지로 썩지 않을 몸을 받고 일어나서 하나님의 심판을 받고 마귀들의 거처인 불 호수에서 영원히 고통을 받으며 살게 된다. 불신자들에 대한 형량도 그들이 받았던 빛의 양에 따라 결정된다.

정죄는 이것이니 곧 빛이 세상에 왔으되 사람들이 자기 행위가 악하므로 빛보다 어둠을 더 사랑한 것이니라 (요 3:19)

알지 못하고 채찍 맞을 일들을 한 자는 적게 맞으리라. 누구든지 많이 받은 자에게는 사람들이 많이 요구할 것이요, 사람들이 많이 맡긴 자에게는 더 많이 달라고 하리라. (눅 12:48)

알지 못했다는 것은 하나님 앞에서 변명이 되지 않는다. 하나님은 창조 세상의 모든 것을 통해 자신을 계시하셨기 때문에 아무도 핑계를 댈 수 없다. 누구든지 세상의 원리를 주목하고 전능자를 간절히 구했다면 하나님은 그들에게 복음을 주셨을 것이다.

> 그러나 만일 네가 거기서 **주** 네 하나님을 찾으면 곧 네 마음을 다하고 네 혼을 다하여 그분을 찾으면 만나리라. (신 4:29)

알고도 하나님을 거부한 사람들의 죄는 더욱 크다. 이 세상에는 성경이 넘쳐나고 매일 복음을 들려오는데도 하나님을 모독하는 자들이 너무나 많다. 그들은 지옥 불 중에서도 가장 뜨거운 곳에서 고통을 당할 것이다. 이 불 호수의 고통은 영원히 끝나지 않는 무서운 것이다. 그들이 하루빨리 복음을 깨닫고 주님께 돌아오기를 간절히 바란다.

마귀의 놓임과 제2 곡과 마곡 전쟁

천년왕국의 시작과 동시에 모든 사람을 속인 자 마귀는 큰 사슬에 결박당한다. 그는 바닥없는 구덩이에 천 년 동안 묶이게 된다. 바닥없는 구덩이는 땅속 중심부라고 할 수 있다.

> 또 내가 보니 한 천사가 바닥 없는 구덩이의 열쇠와 큰 사슬을 손에 들고 하늘로부터 내려와 마귀요 사탄인 그 용 곧 저 옛 뱀을 붙잡으니라. 그가 그를 붙잡아 천 년 동안 결박하여 바닥 없는 구덩이에 던져 넣어 가두고 그 위에 봉인을 하여 천 년이 찰 때까지는 그가 더 이상 민족들을 속이지 못하게 하니라. 그 뒤에는 그가 반드시 잠시 동안 풀려나리라. (계 20:1~3)

천년왕국에서 부활의 몸을 입은 자들과 천년왕국에 들어간 1세대는 이미 구원 문제가 해결된 사람들이다. 그러나 육신을 입고 들어간 사람들은 거기서 아기를 낳을 것이고 이 아이들은 여전히 첫 사람 아담의 본성을 가지고 있다. 이들은 믿음으로 구원을 받아야 한다. 비록 마귀가 천 년 동안 갇혀 있어서 그들을 유혹하지 못하지만 천 년이 끝날 때쯤 마귀가 풀려나면 이들 중 많은 사람이 그동안 억눌러 왔던 반역의 죄성을 표출하며 마귀에게 붙어 두 번째 곡과 마곡 전쟁을 벌인다.

이처럼 평화 속에서 믿는 자와 믿지 않는 자가 섞여 있다가 마귀가 놓이는 때에 이들의 마음이 환하게 드러난다. 하나님을 대적할 기회를 찾던 자들은 마귀와 연합하며 하나님의 반대편에 설 것이다. 마치 고양이 목에 방울 달기 하듯이, 마지못해 하나님의 창조를 믿다가 찰스 다윈이 진화론을 발표하자 많은 이들이 그쪽으로 몰려간 것처럼, 천년왕국에서도 반역할 빌미를 얻은 수많은 사람은 마귀의 꾐에 넘어갈 것이다. 결국 맨 첫 사람 아담부터 천년왕국의 마지막 사람까지 모두 '믿음으로만' 구원받게 된다.

천년왕국의 마지막에 곡과 마곡은 하나님을 반역하고 마귀의 뜻에 따르려는 자들을 모아 전쟁을 일으킨다. 이것은 곡과 마곡 민족이 인류 역사상 두 번째로 일으키는 대규모 전쟁이다.

그 천 년이 다 차매 사탄이 자기 감옥에서 풀려나고 나가서 <u>땅의 사방에 있는</u> 민족들 곧 곡과 마곡을 속이며 그들을 함께 모아 전쟁을 하게 할 터인데 그들의 수는 바다의 모래 같으리라. 그들이 땅의 넓은 곳으로 올라가 성도들의 진영과 그 사랑받는 도시를 에워싸매 불이 하늘에서 하나님으로부터 내려와 그들을 삼켰고 또 그들을 속인 마귀가 불과 유황 호수에 곧 그 짐승과 거짓 대언자가 있는 곳에 던져져서 영원무궁토록 밤낮으로 고통을 받으리라. (계 20:7∼10)

여기 나오는 '곡과 마곡'은 7년 환난기 끝에 '제1 곡과 마곡 전쟁'을 일으키는 곡과 마곡과는 달리 북방에 있지 않고 온 땅에 흩어져 있다. 앞서 살펴보았듯이 에스겔서 38장은 천년왕국 후반의 곡과 마곡 전쟁을 표현하고 있다 (335쪽 도표 참고).

주의 말씀이 내게 임하니라. 이르시되, 사람의 아들아, 네 얼굴을 곡과 마곡 땅과 메섹과 두발의 최고 통치자를 향해 고정하고 그를 대적하여 대언하며 이르기를, 주 **하나님**이 이같이 말하노라. 보라, 오 메섹과 두발의 최고 통치자 곡아, 내가 너를 대적하노라. 내가 너를 뒤로 돌이켜 갈고리로 네 아가리를 꿰고 너와 네 온 군대와 말과 기병들 곧 온갖 종류의 갑옷을 입은 모든 자들 즉 모두 칼을 다룰 줄 아는 자들로서 큰 방패와 작은 방패를 지닌 큰 무리를 끌어내리라. 또 그들과 함께한 페르시아와 에티오피아와 리비아 곧 모두 방패와 투구로 무장한 자들과 고멜과 그의 모든 떼와 북쪽 지방의 도갈마의 집과 그의 모든 떼와 너와 함께한 많은 백성을 내가 끌어내리라. (겔 38:1∼6)

주 **하나님**이 이같이 말하노라. 또 바로 그때에 여러 가지 일이 네 생각 속에 떠올라 네가 악한 생각을 하며 말하기를, 내가 성벽을 두르지 않은 마을들이 있는 땅으로 올라가리라. 내가 성벽도 없고 빗장이나 성문도 없이 거하는 모든 자들 곧 안식하면서 안전히 거하는 자들에게로 가서 노략물을 취하고 탈취물을 취하리라, 하고 네 손을 돌이켜서 전에는 황폐하였다가 지금은 사람이 거주하는 곳들과 또 민족들에게서 나와 모여 지내며 가축과 재물을 얻고 그 땅의 한가운데 거하는 백성 위에 두리니 (겔 38:10∼12)

그러므로, 사람의 아들아, 곡에게 대언하여 이르기를, 주 **하나님**이 이같이 말하노라. 이스라엘의 내 백성이 안전히 거하는 그 날에 네가 그것을 알지 못하겠느냐? (겔 38:14)

'이스라엘이 안전히 거하는 때, 성벽도 빗장도 성문도 없이 거하는 때'라는 표현 때문에 이때를 이스라엘이 적그리스도와 평화 조약을 체결한 시기라고 보는 견해도 있다. 그러나 그때의 평화는 거짓 평화이며, 불안하기 때문에 궁여지책으로 맺은 동맹이다. 또한 완전한 무장 해제도 아니고, 궁극적으로 환난기로 이어지므로 그때를 가리켜 이스라엘이 빗장도 성문도 없을 정도로 안전히 거하는 때라고 할 수는 없다. 그러므로 이스라엘이 안전히 거하는 시기는 천년왕국의 평화 기간으로 보는 것이 맞을 것이다.

네가 그 땅을 덮는 구름같이 내 백성 이스라엘을 치려고 올라오리니 그 일이 마지막 날들에 있으리라. 오 곡아, 내가 너를 데려다가 내 땅을 치게 하리니 이것은 내가 이교도들의 눈앞에서 네 안에서 거룩히 구별될 때에 그들이 나를 알게 하려 함이니라. (겔 38:16)

또한 이 전쟁을 통해 하나님은 많은 민족에게 자신을 드러내실 것이다.

주 **하나님**이 말하노라. 내가 칼을 불러 내 모든 산에서 두루 그를 치게 하리니 각 사람의 칼이 자기 형제를 치리라. 내가 또 역병과 피로 그를 심판하고 그와 그의 떼와 그와 함께한 많은 백성 위에 넘쳐흐르는 비와 큰 우박과 불과 유황을 비를 내리듯 내리리라. 이와 같이 내가 내 자신을 높이고 거룩히 구별하여 많은 민족들의 눈에 나를 알리리니 내가 **주**인 줄을 그들이 알리라. (겔 38:21~23)

인류의 원수인 사탄 마귀는 이 마지막 전쟁 이후 불 호수에 던져진다. 거기서 그는 영원히 꺼지지 않는 가장 뜨거운 불 속에서 영구히 끝나지 않는 시간 동안 극심한 형벌을 받는다. 마귀와 그의 천사들을 심판하기 위해 만든 불 호수에는 불신자들도 함께 들어간다.

그때에 그가 왼편에 있는 자들에게도 이르되, 저주를 받은 자들아, 너희는 내게서 떠나 마귀와 그의 천사들을 위하여 예비된 영존하는 불에 들어가라. (마 25:41)

크고 흰 왕좌의 심판 (20장 11~15절)

이것은 흔히 '백보좌 심판'이라고 불린다. 여기서 둘째 부활과 둘째 사망이 이루어진다.

또 내가 크고 흰 왕좌와 그 위에 앉으신 분을 보니 땅과 하늘이 그분의 얼굴을 피하여 물러가고 그것들의 자리가 보이지 아니하더라. 또 내가 보매 죽은 자들이 작은 자나 큰 자나 할 것 없이 하나님 앞에 서 있는데 책들이 펴져 있고 또 다른 책이 펴져 있었으니 곧 생명책이라. 죽은 자들이 자기 행위들에 따라 책들에 기록된 그것들에 근거하여 심판을 받았더라. 바다가 자기 속에 있던 죽은 자들을 내주고 또 사망과 지옥도 자기 속에 있던 죽은 자들을 넘겨주매 그들이 각각 자기 행위들에 따라 심판을 받았고 사망과 지옥도 불 호수에 던져졌더라. 이것은 둘째 사망이니라. 누구든지 생명책에 기록된 것으로 드러나지 않은 자는 불 호수에 던져졌더라. (계 20:11~15)

그러나 생각만 해도 두렵고 떨리는 심판의 자리인 이 흰 왕좌의 심판은 구원받은 성도에게는 해당하지 않는다. 성도는 보상의 심판만을 받는데, 흰 왕좌의 심판은 정죄의 심판이다. 인류의 모든 시대를 통해 하나님을 믿지 않은 모든 죄인이 이 흰 왕좌 심판에서 형량을 선고받고 영원히 불 호수에 들어간다. 심지어 사망과 지옥도 마귀와 그의 천사들과 불신자들과 함께 불 호수 속으로 던져진다.

16. 새 하늘(새 예루살렘)과 새 땅

하늘들의 종류

드디어 땅과 하늘이 새롭게 된다. 하나님은 땅과 함께 하늘까지 정화하시는데 아마도 이것은 하늘이 공중의 권세 잡은 자로 인해 악으로 가득 찼기 때문일 것이다.

내가 새 하늘과 새 땅을 보았으니 이는 처음 하늘과 처음 땅이 사라졌고 바다도 다시는 있지 아니하였기 때문이더라. (계 21:1)

하나님이 정화하시는 하늘은 첫째와 둘째 하늘이다.

- **첫째 하늘** : 새들이 날고 우리가 숨을 쉬는 대기권.
- **둘째 하늘** : 해와 달과 은하가 있는 우주.
- **셋째 하늘** : 하나님의 왕좌가 있는 곳(삼층천).

때가 되면 땅과 하늘이 새롭게 될 것을 성경 여러 곳에서 말씀한다.

그러나 주의 날이 밤의 도둑같이 오리니 그 날에는 하늘들이 큰 소리와 함께 사라지고 원소들이 뜨거운 열에 녹으며 땅과 그 안에 있는 일들도 불태워지리라. 그런즉 이 모든 것이 해체될진대 너희가 어떤 사람이 되어야 마땅하겠느냐? 모든 거룩한 행실 속에서 하나님을 따르는 가운데 하나님의 날이 오는 것을 기다리고 서두르라. 그 날에 하늘들이 불이 붙어 해체되고 원소들도 뜨거운 열로 녹으려니와 그럼에도 불구하고 우리는 그분의 약속에 따라 의가 거하는 새 하늘들과 새 땅을 기다리는도다. (벧후 3:10~13)

하늘과 땅은 없어지겠으나 내 말들은 없어지지 아니하리라. (마 24:35)

그러나 셋째 하늘은 영원한 하나님의 처소다. 바울이 몸을 떠나 주님과 함께 있는 것이 소원이라고 했는데, 그곳이 바로 셋째 하늘이다. 여기에는 우리가 흠모하는 완벽하고 아름다운 도시, 하늘의 본향이 있다. 과거의 성도들도 이곳을 바라며 믿음을 지켰다.

이는 그가 기초들이 있는 한 도시를 바랐기 때문이라. 그것의 건축자와 만드신 분은 하나님이시니라… …이제는 그들이 더 좋은 본향을 사모하니 곧 <u>하늘의 본향</u>이라. 그러므로 하나님께서도 그들의 하나님이라 불리는 것을 부끄러워하지 아니하시나니 그분께서 그들을 위하여 한 도시를 예비하셨느니라. (히 11:10, 16)

내 아버지 집에 거할 곳이 많도다. 그렇지 않으면 내가 너희에게 말해주었으리라. 내가 너희를 위해 <u>처소</u>를 예비하러 가노니 가서 너희를 위해 처소를 예비하면 내가 다시 와서 너희를 내게로 받아들여 내가 있는 곳에, 거기에 너희도 있게 하리라. (요 14:2~3)

이 처소는 거룩한 도시이며 새 예루살렘이다. 이 도시는 우리를 위해 예수님이 신부처럼 정결하게 예비하신 곳이다. 그런데 셋째 하늘의 이 도시는 계속해서 그곳에 있지 않고 흰 왕좌의 심판 뒤에는 새로워진 땅으로 내려온다.

나 요한이 보매 거룩한 도시 새 예루살렘이 신부가 자기 남편을 위하여 단장한 것 같이 예비한 채 <u>하늘에서</u> 하나님으로부터 <u>내려오더라.</u> (계 21:2)

이 도시는 막연히 하늘 어딘가에 있을 것으로 상상만 해 볼 수 있는 곳이 아니다. 이곳은 명백한 '장소'이고 우리가 만질 수 있는 곳이며, 느끼고 볼 수 있는 실제적인 곳이다. 힘들게 일하다가 모든 짐을 내려놓고 오랜만에 휴가를 내서 평소 꿈도 못 꾸던 먼 나라의 휴양지 바닷가에서 쉬고 있으면 시원한 바닷바람에 아무것도 안 해도 정말 기분이 좋고 아무 염려도 없다면서, 바로 천국이 그런 곳이 아니겠느냐고 말하는 분도 있다. 물론 새 예루살렘은 이런 것과 비교조차 할 수 없고, 우리가 무엇을 상상하든 그 이상을 보게 될 공간이지만 어느 해변의 휴양지와 다름없이 실제적이고 그보다 더 세밀한 감각으로 느낄 수 있는 현실적 공간임을 기억해야 한다.

새 예루살렘의 이모저모

1. 크기와 모양

그 도시는 <u>네모반듯하게</u> 놓여 있으며 길이가 너비만큼 길더라. 그가 그 갈대로 도시를 측량하니 만 이천 스타디온이더라. 그것의 길이와 너비와 높이가 같으니

지구의 크기와 새 예루살렘 도시의 크기 비교. 물론 땅에 붙은 것은 아니다.

라. (계 21:16)

이 도시는 하늘에서부터 내려오는데, 땅에 내려앉는다는 말씀은 없다. 그래서 이것이 위성처럼 땅 위를 돌 것이라는 견해도 있다. 참고로 12,000 스타디온은 약 2,240km이다. 이렇게 네모반듯한 공간이 새 예루살렘인데, 전체가 네모반듯한 정육면체로 볼 수도 있고, 바닥 한 면이 네모반듯하고 성벽의 맨 위 꼭짓점이 하나인 피라미드 형태로 볼 수도 있다.

정육면체라고 주장하는 이들은 "보라, 하나님의 성막이 사람들과 함께 있고"라는 계시록 21장 3절 말씀을 근거로 이것이 20큐빗 길이의 정육면체였던 구약시대 성막의 지성소와 같은 형태라고 주장한다.

피라미드 형태로 보는 이들은 성벽의 높이가 144큐빗, 약 65m이므로(계 21:17) 엄청나게 높은 정육면체보다는 피라미드 형태가 어울릴 것이라고 주장한다. 또한 '네모반듯하다'(foursquare)는 것은 네 변과 네 직선의 평면 도형을 뜻하는 데 비해 정육면체는 여섯 개의 면을 지닌 입체 도형이므로 사각형의 바닥 위에 한 면의 길이가 그대로 높이가 되는 피라미드 형태가 맞는다고도 말한다. 이것은 지금 우리가 결론을 내릴 수 없고, 나

새 예루살렘이 피라미드 형태임을 주장하는 자료도 있다.

중에 알게 될 것이다.

이 도시의 크기가 얼마나 되는지 얼른 감이 오지 않는데, 위 사진 자료를 보면 정육면체일 경우 지구에서 어느 정도 크기일지 비교가 가능하다. 서울에서 부산까지가 약 450km이니까 그보다 약 다섯 배의 길이와 너비와 높이를 가진 도시로 보면 된다.

겨우 이 정도의 크기에 신구약 시대에 구원받은 모든 자가 어떻게 들어가느냐고 생각할 수 있다. 그래서 아주 소수만이 구원받는 것으로 추리하기도 하는데, 이 도시의 크기는 결코 작지 않으며, 거주자들이 여기에 갇혀 사는 것만은 아닐 것이다.

우리가 알고 있는 지구의 표면적은 약 4억 6천만 km^2이며 그중 수면은 약 3억 6백만 km^2이고 지면은 약 1억 5천 4백만 km^2이다. 그런데 이 도시를 정육면체라 가정하고, 높이 방향으로 1km마다 한 층을 만들면 총 2,240층의 맨션이 될 것이다. 이런 맨션의 한 층 바닥 면적은 약 5백만 km^2이며 따라서 2,240층 건물의 총 바닥 면적은 112억 km^2이다. 이 총 면적은 수면과 지면을 포함한 지구 전체 표면적의 약 24배나 되는 것이다.

첫 사람 아담 이후로 약 6천 년이 지난 지금까지 이 지구 위에서는 대략적으로 400억 명이 넘게 산 것으로 추측해 볼 수 있다. 그중 40억이 구원받았다 쳐도 충분히 넉넉할 것이 분명하다. 게다가 새 예루살렘은 거처일 뿐, 우리가 여행하고 활동하며 오갈 수 있는 땅과 공간은 매우 광대할 것이다. 우리는 영화로운 몸을 입고 마치 천사들처럼 먼 거리를 오가며 많은 즐거움을 누릴 수 있을 것이다.

2. 거주자들

새 예루살렘의 거주자들은 다음과 같다.

삼위일체 하나님 : 너무나 당연한 것이지만 새 예루살렘에서는 우리가 삼위일체 하나님과 함께 거한다. 아버지 하나님(계 4:2~3; 단 7:9), 어린양이신 아들 하나님(계 5:6, 9, 12, 13:8, 21:23 등), 성령 하나님(계 1:4, 4:5, 22:17)이 모두 그

곳에 함께 계신다.

주의 천사와 천상의 존재들 : 천사들은 자주 성경에서 별로 불린다. 그래서 하늘의 별과 같이 많은 천사가 존재하는데, 그중 3분의 1은 루시퍼를 따라 지옥으로 가고 나머지 주님의 천사들은 새 예루살렘에서 산다. 또한 그룹과 스랍 등의 존재들도 이곳에서 살게 된다(히 12:22; 계 5:11).

예수님의 신부인 교회 : 교회시대의 모든 성도가 여기에 산다. 새 예루살렘은 실제로 신랑이 자신의 사랑하는 신부에게 주는 처소이며 결혼 선물이다(히 12:22~23; 계 19:1,7~8, 계 21:1,9~11).

구원받은 이스라엘 : 비록 새 예루살렘이 신랑 되시는 그리스도께서 자신의 신부인 교회에게 주는 선물이기는 하지만 구원받은 이스라엘 사람들 역시 초대를 받아 벽옥 성벽 내부에 거하게 된다.

주님은 '올리브산 설교'에서 마태복음 25장 말씀을 주셨다. 구원받은 이스라엘을 결혼식 손님(열 처녀 비유)으로, 그리고 뒤에는 두 명의 신실한 종(달란트 비유)으로 비유했다. 이것을 통해 구원받은 이스라엘이 신랑과 신부와 연합됨을 보여 주셨다(히 11:16; 마 25:10,23).

3. 기초

새 예루살렘의 성벽 기초들은 12개의 보석들로 되어 있다(벽옥 · 사파이어 · 옥수 · 에메랄드 · 홍마노 · 홍보석 · 귀감람석 · 녹주석 · 황옥 · 녹옥수 · 청옥 · 자수정). 또한 성벽의 열두 기초 안에는 12사도의 이름이 들어 있다.

그 도시의 성벽에는 열두 기초가 있고 그것들 안에 어린양의 열두 사도의 이름들이 있더라. (계 21:14)

12사도 중 가룟 유다는 지옥으로 갔으므로 그 자리에는 제비를 뽑아 사도가 된 맛디아(행 1:26)가 들어갔을 것이라는 추측도 가능하다. 하지만 제비뽑기 사건 이후 맛디아의 행적이 전혀 나오지 않는 것으로 보아 제비를 뽑은 것 자체가 하나님의 뜻이 아니었으리라는 견해도 있다.

그래서 12사도의 자리에는 이방인에게 복음을 전파하고 신약 교회의 지침들을 세운 바울, 늘 사도로 불린 바울이 들어가야 한다는 생각도 일리가 있다. 이것도 그날이 되면 알 수 있을 것이다.

4. 성벽

벽옥으로 된 새 예루살렘의 성벽은 높이가 약 65m이다.

그 도시는 네모반듯하게 놓여 있으며 길이가 너비만큼 길더라. 그가 그 갈대로 도시를 측량하니 만 이천 스타디온이더라. 그것의 길이와 너비와 높이가 같으니라. 또 그가 그 도시의 성벽을 측량하매 사람의 치수 곧 그 천사의 치수에 따라 **백사십사 큐빗**이더라. (계 21:16∼17)

높이가 2,240km인 도시에 65m 높이의 성벽을 쌓은 것은 마치 555m로 국내 최고층 빌딩인 제2 롯데월드타워에 4.5cm 정도 높이의 담을 두른 것과 같다. 이것으로 도시의 크기를 상상해 볼 수 있는데, 이 성벽은 물론 방어의 목적이 아니라 아름다움을 위한 것으로 볼 수 있다.

5. 문들과 거리

이 도시에는 네 면에 각각 세 개씩 열두 문이 있는데, 각 문을 천사들이 지킨다. 또한 이 문들에는 이스라엘 12지파의 이름이 있다.

제2 롯데월드타워

그 도시에는 크고 높은 성벽이 있었고 <u>열두 문</u>이 있었으며 그 문들에 열두 천사가 있었고 그 문들 위에 이름들이 기록되어 있었는데 그것들은 이스라엘의 자손들의 열두 지파의 이름들이니라. 동쪽에 세 문, 북쪽에 세 문, 남쪽에 세 문, 서쪽에 세 문이 있으며 (계 21:12~13)

각 문은 한 개의 진주로 되어 있고, 거리는 투명한 순금으로 되어 있다.

그 열두 문은 열두 진주였으며 문마다 각각 한 개의 진주로 되어 있고 그 도시의 거리는 순금이며 마치 투명한 유리 같더라. (계 21:21)

"초가삼간도 나는 만족하네 값진 재물도 내겐 없지만 언젠가 내가 하늘나라에 가면 순황금 길을 거닐겠네"하는 복음성가의 가사처럼 우리가 그곳에서는 순금으로 된 길을 걸을 것이다.

6. 강과 생명나무

새 예루살렘에는 하나님과 어린양의 왕좌로부터 흘러나오는 수정같이 맑은 생명수의 정결한 강이 있다고 했다. 또 거리와 강에는 아마도 에덴동산에 있었던 것과 같은 생명나무가 있다.

그 도시의 거리 한가운데와 강의 양쪽에는 생명나무가 있어서 그것이 열두 종류의 열매를 맺고 달마다 자기 열매를 냈으며 그 나무의 잎사귀들은 그 민족들을 치유하기 위하여 있더라. (계 22:2)

여기 치유받는 민족들이란 계시록 21장 24절에 나오는 민족으로 다음다음 주제로 설명하는 '생명나무와 잎사귀들' 항목에서 다룬다.

새 예루살렘에 없는 것

새 예루살렘에 없는 것들은 우선 '악한 것'이다. 죄와 마귀와 더러운 것은 물론 사망과 슬픔과 아픔, 병, 저주, 눈물 등이 없다.

또 하나님께서 그들의 눈에서 모든 눈물을 씻어 주시리라. 다시는 사망이 없고 슬픔도 울부짖음도 없으며 또 아픔도 다시는 없으리니 이는 이전 것들이 지나갔기 때문이라. 하더라. (계 21:4)

해와 달도 필요가 없다. 하나님께서 친히 광체가 되시기 때문이다.

그 도시는 해와 달이 안에서 빛을 비출 필요가 없었으니 이는 하나님의 영광이 그 도시를 밝혀 주었고 어린양께서 그 도시의 광체이시기 때문이라. (계 21:23)

지금은 밤과 낮이 있지만 그 도시에는 밤이 없을 것이다.

땅이 있을 동안에는 뿌리는 때와 거두는 때와 추위와 더위와 여름과 겨울과 낮과 밤이 그치지 아니하리라. 하시니라. (창 8:22)

이처럼 노아의 홍수 이후 낮과 밤과 계절이 있었지만 새 예루살렘에는 없다.

거기에는 밤이 없을 터이므로 낮에 그 도시의 문들을 결코 닫지 아니하리라. (계 21:25)

거기에는 밤이 없겠고 등잔불이나 햇빛이 그들에게 필요 없으니 이는 주 하나님께서 그들에게 빛을 주시기 때문이라. 그들이 영원무궁토록 통치하리로다. (계 22:5)

계시록 21장 9~14절에서 천사는 요한에게 어린양의 아내를 보여 주겠다고 하고는 거룩한 도시 예루살렘을 보여 주었는데 거기에는 성벽, 문, 기초석이 있었다. 이것을 두고 어떤 이들은 어린양의 신부인 교회, 즉 사람들이 건물이 될 수 없으므로 새 예루살렘은 문자적인 장소가 아니라 상징적 장소요, 실체가 없는 영적 도시(예를 들어 마음의 천국 같은 곳)라고 주장한다.

그러나 이것은 히브리/그리스 사람들의 관용적 표현을 이해하지 못한 데서 나온 큰 잘못이다. 성경은 종종 도시를 의인화해서 표현한다. 예를 들어 마태복음 23장 37절에서 예수님은 예루살렘이 대언자들을 죽였다고 하셨는데 여기서 예루살렘은 그 안의 사람들을 가리킨다. 또한 마태복음 8장 34절, 사도행전 13장 44절의 '온 도시' 역시 도시의 모든 사람을 가리킨다.

시편 46편, 48편 그리고 이사야서 66장 말씀은 이것을 잘 보여준다.

한 강이 있는데 그 강의 시내들이 하나님의 도시 곧 지극히 높으신 이의 장막들이 있는 거룩한 처소를 즐겁게 하리로다. 하나님께서 <u>그녀의</u> 한가운데 계시매 <u>그녀가</u> 흔들리지 아니할 것이요, 하나님께서 <u>그녀를</u> 도우시되 이른 새벽에 도우시리로다(시 46:4, 5).

시온을 거닐면서 <u>그녀의</u> 주위를 다녀 보고 <u>그녀의</u> 망대들을 세어 볼지어다. 너희는 <u>그녀의</u> 보루들을 자세히 보고 <u>그녀의</u> 궁궐들을 깊이 살펴보아 뒤따르는 세대에게 그것을 일러 줄지어다. (시 48:12, 13)

누가 그러한 일을 들었느냐? 누가 이러한 일들을 보았느냐? 땅이 하루에 만들어져서 열매를 내겠느냐? 혹은 한 민족이 순식간에 태어나겠느냐? 시온은 진통하자마자 자기 자녀들을 낳았도다. (사 66:8)

이런 구절들은 하나님의 도시 시온을 의인화하여 여자로 표현하고 있다. 그러므로 주님의 신부인 구원받은 사람들이 사는 새 예루살렘도 신부로 의인화되어 표현될 수 있다. 따라서 영적인 해석을 적용하여 새 예루살렘을 상징이라고 말하는 것은 성경을 무시하는 처사다. 새 예루살렘이야말로 하나님의 성도들이 고대하고 고대하던 실제 장소다.

생명나무와 잎사귀들, 그리고 땅의 민족

이제 끝으로 생각해 볼 것은 계시록 21장 24~26절과 22장 2절에 나오는 구원받은 자들의 민족들이 누구인가 하는 것이다. 여기 나오는 민족들은 같은 민족들인데 과연 이들은 누구일까?

구원받은 자들의 민족들이 그 도시의 빛 가운데서 다니겠고 땅의 왕들이 자기들의 영광과 존귀를 가지고 그리로 들어가리라. (계 21:24)

그 도시의 거리 한가운데와 강의 양쪽에는 생명나무가 있어서 그것이 열두 종류의 열매를 맺고 달마다 자기 열매를 냈으며 그 나무의 잎사귀들은 그 민족들을 치유하기 위하여 있더라. (계 22:2)

22장 1~2절은 분명하게 영원의 세계를 다룬다. 실제로 22장 5절을 끝으로 하나님의 온 우주 경영 계획은 일단락이 된다. 22장 6~21절은 땅에 있는 사람들과 교회들을 향한 권고와 경계의 말이다.

계시록 22장 1~5절 말씀은 천년왕국에 대한 것이 아니며 계시록 21장의 연속이다. 하나님과 어린양은 21장 22절의 도시와 22장 1절의 도시에 계신다.

또 내가 그 안에서 성전을 보지 못하였으니 이는 주 하나님 전능자와 어린양께서 그 도시의 성전이시기 때문이라. (계 21:22)

또 그가 하나님과 어린양의 왕좌로부터 흘러나오는 수정같이 맑은 생명수의 정결한 강을 내게 보여 주니라. (계 22:1)

물론 이 도시들은 같은 도시다. 또한 21장 24절의 민족들과 22장 2절의 민족들도 같은 민족이다.

한편 21장 24절은 분명하게 새 땅에 왕들이 존재함을 보여 주며 이들이 자기들의 영광을 가지고 새 예루살렘에 들어가 누군가에게 존귀를 표하고 있음을 보여준다. 이것을 보면 분명히 새 예루살렘 도시에 거하는 자들도 있고 새 땅에 거하는 자들도 있다. 이 둘의 차이는 무엇일까?

한편 생명나무는 그 도시, 즉 새 예루살렘의 한가운데 있다(계 22:2). 문제는 왜 21장 24절과 22장 2절의 민족들이 생명나무 잎사귀로 치유를 받느냐 하는 것이다. 이것을 해결하기 위해 많은 이들은 22장 1~5절을 천년왕국의 일로 해석하려 한다. 그런데 계시록 22장은 분명히 천년왕국이 끝난 이후의 일이다.

계시록 22장 2절의 '생명나무'가 에스겔 47장 12절의 '나무'와 비슷하다고 생각하는 이들도 있지만 이 둘은 서로 다른 것이다.

또 그 강가의 둑 위에는 이쪽과 저쪽에 먹을 것을 맺는 모든 나무가 자라되 그것들의 잎사귀가 시들지 아니하며 열매가 없어지지 아니하리라. 그것이 자기의 달들에 따라 새 열매를 맺으리니 이는 그것들이 자기들의 물들을 성소에서 내었기 때문이라. 그것들의 열매는 먹을 것이 되며 잎사귀는 약이 되리라. (겔 47:12)

여기 나무는 생명나무가 아니다. 이 잎사귀는 음식과 약으로 쓰이는데, 계시록 22장 2절의 잎사귀는 이스라엘이 아니라 민족들을 치유하는 데 쓰인다.

에스겔 44장의 성전도 진짜 땅에 존재할 예루살렘 성전이며 이때는 레위 사람들도 있다.

그러나 이스라엘의 자손이 나를 떠나 곁길로 갔을 때에 내 성소의 책무를 지킨 레위 사람 제사장들 곧 사독의 아들들은 내게 가까이 나아와 나를 섬기되 그들이 내 앞에 서서 기름과 피를 내게 드리리라. 주 **하나님**이 말하노라. (겔 44:15)

이런 성전과 사람들은 결코 하늘의 것들이 아니다. 계시록 21장 22절이 보여 주듯이 새 예루살렘에는 성전이 없다.

신구약 시대에 구원받은 성도는 이미 영원한 생명을 얻었으므로 생명나무 잎사귀를 필요로 하지 않는다. 그런데 계시록 말씀대로라면 영원한 세상에서도 생명나무 잎사귀를 필요로 하는 사람들이 있다. 과연 이들은 누구일까? 계시록 22장 14절도 신비의 구절이다.

그분의 명령들을 행하는 자들은 복이 있나니 이것은 그들이 생명나무에 이르는 권리를 소유하게 하며 그 문들을 지나 그 도시로 들어가게 하려 함이로다. (계 22:14)

여기 보면 생명나무에 이르는 권리를 소유하는 자들이 있고 이들이 문들을 지나서 그 도시로 들어간다. 이것은 계시록 21장 24절처럼 땅의 왕들이 영광을 가지고 그 도시로 들어가는 것과 비슷하다.

모든 것을 종합해 볼 때, 영원한 세상에서도 새 예루살렘에 사는 사람들과 땅에 사는 사람들이 있고, 땅에 사는 사람들은 생명나무 잎사귀가 있어야 생명을 유지할 수 있는 것으로 보인다. 그러면 과연 새 땅에 사는 사람들은 누구일까?

이런 문제에 대한 해결책은 이해가 되지 않아도 성경대로 믿으려고 노력하는 것이다. 하나님은 가나안 땅을 이스라엘에게 영원히 주시겠다고 약속하셨다.

네가 보는 모든 땅을 내가 너와 네 씨에게 영원히 주리라. (창 13:15)

이사야서 9장 6~7절은 메시아가 다스리는 이스라엘 왕국이 영원토록 지속된다고 말한다. 그 왕국은 영원무궁할 것이다(눅 1:30~33). 에스겔서 37장 24~28절도 다윗이 약속의 땅 가나안에서 영원히 다스릴 것이라고 말씀한다.

그들이 내가 내 종 야곱에게 준 땅 곧 너희 조상들이 거하던 땅에 거하되 그들 즉 그들과 그들의 자녀들과 그들의 자녀들의 자녀들이 영원히 그 안에 거할 것이요, 내 종 다윗이 영원히 그들의 통치자가 되리라. (겔 37:25)

또한 다니엘서는 메시아 왕국이 영원히 지속되며 이를 위해서는 구원받은 이스라엘과 민족들이 영원히 땅에 거해야 함을 보여준다.

그분께서 그에게 통치와 영광과 왕국을 주시니 이것은 모든 백성들과 민족들과 언어들이 그를 섬기게 하려 함이라. 그의 통치는 영존하는 통치요, 없어지지 아니할 통치며 그의 왕국은 멸망하지 아니할 왕국이라. (단 7:14)

이런 말씀들에 따라 이스라엘은 앞으로도 영원히 지금의 가나안 땅에 존재해야 한다. 또한 민족들도 새 땅에 두루 존재해야 한다. 성경대로 믿으면 그렇다. 하나님은 때가 충만히 찼을 때에 하늘에 있는 것들과 땅에 있는 것들을 그리스도 안에서 하나로 모으실 것이다.

이것은 충만한 때의 경륜 안에서 친히 모든 것 즉 하늘에 있는 것들과 땅에 있는 것들을 그리스도 안에서 곧 그분 안에서 다 함께 하나로 모으려 하심이라. (엡 1:10)

천년왕국에서 살아남은 유대인과 이방인은 이 땅에서 영원히 살 것이다. 다만 그들은 생명나무 잎사귀를 필요로 한다. 하나님께서는 새 하늘과 새 땅을 주시기 전에 이 땅과 하늘을 분명히 불로 정화하실 것이다(벧후 3:10~13). 이때에 그분께서는 믿음을 가지고 땅에 남아 있는 자들을 어떤 식으로든 보존하셔서 그들이 새 땅(지구)에 살게 하실 것이다. 성경은 이에 대해 구체적으로 이야기하지 않으므로 그 방법은 아무도 모른다. 다만 하나님이 이 땅에 영원한 왕국이 있고 거기 시민들이 영원히 있어야 한다고 하셨으므로 친히 이 일을 이루실 것이다.

새 예루살렘 도시에는 해와 달이 필요 없으나(계 22:5) 땅에는 계절을 위해 필요하다. 계시록 22장 2절은 생명나무가 열두 달에 걸쳐 매달 자기 열매를 낸다고 되어 있다. 이로 보건대 이때에도 땅에는 열두 달이 존재하고 이를 위해 해와 달이 필요할 것으로 보인다.

이처럼 육신을 입은 자들이 새 땅에 살면서 계속해서 번성해야 구원받아 몸이 영화롭게 변한 성도들이 왕으로서 그들을 다스리며 통치할 수 있다. 새 예루살렘에서만 모여 산다면 다스릴 대상이 없다.

> 하나님 곧 자신의 아버지를 위해 우리를 왕과 제사장으로 삼으신 분께 즉 그분께 영광과 통치가 영원무궁토록 있기를 원하노라. 아멘. (계 1:6)

우리는 그리스도와 함께하는 공동 상속자다(롬 8:17). 그러므로 우리는 그분과 함께 통치할 것인데, 그 영역이 바로 '새 땅'임을 알 수 있다.

17. 마지막 권면과 경고

말씀 변개자들에 대한 경고

마지막으로 이 모든 말씀을 계시해주신 예수님이 경고와 권면의 말씀을 주신다.

> 또 그가 내게 이르기를, 이 말씀들은 신실하고 참되도다. 주 곧 거룩한 대언자들의 하나님께서 자신의 종들에게 반드시 곧 이루어질 것들을 보이시려고 자신의 천사를 보내셨도다. 보라, 내가 속히 오리니 이 책의 대언의 말씀들을 지키는 자는 복이 있도다, 하더라. (계 22:6~7)

계시록 1장 3절에 주신 것과 같이 이 대언의 말씀들을 읽고, 듣고, 그것을 지키는 자들에게는 복이 있다. 계시록을 가까이 하면 하나님이 복을 주신다.

우리에게는 더디게 느껴질지 모르지만 사람의 천년을 하루로 여기시는 주님께는 인류의 6천 년 역사가 겨우 엿새에 지나지 않으므로 그분께서는 속히 오시겠다고 말씀하신다.

또 그가 내게 이르되, 이 책의 대언의 말씀들을 봉인하지 말라. 때가 가까우니라. 불의한 자는 그대로 불의하게 두고 더러운 자는 그대로 더럽게 두며 의로운 자는 그대로 의롭게 두고 거룩한 자는 그대로 거룩하게 둘지니라. 보라, 내가 속히 오리니 내가 줄 보상이 내게 있어 각 사람에게 그의 행위에 따라 주리라. 나는 알파와 오메가요 시작과 끝이요 처음과 마지막이라. (계 22:10~13)

악한 자들에 대한 최후통첩도 있다.

개들과 마법사들과 음행을 일삼는 자들과 살인자들과 우상숭배자들과 거짓말을 좋아하며 지어내는 자는 누구든지 밖에 있느니라. (계 22:15)

개들은 배교한 거짓 선생들이다. 빌립보서에도 이런 자들이 등장한다.

개들을 조심하고 악한 일꾼들을 조심하며 살을 베어 내는 자들을 조심하라. (빌 3:2)

그밖에 구원받지 못한 음행자, 살인자, 우상숭배자 등은 거룩한 도시에 들어올 수 없다. 그리고 이제 주님은 마지막 권면으로 모든 사람에게 손을 내밀어 초청의 메시지를 주신다. 이 엄청난 은혜, 놀라운 안식의 천국이 공짜다!!

성령과 신부가 말씀하시기를, 오라, 하시는도다. 듣는 자도, 오라, 할 것이요, 목마른 자도 올 것이요, 또 누구든지 원하는 자는 <u>값없이</u> 생명수를 취하라. (계 22:17)

끝으로 이 말씀들, 나아가서 성경 66권 전체의 말씀들을 훼손하는 자들에 대한 준엄한 경고가 이어진다.

내가 이 책의 대언의 말씀들을 듣는 모든 사람에게 증언하노니 만일 어떤 사람이 이것들에다 더하면 하나님께서 이 책에 기록된 재앙들을 그에게 더하실 것이요, 만일 어떤 사람이 이 대언의 책의 말씀들에서 빼면 하나님께서 생명책과 거룩한 도시와 이 책에 기록된 것들로부터 그의 부분을 빼시리라. (계 22:18~19)

성경의 단어들을 변개하고, 임의로 뜻을 바꾸고, 멋대로 해석하는 자들에게는 반드시 하나님의 심판이 있을 것이다. 많은 사람을 속인 그들의 가장 근본적인 죄악은 성경을 믿지 않는 것이며, 그 권위에 순복하지 않는 교만이다. 성경을 다루는 모든 자는 이 말씀을 뼛속에 깊이깊이 새겨야 할 것이다.[8]

드디어 안부 인사와 더불어 가장 귀중한 감격적인 약속과 함께 대단원의 막이 내려간다. 꼭 지켜질 그 귀한 약속은 바로 우리 주님께서 '반드시 속히 오시겠다' 하는 것이다.

이것들을 증언하시는 분께서 이르시되, 내가 반드시 속히 오리라, 하시는도다. 아멘. 주 예수님이여, 과연 그와 같이 오시옵소서. 우리 주 예수 그리스도의 은혜가 너희 모두와 함께 있기를 원하노라. 아멘. (계 22:20~21)

요한계시록과 성경을 사랑하며 주님의 재림을 사모하는 우리에게 이 소망이 없다면 세상의 많은 죽어가는 이들과 다를 것이 없다. 이 소망은 낡고 막연한 것이 아니라 예수님이 하늘로 올라가신 것을 본 사람들의 것과 동일한 것이다. 그분의 약속은 그때의 약속과 똑같이 소중하며, 성경이 보증하는 확실한 것임을 반드시 기억하고 인내해야 한다.

---

8. 생명책과 어린양의 생명책, 또 생명책에서 지워지는 내용에 대한 것은 〈부록 ①〉 참고

이 땅의 나그네로, 휴거의 소망으로…

이렇게 요한의 모든 환상과 계시는 끝이 난다. 이제 우리는 예수님 시대부터 파노라마처럼 펼쳐지는 시간과 이어질 미래가 한결 명확하게 다가올 것이다.

로마의 박해로 짐승의 가죽을 쓰고 사자의 밥이 되던 그리스도인들, 가톨릭교회의 핍박으로 머리가 잘리고 불에 태워지는 고통 속에 죽어간 순교자들, 개신교 국교회의 탄압으로 고문과 죽임을 당한 적은 양무리들, 그리고 전쟁과 난리로 죽어간 근대사 속의 성도들이 주님의 오심을 간절히 기다렸다.

이제 우리는 살아서 공중의 주님을 만날 수 있는 가장 높은 확률의 시대를 살고 있다. 오늘날도 모든 질서가 깨어진 완악한 세상에서 창조물들의 신음 속에 현대 문명을 살며 아파하는 모든 형제자매에게 예수님의 약속은 가장 간절하고 절실한 소망이 된다. 이 소망은 모든 시대를 살았던 성도들의 간절한 바람과 동일한 것이다.

이 모든 것을 확실한 성경에 계시해 주신 하나님께 찬양과 영광을 돌린다. 이 책을 읽는 모든 분을 그날에 그 기쁨의 도시에서 주님과 함께 만나고 싶다. 그때는 우리의 눈에 눈물이 없을 것이고, 상처는 지워졌을 것이며, 낡은 몸도 새것으로 바뀌었을 것이다.

그리고 우리의 원수들은 모두 처리되어 더 이상의 불안과 걱정은 없을 것이다. 우리는 그토록 몸부림쳤던 질병과 고통과 떨치지 못한 죄에서 영원히 해방되어 진정한 자유를 누리며 주님의 거룩하심을 찬양할 것이다.

오직 우리는 믿음으로만 의롭게 된다. 그 사실이 너무나 다행스럽다. 히브리서 11장에는 약점 많고 한없이 부족한 삶을 살았지만 믿음을 지키고 본향을 사모하며 살았던 이들이 등장하는데, 이처럼 연약한 사람들이지만 우리 주님께서는 그들을 위해 아름답고 빛나는 도시를 예비하셨다.

동일한 믿음을 가진 우리에게도 똑같다. 하나님은 언제까지나 변치 않으시며, 부족하고 하찮은 나와 같은 자의 하나님이라는 것을 전혀 부끄러워하지 않으신다. 우리 모두가 이 영원한 영광의 도시를 바라보면서 믿음으로 걸어야겠다.

이제는 그들이 더 좋은 본향을 사모하니 곧 하늘의 본향이라. 그러므로 하나님께서도 그들의 하나님이라 불리는 것을 부끄러워하지 아니하시나니 그분께서 그들을 위하여 한 도시를 예비하셨느니라. (히 11:16)

살아 있는 동안 많은 혼을 주님께 인도하며 기쁨의 그날까지 강건하시기를 바란다.

부록

주의 책, 생명책, 어린양의 생명책

· 인간의 책과 하늘의 책

성경을 읽다 보면 '책'이 나온다. 오늘날 우리에게 '성경책'이라는 말이 익숙하지만 성경 기록들은 다 낱장이거나 두루마리였다. 하지만 성경은 창세기 5장 아담의 일대기부터 책이라는 단어를 사용하면서 전체에 무수하게 이 단어를 등장시키고 있고, 마태복음은 첫 절부터 '책'이라는 단어가 분명히 사용된다.

이것은 아담의 세대들에 대한 책이라. 하나님께서 사람을 창조하신 날에 하나님의 모양대로 그를 만드시되 (창 5:1)

아브라함의 자손이시요, 다윗의 자손이신 예수 그리스도의 세대에 대한 책이라. (마 1:1)[1]

아담의 세대들은 '첫 사람 아담'으로, 살아 있으나 죽을 수밖에 없는 세대를 뜻하는 것이며, 예수 그리스도의 세대는 '마지막 아담'인 예수님의 육신적 가족이 아닌 영적 상속자들을 뜻하는 것이다. 살려주는 영이 되시는 예수님의

---

1. 개역성경은 마태복음 1장 1절에서 '책'이라는 단어를 뺐을 뿐만 아니라 "예수 그리스도의 세계라"라고 번역했다가 '세계'를 '계보'로 개정함으로써 의미를 전혀 알 수 없도록 해놓았다. 창세기 5장 1절도 책을 '계보'로 바꿨다.

세대, 즉 믿는 자들이 받을 새 상속 유언에 관한 이야기다.

그러므로 기록된 바, 첫 사람 아담은 살아 있는 혼이 되었더라, 함과 같이 마지막 아담은 살려 주는 영이 되셨느니라. (고전 15:45)

그래서 이 책은 성도에게 매우 중요한 책이며 구약은 우리의 배움을 위해 기록되었지만(롬 15:4), 신약은 참된 지침서이자 약속인 것이다.

이와 같이 '책'이란 오늘날 종이들을 제본해 만들어내는 하나의 물건 이상의 개념이다. 어떤 규칙들을 담거나 벌어진 일들을 세세하게 기록해 증거를 남기는 책은 가르침을 위해, 재판을 위해, 보존을 위해 사용된 것인데, 참으로 신비한 것은 이것이 우리 인간 세상에만 있는 것이 아니라 하나님으로부터 나온 것이라는 사실이다.

책은 언어와 문자를 확정하고 고정하는 역할을 한다. 말은 단어(word)들이며 그것은 문자로 옮겨질 수 있다. 예수님은 말(씀)이다(요 1:1). 그분은 오류가 없는 완전한 분인데 인간의 말은 아담과 이브의 변명처럼 늘 이리저리 바뀐다. 그래서 책이 필요하다. 아무도 변명하지 못하게 하려면 명문화된 무언가가 있어야 한다. 물론 인간의 책은 불완전하며, 인간의 법전도 법리 해석에 따라 판이하게 달라지기도 한다. 그래서 책도 하늘의 책이 있어야만 하는 것이다.

내가 떠도는 것을 주께서 세시오니 내 눈물들을 주의 병에 담으소서. 그것들이 주의 책에 있지 아니하나이까? (시 56:8)

은유적인 표현일 수 있지만 인간의 모든 일을 기록하고 기억하시는 책도 분명 있는 것 같다.

주의 눈이 아직 불완전한 나의 실체를 보셨으며 계속해서 형성된 나의 모든 지체들이 주의 책에 기록되되 그것들 중에 아직 하나도 존재하지 않았을 때에 기

록되었나이다. (시 139:16)

이 부분은 마치 DNA 정보처럼 인간의 모든 생체 기록이 있는 것처럼 느껴지는 구절이다. DNA 한 개의 정보는 약 50억 글자, 책으로 3천 권 분량이다. 그러니 하나님이 기록하신 정보가 책으로 얼마나 많겠는가. 여기서 생각나는 말씀이 요한복음의 마지막 말씀이다.

예수님께서 행하신 다른 일들도 많으므로 만일 그것들을 낱낱이 기록한다면 심지어 이 세상이라도 기록된 책들을 담지 못할 줄로 나는 생각하노라. 아멘. (요 21:25)

이는 물론 주님의 공생애를 말하는 것이겠지만, 어떤 의미에서는 창조의 시작부터 계셨던 예수님이 하신 일이 어마어마하다는 뜻으로 읽을 수도 있겠다.

생명책에서 지워지는 일

성경에는 율법책, 주의 책, 전쟁의 책, 연대기 책 등 인간사에 필요한 책들도 등장하지만, 흰 왕좌의 심판 때 펼쳐져 있는 책이나, 주의 책, 생명책 등 하늘의 책들도 등장한다. 개역성경에 익숙한 한국 성도들은 생명책을 주로 떠올리면서 여기에서 내 이름이 누락되지 않도록 애쓰고 노심초사한다.

일단 생명책이 무엇인지 알아야 한다. 그리고 이름이 지워지는 것은 무슨 의미인지 알아야 할 것이다.

그들을 생명책에서 지우사 의인들과 함께 기록되지 말게 하소서 (시 69:28, 개역개정)

May they be blotted out of <u>the book of life</u> and not be listed with the righteous. (Ps 69:28, NIV)

시편 기록자가 자기 원수들을 생명책에서 지워 달라고 하는 대목이다. 그는 상대를 지옥에 보내달라고 기도한 것일까? 사람이 아무리 원수지만 지옥에 보내줄 것을 하나님께 기도할 수 있을까? 흠정역은 다르게 번역돼 있다.

그들을 <u>산 자들의 책</u>에서 지우사 의로운 자들과 함께 기록하지 마소서. (시 69:28, 흠정역)

Let them be blotted out of <u>the book of the living</u>, and not be written with the righteous. (시 69:28, KJB)

'생명책'이 아니라 '산 자들의 책'이라고 했다. 말하자면 단지 육신의 목숨이 끊어져 죽기를 바라는 말인 것이다.

그러나 이제 주께서 그들의 죄를 용서하시옵소서. 그리하지 아니하시려면 원하건대 주께서 기록하신 <u>주의 책</u>에서 나를 지워 버리소서, 하니 (출 32:32)

이런 말씀은 자신의 존재를 지워달라는 말로 자기 호소에 대한 강조이다.

주께서 모세에게 이르시되, 누구든지 내게 죄를 지으면 내가 그를 <u>내 책</u>에서 지워 버리리라. (출 32:33)

이런 말씀도 지옥에 보낸다는 뜻이 아니라 존재를 없애 육신의 생명을 거두는 것으로 보아야 할 것이다.

문제는 신약에 나오는 '생명책'이다. 계시록 13장과 21장의 '어린양의 생명책'은 지워지지 않는 천국 명단이고, 그냥 '생명책'은 아직 숨을 거두지 않은 살아 있는 자들의 명단이라고 볼 수 있지만, 이렇게만 말하면 설명이 부족

구분	위치	관련 내용
생명책 (the book of life)	빌 4:3	사도 바울의 조력자들이 기록됨
	계 3:5	이기는 자를 생명책에서 지우지 않음(★)
	계 17:8	기록되지 않은 자가 음녀의 심판 때 짐승을 보고 놀람
	계 20:12	기록되지 않은 자가 흰 왕좌의 심판을 받음
	계 20:15	기록되지 않은 자가 불 호수로 감
	계 22:19	말씀에 더하거나 빼는 자는 생명책에서 그의 부분을 뺌(★)
어린양의 생명책 (the book of life of the Lamb)	계 13:8	기록되지 않은 자가 짐승에게 경배함
	계 21:27	기록된 자만 새 예루살렘에 들어감

하고, 시편의 '산 자들의 책'과 다를 것이 없게 된다. 그러나 '생명책'이 천국 명단이라면 '어린양의 생명책'과의 차이점이 무엇인지 해결해야 하는데 마땅한 답이 없을 것이다.

사실 이 도표를 보면 두 책 사이에 큰 차이는 보이지 않는다. 하지만 어린양의 생명책은 확실히 구원받은 자들의 이름이고, 그냥 생명책은 다른 해석의 여지가 있어 보인다. 특히 난제는 계시록 3장 5절의 생명책에서 지운다는 말씀과 22장 19절의 말씀에 손 댄 자의 부분을 거룩한 도시와 생명책에서 뺀다는 말씀이 있는 두 부분이다(★표시).

우선 우리는 모든 성경 교리 해석의 대전제인 구원의 즉시 이루어짐과 영원한 안전 보장의 틀 안에서 이것을 해석해야만 한다. 성경은 분명히 구원이 믿는 즉시 이루어지고, 취소될 수 없으며, 번복되지 않음을 말씀하고 있다.

이 별표 부분은 구원 취소 또는 믿음과 삶(행위)을 종합해 마지막에 판단한다는 신학의 근거 구절로 사용되고 있지만 그것은 사실이 아니다. 물론 아무도 그렇게는 해석할 수 없다는 게 아니라, 건전한 신학 안에서 이해할 수 있다면 최대한 그런 노력을 해야 한다는 뜻이다.

빌립보서에서 사도 바울이 언급한 '생명책'을 보면 시편 기록자가 '산 자들의 책'이라고 말한 것과는 달리, 육신의 생명만을 말하는 것이 아닌 것처럼 보인다.

> 또 참된 멍에 동료인 네게도 간절히 권하노니 복음 안에서 나와 함께 수고하고 또 클레멘트와 나의 다른 동료 일꾼들과 함께 수고한 저 여자들을 도우라. 그들의 이름이 <u>생명책</u>에 있느니라. (빌 4:3)

산 사람을 말하면서 그들의 이름이 단지 호적을 뜻하는 생명책에 있다고 하는 것은 앞뒤가 맞지 않아 보이지만 다음에 소개하는 포인트를 알면 무리가 없다.

구원 없이 죽으면 생명책에 이름이 없다

이 문제를 이해하는 포인트는 믿지 않고 죽은 자들이 어떻게 되는가에 있다. 구원받지 못하고 죽은 자들은 이름이 없다. 하나님은 여전히 아브라함과 이삭과 야곱의 하나님이며 '산 자'의 하나님이시다.

> 나는 아브라함의 하나님이요. 이삭의 하나님이요. 야곱의 하나님이니라, 하셨으니 하나님은 죽은 자의 하나님이 아니요. <u>산 자</u>의 하나님이시니라, 하시매 (마 22:32)

예수님은 그 조상들이 이미 다 죽은 시점에 말씀하고 있지만 그들은 살아 있다는 것이다. 믿음 밖에서 죽은 자들은 존재는 있으나 이름이 없다. 누가복음 16장의 부자와 나사로는 비유가 아닌 실존 인물이다. 하지만 부자에게는 이름이 없다. 나사로는 아무 말

도 없지만 이름이 있다. 부자와 대화하는 아브라함도 이름이 있지만 부자는 그냥 '부자'다. 그러니까 생명을 얻으면 생명책에 기록되지만 구원받지 못하고 죽으면 이름이 사라지는 것이다.

만일 누가복음 16장이 이런 부분의 비밀을 알려주기 위해 기록된 것이라고 가정한다면, 부자는 살아서나 죽어서나 이름이 없고, 나사로는 일관되게 살아서나 죽어서나 이름을 지니고 있음을 주목할 수 있다.

그런데, 인간의 순차적 시점으로는 이름이 있다가 없어진 것 같지만, 하나님의 시선에서 그런 자들은 애초에 생명책에 기록되지 못한 자들이다. 구원 받을 사람을 전능하신 하나님은 처음부터 알고 계신다. 그래서 인간이 자기 의지로 하나님을 믿지만 그들의 이름이 창세 이전부터 기록돼 있다.

> 곧 하나님 아버지의 미리 아심에 따라 성령의 거룩히 구별하심을 통해 순종함과 예수 그리스도의 피 뿌림에 이르도록 선택 받은 자들에게 편지하노니 은혜와 평강이 너희에게 더욱 많이 있기를 원하노라. (벧전 1:2)

이 사실을 전제로 보면 다음 말씀들을 이해할 수 있다.

> 이기는 자 곧 그는 흰옷을 입을 것이요, 내가 그의 이름을 <u>생명책</u>에서 지워 버리지 아니하고 그의 이름을 내 아버지 앞과 그분의 천사들 앞에서 시인하리라. (계 3:5)

구원 취소를 주장하는 사람들은 생명책에 기록된 적이 있으니까 지워진다는 것 아니냐고 한다. 하지만 이 역시 구원받지 못하고 죽으면 이름이 지워지는 원리를 기준으로 보아도 무리가 없다.

이기는 자는 살든지 죽든지 누가복음의 부자처럼 이름이 지워질 일이 없다는 뜻이다. 아마도 생명책의 명단을 두고도 마귀의 고소와 반론은 있을 것이고, 마지막 순간까지 사람을 지옥으로 데려가기 위해 안간힘을 쓸 것이다. 이때 보증을 서고 증언을 해줄 분이 예수님이신데, 주님이 그 사람을 시인하면 비로소 확정될 것이다. 위의 말씀은 이런 과정을 뜻하는 것으로 보이는데, 아버지 앞에서 시인하는 것 자체가 생명책에서 지우지 않는 것과 동일한 행동, 동일한 효력을 나타내는 것 같다.

빌립보서 4장 3절의 조력자들도 이미 생명책에 이름이 있으며, 그들은 지워지지 않을 것이기에 바울이 자신 있게 말한 것이다. 이기는 자는 끝까지 믿음을 지키는 자이며, 이김이란 믿는 순간 구원을 얻고 주님이 그것을 지키시는 과정으로 보아야 한다.

그러므로 그분께서 항상 살아 계셔서 그들을 위해 중보하심을 보건대 그분은 또한 자기를 통하여 하나님께 나아오는 자들을 끝까지 구원하실 수 있느니라. (히 7:25)

너희는 죽었고 너희 생명은 그리스도와 함께 하나님 안에 감추어져 있느니라. (골 3:3)

그들을 내게 주신 내 아버지는 모든 것보다 크시매 아무도 내 아버지 손에서 능히 그들을 빼앗지 못하느니라. (요 10:29)

이처럼 구원은 받았는데 중도 탈락해 이름이 지워지는 것이 아니라 그 구원을 하나님이 유지하시는 것이며, 우리는 이미 승리하신 주님 안에서 이기는 자가 되는 것이다. 이것을 자꾸만 인간의 순차적인 시점으로만 보고 시험과 경쟁에서 탈락하는 것으로 오해하면 안 된다.

다음은 흰 왕좌의 심판에 관한 구절인데, 죽으면 이름이 사라지는 개념이 확실해지는 말씀이다.

또 내가 보매 죽은 자들이 작은 자나 큰 자나 할 것 없이 하나님 앞에 서 있는데 책들이 펴져 있고 또 다른 책이 펴져 있었으니 곧 **생명책**이라. 죽은 자들이 자기 행위들에 따라 책들에 기록된 그것들에 근거하여 심판을 받았더라. (계 20:12)

누구든지 생명책에 기록된 것으로 드러나지 않은 자는 불 호수에 던져졌더라. (계 20:15)

심판에 관련한 여러 책이 있고, 생명책도 있다. 그들의 행위도 공의롭게 책에 기준해 판단받고, 생명책에 이름이 없는 자는 그것에 근거해 불 호수로 보내지는데, 책에 증거가 있으므로 그 누구도 변명할 수 없다.

다음은 바빌론 음녀의 심판이 다가왔을 때 생명책에 기록된 적이 없는 자들이 짐승을 보고 놀라는 장면이다.

네가 본 그 짐승은 전에 있었다가 지금은 없으나 앞으로 바닥없는 구덩이에서 올라와 멸망으로 들어갈 자니라. 땅에 거하는 자들로서 세상의 창건 이후로 이름이 생명책에 기록되지 않은 자들이 전에 있었다가 지금은 없으나 여전히 있는 그 짐승을 보고 놀라리라. (계 17:8)

자신들도 음녀처럼 짐승을 따라 멸망하는 심판이 임박했음을 알고 두려워하는 모습이다.

다음 말씀도 난해하다. 말씀에 가감하는 자들에게 주시는 경고다.

만일 어떤 사람이 이 대언의 책의 말씀들에서 빼면 하나님께서 생명책과 거룩한 도시와 이 책에 기록된 것들로부터 그의 부분을 빼시리라. (계 22:19)

이 역시 이미 명단에 있었는데 뺀다고 보기보다는, 어차피 그 모든 축복에 낄 수 없는 자들이 말씀을 변개할 것이라는 의미로 보아야 한다. 이미 이 대언의 말씀들을 완성하시면서 주신 경고이므로 생명책에 기록되지 않은 자들, 미리 아심에 의해 확정된 적 없는 자들이 말씀에 손을 댈 것이라는 뜻이다. 말씀이 하나님인데 이것에 손대는 자들이 어찌 구원받은 사람일 수 있겠는가. 그 본보기로 웨스트코트와 호르트는 성경 원어에 능통했지만 진화론자에 심령학자였으며 공산주의에 관심을 갖고 말씀에 가위질을 일삼았던 불신자에 불과했다.

'어린양의 생명책'은 확정 명단?

어린양의 생명책은 두 곳에 등장하는데, 다 그럴만한 이유가 있다.

땅에 거하는 모든 자들 곧 세상의 창건 이후로 죽임을 당한 <u>어린양의 생명책</u>에 이름이 기록되지 않은 자들이 그에게 경배하리라. (계 13:8)

짐승의 표를 거부한 자들이 다 죽자 땅에 거하는 자들은 (광야로 도피한 유대인을 뺀) 모두가 짐승에게 경배한다. 이는 땅에 거하는 모든 자가 불신자임을 뜻하는 것이다. 환난 때 죽은 자들은 어린양의 피로 예복을 희게 한 자들이다 (계7:14).

그러니 이들과는 달리 땅에 남아 짐승에게 경배하는 자들은 어린양의 생명책에 없는 것이 당연하다. 이런 것을 보면 '생명책'이 죽음을 논할 때 그 존재를 알게 되는 것과 달리, '어린양의 생명책'은 스스로 믿은 자들의 단순한 확정 명단인 것 같다.

더럽게 하는 것은 어떤 것이든지 결코 그곳으로 들어가지 못하며 또 무엇이든지 가증한 것을 이루게 하거나 거짓말을 지어내는 것도 들어가지 못하되 오직 어린양의 생명책에 기록된 자들만 들어가리라. (계 21:27)

이 부분은 새 예루살렘에 들어가는 자격인데, 새 예루살렘에는 어린양의 왕좌가 있고(계22:1), 어린양이 성전이자 도시의 광체이므로(계21:22~23) 너무나 당연하게도 이곳에 입성하는 명단은 어린양의 생명책인 것이다.

그러므로 어린양의 피로 예복을 씻은 환난성도, 어린양의 혼인 잔치에 참여할 휴거된 성도와 교회시대의 모든 성도, 어린양 메시아 약속을 믿었던 구약시대 의인들 등이 이 명단에 있을 것이며 모두 새 예루살렘에 들어가게 될 것이다.

　이 해석이 목숨 걸고 지켜야 할 진리는 아니고, 꼭 맞는다 단정할 수는 없겠지만, 성경이 생명책과 어린양의 생명책을 구분하는 이유를 고려하면서 구원의 일회성과 영속성 안에서 해석할 때 이 정도의 이해가 타당한 것 같다. 생사를 가르는 교리가 아니니 생명책이든 어린양의 생명책이든 지금의 우리는 믿고 구원받아 주님의 자녀로 살면 될 것이다.

　이 생명책 주제는 의외로 난해해서 이렇게 해석하면 저것이 걸리고, 저렇게 해석하면 이것이 걸리며, 표면적으로 보면 구원의 영속성을 해치기 때문에 고심 끝에 초판에서 해석을 빼기로 했었지만 개정판에서는 적어 보았다. 독자들께서는 타당한 부분만 취하고 지나치게 확정적인 단답형의 결론에 도달하려는 강박은 갖지 않았으면 한다. ❖

재림과 휴거의 모형을 보여주는
갈릴리 유대인들의 결혼 풍습
-영화 〈가나의 혼인잔치 : 언약〉을 중심으로

휴거와 재림의 모형이 되는 놀라운 원리

주님의 재림에 대해 더 잘 이해하려
면 예수님이 태어나신 갈릴리와 유
대 지방의 혼인 잔치 풍습을 알아야
한다. CBS 시네마[1]가 수입한 다큐멘
터리 영화 〈가나의 혼인잔치 : 언약〉
(2020)은 휴거에 점점 무관심해지는
기독교계에 작은 경종을 울렸다. '가
나'는 예수님이 물로 포도즙을 만드는
첫 기적을 행하신 곳으로 갈릴리 지방
의 한 마을 이름이다. 영화의 원제목은

'Before the wrath'(진노가 임하기 전에)이다.

이 영화는 예수님과 제자들이 다 갈릴리 출신이라 유대와 갈릴리 풍습으
로 비유하며 가르치시면 모두가 알아들었다면서, 그들의 가장 큰 행사인 갈
릴리 지방의 혼인 풍습은 성경의 종말론을 푸는 핵심적 키워드라고 주장한
다. 영화는 먼저, 예수님이 '언제' 오시는가에 주목하지 말고 '왜' 오시는가를

---

1. 홈페이지에 가입하면 제공 영화 한 편을 시청할 수 있는 쿠폰이 지급된다.

보라고 강조한다. 다시 오시는 이유는, 장차 대환난이 임하는 데 그 전에 우리를 구원하시기 위함이다.

우리, 갈릴리 사람들은 재림의 비밀을 말세까지 지키도록 선택받았습니다

유대와 갈릴리 지방 결혼식의 원리는 구원의 과정부터 보여준다. 마을 사람들이 증인으로 모인 가운데 남자가 여자에게 청혼을 할 때는 서약서와 함께 잔을 건네는데, 여자가 서명을 하고 포도즙 잔을 받아 함께 마시면 결혼을 수락하는 것이다. 부모와 많은 가족이 있어도 여자가 최종적으로 잔을 밀어내며 거절하면 결혼은 이루어

스스로 결정합니다

아무도 약혼을 번복할 수 없습니다

지지 않는다. 이는 하나님이 세상 모든 이에게 빛을 비추고 예수님이 복음의 소식을 알릴 때, 인간 스스로 자유 의지에 의한 결정을 통해 복음을 받아들여야 함을 상징한다. 이런 풍습도 갈릴리 지방 특유의 풍습이라고 한다.

신랑은 지참금을 지불한다. 핏값을 치르고 성도를 사신 원리인 것이다.

> 그러므로 너희 자신과 온 양 떼에게 주의를 기울이라. 성령님께서 너희를 그들의 감독자로 삼으사 하나님의 교회 곧 그분께서 자신의 피로 사신 교회를 먹이게 하셨느니라. (행 20:28)

신랑은 정혼한 것을 큰 소리로 선포하고, 하객들은 귀가한다. 신랑은 신부에게 선물을 주고 가는데, 그것을 신랑처럼 여기면서 재회할 날을 기다리라는 의미다. 예수님이 우리에게 주신 선물은 위로자(보혜사) 성령님이시다.

그러나 내가 아버지로부터 너희에게 보낼 위로자 곧 아버지로부터 나오는 진리의 영께서 오실 때에 그분께서 나에 대해 증언하실 것이요, (요 15:26)

그래서 휴거가 이루어지고 땅에 환난기가 도래할 때는 선물로 주셨던 성령도 거두어 가신 뒤이며, 더 이상 은혜시대가 아닌 새로운 시대가 된다. 시대도 어려운데 성령님도 없는, 엎친 데 덮친 세상이 되는 것이다.

이렇게 약혼(정혼)을 하면 아무도 그것을 바꿀 수 없다. 이는 물론 구원이 취소되지 않음을 뜻한다. 한 번 구원은 영원한 구원이다. 왜냐하면 이 '정혼'이 곧 결혼의 효력을 이미 가지기 때문에 둘 사이는 부부가 된 것이다. 만일 이후에 결혼이 깨지면 무효나 파혼이 아니라 '이혼'이 된다. 정혼했던 사실은 사라지지 않는다. 성경은 이미 그런 진리를 알려주었다. 요셉은 마리아와 정혼을 했지만 그녀가 아이를 가진 것을 알고 몰래 끊으려 했다. 그러자 주의 천사가 찾아와 이렇게 말한다.

…너 다윗의 자손 요셉아, 네 아내 마리아 취하는 것을 두려워하지 말라. 그녀 안에 수태된 그것은 성령님으로 말미암았느니라. (마 1:20, 하반)

다짜고짜 마리아를 '네 아내'라고 부른다. 아직 식도 안 올렸고, 합방도 안 했는데 정혼 상태에서 아내인 것이다. 구원은 우리가 믿는 순간 신랑인 예수님과 정혼한 것이며, 예식을 치르지 않았을 뿐 그분의 신부로서 아내의 자격을 얻는 것이다.

약 1년, 길면 2년 후 이 부부는 결혼 피로연을 하게 되는데, 그 날과 시는 신랑의 아버지만이 알고 있다. 그동안 신랑은 집을 구하고, 가구와 이불과 등불 같은 것을 마련한다. 처소는 아버지 집에 붙여서 짓는다.

내 아버지 집에 거할 곳이 많도다. 그렇지 않으면 내가 너희에게 말해주었으리라. 내가 너희를 위해 처소를 예비하러 가노니 가서 너희를 위해 처소를 예비하면 내가 다시 와서 너희를 내게로 받아들여 내가 있는 곳에, 거기에 너희도 있게

하리라. (요 14:2~3)

이렇게 말씀하신 이유가 있는 것이다. 이것이 '언약'이다. 다시 오겠다는 이 약속을 믿지 않는다면 신앙을 가질 이유 자체가 없는 것이다. 예수님은 신랑으로서 모든 준비를 마치고 우리 성도들에게 오시기 위해 아버지의 허락이 떨어지기만을 고대하고 계신다.

이 기간에 두 사람은 떨어져 지낸다. 예수님이 최후의 만찬을 하시면서 "내가 이 포도나무 열매에서 난 것을 이제부터 내 아버지의 왕국에서 너희와 함께 새롭게 마시는 그 날까지 마시지 아니하리라(마 26:29)" 하셨을 때, 제자들은 자신들의 결혼 풍습과 함께 바로 이해했다. 죽었다가 부활하신 후 승천하시면 하나님 나라에서 만나 결혼 피로연을 열 때까지 다시 예수님을 못 본다는 뜻이다.

주님이 다시 오시는 휴거 사건이 발생하면, 먼저 죽은 성도들이 일어나고, 살아 있는 성도들이 주님을 맞이한다.

주께서 호령과 천사장의 음성과 하나님의 나팔 소리와 함께 친히 하늘로부터 내려오시리니 그리스도 안에서 죽은 자들이 먼저 일어나고 그 뒤에 살아서 남아 있는 우리가 그들과 함께 구름들 속으로 채여 올라가 공중에서 주를 만나리라. 그리하여 우리가 항상 주와 함께 있으리라. (살전 4:16~17)

결혼이 임박하면 신부는 한밤중에 신랑이 올 것을 알고 결혼용 드레스를 입고 잤다. 들러리들도 흰옷을 입은 채로 그날을 기다렸다.

신부는 웨딩드레스를
입은 채로 잤으며

결혼 피로연의 날을 신랑의 아버지가 선포한다. 밤에 도둑같이 오신다는 것은 잠자는 자는 모르고 깨어 있는 자들만 안다는 것이다. 날과 시는 몰라도 신랑의 아버지가 '오늘'이라고 선포하면 모두가 참석할 수 있는 법이다. 자정이나 새벽에 시작하는 결혼 예식과 피로연을 위해 신랑이 나팔을 불면서 깨어 있는 사람들을 모은다.

한밤중에 외치는 소리가 나되, 보라, 신랑이 오는도다. 너희는 그를 맞으러 나오라, 하니라. (마 25:6)

이는 마치 나팔 소리와 함께 공중에 오시는 주님과 같다.

보라, 내가 너희에게 한 가지 신비를 보이노니 우리가 다 잠자지 아니하고 마지막 나팔 소리가 날 때에 눈 깜짝할 사이에 순식간에 다 변화되리라. (고전 15:51)

기다림 끝에 드디어 신랑과 신부는 재회한다. 영원히 하나가 되는 순간이다. 그런데 신부는 신랑과 함께 걸어서 아버지 집으로 들어가는 것이 아니라, 가마 같은 들것을

신부는 그렇게 공중에 들린 상태로 신랑이 마련한 집으로 들어갑니다

타고 공중에 들린 채로 집으로 들어간다. 이것을 갈릴리 사람들은 "신부가 공중에 들려 아버지 집으로 간다"라고 표현한다. 구름 속에 채여 올라가는 성도들의 모습이 이미 갈릴리 결혼 과정에 숨어 있었던 것이다.

그 뒤에 살아서 남아 있는 우리가 그들과 함께 구름들 속으로 채여 올라가 공중에서 주를 만나리라. 그리하여 우리가 항상 주와 함께 있으리라. (살전 4:17)

결혼식은 신랑 아버지 집에서 한다. 결혼생활은 신랑이 준비한 처소인 새 예루살렘에서 한다.

나 요한이 보매 거룩한 도시 새 예루살렘이 신부가 자기 남편을 위하여 단장한 것 같이 예비한 채 하늘에서 하나님으로부터 내려오더라. (계 21:2)

피로연에 모든 사람이 들어가고 문이 닫히면 7일 동안 누구도 들어갈 수 없고 나갈 수가 없다. 들어오라고 할 때 들어오지 못한 사람들은 아무리 아우성을 치고 원망해도 기회가 없다.

Before the wrath… 그러므로 문이 닫히기 전에, 하나님의 진노의 날이 이르기 전에 결단하고 주님의 신부로 서약하는 잔을 받아 마셔야 한다. 그리고 깨어서 도둑같이 임하실 신랑 주님을 기다려야 한다.

이것은 7년 동안 땅에서는 환난이 임하지만 하늘에서는 혼인 잔치가 벌어지는 것을 뜻한다. 좀 더 넓은 의미로는 예수님을 끝까지 거부하면 하나님의 거룩하심에 동참할 수 없고, 마귀를 위해 예비된 지옥에서 영원을 보내야 한다는 것을 의미한다.

영화는 여기서 끝난다. 현대인들이 휴거를 부인하고, 교회를 다니지만 그저 착하게 살며 자기 수련을 하는 수준의 신앙이 아니라 재림의 소망을 가진 채 예수님의 언약을 믿고 기다리는 삶을 살지 않으면 결국 모두 신앙을 저버리며 교회를 떠날 것이라는 이야기다.

하지만 교회를 떠난다는 표현은 조금 부족하다. 교회는 계속 다니겠지만 사교 단체와 봉사 단체로 유명무실한 종교 생활의 거점으로 전락할 것이다. 생명이 없이 이 땅에서의 성공을 위해 성경의 많은 교훈을 다루며, 큰소리로 기도하고 말끝마다 하나님과 예수님을 말하지만 은사주의와 맘몬 숭배만이 남은 교회…. 그렇게 유명무실한 교회들끼리 서로를 맞보증해주는 무의미한 연합으로 남을 것 같다.

지금도 그런 과정이 진행 중이라고 생각한다. 물론 그 안에 깨어 있는 개별 성도들이 있을 테지만, 교회들이 다시 성도의 부활과 재림과 휴거라는 주제를 뜨겁게 사모할 일은 없을 것이다. 왜냐하면 그렇게 당장이라도 오실 수 있는 주님을 말하면 기복신앙이나 교회 성장 자체가 무의미해지기 때문이다.

영화에서 다루지 않은 비밀들

자, 그런데 영화를 보다 보면 궁금해지는 것들이 있다. 물론 비유적인 결혼 풍습을 마지막 때의 모든 일과 세세하게 비교하기는 힘들겠지만, 그래도 이 정도로까지 놀랍도록 비슷한 재림의 원리를 생각하면 굵직한 것들은 이해가 되어야 한다고 생각한다. 하나씩 살펴보자.

1. 재림의 역사는 단회적 사건이 아니다.

영화에서는 주님이 언약을 지키기 위해 우리를 찾아서 다시 오신다는 것을 말하고 있는데, 그러면 그때는 언제인가? 영화에서 소개하는 설문

조사 결과 환난 전 휴거가 맞는다는 응답이 가장 많았지만, 만일 그대로 환난 전이라면 그렇게 단 일회적인 사건으로 주님의 재림이 정리될 수 있는가?

'주의 날'이라는 개념, '재림'이라는 개념은 딱 한 번 일어나는 어떤 사건을 뜻하지 않는다. 주님이 다시 오셔서 땅에서 이루지 못한 하늘의 왕국을 재건하시는 과정 전체가 주의 날이며 재림인데, 그 사건 안에 휴거도 환난기도 들어 있다. 7년 환난기는 성경에 너무나 명백하므로 이 자체를 무시할 수는 없다. 한 때와 두 때와 반 때(계 12:14), 마흔 두 달(계 11:2, 13:5), 1260일(계 11:3, 12:6)은 3년 반이며, 이것이 한 이레(7년) 동안 두 번 반복되는 것은 기정사실이다. 그러면 이 시기를 두고 예수님이 언제 오신다는 것인가?

2. 문이 닫히면 정말로 기회가 아예 없는가?

유대인의 결혼 풍습에는 두 번의 초대가 있다. 먼저 나팔 소리와 함께 동네 사람들을 부르는 초대가 있고, 듣긴 들었지만 미처 못 온 하객들을 위해 잔치 준비를 완비한 후에 다시 부르는 초대이다.

그러니까 영화에서 넓은 의미로 문이 닫히면 끝이라고 했지만, 만일 라스트 신의 문 닫힘이 첫 번째 초대라면 이것은 '환난 전 휴거'를 의미하는 것이

다. 그리고 두 번째 초대가 있다. 그 두 번째 초대 때문에 휴거는 반드시 환난 전이어야 한다.

두 번째 초대에 응하는 자들은 환난기에 믿은 성도들이다. 그런데 이때 받는 구원은 처음 부름에 응하지 못했기 때문에 공짜가 아니다. 이들은 결혼 예식에 참여하려면 대가를 지불해야 하는 사람들이다. 짐승 적그리스도가 찍어주는 표를 받지 않고 버텨야 하는데, 후 3년 반에는 이것이 강제로 시행되므로 목숨을 내놓아야 한다. 그것으로 믿음을 보이는 것이다. 그들은 능히 셀 수 없는 큰 무리(계7:9~10), 큰 환난에서 나와 자기 예복을 씻고 어린양의 피로 그것을 희게 한 자들(계7:13~14)이라고 계시록에 소개된다.

이 두 번째 초대에도 셀 수 없는 무리가 구원을 받고 결혼식에 참여할 기회를 얻는다. 7년이라는 피로연의 중간에 문을 열고 들어간 것이다. 이들은 모든 족속, 즉 이방인 환난성도들이다. 이것이 수확 이후의 이삭줍기 구원이다.

그런데 휴거의 시기에만 주목해선 안 된다. 개인에게는 각자의 종말이 있으므로 죽기 전에 주님을 영접해야만 한다. 두 번째 기회란 휴거 당시 살아 있는 사람들에 대한 이야기다.

3. 신부의 얼굴은 7일 동안 비공개

영화에는 신부가 처음부터 얼굴을 드러내지만 사실 신부는 7일 동안 얼굴이 공개되지 않는다. 영화의 옥에 티 같은 부분이다. 원래는 신부가 아버지 집에 도착하면 얼굴을 베일로 가린다. 그리고 신방에서 육체적으로 한 몸이 되면서 정식 결혼이 시작된다. 7일 동안은 신부의 얼굴을 아무도 볼 수 없다. 7일이 지난 뒤에야 베일을 벗기고 신부의 얼굴을 공개한다(골3:4).

휴거와 7년 혼인 잔치는 예수님도 비밀리에 오시고, 성도도 베일에 가려진 채 지내는 시간이다. 그래서 계시록에도 이와 관련한 이야기가 극히 적으며, 암시로 감추어져 있는 것이다. 이 때문에 환난 전 휴거가 극적으로 나타나지 않으니 근거가 희박하다고 생각해 환난 후 휴거를 믿는 경우도 있다.

예식은 휴거 후 성도들이 주님과 얼굴을 마주하며 실제 혼인이 성사되는 과정이다. 이는 마치 헤어져 있던 시간 동안 선물을 잘 간직하고 잘 지냈는지 확인하는 것과 비슷할 것이다. 24장로가 머리의 관을 벗어서 주님 발 앞에 던지는 것을 보면(계 4:10), 이미 이 기간에 그리스도의 심판석(롬 14:10; 고후 5:10)에서 보상의 심판도 이루어진 것으로 보인다.

그러므로 휴거 전인 지금은 성도가 신랑 예수님과 떨어져 지내고 있는 중이다. 이 기간은 영적인 정절을 지키는 기간이며, 결혼 생활을 준비하며 자기 삶을 사는 시간이다.

7년이 지나가면 성도는 예수님과 함께 땅으로 내려온다. 이때 모두에게 얼굴을 드러내는 것이다. 환난 후 휴거가 맞지 않는 이유는, 7년 환난 뒤에는 다 내려오는 것인데, 그때서야 올라간다면 가자마자 바로 다시 내려와야 하기 때문이다. 또한 7년 혼인 잔치는 언제 하는가?

이와 같은 지상강림(현현)은 아마겟돈과 함께 계시록 19장에 묘사된다. 아마겟돈은 치고받는 전쟁이 아니라 모든 불순종한 민족과 마귀가 집결한 상태에서 하나님이 모든 피의 원수를 갚으시는 처절한 복수와 응징의 현장이다. 이후로는 마귀도 갇히며, 기쁨과 즐거움의 천년왕국이 열린다.

기쁨의 소리와 즐거움의 소리와 신랑의 소리와 신부의 소리와 또, 만군의 주를 찬양하라. 주는 선하시며 그분의 긍휼은 영원하도다, 하는 자들의 소리와 주의 집으로 찬양의 희생을 가져오는 자들의 소리가 다시 들리리니 이는 내가 그 땅의 포로 된 자들을 처음과 같이 돌아오게 할 것이기 때문이니라. 주가 말하노라. (렘 33:11)

4. 신랑의 친구들은 누구인가?

신랑이 올 때, 마치 우리나라 풍습에서 신랑 친구인 함진아비가 "함 사시오!" 하고 외치듯이 "신랑이 오는도다!" 하고 소리치는 자들이 대동한다. 이들은 바로 천사들이다.

주께서 호령과 천사장의 음성과 하나님의 나팔 소리와 함께 친히 하늘로부터 내

려오시리니…(살전 4:16 상반)

성도들이 휴거 될 때는 유일한 천사장 미가엘(유 1:9)이 이때 동행할 것이다. 물론 교리적으로 천사들이 예수님의 친구라는 것이 아니라, 혼인 예식에 필요한 것들을 수행하는 스태프라는 의미다.

그러나 그 날과 그 시각은 결코 아무도 알지 못하나니 하늘에 있는 천사들도 알지 못하고 아들도 알지 못하며 아버지만 아시느니라. (막 13:32)

그러므로 이 말씀은 혼인 예식이 있는 그 날과 그 시각은 신랑 자신도 모르고, 같이 행차할 스태프인 천사들도 알지 못한다는 뜻이다.

5. 하객들은 누구인가?

신랑의 친구들이 신부를 가마에 태워 아버지 집으로 가면 하객들이 기다리고 있다. 이들은 구약성도들이다. 구약시대 성도들이란 예수님이 오셔서 치르신 십자가 사역이 있기 전에 죽은 사람들이다. 이들은 오직 아담 때부터 주어진 메시아 약속을 믿었고, 그것을 보지 못했지만 믿음을 통해 구원을 외상으로 받았다.

이들은 유대인이 대부분이겠지만 이방인들도 꽤 있을 것이다. 혈통이 아니라 믿음으로 받는 것이 구원이기 때문이다. 그들은 죽어서 땅속 낙원에 갔다. 낙원에서 어음처럼 지니고 있던 그들의 구원이 십자가사건 후 현금처럼 실현된 것이다. 그들은 신랑과 신부를 맞이할 것이다.

신약시대에 죽은 성도들도 셋째 하늘로 옮겨진 낙원에 간다(370쪽 그림 참고). 그들은 신부다. 이들은 휴거를 보지 못하고 죽었지만, 영화로운 몸을 받아, 살아 있는 성도들보다 먼저 예수님께 도착할 것이다.

원래 선민인 유대인들이 모든 일의 주인공이다. 그런데 왜 가장 화려한 신부의 자리를 내주었는가. 유대인들은 자신들이 주인공으로 끝날 수 있는 하늘의 왕국을 거부했다. 그래서 복음이 이방인에게로 넘어갔고, 유대인들의 완악함을 이용해 하나님은 교회시대라는 2천 년째 이어져 오고 있는 시간 동안 전 인류를 구원하시게 된 것이다.

그러므로 내가 말하노니, 그들[유대인]이 실족함으로 넘어지게 되었느냐? 결코 그럴 수 없느니라. 오히려 그들의 넘어짐을 통해 구원이 이방인들에게 이르렀으니 이것은 그들이 질투하게 하려 함이니라. (롬 11:11)

유대인들은 자신들이 기회를 놓친 것을 알고 이방인을 질투해 마지막에 돌아오게 된다.

6. 들러리 '처녀들'은 누구인가?

신부가 성도이므로 결혼은 성도와 예수님이 하는 것이다. 이 신부는 한 처녀이다. 여러 명일 수 없다.

내가 하나님께 속한 질투로 너희에 대하여 질투하노니 이는 내가 너희를 순결한 한 처녀로 그리스도께 드리기 위해 한 남편에게 너희를 정혼시켰기 때문이라. (고후 11:2)

한 처녀가 한 남편에게 가는 것이다. 물론 다른 남편은 마귀이며, 그의 하수인인 이방 신일 것이다. 이 신부는 한 몸이다. 모든 민족과 유대인까지 포함하는, 전 세계에 있는 그리스도의 지체들이다. 오늘 당장 예수님이 공중강림하신다면 지금 복음을 받아들인 모든 자는 신부로서 휴거가 된다.

그래서 영화에서 계속 드는 궁금증이 있다. 신부를 도와 들러리로 나오는 여성들은 누구냐는 것이다. 그것을 정확히 해석하지 않고 무작정 문이 닫히기 전에 들어가야 한다고만 하니, 그러면 그 여자들도 성도라는 것인지… 구분이 가지 않는다. 아무리 군중이 많아도 모든 성도를 예표하는 것은 신부 한 사람뿐이기 때문이다.

이 처녀들은 유대인 각 지파에서 나온 14만 4천이다. 이들의 정체는 기억하기도 쉽게 계시록 14장 4절에 소개된다.

이들은 여자들과 더불어 자신을 더럽히지 않은 자들이니 그들은 <u>처녀들</u>이니라. 이들은 어린양께서 가시는 대로 그분을 따라가는 자들이며 사람들 가운데서 구속을 받아 하나님과 어린양께 <u>첫 열매</u>가 된 자들이더라. (계 14:4)

첫 열매라는 것은 환난기라는 새로운 시대의 첫 열매를 의미한다.

유대인은 환난기 끝까지 전체가 회개하지 않으며, 여기 14만 4천 명만 열두 지파에서 12,000명씩 나와 온 세상 모든 민족에 복음을 선포하다가 짐승에게 순교당해 하늘로 올라간다. 이들의 선포에 환난성도들은 죽음을 각오하고 믿음을 가질 것이다. 아무튼 이들은 들러리 처녀들로서 혼인 예식에 참여하게 된다.

7. 환난기 유대인에 관한 이해

성도는 '한 처녀', 들러리들은 '처녀들'이다. 신약성도들이 하늘에 올라가 있는 7년 동안 땅에 있는 자들은 환난을 통과하는데, 위에 언급한 14만 4천의 유대인과 짐승의 표를 거부한 자들은 죽임을 당한 뒤 구원받는다.

문제는 유대인들이다. 땅의 다른 모든 민족이 짐승의 표를 받은 상황, 유대인들은 아직 회개하지 않은 상태에서 후반기 3년 반 동안 피난처로 도피한다.

그 여자가 큰 독수리의 두 날개를 받았으니 이것은 그녀가 광야 곧 그녀의 처소로 날아가 거기서 그 뱀의 얼굴을 피하여 한 때와 두 때와 반 때 동안 양육 받게 하려 함이라. (계 12:14)

'여자'는 유대인이다. 도피하지 않고는 짐승의 횡포를 견딜 수 없다. 짐승의 표가 없이는 매매도 할 수 없다. 전 세계에서 디아스포라로 살아오면서도 유대인들이 혈통을 놓치지 않은 이유는 그들의 집단생활 때문이었다. 회당에 모여서 안식일을 지키는 습관 때문에 집단생활이 가능했던 것인데, 그런

기질이 3년 반 동안을 버티게 할 것이다. 이들은 아마겟돈 전쟁 때인 마지막에 회개한다. 그것은 주님이 지상에 강림하는 때다.

내가 너희에게 이르노니, 너희가 말하기를, 찬송하리로다. 주의 이름으로 오시는 이여, 할 때까지 이제부터 너희가 나를 보지 못하리라, 하시니라. (마 23:39)

메시아를 인정하지 않던 그들이 예수님을 주님으로 인정하는 그때가 바로 이때다. 그때까지는 예수님이 승천하신 뒤로 유대인이 그분을 만날 일이 없다. 이들 유대인들이 모두 회개하는 것은 아니다. 회개한 자들은 몸을 지니고 천년왕국에 들어가지만, 거부하는 자들은 모두 아마겟돈 전쟁에 붙잡혀 가서 죽게 된다.

이 공중강림과 아마겟돈의 두 장면이 계시록에서도 겹쳐서 나온다. 같은 시간대라는 의미다.

하늘에 있던 군대들이 희고 깨끗한 고운 아마포 옷을 입고 흰 말을 타고 그분을 따르더라. 그분의 입에서 예리한 검이 나오는데 그분께서 그 검으로 민족들을 치시고 또 철장으로 그들을 다스리시리라. 또 그분께서는 전능자 하나님의 맹렬한 진노의 포도즙 틀을 밟으시며 그분께는 그분의 옷과 넓적다리에 왕들의 왕, 주들의 주라고 기록된 한 이름이 있느니라.

또 내가 보니 한 천사가 해 안에 서서 하늘 한가운데로 날아가는 모든 날짐승을 향하여 큰 음성으로 외쳐 이르되, 너희는 와서 위대하신 하나님의 만찬에 함께 모여 왕들의 살과 대장들의 살과 용사들의 살과 말들의 살과 말 탄 자들의 살과 자유로운 자나 매인 자나 작은 자나 큰 자를 막론하고 모든 사람의 살을 먹으라, 하더라. (계 19:14~18)

이때는 모든 지파, 즉 이스라엘 유대인들이 애곡하며 "주의 이름으로 오시는 이여" 하는 순간이다. 이때 붙잡혀 가 죽은 자들은 천 년 후 부활해 흰 왕좌의 심판 자리에서 둘째 사망의 선고를 받고 영원한 불호수로 간다.

8. 열 처녀는 누구인가?

한편 예수님이 비유로 가르치신 슬기로운 처녀와 미련한 처녀는 누구인가? 물론 이들이 비유에서 등장하는 모습은 신부의 들러리 역할이다. 그런데 이들은 신부가 주님을 만나는 휴거 때 동참할 자들이 아니다. 예수님이 열 처녀 비유를, 마지막 유대인 회개와 아마겟돈 사건이 나오는 마태복음 24장에 이어지는 25장에서 들려주시는 이유가 있다.

> 그때에 하늘의 왕국은 마치 자기 등불을 가지고 신랑을 맞으러 나아간 열 처녀와 같으리라. (마 25:1)

이것이 하늘의 왕국에 들어가는 자들과 못 가는 자들에 관한 이야기라고 하신다. 이 왕국은 원래 예수님이 왕(king)으로 오셔서 건설하시려던 땅의 왕국(kingdom)이다. 그러나 미뤄졌다가 이방인들을 구원하는 교회시대의 역사 후에 다시 제대로 서는 것이다.

2천 년 전에 무산된 이 왕국은 천년왕국으로 실현되는데, 이때 슬기롭게 깨어서 기름을 예비하면 환난의 때를 버터 믿음으로 천년왕국에 들어가고, 기름이 없으면 들어가지 못하는 것이 열 처녀, 즉 유대인들이다.

그러므로 예수님의 열 처녀 비유는 천년왕국의 입장 대상자들에 관한 말씀이라는 의미다. 이런 비유를, 예수님이 오실 때 미련한 처녀들처럼 영적 상태가 나쁘면 구원을 잃는다는 식으로 갖다붙이면 절대로 풀리지 않는다.

열 처녀 비유는 마태복음에만 나온다. 이것이 그 대상이 유대인임을 증명하는 것이다.

마태복음은 성경의 40번째 책으로, 광야 40일 시험처럼 성도들과 유대인을 시험에 빠지게 하는 책이다. 마태복음이 안 풀리면 성경 해석은 오리무중에 빠진다. 주님의 탄생과 공생애는 다 구약시대이며 예수님의 십자가 사역 이전이다. 신약, 즉 새로운 상속유언은 상속하는 자가 죽어야만 효력이 있다 (히 9:16~17). 예수님이 숨을 거두시는 순간 신약이 실현된 것이다. 다음은 4개의 복음서가 기록된 대상과 목적이다.

마태 : 유대인 대상. 왕이 오시는 것으로 시작됨. 다윗의 혈통에서 메시아
가 오심을 선포한다.

마가 : 로마인 대상, 예수님이 하나님의 종이 되심 강조. 노예 제도가 있는
로마인에게 이해가 빠름.

누가 : 그리스인(헬라인) 대상. 주님이 인간이심을 강조하며, 사람의 아들
(인자)이라는 표현이 많음. 유대 헤브라이즘이 신본주의인 반면, 그
리스의 헬레니즘은 인본주의임.

요한 : 모든 사람 대상. 복음서에 나타난 사건에 대한 영적 의미와 교리 해설.

복음서가 여러 개이고 내용들이 겹치는 이유는, 증인이 원래 두세 사람 이
상이어야 하기 때문이다. 아무튼 마태복음은 유대인들을 위한 책이기 때문
에 그들이 바로 알아들을 만한 이야기가 많다. 열 처녀 비유가 마태복음에만
등장하는 것도 바로 그런 이유다.

9. 천년왕국도 혼인 만찬이다.

비유를 너무 일대일로 교리와 대응시키는 것은 조심해야 한다. 그러나 갈
릴리 유대 지방의 결혼 풍습은 예수님이 직접 가르치셨듯이 생각보다 치밀
하게 마지막 때의 역사를 보여준다. 그러면 이런 의문이 들 수 있다. 계시록
19장은 7년 혼인 잔치(땅에서는 환난기)가 끝나는 시점인데, 왜 그때 어린양의
혼인 잔치가 이르렀다고 하는가?

우리가 즐거워하고 기뻐하며 그분께 존귀를 돌릴지니 어린양의 혼인 잔치가 이
르렀고 그분의 아내가 자신을 예비하였도다. 또 그녀가 깨끗하고 희고 고운 아
마포 옷을 차려입도록 허락하셨는데 그 고운 아마포는 성도들의 의니라, 하더
라. 그가 내게 말하기를, 기록하라. 어린양의 혼인 만찬에 부름 받은 자들은 복이
있도다, 하고 또 내게 이르되, 이것들은 하나님의 참된 말씀들이라, 하기에 (계
19:7~9)

하나님은 모든 것을 미리 아셨지만 그분의 원래 계획은 하늘의 왕국을 이

루고 끝나는 것이었다. 그 왕국은 에덴동산이 재현되는 곳인데, 그렇기 때문에 구약에는 교회시대(은혜시대)에 대한 암시가 없다. 그래서 대언자들의 기록에도 메시아 다음으로는 바로 왕국의 실현이 등장하는 것이다.

그런데 갑자기 교회시대와 은혜시대가 중간에 끼어들고, 신부가 존재함으로써 혼인 예식이 필요해졌다. 그런데 이 가장 큰 이벤트에 모든 사람이 오는 것이 맞지만, 7년으로 끝내면 마지막 환난기 유대인들이 당도하지 않은 상태가 된다.

그래서 결혼식과 혼인 잔치가 끝나면 신랑이 예비한 처소인 새 예루살렘으로 가야 하는 것인데, 예수님 초림 때 미뤄진 천년왕국이 어딘가에 있어야 하므로 이 왕국을 거쳐서 처소로 가게 된다. 그러므로 천년왕국은 혼인 만찬의 연장선이자 신랑 신부의 신혼여행이며 모두가 즐거운 기쁨의 땅, 평안의 시간이다. 이를 뒷받침하는 내용이 누가복음에 있다.

> 너희 자신은 마치 자기 주인이 결혼식에서 돌아올 때에 그를 기다리는 사람들과 같이 되라. 그가 와서 두드리면 그들이 즉시 그에게 열어 주리라. (눅 12:36)

> 그러므로 너희도 준비하고 있으라. 너희가 생각하지 않는 시각에 사람의 아들이 오느니라, 하시니라. (눅 12:40)

주인이 결혼식에서 돌아올 때… 그에게 문을 열어야 한다. 유대인 중 끝까지 견뎌 문을 여는 자가 천년왕국에 동참하는 것이다.

자, 이 모두가 아직 벌어지지 않은 혼인 잔치 이야기다. 그 일이 벌어져 성도들이 휴거되기 전에 아직 예수님을 믿지 않고 있는 사람은 서둘러 예수님을 신랑으로 영접해 정혼을 해야 한다. 그분이 선물로 주고 가신 분이 성령님이라고 했다. 성경이 얼마나 그 구조가 정확하고 탄탄한지, 요한계시록이 끝나는 마지막 부분에 이런 말씀이 있다!

> 성령과 신부가 말씀하시기를, 오라, 하시는도다. 듣는 자도, 오라, 할 것이요,

목마른 자도 올 것이요, 또 누구든지 원하는 자는 값없이 생명수를 취하라. (계 22:17)

모든 역사의 예언이 끝나고 나서 나오는 이 말씀은 다시 혼인 잔치 이전인 교회시대로 돌아간다. '성령과 신부', 즉 주님의 다시 오심을 고대하며 성령을 지닌 성도가 "(휴거가 있기 전에) 누구든지 와서 공짜로 생명을 취하고 구원을 받으라"고 외치는 것이다. 이것은 미래 경고 후 다시 보내는 청첩장이다. 또한 구원받은 생명 있는 자들에게는 말씀하신다.

보라, 내가 속히 오리니 네가 가진 그것을 굳게 붙잡아 아무도 네 관(冠)을 빼앗지 못하게 하라. (계 3:11)

구원은 영원한 것이니 아무도 생명을 빼앗을 수 없지만 머리의 관은 빼앗을 수 있다. 즉 보상과 상급을 빼앗는 마귀를 멀리하라는 것이다. 우리 모두 이 두 가지 교훈을 새겨 불신자의 구원과 자기 성화의 삶을 살아야겠다. 그렇게 하면 혼인 잔치나 모든 미래의 일을 몰라도 다 해결된다. 우리에게 신부의 자격을 허락하신 주님께 깊이 감사한다. 마라나타! ❖

인공지능(AI)이 앞당길
세계정부 시나리오

세계화는 부인할 수 없는 대세

이제는 기독교인뿐 아니라 일반인들도 세계정부와 신세계질서(New World Order)를 많이 알고 있다. 그것을 음모론자들의 주장으로 넘기기도 하고, 초일류 기득권층 가문이 주도하는 정치 경제적 패권 장악 야욕으로 이해하고 있기도 하다. 아무튼 어느 정도 세상을 볼 줄 아는 사람이라면 음모로만 볼 수는 없는 일들이 분명히 도처에서 일어나고 있음을 인정할 것이다.

세계정부 음모론자들의 기획은 아주 오래전부터 시행되었고, 근현대에는 진화론을 바탕으로 각종 세계 기구가 지피는 군불에 다국적 기업들이 가세하면서 윤곽이 드러나고 있는 듯하다. 프리메이슨이나 일루미나티 등의 음모는 여전히 유효하지만 너무 많이 듣다 보니 사람들은 둔감해진 것 같고, 오히려 점점 음모론이라는 미궁속에 빠지는 듯하다. 하지만 이제는 굳이 검은 조직을 들먹이지 않아도, 현상들만으로도 세계화는 목전에 와 있음을 알 수 있다.

물론 세계정부로 가는 세계화에 반대하는 이들도 상당한 세력을 형성하고 있다. 세계화를 반대하는 이유는 지구촌이 동시에 대처할 일들을 도모하는 과정에서 원치 않는 네트워크가 형성되고, 문화와 삶이 획일화되며, 개인의 삶이 노출되기 때문이다. 세계화의 대열에서 낙오하면 극소수만 배부른 양극화 세상이 될 것이라는 두려움이 저항을 부른다.

이런 일들은 두려움에 그치는 것이 아니라 실제로 이루어지고 있다. 자칫하면 그들은 전쟁이든 바이러스이든 사용해 인구를 조절할 수 있고, 사람의 정신까지 조종할 수 있는 상태가 될 것이 분명하다는 것을 예측할 수 있다.

탈세계화 주장자들은 세계가 손잡고 특정 세력이 지구촌 전체를 간섭하고 지배하는 구조로 재편되는 것을 막고자 한다. 이들은 피폐해진 미래를 다룬 SF 영화에서처럼 영혼 없는 노예로 살아가는 삶을 두려워하여 세계의 리더들이 회합하는 글로벌 행사를 따라다니며 반대 운동을 하기도 하고, 다국적 서명 운동을 통해 각국의 결정권자들을 압박하기도 한다.

이처럼 작용과 반작용의 오르내림은 있지만 멀리서 보면 세계화는 완성을 향해 상승 곡선을 그리고 있다. 결국 세계는 통합될 것이고, 그렇게 될 수밖에 없다. 성경은 이 모든 과정을 이미 말씀하고 있다. 그러므로 조바심을 가질 필요는 없지만 이 일을 늦출 필요는 분명하다. 그런 세상을 허용하는 일은 악인들의 합법적 놀이터를 만들어주는 격이며, 그 과정에서 우리가 많은 생명을 영영 놓칠 수 있기 때문이다.

경제적 통합과 급속한 환경 변화

그러면 어떤 과정을 거쳐 세계의 통합이 이루어질 것인가? 성경이 묘사하는 통합된 세계의 상태를 보면 그 과정도 알 수 있다.

마지막에 나타날 정치적 통합에 대해서는 다니엘서와 계시록을 통해 열 발가락, 열 뿔, 철의 제국이 진흙과 섞인 나라(부활한 로마)로 읽을 수 있지만 그것이 콕 집어 어디라고 말하기는 어려울 만큼 의견이 분분하다. 아마도 그 세상이 도래하거나 지나 놓고 봐야 완전히 이해가 갈 것이므로 저지하거나 늦출 도리는 거의 없을 것이다.

확실한 통합은 물론 경제적인 부분이다. 이는 누구와 통합할 것인가가 아니라 어떻게 통합될 것인가의 문제이기 때문에 예측이 훨씬 쉽다. 계시록에서 말씀하듯이 세상은 경제로 하나가 될 것이다. 그것이 국적을 넘어 사람을 통제하는 수단이 된다. 이런 경제적 통합을 가능케 하는 데는 복합적인 요인이 작용하겠지만 그중 눈여겨볼 대목은 '인공지능'이다. 그간 인공지능이 이토록 빠르게 인류의 숙제로 떠오를지 몰랐기 때문에 주로 컴퓨터를 이용한 무언가로만 생각해 온 것이 사실이다. 물론 그 모든 것이 컴퓨터 기술이기는 하다.

1990년대는 EU의 통합과 밀레니엄의 공포 등으로 세계정부 대두와 종말에 관한 관심이 급증한 시대이다. 그러나 당시에 상상한 미래는 구체적이지 않았고 공상 과학에 가까웠다.

스티븐 호킹의 'AI 통제를 위한' 세계정부론

급속도로 대두되는 AI(Artificial Intelligence), 인공지능이라는 주제는 어느 날 갑자기 떠오른 것은 아니다. 다만 공상 과학에서 현실로 빠르게 옮겨간다는 것이 놀라울 뿐이다. 이제 바둑 두고, 요리하고, 운전하는 로봇을 넘어 전쟁하는 로봇, 수술하는 로봇, 간병인 로봇까지 등장할 것이다. 치료를 위해 복용하는 로봇은 입력된 프로그램에 따라 정확히 목표한 신체 장기에 약을 배달하기도 한단다.

이런 이야기들은 인공지능의 불가피성을 은연중에 주입하며, 인간 스스로도 거부할 수 없게 만든다. 이제 인공지능은 인류가 받아들여야 할 운명으로 다가왔다. 물론 편리함만 있는 것은 아니고, 많은 부작용이 있다. 그런데 부작용이 오히려 세상의 통합을 가속하는 명분이 될 것이다.

자동 항법 장치의 로봇 드론의 충돌로 기물이 파손되면 누구 잘못인가? 구글의 자율 주행 차량이 사람을 치면 차주의 책임인가, 구글의 책임인가? 공동 책임이면 몇 대 몇인가? 즉석에서 계산해 줄 로봇 변호사라도 있어야 할까? 수많은 개인의 분쟁과 온라인 네트워크로 연결된 국가 간 지역 간 분쟁으로 책임 소재는 복잡해지고 서로 다른 법을 지닌 나라들을 중재할 기구도 턱없이 부족하다.

자율 주행 차량은 사고 시 책임 소재가 훨씬 복잡해진다

놀라운 속도로 발전하고 있지만 AI의
갈 길은 아직 멀다. 사실 편안할 것 같아도
우리는 직관적으로 해결할 일까지 얼마
나 많이 기계와 프로그램에 의존하는가.
후방 거울을 없애고 카메라가 주변을 촬
영해 모니터로 구현해주는 자동차가 나
온다는 소식에, 대단하다는 기대보다는
"카메라나 모니터가 고장 나면 골치 아프

세계적인 물리학자 故 스티븐 호킹

겠다" 하는 반응이 많았다. 이처럼 세상이 발달하면 좋은 것도 있지만 법전의
두께가 몇 배로 늘어날 만큼 분쟁과 다툼도 늘어난다.

그래서 이런 일들을 조율하고 중재할 세계적 협의체의 필요성이 대두된
다. 과학자 스티븐 호킹은 생전에 AI 통제를 위한 세계정부가 필요하다는 의
견을 발표했다. AI가 사람의 힘으로 통제 불가능한 시점이 빠르게 다가오고
있기 때문에 대책 마련이 시급하다는 경고였다. 호킹의 세계정부 담론은, 과
학자들이 AI 관련 기업 CEO 등과 함께 'AI 기반 무기 개발 경쟁 자제' 등 AI
기술에 대한 23개 원칙을 발표한 데 이은 것이다.

이는 물론 세계 최고 석학의 견해이므로 정치적 느낌보다는 과학 발달이
불러오는 폐단을 해결하려는 합리적 노력으로 보일 수 있을 것이다. 설득력
도 있어 보인다. AI와 공존하려면 또 하나의 인류를 맞이하는 수준의 조약이
필요할 테니까 말이다. 인공지능 규제 조약은 아마도 아이작 아시모프의 '로
봇 3원칙'으로 불리는 조항들에 기반을 둘 것이다.

1원칙 : 로봇은 인간에게 해를 입혀서는 안 된다. 그리고 위험에 처한 인간
　　　을 외면해서도 안 된다.
2원칙 : 제1 원칙에 위배되지 않는 한, 로봇은 인간의 명령에 복종해야 한다.
3원칙 : 제1, 제2 원칙에 위배되지 않는 한, 로봇은 스스로를 지켜야 한다.

이와 비슷한 세부 조항들의 체결이 인공지능을 이용해 세계를 정복하고

악한 일에 활용하려는 자들을 어느 정도는 견제하고 구속할 수 있다고 생각할 수 있으며, 무엇이든 대책을 마련해야 함은 분명하다.

만일 해당 목적의 협의체가 구성된다면 각종 법규를 만드는 등 정치적, 행정적 조치가 따르겠지만, 결국 세계는 '경제적 협의체'가 될 것이다. 왜냐하면 각 나라의 정치적 상황이나 문화, 규범은 각기 다르므로 이것을 침해하지 않는 선에서 규제할 방법은 경제적 요소뿐이기 때문이다. 또한 많은 분쟁에 대한 배상은 모두 금전 보상으로 이루어질 것이다. 그리고 미래를 위협하는 AI의 가장 큰 위력은 인간의 노동력을 대체하는 것으로서, 부의 쏠림 현상과 실직, 업무의 질 저하 등 많은 문제를 야기해 역시 돈으로 보상해야 할 사안이 많을 것이다.

자본주의 시장경제와 진화론

인류는 많은 시스템을 만들었지만 경제면에서 자본주의 시장경제만한 것을 만들어내지 못했다. 이것이 아직까지 가장 쓸모 있는 제도라는 것은 공산주의와의 체제 경쟁에서 대승을 거둠으로써 입증되었다. 공산주의 국가들도 자본주의의 핵심적 속성을 대거 도입해 시민의 사유재산을 인정하고 자유로운 경쟁을 도입해 큰 성과를 거두고 있을 정도다. 이제 거의 모든 나라는 이 방식을 채택하고 있으며, 이미 과거로 되돌아갈 수 없는 길을 걷고 있다.

그러나 자본주의는 인간의 이기심과 죄악을 원동력으로 한다. 시장경제는 자기 것을 나누기보다는 최대한 많이 갖는 자가 주인이 되는 방식이며, 남의 것을 빼앗아 사유재산을 늘릴 수 있는 방식이라 법이나 예외 조항을 포함하지 않으면 안 되는 불완전한 시스템이다. 남을 밟고서라도 이기면 그만인 이기심, 많이 가져도 더 가지려는 욕심이 이 체제를 이끌어간다.

약육강식의 생존경쟁을 근간으로 한다는 점에서 자본주의도 결국 공산주의와 똑같이 진화론적이며, 차악일 뿐이다. 현대 사회에서 보편적으로 작동하는 미국적 실용주의 자체가 철저히 진화론을 기반으로 한다. 세상은 한마디로 정치, 경제, 교육 등 모든 분야가 진화론의 포로인 셈이다.

사실 세계화의 단서는 이미 성경에 예견돼 있다.

그러나, 오 다니엘아, 너는 끝이 임하는 때까지 그 말씀들을 닫아 두고 그 책을 봉인하라. 많은 사람이 이리저리 달음질하고 지식이 증가하리라. (단 12:4)

세계가 '지구촌'으로 불리듯이 서로의 거리가 가까워지면 굳이 음모가 아니어도 세계를 아우르는 기구의 필요성이 대두될 수밖에 없다. 이리저리 빠르게 달음질하려면 과학이 발달해야 한다. 과학은 지식의 축적과 정보량의 증가로 가능하다. 그런데 마지막 때는 사고파는 것을 통제하는 경제적 통합체다.

그 표나 그 짐승의 이름이나 그의 이름의 수를 가진 자 외에는 아무도 사거나 팔지 못하게 하더라. (계 13:17)

이제 세계는 자본주의 없이는 살아갈 수 없다. 또한 과학 기술 없이는 생존할 수 없다. 과학 기술은 인공지능을 가능케 하고, 사람 편하자고 만든 인공지능이 각종 법규로는 모자라 세계정부의 태동까지 논의하게 만들고 있다.

인공지능의 인격화

이미 세상은 기계와 대화를 하고 있다. 〈허〉(2013)라는 영화에서처럼 프로그램과 연애를 하고 로봇과 성관계를 갖는 일이 이미 눈앞에 와 있다. 이미 SNS를 통해 다른 사람 행세를 하는 이들이 있듯이 온라인으로 한동안 사귀었는데 알고 보니 AI와의 교류였다는 것을 알게 될 날도 머지않았다. 또한 일부러 그런 신분을 만들어 인적 사항을 조작해 사기를 칠 수도 있다.

성경은 적그리스도가 장차 재건될 성전을 차지할 것이라고 예언한다.

그는 대적하는 자요, 또 하나님이라 불리거나 혹은 경배 받는 모든 것 위로 자기

를 높이는 자로서 하나님처럼 하나님의 성전에 앉아 자기가 하나님인 것을 스스로 보이느니라. (살후 2:4)

죽은 자가 뇌파 프로그램으로 나노 입자들을 조종해 세상을 지배하는 영화 〈트랜센던스〉(2014)

또한 그는 기괴한 짐승의 모습으로 나타나는데, 죽었다 살아나는 기적을 보이고, 마흔두 달, 즉 3년 반 동안 신성모독하는 말을 할 것이다(계 13:1~6).

이 현실에 없는 짐승과 신성모독하는 말, 죽었다 살아나는 모습 등과 공상과학 영화들에서 전지전능한 신처럼 행동하는 AI 기술을 조종하는 존재가 오버랩되는 것도 사실이다. 과거에는 적그리스도가 행할 죽었다 살아나는 등의 갖가지 미스터리가 고작 홀로그램 기술을 이용한 것이 아니겠느냐 하는 주장도 있었으니 그의 실체는 지금 상상하는 것을 훨씬 뛰어넘는 무언가일 수도 있을 것 같다.

물론 인공지능에 대한 공포나 경계는 부풀려져 있다. AI는 결국 허상이다. 그것은 끝까지 기계일 뿐이며 그 알고리즘을 짜는 인간이 지배하는 것이다. 그러므로 AI 자체를 두려워할 일이 아니라 그것을 이용하고, 그것을 빌미로 세계화의 필요성을 압박하는 이들을 주시해야 한다.

현금, 가상화폐, 생체이식 칩

인격화된 인공지능은 그것이 제품번호이든 일련번호이든 자신만의 신분을 갖게 될지 모르고, 그것들은 악인들에 의해 인간의 신분을 덮어쓰고 온라인에서 인간 행세를 할지도 모른다. 그러면 인간은 각종 온라인 교류와 전자화폐의 거래 중에 자신이 AI가 아니고 사람임을 매번 입증해야 할 때가 올 것이다. 그런 상황이 바로 생체 칩의 불가피성을 자연스럽게 웅변하게 된다.

현금의 분실 우려 등 동산(動産) 소유의 불안감이 늘고, 돈 세탁 등 범죄의 부작용이 심각하다는 생각도 점점 더 커지고 있다. 추적을 피해 검은 돈을 만드는 자들은 누구나 현금을 선호할 텐데, 시중에 풀린 액수에 비해 턱없이 부족하다는 5만원권 지폐가 이런 사실을 뒷받침한다. 보이스 피싱범들이 증거가 남지 않는 현금으로만 요구하는데, 그 손해액이 대폭 줄었는데도 2020년 기준 국내 만 2,300억 대나 되는 마당이니 화폐의 전자화는 더욱 힘을 얻을 것이다.

그래서 세계정부를 두려워하는 어떤 이들은 '금은 거짓말을 하지 않는다'라고 하면서, 현금은 휴지 조각이 될 수 있으니 금을 모으라고 충고하기도 한다. 그러니 전자화되는 것은 어떤 의미에서는 현금보다도 불안한 것이다.

한국은행은 2020년 4월부터 이른바 '동전 없는 사회' 사업을 시작했다. 15년 내에 동전을 아예 없애는 것을 목표로 한다. 그간 우리나라의 속없는 세계화 전략은 한국을 빅브라더의 실험실로 만드는 듯한 결과로 여러 번 드러났는데, 이 역시 그런 과정 중 하나가 아닌가 싶다. 앞으로는 카드나 전자화폐를 지참하지 않은 소비자가 현금 지폐를 지불해도 잔돈을 통장 잔액이나 카드 한도로 돌려받는 방식 등이 생길 전망이다.

아직은 저항이 많지만 동전보다 지폐, 지폐보다 카드, 카드보다 신체에 지니는 것이 안전하다는 인식이 생체 이식용 칩의 필요성을 뒷받침할 것은 기정사실로 다가오고 있다. 세계정부나 협의체가 구성되면 온 세상을 데이터베이스화하여 인류 통제의 기본 구성을 실현할 것이 틀림없다.

각종 코인 등 가상화폐에 관한 투자도 찬반 논란이 많다. 왜 돈이 아닌 것을 돈주고 사느냐며 결국 거품으로 사라질 것으로 전망하는 이들도 있지만, 그렇지는 않을 것 같다. 많은 리스크가 있겠지만 모든 화폐 기능을 하는 것들은 처음에는 배척받고 모두가 활용하지 않았다. 하지만 사용자가 많아지고 거래하는 이들이 많아지면 자연스럽게 가치가 형성되어 매매수단으로 확대된다. 그러므로 종말론적 관점에서 가상화폐는 많은 논란과 등락을 거듭하면서도 결국은 경제 시스템을 통합하는 수단이 될 수 있을 것 같다. 최소한 세계정부주의자들은 이것을 주류 경제에 도입하는 시도를 할 것으로 보인다. 상당수의 코인은 불안정하지만 쓸모있는 코인도 있기 때문이다.

2021년 엘살바도르는 공식 법정통화를 모두 비트코인으로 대체해 큰 혼

란을 불러왔는데, 시기상조인
탓도 있지만 한 화폐가 정착하
는 데는 시행착오가 불가피한
면이 있다. 이렇게 코인이 통제
사회를 앞당기나 싶지만, 자국
민 감시와 AI 시스템에 혈안이
된 중국조차 관리가 되지 않는
코인에 대해 비방하며 부정하

비트코인 도입 후 시간 단위로 커피 값조차 변화하
는 엘살바도르. 국민들의 반대 시위가 격하게 일어
나기도 했다.

는 것을 보면 종말의 상황은 어떤 한 가지 일로만 진단하기에는 너무 복잡하
고, 신세계질서를 꿈꾸는 그들조차 아직은 실험 단계의 많은 일을 시도하는
중이 아닌가 싶다. 조급해하지 말고 관망하면 될 것이다.

　어떤 것으로든 경제 시스템이 통합되면 소비 활동을 하지 않을 수 없으므
로 대세에 밀려 모두 그 안에 편입되고 말 것이다. 그 과정은 굉장히 복잡해
보이지만 의외로 간단할 수 있다. 각국의 화폐 단위를 비롯한 차이점들은 모
두 컴퓨터와 인공지능의 계산으로 해결할 수 있을 것이다.

　세상이 어떻게 되든 우리가 막을 수 있는 일은 많지 않다. 믿음이 없는 사람
들은 성경과 세상을 잘 들여다보아야 한다. 4천 년 전에 시작되어 2천 년 전
까지 기록된 고문서의 모음이 성경이다. 그런 기록들로 이토록 정확한 예측
이 가능한 것이 '꿈보다 해몽'이라서 잘 꿰맞춘 것 정도로 보이는가? 결코 그
렇지 않다. 그것은 세상에 많은 고대 문서나 예언서들처럼 일부만 맞거나 어
쩌다 맞을 때 그렇게 말할 수 있는 것이다. 부디 악인들의 손아귀에 들어가는
어리석음을 피하고 경고의 말씀에 귀를 기울여야 한다. 과학 기술이 불러올
암울한 미래가 신속하게 다가오고 있다.

　그러므로 우리는 각자의 삶을 지키며 탐욕을 버리고, 세상에 기대지 않으
면서 하나님의 말씀 안에서 깨어 있어야 한다. 깨어서 맑은 정신으로 깊이 생
각하고 사고해야 한다. 우리가 생각을 멈추면 기계의 생각이 인간을 넘어서
고, 결국 그것을 조종하는 악마의 하수인들이 하나로 통합된 세상을 만들어
우리를 지배할 것이다. ❖

소비 중독이 앞당길 짐승의 표 세상

쇼핑에 중독된 현대인들

사람은 무언가 소비하면서 살 수밖에 없다. 의식주는 물론 다양한 필요에 따라 많은 것을 사용하고 있다. 사실상 우리는 일종의 유통기한이 있는 육신의 장막 자체도 소비하고 소모하면서 살아가는 것이다. 그만큼 소비는 필수적이면서도 익숙한 인간의 활동이다. 자본주의 사회에서는 더더욱 소비가 중시되고, 물건을 팔기 위해 애쓰는 이들 때문에 서로가 서로에게 무언가를 팔기 위해 욕망을 부추긴다.

소비가 늘어나고 끊임없이 물건의 수가 확대되는 이유는 필요에 의해서만이 아니라 쾌락을 위해서이기도 하다. 이제 소비는 큰 즐거움이 되었다. 아빠가 귀가하면 아무도 안 나와 보지만 기다리던 택배 기사가 오면 모두가 달려 나온다는 웃지못할 이야기도 그 단면이다. 온라인 쇼핑에 중독되고, 사고파는 일 자체에 즐거움을 느끼는 사람들은 남들보다 빠르고 편하게, 또 싸게 사면 기뻐한다. 사야 할 물건을 사면서 즐거움을 누리는 것은 나쁜 것이 아니지만, 그 즐거움이 삶의 중대한 낙이 되고, 중독의 단계로 나아가다 보면 우리는 소비의 노예가 되고 만다.

이미 쇼핑 중독은 현대인의 삶에 깊이 들어와 있다. 옷장에는 입지 않는 옷이 꽤 있고, 어린 왕자가 만난 기업가처럼 결코 쓰지 않을 돈을 '가지고만' 있는 경우도 많으며, 그저 소유만 하는 물건들이 적지 않다. 스트레스를 대형 마트와 백화점 쇼핑으로 풀고, 꼭 사야 할 물건이 없어도 하릴없이 물건들을 검색해 본다. 나를 즐겁게 할 무언가를 사고팔면서 시간을 보내고, 언박싱의 즐거움을 누리며 산다. '타인들'이 없었다면 우리는 이렇게 많은 것을 가지며

살지 않았을 거라
는 누군가의 말처
럼, 공간과 소유
의 크기는 체면
의 크기와 비례하
는 세상이다. 이
제 소비는 자신의
레벨을 말해주고,

2019년 블랙 프라이데이에 몰린 소비자들

필요와 대리 만족을 넘어 끊을 수 없는 쾌락으로 발전하고 있다.

　미국의 블랙 프라이데이는 물건을 대폭 할인하는 날인데, '검은 금요일'이
라는 부정적인 별칭으로 불린다. 1950년대 추수감사절 세일에 몰린 인파 때
문에 교통 체증이 극심해서 생긴 말이 1980년대에 재고를 터는 파격 세일을
지칭하는 말로 굳어진 것이다. 이 날을 고대하는 사람들은 꼭 필요한 물건을
사기도 하지만, 지금도 충분한데 더 큰 TV를 구입하기도 한다. 또 사람들이
파격가로 물건을 살 때 자신만 아무것도 사지 않으면 손해 보는 기분이 들어
서 필요한 물건을 생각해내고 그것을 '득템'하면서 아무것도 사지 않은 사람
들과 제값 주고 산 사람들보다 무언가 이익을 보았다는 뿌듯함을 느낀다.

　그러나 소비는 지구를 죽이는 일이라고 주장하는 이들도 있다. 중국산 공
산품을 자꾸 사주면 한반도에 황사를 일으키는 중국의 공장 지대를 더 돌리
는 결과를 유발하는 것처럼 많은 생산은 더 많은 공해를 일으킨다. 그래서
'그린 프라이데이'도 등장했다. 지구를 살리자는 프랑스 등지의 패션업체들
이 매출 일부를 기부하는 이 날은 오히려 언론 플레이와 마케팅의 수단으로
작용하기도 하지만 그 취지가 유익한 것은 분명하다. 이 그린 프라이데이 운
동에 참여하는 한 친환경 패션업체의 대표는 "사람들은 필요해서 물건을 사
는 것이 아니라 유혹당해서 사는 것이다"라고 말하기도 했다.

　인류는 아담의 때부터 농산물과 공산품을 생산하고 매매해왔다. 아브라함
때도 화폐가 존재했다. 사고팔고 무르는 등의 행위는 성경에서 다양하게 등
장한다. 그러나 사고파는 품목은 점점 확장되어 왔고 세상의 종말까지 더욱

그러할 것이다. 이미 계시록에는 짐승 위에 탄 여자인 음녀가 온갖 물품과 심지어 '사람들의 혼'까지 사고팔 것을 예언하고 있다(계 18:13).

소비 중독은 소비에 과도하게 집착하는 자를 파멸시킨다. 자신이 아끼는 물건들을 우상처럼 받들게 하고, 그것을 실현시켜주는 '맘몬'을 숭배하게 만들기 때문이다. 그래서 물질이 자신의 명예와 사회적 지위를 결정한다고 믿는 이들은 맘몬 신의 노예가 되어 평생을 살아가게 된다. 이는 돈이 많은 자만 해당되지 않는다. 돈이 없어서 본의 아니게 절제력이 생긴 궁핍한 사람도 재물이 주어지면 어떻게 행동할지 알 수 없다.

사고파는 일과 묶인 짐승의 표

계시록에서는 왜 땅의 모든 왕과 많은 사람이 음녀의 물품들에 취해 그녀와 함께 멸망한다고 했을까. 이는 물론 짐승의 표와 연관이 있다. 많은 이들이 짐승의 표를 알고 있고 경계하고 있다. 그러나 그것은 경계한다고 피할 수 있는 것이 아니다.

짐승의 표가 없으면 아무도 사거나 팔지 못하게 한다는 것은 소비와 돈벌이를 할 수 없다는 뜻이다(계 13:16~18). 경제 활동이 멈추면 살아갈 수 없으므로 베리칩 같은 짐승의 표를 거부하는 것은 생명을 포기하는 것이다. 하지만 환난기 사람들은 너무나 당연하게 이 표를 받을 것이다. 심지어 기쁜 마음으로 받아들일 것이 분명하다. 왜냐하면 소비가 간편해지기 때문이다. 지금도 사람들은 클릭 횟수를 줄여서 더 빠르고 편하게 소비하기를 원한다. 결제 과정들이 대폭 줄어 손만 갖다 대면 끝나는 칩 방식은 처음에는 찜찜해도 그 편리함을 거부할 수 없게 될 것이다.

이미 노점상도 카드를 받는 시대다. 환난기에 생계를 유지하려면 이런 칩은 판매자들에게도 필수다. 남들보다 빨리 싸게 사려는 심리, 쇼핑에서 소외되지 않으려는 심리는 구매자들에게도 필요를 넘어 매력으로 작용할 것이다.

우리는 소비할 때 생성되는 뇌의 자극에 주목할 필요가 있다. 소비가 주는 쾌감은 하나님의 경고를 무시한 불신자들이 불나방처럼 오히려 짐승의 표를 반기게 할 것이다. 아직 적그리스도가 본격적으로 등장하지 않은 이 시대에는 소비 중독을 경고하고 절제의 중요성을 일깨워야 한다. 마지막 때 사람들의 특징 중 하나는 절제하지 못하는 것이다.

> 본성의 애정이 없으며 협정을 어기며 거짓 고소하며 절제하지 못하며 사나우며 선한 자들을 멸시하며 (딤후 3:3)

성도는 이런 자들과 반대로 살아야 한다. 그리스도인을 집으로 삼으시는 성령님의 아홉 가지 열매는 '절제'로 마무리된다(갈 5:22~23). 성경에서 사고 파는 일은 심판을 앞두고도 나태하며 분주한 이들의 주된 일상이다.

> 노아가 방주로 들어간 날까지 그들이 먹고 마시고 장가가고 시집가더니 홍수가 나서 그들을 다 멸하였느니라. 마찬가지로 롯의 날들에도 그와 같았으니 그들이 먹고 마시고 사고팔고 심고 건축하였으되 롯이 소돔에서 나간 바로 그 날에 하늘로부터 불과 유황이 비 오듯 내려 그들을 다 멸하였느니라. (눅 17:27~29)

야고보는 무엇이 다가오는지 모르고 자기 배를 불리며 이득을 보는 일도 사고파는 것으로 비유했다.

> 자, 이제 너희가 말하기를, 오늘이나 내일 우리가 어떤 도시에 가서 한 해 동안 거기 머물며 사고팔고 하여 이득을 얻으리라, 하거니와 내일 있을 일을 너희가 알지 못하는도다. 너희 생명이 무엇이냐? 그것은 곧 잠시 나타났다가 그 뒤에 사라져 버리는 수증기니라. (약 4:14~14)

사고파는 일은 미래를 위한 쾌락이다. 그런데 사고파는 일에 과도하게 집착하는 사람은 주님이 다시 오시는 내일이 별로 반갑지 않다. 더 누리고 더 가져 봐야 하는데 벌써 오시면 이 땅에 회한이 많을 것 같다고 여기게 된다. 많은 재산이 있어도 나누지 않는다. 하지만 이런 삶은, 점과 같은 현재를 위해 영원을 버리는 일이다. 그래서 낙원의 아브라함은 지옥의 부자에게 말한다.

아브라함이 이르되, 아들아, 너는 네 생전에 너의 좋은 것들을 받았고 그와 같이 나사로는 나쁜 것들을 받았음을 기억하라. 그러나 이제 그는 위로를 받고 너는 고통을 받느니라. (눅 16:25)

복잡해진 세상을 살면서 많은 물건이 필요한 것은 사실이다. 하지만 우리는 필요 이상으로 그것들을 주인으로 삼고 살지는 않는지, 그것들 때문에 주님을 잊고 살지는 않는지 돌아보아야 한다. 사도 바울은 우리 성도들이 절제하는 자들임을 모두가 알게 하라고 말씀한다.

너희의 절제를 모든 사람이 알게 하라. 주께서 가까이 계시느니라. (빌 4:5)

우리가 각자의 필요를 두루 챙겨야만 사는 것이 아니라, 최대한 절제해도 주님이 우리를 돌보시기 때문에 걱정할 필요가 없다는 것이다. 여기 등장하는 절제(moderation)는 현대역본들이 gentleness로 번역하면서 개역성경에 '관용'으로 번역돼 있지만 '절제'가 맞는다. 여기에 이어지는 잘 알려진 말씀이 문맥상 절제에 관한 것임을 알 수 있다.

아무것도 염려하지 말고 오직 모든 일에서 기도와 간구로 너희가 요청할 것들을 감사와 더불어 하나님께 알리라. 그리하면 모든 이해를 뛰어넘는 하나님의 평강이 그리스도 예수님을 통해 너희 마음과 생각을 지키시리라. (빌 4:6~7)

하나님은 공중의 참새와 들의 백합도 지키시며, 심지어 불신자들도 먹이고 입히시는 분이다. 염려할 필요가 없고, 쌓아 둘 필요가 없다. 식량난에 굶어 죽고 생활고에 자살하는 자들이 있는 이 땅에서 성도가 얼마나 더 좋은 집, 좋은 차, 많은 옷과 물건들과 음식들을 소비하며 살겠는가. 이미 넘치도록 누리고 있다.

베리칩 같은 것이 나와도 대다수가 사용하지 않는다면 무용지물이다. 하지만 그럴 일은 없을 것이다. 인류가 소비 중독의 늪에서 빠져나오지 못하는 한 적그리스도 짐승은 모두를 쉽게 손아귀에 넣을 것이다. 아직 그때가 눈앞에 왔다고 하기에는 좀 더 징조가 필요하지만, 많은 것이 무르익어 가는 것은 분명하다. 이러다가 짐승의 표 세상은 갑자기 임박할 것이다. 아무도 그것을 거부하지 못할 정도로 인류의 삶에 뿌리를 내린 뒤에 말이다. 깨어서 시대를 잘 주목해야 한다.

늘 그랬듯이 어떤 놀라운 사건보다도 위험한 것은 그것의 원인이 되는 인간의 죄성이다. 지금 많은 사람이 짐승의 표를 둘러싼 칩과 가상화폐와 각종 시스템과 도구의 위험을 외치고 있지만, 이 시대와 다가올 미래에 인류를 가장 위협하는 것은 짐승의 표 자체가 아니라 인간의 탐욕이다. 마지막 그날들에도 인류의 소비 지향적 욕구와 무절제는 짐승의 표가 오는 길을 평탄하게 하며, '그'가 오는 문을 넓게 열어젖힐 것이다. ❖

종말론을 넘어 더욱 성숙한 성도로…

많은 고심 끝에 부족하나마 개정판의 집필을 마칩니다. 세부 내용에서 견해가 다른 분들이나 동의하지 않는 내용이 있더라도 불건전한 신학이 아니라면 서로 존중했으면 하는 마음입니다.

조금이라도 더 많은 정보를 담고 싶어서 욕심을 냈지만 이쯤에서 마무리합니다. 탈고 후 교정하는 동안에도 세상은 바뀌고 새로운 뉴스가 쏟아집니다. 계속 좀 더 많은 주변 지식과 세상 정보를 더 담았으면 하는 생각이 들기도 하지만 이 정도의 지식이 있으면 앞으로 많은 사건과 뉴스가 있어도 종말에 대한 분별은 어느 정도 가능하리라 생각합니다. 미래의 사건들을 분별하는 공식은 충분하다는 뜻입니다.

미국 대통령이 바뀔 때마다, 코로나19 같은 국제적 이슈가 생길 때마다, 기후 위기나 대형 천재지변을 맞이할 때마다 불안해하고 두려워하지만 시간이 지나가면 아무 일도 아닌 경우가 많습니다. 저는 서론에서도 밝혔듯이 종말론을 너무 과도하게 탐구하는 것을 지양합니다. 때가 돼야 드러날 것들에 너무 관심을 갖거나 사건마다 촉을 세우는 것은 종말에 대한 이해에나 신앙에 별로 도움이 되지 않습니다. 또한 그런 민감한 뉴스 하나하나를 몰라도 불안할 이유가 없습니다.

성도에게는 삶 속에서 신앙을 실천하고, 이웃에게 사랑으로 생명의 복음을 선포하는 일이 가장 중요하고 시급한 일입니다. 구원을 받고 그리스도 예수님 안에서 살면 모든 삶을 하나님이 책임져 주십니다. 또한 우리가 알아야할 것들을 알려주실 것입니다. 이것이 수준 높은 신앙이고 바람직한 방향입니다. 또한 종말론 이전에 성경 전반에 대한 이해와 함께 교리적 오해들을 푸는 것이 더 시급한 일이기도 합니다.

여전히 휴거 날짜를 점치고, 사람들의 불안 심리를 이용해 사사건건 프리메이슨이니 짐승의 표니 하며 음모론만을 부추기는 이들이 있지만 우리가해야 할 일은 하나님의 말씀인 바른 성경을 지키는 일과 복음 선포, 그리고하나님과의 친밀한 관계, 성령 충만의 열매를 거두는 일일 것입니다. 남은 날동안 신실하고 귀한 하나님의 종으로, 마지막 때의 시간을 더욱 귀하게 살아가는 성도가 되었으면 합니다. 물론 배교에 대한 감시와 함께 경종을 울리는일에도 힘을 기울여야 할 것입니다.

저의 능력에 비해 무겁고 버거운 주제의 책이었지만 이만큼 완성하게 하신 하나님께 감사드립니다. 독자 여러분께서도 널리 알려주시고 활용해주시기를 당부드립니다. 끝까지 읽어주셔서 대단히 감사합니다. 구원을감사하며, 주님 오시는 그날까지 부활의 소망으로 언제나 강건하시기를바랍니다.

이와 같이 그리스도께서도 많은 사람의 죄들을 담당하시려고
단 한 번 드려지셨으며 또 자신을 기다리는 자들에게
죄와 상관없이 두 번째 나타나사 구원에 이르게 하시리라. (히 9:28)

요한계시록 바로 알기(개정증보판)

초판 1쇄 발행 | 2013년 8월 1일
개정판 3쇄 발행 | 2023년 1월 5일

지은이 | 김재욱
펴낸이 | 김윤정

펴낸곳 | 하온
출판등록 | 2021년 1월 26일(제2021-000050호)
주소 | 서울시 종로구 삼봉로 81, 442호
전화 | 02-739-8950
팩스 | 02-739-8951
메일 | ondopubl@naver.com
인스타그램 | @ondopubl

© 김재욱, 2022
ISBN 979-11-92005-07-2 (03230)